華史 李觀求의 생애와 민족독립운동

초판 1쇄 발행 2010년 6월 1일
초판 2쇄 발행 2010년 9월 30일

지은이　박영석
펴낸이　윤관백
펴낸곳　

제　작　김지학
편　집　이경남 · 장인자 · 김민희 · 하초롱
표　지　김현진
영　업　이주하

등록　제5-77호(1998.11.4)
주소　서울시 마포구 마포동 324-1 곳마루빌딩 1층
전화　02)718-6252 / 6257
팩스　02)718-6253
E-mail　sunin72@chol.com

정가 · 26,000원
ISBN　978-89-5933-336-3　93990

· 잘못된 책은 바꾸어 드립니다.

華史 李觀求의 생애와 민족독립운동

박 영 석

머리말

　식민지시대 대표적인 독립운동가였던 이관구의 둘째 아들인 이하복(李夏馥) 선생을 1997년경 천안 자택에서 만날 기회가 있었다. 마침 그의 자당인 여연수(呂連壽) 여사도 생존해 계셔 함께 뵐 수 있어 영광이었다.
　자택에는 이관구의 생애를 살펴볼 수 있는 여러 자료들이 후손에 의하여 잘 보관되어 있어 연구자의 관심과 탄성을 자아내게 하였다. 이관구의 저작인 『의용실기』, 『언행록』, 『도통지원단(道通之元旦)』, 『독립정신』 등 다수의 한문 또는 국한문으로 쓰여진 글들과 그의 서예 작품들이 다수를 이루었다. 특히 주목되는 것은 『의용실기』와 『독립정신』이란 서첩이었다. 전자는 이관구가 그와 함께 활동한 독립운동가들의 전기를 기록한 것이었다. 그가 활동한 1910년대의 독립운동을 밝혀줄 수 있는 귀중한 자료여서 신선한 충격을 주었다. 후자는 해방 후에 우리나라 서예의 대가인 오세창(吳世昌)을 위시하여 김구, 이승만 등 독립운동가와 종교계의 저명한 인사들의 주요한 붓글씨들을 수집한 것이었다. 특히 독립정신이란 주제하에 받은 글이라 더욱 시대적 사명과 민족정신을 생각하게 하는 귀중한 것이었다.
　유학자 집안에서 성장하여 독립운동사를 연구해 온 필자로서는 그의 방대한 저서에 경의와 존경심을 갖게 되었다. 아울러 이관구가 특히 1910년대 대한광복회 등 국내외의 대표적인 단체들에서 활발한 독립운동을 전개한 인물임에도 불구하고 그의 존재가 학계 및 일반에게도 거의 알려지지 않아 안타까운 마음을 금할 길이 없었다.

이에 필자는 이관구의 생애를 살펴봄으로써 지금까지 학계에서 집중적으로 조망을 받지 못한 그의 항일운동과 더불어 1910년대 항일운동의 빈 공간을 보완하는 데 기여하고자 생각하였다. 그리고 이를 실현하기 위하여 이하복 선생과 더불어 이관구가 활동한 중국의 각 지역의 답사를 통하여 그의 항일운동의 전체적인 모습을 보다 생동감 있게 그려보고자 하였다. 그러나 답사에서 과로한 나머지 귀국 직후 투병생활을 하게 됨에 따라 연구계획은 차질을 빚을 수밖에 없었다.

이관구는 독립운동가, 서예가, 정치가 등 다양한 경력의 소유자이다. 또한 그는 그의 성격에 걸맞게 『도통지원단』, 『신대학』, 『의용실기』, 『언행록』, 『독립정신』, 『홍경래전』 등 다양한 저술을 남겼다. 이 가운데 필자는 그의 항일독립운동에 초점을 맞추어 알아보고자 하였다. 그런데 그의 항일운동의 중심시대인 1910년대는 일제의 무단통치시대였으므로 독립운동이 가장 활발히 전개될 수 없는 시기였다. 그러므로 독립운동의 형태도 비밀결사 등 지하 활동 중심으로 이루어졌다. 그 결과 자료 등이 아주 산견되어 그 원형을 복원하는 데 어려움이 있었다. 본서는 이러한 한계를 지니고 작성되었음을 양지해 주길 바란다.

아울러 본서의 기획 이후에 이충구, 김병헌, 정욱재, 조준희, 박환 등 여러 학자들에 의해 이관구의 주요 저서들에 대한 연구성과가 축적되었다. 이들의 연구 성과를 충분히 받아들여 본인의 부족한 점들을 보충하고자 하였다. 후학들의 연구에 감사드린다.

2009년 말, 투병 생활 속에서도 항상 고민해 왔던 이관구에 대한 원고를 탈고할 수 있었다. 이는 물심양면으로 나의 병간호에 애써준 내자 김외태 여사의 덕분이 아닌가 한다. 아울러 항상 도와주는 제자 설재규 선생께도 이 자리를 빌어 따뜻한 감사의 말을 전하고 싶다.

그동안 많은 자료의 제공과 더불어 물심양면으로 도와주며, 묵묵히 원고의 완성을 기다려 준 이관구 지사의 아드님이신 이하복 선생께 감사를 드린다. 이하복 선생으로부터 부친에 대한 자식의 애끓는 효심과 부자의 정을 새삼 느낄 수 있었다. 아울러 이관구 판결문을 번역해 준 국가보훈처 김정아 선생께도 고마운 인사를 전한다. 또한 상업성이 없는 책자의 간행을 허락해 주신 선인출판사 윤관백 사장께도 고마운 마음을 전한다. 끝으로 원고 교정에 힘써준 선인출판사 편집팀과 책의 편집은 물론 보론에도 원고를 제공해 주어 본서를 보다 풍성하게 하여준 돈아 수원대 박환 교수에게 감사의 뜻을 표한다.

2010년 5월 문화당에서 필자

머리말	5
제1장 서론: 연구 계획	11
제2장 가계와 성장	19
1. 가계	21
2. 성장 과정	23
제3장 국내 수학과 민족의식의 형성	25
1. 구학문 공부와 민족의식의 토대 마련	27
2. 신학문 수학과정	38
제4장 해외에서의 항일투쟁의 전개	57
1. 일본으로의 이동과 독립운동의 전개	59
: 일본 불평당과의 공동투쟁을 위한 노력	
2. 중국으로의 망명과 항일투쟁	68
3. 독립운동방략의 고민: 만주, 러시아, 유럽, 인도, 중국 본토	100

차 례

제5장 국내에서의 항일투쟁의 전개   117
  1. 제1차 의거: 평양에서 시작하여 해주에서 발각   119
  2. 제2차 의거: 만주 서간도에서의 활동   128
  3. 제3차 의거: 박상진(朴尙鎭)과의 만남과 대한광복회 조직   140
  4. 제4차 의거: 대한독립군단의 조직과 활동   145
  5. 제5차 의거   152
    : 안동현에서 일본정부의 요인을 암살하려고 암살대를 조직
  6. 제6차 의거: 무명의 혁명가 되기를 약속   154
  7. 제7차 의거: 황해도에서의 재기도모   158
  8. 이관구의 체포와 진술에 대한 평가   158

제6장 일제감옥에서의 항일투쟁(1918~1924)   169
  1. 이관구의 체포와 동지들에 대한 분석   171
  2. 이관구 판결문 분석과 투옥생활   176

제7장 석방 후 국내에서의 지하 항일투쟁(1924~1945)   193

제8장 해방 후 정당활동 　　　　　　　　　　　　　　　　203
　1. 신민당의 당수로서 활동 　　　　　　　　　　　　　207
　2. 일민당의 당수로서 활동 　　　　　　　　　　　　　218
　3. 이관구의 정당 활동 　　　　　　　　　　　　　　　222
　4. 이관구의 해방정국에서의 민족지도자들과의 상호관계 　227
　5. 대한민국정부 수립 이후 정계에 대한 건의 　　　　　235

제9장 역사연구로 방향 전환 　　　　　　　　　　　　　　247
　1. 서예: 서첩『독립정신』에 수록된 인명과 글의 내용 　250
　2. 사학연구회 활동 　　　　　　　　　　　　　　　　272

제10장 이관구의 순국과 역사적 위상 　　　　　　　　　　279
　1. 군산에서 병으로 서거 　　　　　　　　　　　　　　281
　2. 화사 이관구의 역사적 위상 　　　　　　　　　　　　282

〈보론〉대한광복회와 이관구의 항일독립운동 　　　　　　289
　대한광복회 연구: 朴尙鎭 祭文을 중심으로 　　　　　　291
　대한광복회 연구: 이념과 투쟁방략을 중심으로 　　　　325
　대한광복회에 관한 새로운 사료:『義勇實記』/ 박환 　　341

참고문헌 　　　　　　　　　　　　　　　　　　　　　　359

찾아보기 　　　　　　　　　　　　　　　　　　　　　　365

제1장

서론: 연구 계획

제1장 서론: 연구 계획

본 연구는 다음과 같은 목차로 연구 계획을 세워보았다.

제1장 서론: 연구계획
제2장 가계와 성장
제3장 국내 수학과 민족의식의 형성
제4장 해외에서의 항일투쟁의 전개
제5장 국내에서의 항일투쟁의 전개: 1차에서 7차까지의 의거
제6장 일제감옥에서의 항일투쟁(1918~1924)
제7장 석방 후 국내에서의 지하 항일투쟁(1924~1945)
제8장 해방 후 정당활동
제9장 역사연구로 방향 전환
제10장 이관구의 순국과 역사적 위상

제2장에서는 이관구의 가계와 성장과정을 살펴보고자 하였다. 본장에서는 이관구가 고려 말의 유명한 학자인 목은 이색(李穡)의 21대손임을 밝혔다. 그의 가계가 그에게 자부심과 자긍심을 심어주었을 것이다. 그의 조부는 당시 황해도 지역의 유명한 한학자 이영직(李英稙)이었다. 조부는 그가 한문 지식을 갖고 유학적인 소양을 키워나가는 데 큰 도움을 주었던 것으로 보인다.

제3장과 제4장에서는 이관구의 민족의식 형성과정과 항일투쟁에 대하여 다루고자 한다. 이관구는 국내에서는 구학과 신학, 그리고 서예를 공부하였다. 조부에게 어려서부터 한학을 배운 이관구에게 큰 변화를 준 것은 의암 유인석(柳麟錫)과 도산 안창호(安昌浩)와의 만남인 것 같다. 충청도에서 의병활동 후 황해도 평안도로 이동한 유인석에게 수학할 기회를 가졌다. 이때 이관구는 구학문에 바탕을 둔 민족의식을 갖게 되었을 것이다. 그 후 그는 서울에서 안창호를 만났고 그것이 인연이 되어 평양에 있는 대성학교, 숭실전문대학에서 신학문을 공부하게 되었다. 한편 그는 그동안 최송암(崔松菴), 노송곡(盧松谷) 등 서예의 대가들에게 사사하여 필명으로 이름을 날

리게 되었다.

  국외에서는 일본, 중국 등지를 주유하며 그의 공부의 외연을 넓혀 나갔던 것 같다. 국내에서 공부한 후 그는 일본으로 건너가 반년 동안 머물렀다. 특정학교를 다니지는 않았지만 새로운 문명을 접할 수 있는 좋은 기회가 되었을 것으로 짐작된다. 이후 중국 상해로 이동한 후, 남경에서 상강실업학교(上江實業學校)에서 수학한 후, 북경에서 회문대학(滙文大學), 명륜대학(明倫大學) 등에서도 수학하였다. 또한 만주를 통하여 러시아, 프랑스, 인도 등지를 주유하였다.

  또한 이관구는 중국의 대표적인 학자이자 정치가인 주요 인물들과의 만남을 통하여 그의 세계관을 더욱 확대시켜 나가고자 하였던 것 같다. 양계초(梁啓超), 강유위(康有爲), 탕화룡(湯化龍) 등이 그들이다. 1910년대 한 지식인의 폭넓은 인식을 살펴볼 수 있는 것으로 주목된다.

  한편 이관구에게 특별히 주목되는 것은 그가 절강성 항주에서 항주부 속 성무관학교에서 수학한 후 남경에서 중국 제2차 국민혁명전에 참전하였다는 점이다. 학자로서 문약한 인물로 여겨지던 그의 이러한 행보는 필자를 당혹하게 하였다. 일제에 의하여 강점된 조국을 구하기 위해서는 군사적인 기반이 무엇보다도 필요하다고 인식하였기 때문인 것이 아닌가 짐작된다. 그의 탁월한 현실인식과 그의 실천의식을 살펴볼 수 있는 대목이라고 보여진다.

  중국과 일본의 방문, 특히 중국에서의 수학과 군사학 공부, 제2차 국민혁명전의 참전, 양계초 등 대학자와의 교류 등은 그의 인생행로의 큰 전환점이 되었을 것이다. 구학에서 신학으로, 인문학에서 군사학으로 그의 관심은 변화되었던 것이다. 아울러 개인적인 삶에서 조국을 구하기 위한 대한의 독립운동가로의 새로운 탄생을 알리는 것이 아닌가 한다.

  제5장에서는 국내에서의 항일투쟁에 대하여 다루고자 한다. 이관구는 스스로 7차에 걸쳐 의거를 전개하였다고 밝히고 있다. 이를 순서대로 적기하면 다음과 같다.

제1차 의거: 평양에서 시작하여 해외에서 발각된 것
제2차 의거: 서간도에서 시작하였다가 발각된 것
제3차 의거: 경상도 박상진(朴尙鎭) 등과 광복회를 조직한 것
제4차 의거: 황해도에서 독립군단을 조직한 것
제5차 의거: 만주 안동현에서 일본정부의 요인을 암살하려고 암살대를 조직한 것
제6차 의거: 오동진(吳東鎭), 나석주(羅錫柱) 등의 동창생들과 무명의 혁명가 되기를 서로 약속한 것
제7차 의거: 황해도에서 유지청년을 권하여 독립운동을 전개하려다 발각된 것

이관구의 7차에 걸친 활동은 대부분 1910년대에 집중되어 있다. 이 시기는 일제의 무단통치기로 독립운동이 가장 힘들었던 시기임이 주지의 사실이다. 이러한 시기에 이처럼 끊임없이 항일투쟁을 전개하기 위하여 노력한 점이 높이 평가할 만하다. 아울러 그의 활동은 평안도, 황해도, 경상도 등지와 더불어 만주 지역에 걸쳐 이루어졌음을 알 수 있다. 1910년대 이관구의 활동은 그의 항일운동 가운데 가장 주목되는 부분이며, 본 저서에서도 가장 역점을 두고 집필되었다.

특히 본 장은 이관구가 해방 후 작성한 『의용실기』에 그와 함께 활동한 독립운동가들에 대하여 수록하고 있어 이를 주로 참조하여 작성될 것이다. 『의용실기』의 내용과 서지학적 검토는 '보론'에 실려 있는 박환 교수의 「대한광복회에 관한 새로운 사료: 『義勇實記』」가 독자들에게 큰 도움이 될 것이다.

제6장에서는 일제하 감옥에서의 항일투쟁(1918~1924)을 다루고자 한다. 이관구는 1918년에 황해도 해주경찰서에서 체포되어 해주경찰청에서 해주지방법원에 송치되었다. 그의 죄명은 보안법위반 강도교사죄였다. 그는 징역 10년을 언도받았으며, 6년의 투옥 생활 끝에(1918~1924) 석방되었다. 그의 체포 후 심문 내용이 『한국독립운동사』 2(국사편찬위원회)에 실려 있어 당

시의 상황을 이해하는 데 도움을 주고 있다.

부인 여연수와 아들 이하복의 증언에 따르면, 이관구는 경찰과 검찰의 심한 고문으로 한 때 혀를 깨물어 죽으려고까지 하였다고 한다. 옥중에 있는 동안 가족들의 면회가 한번도 없었고, 투옥 중 많은 책들을 읽어 항일을 위한 재충전의 기회로 삼고자 하였다. 그가 감옥에서 고민한 한국의 운명, 독립 문제, 해방 후 건설할 새로운 국가상에 대하여 살펴볼 예정이다.

제7장에서는 석방된 후 국내에서의 지하 항일투쟁(1924~1945)에 대하여 알아보고자 한다. 이관구는 석방된 후 도산 안창호와 조만식(曺晩植) 등 여러 지사들과 비밀리에 끊임없이 접촉하며 그의 항일운동을 지속적으로 전개하고자 하였다. 그러나 그의 항일운동은 활발한 것은 되지 못하였다. 일제의 감시가 지속적으로 있었기 때문이었다. 본장에서는 1920, 1930, 1940년대 일제의 감시, 특히 조선사상범 보호관찰 규제와 대륙침략과정 속에서 이관구가 어떠한 삶을 살았는지에 대하여 살펴볼 것이다.

제8장에서는 해방 후의 정당활동(1945~1953)에 대하여 알아보고자 한다. 1910년대 주로 독립운동을 전개한 민족주의계열의 독립운동가의 해방 후 행적을 추적해 보는 것은 흥미로운 일일 것이다. 이관구는 황해도에서 상경하여 신민당을 조직하여 정당활동을 전개하였다. 한편 미국에서 귀국한 이승만과 자주 만나 이승만의 군소정당통합운동에 협조하였다. 그의 정치노선의 일면을 살펴볼 수 있는 대목이다. 본장에서는 해방 후의 그의 정치적 행적을 통하여 그의 해방공간에서의 정치적 입장과 국가건설론 등을 추적해 볼 것이다.

아울러 6·25남북전쟁의 참상과 이관구의 위정자에 대한 비판에 대하여 살펴보고자 한다. 이관구는 전쟁이 터지자 서울에서 일단 부산으로 피난하였는데, 인천상륙작전 후에 서울로 되돌아 올 수 있었다. 그 후 황해도에 있던 가족들이 전북 군산으로 피난오자 그곳에서 가족을 상봉하게 된다. 전쟁을 체험한 이관구는 이 전쟁을 통하여 전국토가 파괴되고, 한국인이 모두 죽어가므로, 국가와 민족이 모두 망하는 것이 아닌가 하고 크게 실망하고 한탄하였다. 특히 서울을 포기하고 남하한 이승만정권과 위정자들에게 무한한 실망을 하게 된다. 이는 결국 이승만정권에 대한 강한 비판으로 이어진다.

제9장에서는 이관구의 서예와 사학연구회 조직에 대하여 살펴보고자 한다. 이 부분은 역사학을 연구하는 필자에게 더욱 흥미를 갖게 한다. 정당 활동에 실패한 이관구는 이시영(李始榮) 등 여러 동지들과 함께 사학연구회를 조직하였다. 그리고 이 조직을 통하여 신채호 등 민족주의 사학자와 한국고대의 강역 문제에 깊은 관심을 기울였다. 아울러 단군 등의 역사를 기록한 『단기고사(檀奇古史)』의 번역 문제에도 깊은 애정을 보였다. 이처럼 그가 역사에 관심을 기울인 것은 혼란기에 민족의식을 고양시키고 민족사를 올바로 세우는 일이야 말로 제2의 독립운동의 길이라고 인식하였기 때문일 것이다. 본장에서는 보다 구체적으로 그의 역사인식에 대하여 밝혀보고자 한다.

제10장에서는 이관구의 서거와 그의 삶의 역사적 의미에 대하여 알아보고자 한다. 1910년대 독립운동에 참여하면서부터 1953년 4월 21일 전북 군산에서 사망할 때까지 식민지시대와 해방정국, 6·25전쟁을 겪으면서도 오직 국가와 민족을 고민하고 생각한 한 지성인의 삶의 의미를 되새겨 보고자 한다.

제2장

가계와 성장

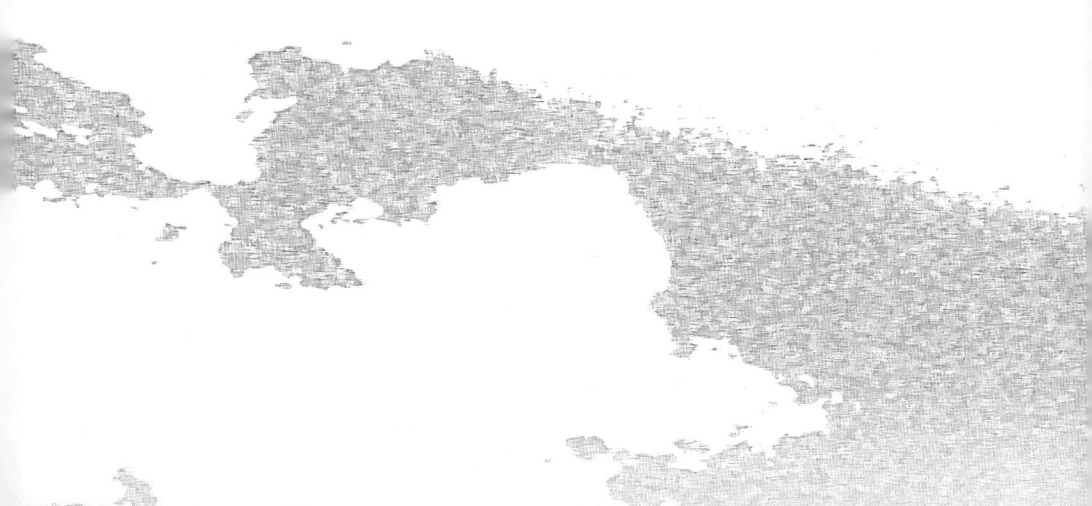

1. 가계

이관구의 자는 명숙(明淑), 호는 화사(華史), 이명(異名)은 종석(鍾錫), 해량(海量), 자선(子鮮), 충장(忠將), 정충장군(精忠將軍) 등이었다.[1] 그는 황해도 송화군 하리면 안농리(黃海道 松禾郡 下里面 安農里)에서 1885년 4월 29일(음력) 출생하였다. 목은(牧隱) 이색(李穡)의 21대손이며, 그의 증조부는 이원길(李元吉, 1814~1885)이고, 자는 정보(貞甫), 증직(贈職)은 가선(嘉善)이다. 그의 벼슬로 보아 향촌의 유지인 동시에, 학자로서 인격을 겸비한 고매한 선비로 짐작된다. 71세까지 장수하였다. 조부는 이영직(李英稙, 1848~1910)이다. 자는 자화(子華)이고, 호는 가운(稼雲)이다. 벼슬은 사마참의(司馬參議)로서 효행이 있고, 문장에 능통하고 서예에도 유명한 명필가였다. 그는 그의 부친보다도 학식이나 인품이 뛰어났다고 알려져 있다. 일제가 한국을 강점하던 해인 1910년에 62세로 서거하였다.[2] 그리고 그의 부친인 이윤규(李允珪, 1865~1926)의 자는 중집(中執)이고, 벼슬은 참봉이다. 효행이 있었고, 1926년 62세로 서거하였다.[3] 그의 동생은 이두규(李斗珪, 1869~1923)이다. 이윤규의 부인은 광산김씨(光山金氏)이며, 참봉인 김치홍(金致弘)의 딸이었다. 후배는 함안조씨(咸安趙氏) 조병훈(趙丙勳)의 딸이다.[4] 이윤규는 4남 1녀를 두었는데, 장남 이관구, 차남 이동구(李董求), 3남 이창구(李昌求),[5] 4남 이만구(李萬求)이다. 사위는 차여성(車汝成)이다.[6] 이관구의 숙부인 이두규는 3남 1녀를 두었는데, 장남 이풍구(李豊求), 차남 이변구(李弁求), 3남 이윤구와 사위 김영헌(金永憲)을 두었다.[7]

이관구의 집안은 황해도 송화군에서 어느 정도 경제력을 갖춘 집안으로

---

1) 국사편찬위원회, 『한국독립운동사』 2, 탐구당, 1968, 480쪽.
2) 『한산이씨족보』 참조.
3) 『한산이씨족보』 참조.
4) 이관구의 아들 이하복과의 면담에서 청취.
5) 해방 이후 육사 3기생. 6·25전쟁 때 錦江전투에서 전사.
6) 『한산이씨족보』.
7) 『한산이씨족보』.

전해지고 있다.8) 이를 통하여 볼 때, 이관구는 황해도 지역의 향촌의 문한이 있는 향반 집안에서 출생하였고 경제적으로도 부유한 집안이라고 할 수 있다.

이관구는 본처 슬하에 딸 종신(鍾信)을 두었다. 이관구의 유고(遺稿) 『도통지원단』(道通之元旦)9) 제4장 중에,

> 고부 간에 마음이 맞지 아니하여 매우 고생하다가 30살이 되지 않아 불쌍하게도 세상을 떠났다. 여식 하나 있는 것은 참으로 불쌍히 자라났는데 남편을 잘 만나 농가생활을 하며 근근이 살아가고 있다.

라고 하여 딸의 상황을 짐작케 하고 있다.

이관구의 어머니는 그의 나이 8세인 1892년에 사망하였다. 부친은 새로 부인을 얻었고, 계모는 며느리와 사이가 좋지 않았다. 이관구의 처가 사망하자 그의 딸은 이관구의 계모 밑에서 생활하였는데, 고생이 심했던 것 같다.10)

본처가 사망한 후 다시 정식으로 함안여씨 여연수(呂連壽, 1908~1997)와 재혼을 하여 장남 이춘복(李春馥, 1929년생), 차남 이하복(李夏馥, 1932년생), 딸 이영복, 이순복, 이만복 등을 두었다.11)

해방 후 이관구는 서울로 상경하여 정당 활동을 하였고, 가족은 고향인 황해도에 거주하다가 남북이 분단되어 이산가족이 되었다. 1950년 6·25전쟁의 발발로 가족은 전북 군산에서 재회할 수 있었다. 그러나 재회도 잠시 지병이 있던 이관구는 1953년에 군산에서 병으로 서거하였다.

---

8) 이관구의 아들 이하복과의 면담에서 청취.
9) 이관구, 『도통지원단』, 1953(이하복 소장).
10) 이관구의 딸인 이종신의 딸 이대연이 전북 군산시 연산동 17-10에 거주하고 있다(1997년 4월 15일 충남 천안시 오룡동 46-4 이하복 자택에서 이하복과 면담).
11) 1997년 4월 15일 충남 천안시 오룡동 46-4번지에서 이관구의 처 여연수 여사와의 대담에서 청취.

2. 성장 과정

이관구는 1885년에 출생하였다. 당시 조부인 이영직은 1848년생이었음으로 불과 37세였다. 이관구의 아버지는 1865년생으로 20세에 이관구를 낳았다. 이관구는 그의 나이 7세 시인 1892년 어머니를 여위었다. 당시 조부는 44세, 부친은 27세 정도였다. 당시 시대적 상황으로 보나, 부친의 나이로 보나 아버지는 새장가를 가는 것이 자연스러운 일이었다. 이관구는 새어머니 밑에서 성장하였다. 그의 성장과정은 1953년 그가 사망 직전에 작성하였던 『도통지원단』 제4장에서 짐작해 볼 수 있다.

> 나는 어려서부터 하나님이 독일무이(獨一無二)하고 능력이 많으신 분으로 알고 있고, 믿고 도움을 구하여 왔다. 그러나 육십여 년을 지내며, 경험하여 보아도 도와주었다 할만한 것도 하나도 못 보았다. 없는 것으로 시인된다. 있다면 나에게 대하여는 구적(仇敵)으로 되어 있는 것이다. 나를 해롭게 하기 위하여 먼저 저의 친족관계자로부터 해(害)를 주어서 관계를 없게 하고 나에게 해(害)할만한 친족관계를 맺어준다.
> 나는 8세 시에 그 무던한 자친(慈親)님을 영별하고 엄부(嚴父)하에서 자리(自利)만 여위(營爲)하는 계모를 뫼시고 먹을 것을 먹지도 못하고 입을 것을 입지도 못하고 가진 수모를 다 받으며, 자라났다. 요행으로 조부님을 잘 만나서 글자를 배우는 것도 참으로 즐겁게 배웠다.[12]

이관구는 어린 시절 어머니를 여의고 계모 밑에서 갖은 학대로 고생하였던 것 같다. 그가 사망하기 전에 작성한 글 속에서도 계모에 대한 섭섭함을 언급하고 있는 것으로 이러한 상황을 충분히 짐작해 볼 수 있다.

그도 언급하고 있듯이 조부의 손자에 대한 사랑은 극진했던 것 같다. 어려운 가운데서도 그에게 기쁨을 준 것은 조부님으로부터 글자를 배우는 학문의 즐거움이었던 것이다. 그가 후에 학문적 소양을 갖추고, 지속적으로 공

---

[12] 이관구,『도통지원단』, 제4장, 17~18쪽.

부에 정진하고 또한 서예에도 능할 수 있었던 것은 바로 조부의 따뜻한 배려 덕분이 아니었나 판단된다. 부친은 그에게는 엄한 아버지로 느껴져 가까이 하기에는 너무 먼 것 같은 마음이었던 것으로 짐작된다.

제3장

국내 수학과 민족의식의 형성

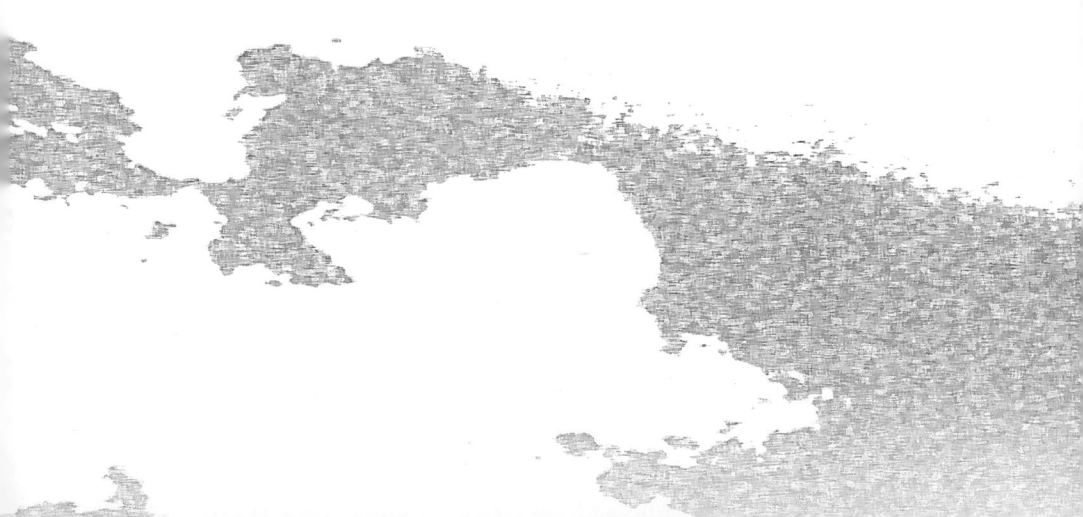

1. 구학문 공부와 민족의식의 토대 마련

1) 조부 이영직으로부터 한학 공부

이관구는 어린 시절부터 조부로부터 한문을 공부하였다. 정확히 그 시기를 알 수는 없지만 5~6세경인 1889년경부터가 아닌가 추정된다. 그에게 공부를 가르쳐준 조부는 당시 거주지인 황해도 지역뿐만 아니라 평안도일대에서도 대학자로 널리 알려진 인물이었다.

이관구는 전통적인 방법에 따라 공부를 시작하였을 것으로 보인다. 그 당시 유학자 집안에서는 처음에는 『천자문(千字文)』과 『동몽선습(童蒙先習)』을 읽고 그 후 『자치통감(資治通鑑)』을 공부하는 경우가 많았다. 공부하는 방법도 대체로 유사한 형태를 띠고 있었다. 하루에 공부하는 분량은 많지 않았다. 일정한 양을 배우면, 반드시 보고 수십 번 읽고 그 다음에는 반드시 암송하도록 하고, 그 후에 쓰는 일을 수십 번 되풀이 한다. 배운 내용을 완전히 암송하고 쓰도록 하였던 것이다. 책을 한 권 모두 배우고 난 뒤에는 그 책을 모두 암송, 암기하도록 하였다. 마지막에는 책거리라고 하여 스승에 감사를 표하고 음식을 마련하여 모두 함께 그 즐거움을 나누었다. 이관구 역시 이러한 과정을 통하여 어린 시절부터 열심히 공부하였다.

한편 이관구는 조부 외에 강은식(姜殷植)으로부터 『통감절요』를 공부하였던 것 같다. 그가 해방 후 쓴 『언행록』 「강은식에게 수학함」[1]에 다음의 글을 통하여 짐작할 수 있다.

> 자선(이관구 - 필자주)이 강은식(姜殷植)에게 수학하였는데 정월 15일 이후에 통감(通鑑: 통감절요)을 읽기 시작하여 6월 그믐에 이르러 15권 전질을 완독(完讀)하였다. 강은식이 찬탄하며 말하기를
> "내가 학동을 가르친 것이 수 백 사람인데 자선 같은 사람은 다시 볼 수

---

[1] 이하 『언행록』의 번역문은 이충구·김병헌 편역, 『언행록』(화사선생기념사업회, 2003)을 인용하였음.

가 없었다."
하였다.

라고 하여 이관구가 강은식으로부터 『통감절요』를 공부하였고, 영민한 학생이었음을 추정해 볼 수 있다.

이관구는 『천자문』, 『동몽선습』, 『자치통감』 등을 공부한 후, 『소학』, 『중용』, 『대학』, 『논어』, 『맹자』 등 사서를 공부하였을 것이다. 특히 조부에게 배운 대학은 그에게 큰 영향을 주어 해방 후에 『신대학』을[2] 저술하는 동기가 되기도 하였다.

한편 이관구는 그의 조부로부터 민족의식에 대하여도 깨우침을 얻었던 것으로 보인다. 이관구가 1910년대 평양 대성학교에 갈 때의 일이기는 하지만 이를 통하여 조부의 성품과 이관구의 민족에 대한 자세를 엿볼 수 있을 것 같다. 언행록의 다음의 글이 주목된다.

〈조부 가운 선생의 훈계〉

자선이 책 상자를 지고 평양 대성학교(大成學校)에 갈 때 왕고공(王考公) 가운(稼雲) 선생이 훈계(訓戒)하여 이르기를

"사람의 독립정신은 입지(立志: 뜻을 세움)에 있다. 뜻이 서지 않으면 소위 학문이란 것은 오히려 사람을 다치게 하고 사물을 해치는 도구가 되어 취할 만한 것이 없다."
하였다.

이관구가 해방 후 『신대학』을 저술한 것도 조부의 훈계가 한 원인(遠因)이었으며, 『신대학』에도 조부의 말이 기록되어 있다. 『신대학』의 저술동기를 보여주는 부분에서도 대학을 조부에게서 배웠음과 그 영향으로 『신대학』을 저술하였음을 짐작해 볼 수 있다.[3]

---

[2] 『신대학』에 대하여는 정욱재의 심도 있는 연구가 있다. 정욱재, 「화사 이관구의 신대학연구」, 『한국사학사학보』 10, 2004.

제3장 국내 수학과 민족의식의 형성

내가 어려서 일찍이 『大學』을 우리 祖考 稼雲公에게 배웠는데 公께서 항상 훈계하시기를, "사람이 明明德이 없으면 스스로 밝을 수가 없고, 新民이 없으면 날로 새로와 질 수가 없고, 格物이 없으면 物理에 통하지 못하고, 致知가 없으면 眞理를 얻지 못하고, 理財함이 없으면 사람을 구제할 수가 없고, 治國平天下의 道가 없으면 나라를 보존하고 백성을 편안히 할 수가 없으니 너희들은 마땅히 힘쓸지어다" 했다. 나는 그때 나이 너무 어려서 참 뜻을 깨닫지 못하고 다만 읽고 외울 뿐이었다.

그 후 成年에 이르러 다시 『大學』을 꺼내서 거듭 읽어보니 그 글이 아주 간단해서 문제에 지나지 않아서 아는 자로 하여금 알게 하고 알지 못하는 자는 점점 깨닫게 하는 논의가 별로 없다. 하물며 때는 古今의 차이가 있고 법에는 새것과 옛것의 다른 것이 있어 옛사람이 敍論한 도리와 법으로 능히 천하와 국가를 의논할 수는 없다. 그런 까닭에 그 제목을 세우고 古今東西의 성인과 철인의 논의를 참고하여 그 적당한 것을 취하여 모아서 합치고 간간이 내 생각을 부쳐서 이 책을 편찬하고 이름을 新大學이라 하였다. 그 말과 논의에 정반대되는 것과 또한 抑揚과 贊嘆도 가끔 지나친 것도 있다. 그러나 이는 역시 부득이 시세가 그렇게 만든 것이다. 통틀어 大旨는 치국평천하의 道에 함께 돌아가는 것이니 치국평천하에 뜻이 있는 자는 혹 용서하고 웃고 보아주기 바란다.

이관구는 자신이 어려서부터 할아버지에게 『대학』을 배운 것을 술회하고 다시 성인이 되어, 다시 『대학』을 보고 그 미진한 점이 있음을 느껴서 『신대학』을 저술하였다고 한다.[4]

한편 조부의 엄하고 자상한 가르침과 이관구의 영민함으로 그는 일찍부터 서예에도 두각을 나타내었다. 이관구가 11세인 1896년에 12세 서난정기(十二世 書蘭亭記)를 임서(臨書)한 것이 오늘날에도 남아 있다. 이 글은 이관구의 동생인 이창구가 해방 후 서울 고서점에서 형님인 이관구의 12세 또는 17세 때의 유년필적(幼年筆跡)을 보고 구입하여 형님에게 갖다 주었다.

---

3) 위의 논문 참조.
4) 위의 논문 참조.

산수

화사의 친필(계룡사 신원사 소장)

여기에는 황해도 해주종인가 소장(海州宗人家 所藏)이라고 적혀 있다. 오늘날 이글들은 아들인 이하복이 보관하고 있다. 그리고 영화 9년 3월 3일 산음 왕휘지의 글(永和 九年 三月 三日 山陰王羲之書)의 난정기(蘭亭記)가 있는데, 이관구가 8세 때 임서(臨書)하였다. 글을 보면 얼마나 잘 썼는지 세인들을 놀라게 한다.

또한 이관구는 1910년 신학문을 공부하던 시기에 3개월 동안 서예의 대가들에게 공부하는 기회를 가졌다. 최송암(崔松菴, 正鉉), 노송곡(盧松谷, 承龍), 윤자도(尹子度, 尹鑐) 등이 그들이다.[5]

이관구는 이처럼 서예에 자질과 능력이 있었다. 그리고 훌륭한 스승들을 만나 그의 서예 능력을 더욱 향상시킬 수 있었다. 아들 이하복의 말에 따르면, 이관구는 중국에서도 서예전을 개최한 적이 있을 정도였다고 한다. 그런 그였으므로 그의 필적은 한국의 주요 사찰의 현판 등에 남아 있다고 전해진다. 계룡산 신원사에 소장되어 있는 〈소림원〉(少林院)이 그것이다. 아울러 이관구는 중국서화 전람회에 〈산수〉(山水)라고 쓴 글을 출품하기도 하였다. 서예에 관심을 갖고 있는 필자 역시 화사 이관구의 필적을 보고 크게 탄복하였다.

---

[5] 이관구, 「최정현」·「노승룡」·「윤헌」, 『의용실기』.

2) 의암 유인석으로부터의 한학 공부와 민족의식의 형성

의암 유인석 초상화

이관구가 중국 각지를 역방하여 중국을 대표하는 양계초, 강유위 등과 교류를 할 수 있었던 것은 그의 한문 실력이 남달랐기 때문일 것이다. 그는 조부님과 당대의 대표적인 유학자인 유인석으로부터 1889년부터 1906년까지 가르침을 받았던 것이다. 유인석은 위정척사사상의 원류인 이항로(李恒老)의 문하에 들어가서 주로 김평묵(金平黙)과 유중교(柳重敎)에게 학문을 배웠다. 그는 춘추대의정신(春秋大義精神)에 입각한 존화양이사상(尊華攘夷思想)을 철저히 익혔으며, 당대의 저명한 위정척사론자이자 의병장으로 활동하였다.

이관구가 지은 그의 『언행록』에 유인석과의 만남에 대하여 다음과 같이 언급하고 있다.

〈유인석의 제자 허락〉

자선이 유의암(柳毅菴: 柳麟錫)을 뵙고 학문을 청하자, 의암이 말하기를, "너의 조부는 덕행이 돈후(敦厚)하고 학문이 고상(高尙)하였다. 내가 서주(西州: 황해·평안도)에 온 이후로 가장 경외했던 분은 가운(稼雲: 李英稙)이다. 옛 성인(聖人)께서는 또한 아들을 바꾸어서 가르친다는 교훈이 있었다. 그러나 집안에 어진 선생인 부조(父祖)가 있으면 부조에게 배워야 할 것이니, 또한 일은 반이고 효과는 배이다."
하였다. 자선이 제자가 되기를 청하니, 의암이 허락하였다. 자선이 이어서 귀향해서는 더욱 노력하였다. 그 뒤에 의암을 뵈었는데 의암이 자선으로 하여금 치평(治平)의 시를 짓게 하였다. 자선이 말씀을 받아 지으니, 의암

이 보고 칭찬하면서 말하기를,
"너의 공부가 이에 앎을 다하였구나!"
하였다.

위에 언급한 『언행록』을 보아서는 이관구가 언제, 어디서 유인석을 만나 공부를 하게 되었는지 알 수 없다. 유인석의 문집인 『의암집』에도 이관구에 대한 언급은 찾아볼 수 없다.

유인석은 1898년 10월에 평북 강계(江界)로부터, 1900년 11월 황해도 평산(平山)의 산두재(山斗齊), 1901년 1월에 구월산 석담(石潭)의 청성묘(淸聖廟), 관서로는 숙천(肅川), 태천(泰川), 철산(鐵山), 용천(龍川) 등지를 역방하였다. 1901년 8월 묘향산, 동년 9월 개천(价川) 석계(石溪)의 숭화재(崇華齊, 여기에서『昭義新編』 간행), 1902년 평양 용강(龍江)의 향양재(向陽齊), 1903년 1월 숙천(肅川), 8월 평산에서 산두재, 연안(延安) 석계, 1904년 은율에 흥도서사(興道書社) 등을 다녔다. 의암 유인석은 이들 각 지역에서 1900년부터 1904년까지 제자를 가르쳤고, 선비를 만나면서 교류하고 시국에 대하여 걱정하였다.

이관구가 유인석을 어느 해에 만났는지, 어디에서 만났는지 알 수 없다. 다만 1900년대 초, 해서 관서 지역임은 분명한 것 같다. 유인석은 이미 이관구의 조부인 이영직이 덕망도 있고 글을 잘하는 분임을 알고 있었기에 이관구가 제자되기를 청하는 것을 사양한 적이 있었다. 그러나 이관구의 거듭된 간청을 받아들여 허락하였다. 그 뒤에 귀향한 뒤에 다시 만나서 유인석이 이관구에게 치평(治平)의 시를 짓게 하고, 그 글을 보고 칭찬한 것은 이미 어느 정도의 글의 수준이 넘었다고 인정한 것이다.

당시 이관구는 유인석이 중국 동북 지방과 해서, 관서 지방을 두루 역방하는 이유에 대하여 알고 있었을 것이다. 청일전쟁, 을미사변 등 일제의 조선침략에 대항하여 의병항쟁을 한 후 의병들을 모으고 국권회복운동을 보다 효과적으로 전개하기 위하여 북행(北行)을 감행하였던 것이다. 즉 유인석은 황해도와 평안도 지역의 주요 유림들과 만나 자신의 뜻을 역설하여 동참을 권유하였던 것이다.

　유인석과의 만남을 통하여 이관구는 자연스럽게 국권회복의식과 민족의식을 갖게 되었다. 특히 조부로부터 집중적으로 전통적인 유교교육을 받은 이관구로서는 더욱 당연한 결과였다. 유교는 무엇보다도 충과 효를 강조하는 사상이기 때문이다. 충이 바로 효이고, 효가 바로 충이며, 나라를 구하는 것이 바로 효이고, 효는 바로 충으로 이어지는 것이기 때문이다. 이관구가 1910년 이후 적극적으로 항일투쟁에 참여한 것도 바로 유인석의 유교적인 가르침에 기인한다고 볼 수 있다.

　이관구에게 체득된 필불사(必不死)의 정신과 민족의식은 조부인 이영직의 유학적 가르침과 유인석의 민족적 가르침에 기인하는 것이라 볼 수 있겠다.

3) 유응두(柳應斗)로부터 도(道)에 대하여 배움

　이관구는 유응두를 만나 도에 대한 가르침을 배웠다. 『언행록』에 다음과 같은 기록이 있다.

　　〈유응두에게 도에 대하여 들음〉

　　자선이 유응두(柳應斗) 선생을 배알하였는데, 유선생이 말하기를,
　　"너는 도(道)를 아느냐?"
　　하니, 자선이 말하기를,
　　"아직 모릅니다."
　　하였다. 〈유선생이〉 말하기를,
　　"앉아라. 내가 너에게 말해 주리라. 대저 도(道)는 대도(大道: 큰 길)와 같아서 만물이 따라 가니, 오직 하나의 정로(正路: 바른 길) 뿐이다. 두 점 사이에 비록 만개의 선을 긋더라도 그 가장 가까운 것은 하나의 직선일 뿐이다. 사람과 사람, 물건과 물건의 상호 관계 사이에 그 도가 또한 허다하지만 그 정도(正道: 바른 길)는 하나이다. 물건의 중심점 역시 하나이다. 그

러므로 법률 제정 이전에 정(正)과 부정(不正), 의(義)와 불의(不義)가 이미 판정되어 있었다.

　대저 도를 터득하는 요령은 색은행괴(索隱行怪)에 있지 않고 평상(平常)에 있다. 능히 시각과 청각 작용으로 소리를 들어 이치를 살피며 모습을 보아 색깔을 분별하고, 또 고찰(考察) 작용으로 그 항상 머물러 멸망하지 않는 이치를 얻어 종합(綜合)하고, 추리(推理) 작용으로 연구하며 또 연구하면 그 속에서 진도(眞道: 진정한 도)가 마침내 나타나니, 이것이 견성성각(見性成覺)이다. 성각(成覺)하면 석가(釋迦)도 특별한 사람이 아니고, 공자(孔子)도 특별한 사람이 아니고, 모두 도를 터득한 사람에 불과하여, 똑같이 둥근 두개골과 모난 발을 가졌으니, 어찌 석가나 공자만 도를 터득하고서 다른 사람은 도를 터득하지 못하는가? 이는 모두 잠시 도를 터득하지 못함이지 영세(永世)에 도를 터득하지 못하는 것이 아니다.

　『시경(詩經)·빈풍(豳風)·벌가(伐柯)』에 이르기를 '도끼 자루를 베며 도끼 자루를 벰이여! 그 법칙이 멀지 않도다.(伐柯伐柯 其則不遠)'고 하였으니, 도가 가까이 있는 것을 아직도 터득하지 못하고 흘겨서 보는 자이다. 강절(康節) 선생의 시(詩)에 말하기를 '달이 하늘 복판에 이르고, 바람이 물 표면에 올 때, 이와 같은 깨끗한 묘미를 아는 이가 적은 줄을 헤아린다.' 하니, 이는 도의 기상을 여실히 표현한 것이다.

　무릇 사람의 성질은 용이하게 사물을 살펴서 아니, 그 내부조직의 상세함을 터득하지 못한다. 그러므로 불가(佛家)의 오도(悟道)의 방법은 이치를 인식함으로 심(心)을 삼고 심으로 만법(萬法)의 종(宗)을 삼고 심을 인식함으로 성(性)을 삼는다. 그 용공(用功)의 요점은 문자(文字)를 확립하지 않고 곧바로 인심(人心)을 가리켜 견성성각(見性成覺)하고 돈오(頓悟)한 뒤에 바야흐로 점수(漸修)할 줄 안다. 무위(無爲)로 득도(得道)를 삼고 선악(善惡)을 논하지 않는다. 만약 의사(意思)로 터득한다면 모두 망견(妄見)으로 삼는다. 반드시 정(情)에 맡겨 곧바로 가서 의사를 쓰지 않은 뒤에야 마침내 진견(眞見)이 된다. 만약 여기에 미치지 못하면 중간에 무의미한 어구를 가하게 되어 무한히 오묘하게 만들어도 드디어 대의(大疑)를 내게 된다. 사람으로 하여금 전심(專心)하여 연구하게 하고 공부를 쌓아 그치지 않게 하고 그 정정(靜定)의 극치에 반드시 심성영자(心性(影子: 심성의 그림자)를 방불(彷佛)하게 상상(想像)하는 즈음에 보게 되면 드디어 대오(大悟)를 이루어 성도(成道)하게 된다.

  옛날에 황제(黃帝)가 현주(玄珠: 道의 本體)를 잃고서 지혜로운 사람을 시켜서 찾게 하였으나 찾지 못하였고, 총명한 사람을 시켜서 찾게 하였으나 찾지 못하였고, 마침내 망량(魍魎)이 현주를 찾았으니, 이것이 득도(得道)하는 요도(要道)이다. 도는 터득하면 그 묘미가 무궁하다.

  그러므로 대도(大道)를 깨달음에 온통 무사(無事)이고, 진기(眞機: 진리의 기틀)를 깨우침에 모두 공(空)이고, 진하며 살찌며 매우며 단 것이 진미(珍味)가 아니고, 진미는 오히려 담박함에 있다. 신기탁이(神奇卓異)함이 지인(至人)이 아니고, 지인은 다만 상상(常常: 보통)이다. 그 도는 역시 평상(平常)이니, 중용(中庸)의 용(庸)도 역시 평상이다."

하였다.

  유응두는 이관구의 아버지 이윤규의 스승이며, 복벽주의(復辟主義)의 대한독립의군부의 황해도 대표로 추대될 정도로 명성이 자자한 석학이었다. 그러므로 이관구는 부친의 스승인 유응두로부터 도에 대하여 뿐만 아니라 독립운동정신에 대하여도 가르침을 받았을 것으로 생각하는 것은 자연스러운 일이 아닌가 생각된다. 왜냐하면 유응두는 1910년대의 항일독립운동단체인 대한독립의군부의 황해도 대표였던 것이다. 앞으로 학문적 측면뿐만 아니라 항일독립운동의 차원에서 이관구에게 미친 영향이 보다 깊이 있게 살펴져야 할 것이다.

  그런데 주목할 만한 사실은, 유응두가 현재 위서로 인정되고 있는 『단기고사』를 발견하고 그것을 문인인 이윤규에게 부탁하였으며, 다시 그 책이 아들인 이관구로 넘어오게 된다는 점이다. 이 점 역시 『단기고사』의 위서 여부가 아니라, 항일독립운동의 민족정신을 전달하기 위한 한 수단으로써 언급되어야 할 것 같다.

  유응두는 중국 각지를 다니다가 우연히 한 서점에서 『단기고사』를 발견하고 그것을 곧바로 구해 와서 이윤규 등에게 당부하여 수권을 등사하도록 하였다. 이윤규는 동지인 학부편집국장(學部編輯局長) 이경직(李庚稙)에게 소개하여 간행하도록 부탁하였다. 그러나 일제의 내정 간섭으로 이 책은 미

간행 되었다. 부친의 뜻을 이은 이관구는 이후 신채호에게 서문을 받는 등 『단기고사』 출간에 많은 노력을 하게 된다. 그리하여 1949년에 김두화와 함께 『단기고사』를 번역·출간하였다. 『단기고사』는 이관구의 역사인식에 일정한 영향을 미쳤다. 그는 『단기고사』로 인해 단군조선에 대한 새로운 인식을 지니게 되었으며, 이 때문에 대종교적 민족주의자라는 평가를 받게 된 것이다.[6]

이관구가 신채호에게 부탁한 점 그리고 해방 후 이를 간행하고자 한 점 등은 단군조선을 강조함으로써, 식민지시대와 해방공간 속에서 민족의식을 고취하고자 하는 차원에서 이해할 필요가 있다고 판단된다.

4) 고후조(高後凋)로부터의 애국사상 고취

이관구는 고후조를 높이 평가한 것 같다. 그가 작성한 『의용실기』[7] 「고후조」에서 그에 대하여 다음과 같이 언급하고 있다.

高後凋

高後凋는 海州人이다. 儒林中에 대학자로 當行儉이 世人에게 모범이 될 만한 忠厚君子이다. 趙泗齋와 親함을 李華史도 泗齋의 紹介로 初見하고 조선독립의 事를 말하니 後凋先生이 大讚하고 柳毅菴의 昭義를 내여서 華史를 뵈우며 말하기를 毅菴이 사업은 成功치 못하였으나 의리는 明한 사람이라. 사업을 하고자 하는 者가 반듯이 事體가 올으면 卽 실행하여 보는 것이요 最後에 接敗까지 討할 것은 아니다. 지금 조선이 일본에 합병된 후로 조선 사람으로서 당연히 할 것은 독립운동뿐이다. 그런데 조선 천지에 너무도 혁명가가 없는 것을 나는 매우 유감으로 생각하더니 萬山古木에 一葉靑格으로 華史가 이 倭警網이 치밀하고 嚴險함을 기탄없이 돌파하고 성심

---

[6] 정욱재, 「화사 이관구의 신대학연구」 참조.
[7] 『의용실기』에 실린 의용록의 각 인물에 대한 경우, 원문을 최대한 살리는 범위 내에서 독자들의 편의를 위하여 일부의 경우 한자를 한글로 그리고 오늘날의 맞춤법에 맞게 수정하였다.

제3장 국내 수학과 민족의식의 형성

성의를 국가에 盡하고자 하니 사상이 있는 사람으로야 孰가 동정치 아니하랴. 我가 연노하였으나 時年 八十五 내의 能力所後處까지 讚助할터이니 華史는 千萬慊心하야 성공하도록 하라 하고 당시 유학자로서 富名이 잇는 吳瓚根 進士를 소개하여 주고 또 索索 數人를 소개하여 주었다.

瓚根은 吳鳳泳進士의 第二子이요 鳳泳은 崔勉菴의 수제자로서 勉菴이 倭人들에 검거되어 대마도에 구금되어 있을 적에 왜국정부에서 주는 米는 拘禁 中에서도 먹지 아니 하겠다 하고 不食飢餓 中에 있을 때에 鳳泳이 朝鮮米와 식수에 船에 滿載하고 대마도에 가서 기아에 濱한 崔勉菴에게 進呈하니 勉菴이 死日까지 그 朝鮮米로 炊飯하여 자시고 생명을 유지하였다. 吳瓚根家는 이와 같이 역사 깊은 사상가이다. 瓚根이 華史를 만나서 一見 平生親의 정의로 물심양면으로 華史를 찬조하여 주어서 華史의 독립운동 사업에 적지 안은 힘을 주었고 또 이와 같은 人을 소개하여 준 것이 多하다. 실로 後凋는 대학자만 될 뿐 아니라 애국사상이 간절한 人이니 참으로 世에서 罕見할 老儒宿師라고 아니할 수 없고 그 실행은 後人의 모범이 될 만 하나니라.

즉, 이관구는 고후조를 애국사상이 절절한 인물로 평가하고 있다. 그런 그였으므로 이관구는 그에게서 '국시'에 대한 가르침을 받았던 것이다. 이 부분은 다음의 『언행록』 「고후조와 나눈 국시론」에서 살펴볼 수 있다.

〈고후조와 나눈 국시론(國是論)〉

자선이 고후조(高後凋)를 만났는데, 고후조가 말하기를,
"그대는 조선의 국시(國是)를 아시오?"
하니, 자선이 말하기를,
"국혼(國魂)이 바로 국시(國是)입니다."
하였다. 고후조가 말하기를,
"국혼은 무엇입니까?"
하니, 자선이 말하기를,
"오직 우리나라 조상이신 단군(檀君)의 성자현손(聖子賢孫)이 계승하고 계승하였습니다. 오늘에 이르도록 반만 년 동안 간혹 외족의 침략을 받았으

나 종시(終始)로 외족의 세력 아래에 무릎을 꿇지 않고 비밀히 동심협력하여 외세를 전복(顚覆)시키고 그 굴레를 벗어나서 마침내 독립 자유에 이른 뒤에 외국인을 배척하는 사상이 사라질 것입니다. 이 정신이 국혼(國魂)입니다."
하였다. 고후조가 말하기를,
"그대는 하나만 알고 둘은 알지 못합니다. 우리나라의 중요한 정신은 예절과 의리에 있습니다. 그러므로 예가 아니면 행동하지 않으며 의리가 아니면 거처하지 않습니다. 이 까닭으로 세상 사람들이 일컫기를 '예의동방(禮義東方)'이라 하고, 또 말하기를 '군자국(君子國)'이라 하는 것입니다."
하였다.

이관구는 고후조와의 대담에서 국혼이 바로 국시라고 말하고 있다. 이에 대하여 고후조는 예절과 의리가 우리나라의 중요한 정신임을 유교적인 측면에서 강조하고 있다. 즉 고후조는 국시는 바로 예절과 의리이며 이를 바탕으로 독립정신을 키워나가야 한다는 가르침으로 판단된다.

2. 신학문 수학과정

이관구는 향리에서 조부로부터 그리고 조선의 대표적인 유학자들인 유인석, 유응두, 고후조 등으로부터 예의와 의리에 바탕을 둔 유교적인 사상을 토대로 민족의식을 형성하였다. 그러나 1876년 개항 이후 일본 등 제국주의 세력이 조선의 국권을 침탈하기 위하여 끊임없이 공격을 전개하자 이관구는 신학문을 통하여 제국주의의 실체를 정확히 알고 국권을 회복하기 위한 운동에 적극적인 참여를 하게 된다.

박은식, 양기탁, 신채호, 장지연(왼쪽 위부터)

1) 서울로의 상경과 박은식 등 민족 언론인들과의 만남

이관구는 자신의 『의용실기』 「자서전」에서 자신이 신학문을 공부한 것을 다음과 같이 기술하고 있다.

余는 일찍이 儒家門에서 학업을 修하고 청운에 뜻을 두고 京城에 와서 留하며 당시의 지사 朴殷植 梁起鐸 申采浩 張志淵 諸先輩와 동시에 언론계에 遊하다가 신학식이 부족함을 자각하고 安昌浩 선생을 從하야 평양에 往하여 大成學校를 出身하고 平壤 崇實大學에 입학하야 3年級에서 수학하다가 한일합병시를 당하여 조선에 留할 생각이 없어서 일본의 不平黨을 연락하기 위하여 동경에 반년 간을 留하며 각종 공작를 하여 보았으나 일본인

과는 성질이 水油不同器의 형세임으로 도저히 일본인과는 不共戴天之讐는
될지언정 同心同事할 수는 없다고 자각한 후로 곧 일본을 離하야…….

    이관구는 약 16년 동안 구학 즉 유가에서 유학의 경전을 열심히 공부하며 충과 효의 사상적 토대를 마련하였다. 더구나 조부와 유인석으로부터 민족의식도 형성하게 되었다. 그러는 동안 시국은 크게 변하여 개항, 근대화의 물결과 더불어 일본 제국주의의 침략이 더욱 노골화되고 있었다. 이에 이관구도 심적인 동요를 크게 느끼기 시작하였다. 점차 그는 이제 향리에만 그냥 있어서는 국권을 회복하기 어렵다는 인식을 하게 되었던 것이다. 아울러 구학문만 갖고는 제국주의 시대에 민족의 생존을 구할 수 없다는 시대인식도 갖게 된 것 같다. 특히 일본에 의해 강제로 체결된 을사늑약은 더욱 충격을 주었을 것이다.

    이에 1906년(당시 이관구의 나이 26세) 이관구는 구학문을 접고 무조건 서울로 상경하였던 것이다. 집에는 연로한 조부님과 엄격하였던 아버지와 먹을 것 입을 것도 제대로 챙겨주지 않는 계모에게 고생하는 처, 그리고 어린 딸이 있었다. 이러한 집안의 상황을 뒤로 하고 서울로 향하기는 쉽지 않았을 것이다. 이관구는 조부의 따뜻한 사랑과 가족을 뒤로 하고 집안을 떠나 국가와 민족을 위하여 외로운 길에 첫 발을 내딛었던 것이다.[8] 그의 서울 행은 그의 인생에 있어서 큰 전환기였고, 새로운 인물들과 새로운 학문을 접하는 큰 용기의 산물이었다.

    서울로 온 이관구는 구한말 당시 전국적으로 명망이 있었던 언론계 지도자였던 박은식, 양기탁, 신채호, 장지연 등을 만나게 된다. 당시 이들 인물들의 상황을 보면, 박은식(1859~1926)은 이관구보다 24세 연상으로 항일적인 신문사였던 대한매일신보에서 근무하고 있었다. 양기탁(1871~1938) 역시 이관구보다 14세 연상이며, 박은식과 같이 대한매일신보에 근무하고 있었다. 신채호(1864~1921)는 이관구보다 21살 연상으로 대한매일신보의 논설위원이었다. 장지연(1864~1921)은 이관구보다 21세 연상으로『황성신문』에

---

[8] 『도통지원단』,『의용실기』참조.

을사조약의 부당성을 알리는 「시일야방성대곡」이란 논설을 써 전국적으로 유명한 인사였다.

이관구가 만난 박은식 등 이들 인사들은 당시를 대표하는 계몽운동가들이며, 그보다는 연상인 인생의 대선배들이었다. 이관구는 이들과의 만남 속에서 시국의 현안 문제와 앞으로 젊은 청년들의 나아갈 좌표에 대하여 많은 이야기를 들었을 것이다. 그리고 국권을 회복하기 위하여 더 늦기 전에 신학문을 공부하여 국제정세에 대한 올바른 인식을 통하여 국권을 회복하고자 결심하였던 것이다.

2) 안창호와의 만남과 대성학교 입학

『언행록』을 보면 이관구가 안창호를 선생으로 모시고 그의 가르침을 받는 장면이 두 번 나온다. 그중 하나를 보면 다음과 같다.

〈안창호의 시중(時中) 해설 청취〉

안창호가 한적히 거처할 때에 자선이 모시고 있었는데, 안창호가 말하기를, "그대는 시종(時鍾: 시계)이 시간을 맞추는 것을 아시오? 그 대·중·소의 바늘이 그 절도를 잃지 않고 규칙적으로 움직여 돌면 밤과 낮 24시간에 제대로 맞을 수 있습니다. 절도가 없이 멋대로 움직이면 하나도 서로 맞는 것이 없이 공연히 동력만 소비하고 맙니다. 만일 절도가 없이 함부로 움직여서 밤과 낮으로 한 시간을 맞추지 못한다면, 움직이지 않도록 고정하여 밤과 낮으로 두 시간이라도 맞추는 것과 어느 것이 낫겠습니까? 사람이 세상을 살아가는 데에 활동이 기회가 닥쳤을 때 마땅히 '진실로 그 중도를 잡아(允執厥中)' 활동하면, 행실이 규칙에 맞고 태도가 법칙에 맞아 행동이 맞지 않음이 없고 조처가 마땅하지 않음이 없습니다. 만일 '진실로 잡는다'는 주의가 없이 바람 따라 조류 따라 함부로 행동하여 그치지 않는다면 행동이 중도를 얻지 못하고 조처가 마땅함이 없습니다. 그러므로 함부로 행동함은 안정하여 행동하지 않는 것만 못합니다. 공자(孔子)가 말하기를 '예(禮)가 아니면 움직이지 말라(非禮勿動)' 하였으니, 공자가 시중(時中)의 성

대성학교 제1회 졸업

인(聖人)이 된 것은 모두 예(禮)의 법도에 따라 움직였기 때문입니다."
하였다.

이관구가 20세 무렵에 서울에 상경하였다가, 다시 안창호가 설립한 평양 대성학교에 들어간 것도 안창호의 영향 때문이었다. 특히 이관구는 안창호에게 가르침을 받으면서 그의 사고를 계발하였다. 이관구는 대성학교 수학시절에 안창호를 통해서 양계초의 저술을 확실히 접하고 공부하였을 것이다. 안창호는 평양에 대성학교를 세우고 약 4년 동안 교장을 맡아 『음빙실문집(飮氷室文集)』을 교과서로 사용하였기 때문이다. 또한 안창호가 주도적으로 조직하였던 신민회도 양계초의 신민사상에 영향을 받아 설립하였다.[9] 이렇게 안창호는 이관구가 신학문

대성학교 모표

---

9) 李光麟, 「舊韓末 進化論의 受容과 그 影響」, 『韓國開化思想硏究』, 일조각, 1979, 278~279쪽.

수학 시기에 큰 영향을 끼친 스승이었다. 이관구가 독립운동가들로부터 친필을 모아 놓은 『독립정신』에서 안창호의 유묵 '재신민(在新民)'을 첫 번째로 싣고 있는 것도 이런 연유이다.[10]

이처럼 이관구의 안창호와의 만남은 그의 인생에 있어서 중요한 역할을 하였다. 그런데 1906년경 서울로 상경한 이관구가 언제 그를 만났는지는 정확하지 않다. 안창호는 미국에서 5년 동안 있다가 1907년 일본에 들렀다 서울에 왔다. 이관구는 서울에 1년 정도 머무는 동안 안창호를 만난 것 같고, 1908년에 안창호, 윤치호 등에 의해 설립된 대성학교에 입학한 것 같다.

이관구가 대상학교에 입학하기 위하여 갈 때, 조부는 다음과 같이 훈계를 하였다고 전해진다.

〈조부 가운 선생의 훈계〉

자선이 책 상자를 지고 평양 대성학교(大成學校)에 갈 때 왕고공(王考公) 가운(稼雲) 선생이 훈계(訓戒)하여 이르기를

"사람의 독립정신은 입지(立志: 뜻을 세움)에 있다. 뜻이 서지 않으면 소위 학문이란 것은 오히려 사람을 다치게 하고 사물을 해치는 도구가 되어 취할 만한 것이 없다."

하였다.

조부는 신학문을 배우러 가는 손자 이관구에게 노파심이 있었던 것 같다. 조부는 무엇보다도 독립정신은 뜻을 세움에 있음을 강조하고 있다. 신학문을 한다고 해서 입지를 소홀히 해서는 안 됨을 가르쳤던 것이다.

이관구가 대성학교에 입학한 때 그의 나이 23세였다. 당시는 오늘날처럼 나이 제한이 있었던 것도 아니고 학생들 사이에서도 나이 차이가 어느 정도 있었던 것으로 알려지고 있다. 여기서 언급하고자 하는 것은 어릴 때부터 집에서 한문 공부를 많이 한 비교적 나이가 많은 학생이 한문에 문리(文理) 또는 문의(文意) 그리고 궁리(窮理)하는 사고가 뛰어나 신학 공부에서도 한

---

[10] 정욱재, 「화사 이관구의 신대학연구」 참조.

문 공부를 하지 않고, 나이 적은 학생에 비하면, 뛰어난 경우가 많았다. 그런 면에서 이관구는 23세의 중고등학생 신분에 구학의 경전을 암송 암기하였을 뿐만 아니라 궁리 사고력이 뛰어나 신학문 공부에도 탁월하였을 것이다. 그런데다가 이관구 자신이 서울에서나 사회에서 구학보다 신학을 공부해야겠다는 절박감을 절실히 느끼고 학교에 입학하였기 때문에 더욱 공부에 열중하였다고 판단된다.

그 당시 평안도 지방에서는 앞 다투어 많은 신학교가 생겼지만 그중에서도 대성학교는 윤치호, 이종호, 안창호 등 민족지도자들이 세운 학교로 그 명성이 자자하였다. 아울러 학교시설도 좋은 편이었다. 교사로는 문일평(文一平), 황의돈(黃義敦), 차이석(車利錫), 나일봉(羅一鳳) 등이 있었다. 교과목은 독서, 작문, 산술, 역사, 지지(地誌), 물리, 생리, 식물, 영어, 일어 등이 있었다. 구학문에서 볼 수 없는 다양한 과목들이 있었으며, 영어, 일어 등 외국어가 포함되어 있었다.

이관구는 대성학교를 통하여 신학문에 접하여 새로운 세상에 접하였으며, 특히 안창호 등 민족운동가들을 통하여 민족의식을 크게 함양하였던 것이다. 이관구가 안창호의 영향을 많이 받은 것은 다음의『언행록』의 기록을 통하여 짐작해 볼 수 있다. 이관구가 대성학교에 재학하고 있을 때, 어느 날 여학생 박여옥(朴麗玉)이 와서 묻기를,

"지금 우리나라는 어지러워서 정부는 정부의 지위를 보존하지 못하고 인민은 나라를 보존하는 방도를 알지 못합니다. 외국의 물화를 남용하고 국채는 날로 가중되어 조만간에 우리나라가 노국(露國)의 판도에 들어가지 않으면 일본 세력에 병합될 것입니다. 이와 같은 지경을 당한다면 인민들은 모두 일본과 러시아의 노예가 됩니다. 대권(大權)은 한꺼번에 잃어버리고 마침내 권리를 회복하기가 어렵게 되리니, 어떻게 하면 되겠습니까?"
하니, 자선이 말하기를

"나와 박양은 모두 똑같은 학생입니다. 이처럼 중대한 문제에 이르러서는 해명하기가 어렵습니다. 내가 도산(島山) 선생을 찾아뵙고 상세히 그 방도를 여쭈어보겠습니다."

하였다. 훗날 자선이 도산 선생을 배알하고 위와 같은 일을 여쭈니, 도산 선생이 말하기를

"국가가 장차 흥하려면 반드시 정상(禎祥: 상서로움)이 있으며, 국가가 장차 망하려면 반드시 요얼(妖孽: 재앙의 조짐)이 있다. 지금 조정에 이완용(李完用)·송병준(宋秉畯) 등의 간사한 무리들이 권력을 조롱하여 일본과 통모(通謀)하고, 효걸(梟傑: 간웅) 이등박문(伊藤博文)이 때를 틈타 간신의 마음을 사자, 친로파가 점점 세력을 잃고 대세가 장차 일본인에게 먹힘을 당하게 되었다. 그러나 애국열사들이 혹은 해외로 망명하여 강한 나라들에게 호소하고, 혹은 국내에 숨어서 독립운동을 감행했다.

장차 천하의 대세는 독일이 몰래 호랑(虎狼)의 마음을 품고 이웃나라를 침략하고자 하니, 그 재화는 기필코 세계대전을 초래할 것이다. 연합제국이 처음에는 여러 차례 패하겠으나 종당에는 반드시 이겨서 다시 국토를 회복하는 날에 이어서 약소민족의 보호문제를 제기할 것이다. 이때를 당하여 우리 민족은 그 기풍을 이용하여 다투어 독립만세를 부르고 마침내 외국에 임시정부를 세울 것이다.

그러나 일본 세력은 바야흐로 강하고 우리의 정부는 유명무실(有名無實)하고 일본이 더욱 강한 세력을 보태어 우리 민족은 모두 그의 어육(魚肉)이 될 것이다. 이와 같이 하기를 수십 년에 다시 세계 대전이 일어나 그 마지막에는 승리가 북미인에게로 돌아간다. 일본인들은 머리를 감싸 안고 쥐새끼처럼 숨어서 섬나라로 도망간다.

'해방(解放)'이란 한 마디의 소리에 조선독립의 기운이 금수강산에 충만하게 된다. 그러나 조선은 오랫동안 일본의 학정의 유린을 받아와서 민심은 분리되어 갈라지고 각자 자기 마음으로 마음을 먹는다. 미국인과 소련인이 조선에 함께 주둔하여, 인심은 또 한번 변한다. 혹자는 미국인에게 아부하고 혹자는 소련인에게 아부하여 주의(主義)가 서로 갈라지고 민심이 다시 바뀐다. 동족 간에 서로 보기를 원수처럼 하여 잔인무도한 행위를 감행하니, 소위 정부는 남북으로 병립하고 엽관(獵官)·모리배(冒利輩)들이 펄펄뛰어 민생은 도탄에 빠진다.

사람들이 모두 현명한 영도자를 생각하기를 어린 아기가 자애로운 어머니를 그리워하는 것처럼 한다. 그러나 세상에는 그런 사람이 없고, 그 다음가는 사람도 없다. 단지 제 삼등의 인물이 대두하여 감히 정치를 행하니, 민

심은 등지고 등져서 마침내 수습하기가 어렵게 된다. 모두 말하기를 '이 해는 언제 망할꼬?' 하고 있으니, 이는 또한 피할 수 없는 조선의 액운(厄運)이다.

　이러한 까닭에 세계 제3차 대전을 겪지 않는다면, 조선은 독립의 지위를 얻지 못할 것이다. 비록 독립을 얻더라도 이름만 있고 실상이 없는 것에 지나지 않는다. 그렇다면 우리 조선의 완전한 독립의 시기는 언제인가? 나의 소견으로 추측하건대 제2차 세계 대전 후 30여 년이 지난 다음에야 통일된 자주독립의 시기가 될 것이다."

하니, 이관구는 삼가 이 말을 듣고 일기첩에 적었다.

　대성학교(大成學校)는 1908년 안창호가 평양에 설립한 사립 중등교육기관이다. 1907년에 결성된 비밀결사단체인 신민회의 교육구국운동의 일환으로 도산 안창호가 설립하였다. 일제는 1908년 9월 1일자로 「사립학교령」을 공포하여 한국의 수많은 사립학교에 대해 혹독한 탄압을 가하였다. 뿐만 아니라 「교과용도서 검정규정」을 발포하여 학교에서 조선의 자주독립을 고취하는 어떠한 교육내용도 가르치지 못하도록 원천적으로 봉쇄하였다. 당시 사립학교

이종호(1910년대)

들은 재정과 교사진의 부족으로 시설과 교육체제 등이 대부분 부실하였으나 안창호는 어려운 시기에 지·덕·체(智德體)를 겸비한 모범적인 학교를 만들고자 하였다. 이에 따라 안창호는 재정 문제는 이종호(李鍾浩)와, 교육 문제는 윤치호와 의논하였다. 전 내무원경 이용익(李容翊)의 손자인 이종호는 1905년 을사5조약 늑결 후 조부가 러시아로 망명하자 거액의 유산을 물려받았고, 조부의 유업을 계승하여 보성학교와 보성사라는 인쇄소를 운영하고 있었던 유지였다. 안창호의 요청이 있자, 이를 즉각 받아들여 10만

원이란 거금을 내어놓아 학교건물을 지을 수 있었다.

당시 신문에 게재된 학생모집 기사에 의하면, 학생은 예비과와 초등과로 모집하였는데, 예비과란 초등과에 들어가려는 학생을 위해 특별히 설치한 과정이었고 초등과는 중학과정이었다. 1908년 9월 26일 개교식 당시 신입생은 90여 명으로 당시 입학 시험과목으로 독서(국한문), 작문(국한문), 산술(사칙) 과목을 두었고 매학기마다 학생을 선발하였다. 1909년 1월에 치른 입학 시험과목은 독서·작문·산술을 비롯해 역사·지지·물리·생물·식물·영어·일어로 선발 기준이 강화되었다.

대성학교의 교육방침은 건전한 인격의 함양과 애국정신이 투철한 민족운동가의 양성, 실력을 구비한 인재의 양성, 건강한 체력의 훈련에 두었다. 애국주의 고취를 위해 모든 교과목과 강의 안에 '애국'을 집어넣었다. 또한 매일 아침 조회에서도 '애국가'를 고창했을 뿐 아니라 반드시 애국에 관한 훈화를 새겨듣고 익히도록 하였다. 특히 교육에서 큰 비중을 차지한 것은 체육이었다. 구한국군 사관(士官)을 체육교사로 초빙하여 군대와 같이 강력한 체육과 군사훈련을 실시하고 전술 강의까지 하였다. 이처럼 체육시간에 군사훈련을 시킨 것은 교육구국운동을 당시 신민회가 구상하는 국외의 독립군 창건과 보조를 같이 하기 위한 것이었다.

대성학교 개교 당시 초대 교장은 윤치호가 추대되었다. 윤치호는 당시 개성의 한영서원(韓英書院) 운영도 맡고 있어서 평양에 상주하지 못하였다. 그래서 안창호가 교장사무를 대행하는 대판(代辦)교장을 맡고 실질적인 교장으로 학교를 운영하였다. 2대 교장은 동경고등사범학교를 졸업하고 태극학회(太極學會)를 지도했던 장응진(張膺震)이었다.

개교 당시 교사도 완공되지 못했고, 교사의 초빙 또한 제대로 되지 못한 어려운 상황에서 김진초(金鎭初: 동경제대 농과 졸, 농업)가 제일 먼저 교사로 초빙되었다. 그는 평남 숙천(肅川) 사람으로 1902년 6월에 일본으로 유학해 정칙(正則)예비학교를 거쳐 1905년에 동경제대 농과에 들어가 1908년 7월에 졸업하고 귀국한 26세의 유능한 청년학자였다. 그리고 1909년 8월에 장응진이 대성학교 교사로 초빙되었다. 그는 황해도 장연 출신으로 특히 한국인 최초로 일본 동경고등사범학교를 졸업하였다. 일본 유학시절 태극학회 회장을 역임하였다. 당시 30세의 젊은 청년으로 대성학교의 수석교원이 되어 교무책임을 맡았다. 김두화(金斗和) 역시 개교 초부터 교사로 초빙되어 학교의 관리와 교수방침을 시찰하기 위해 일본에 파견되기도 하였다. 그 외에 옥성빈(玉成彬)이 영어교사였으며 나일봉(羅一鳳: 한문), 장기영(張基永: 생물, 지리), 문일평(文一平) 등이 재직하였다. 문일평은 1908년 일본 명치학원(明治學院) 중학부 졸업과 동시에 귀국해 교사로 있었으며, 황의돈(黃義敦)은 1911년에 교사로 부임하여 폐교될 때까지 역사를 가르쳤다. 그리고 체조교사로서 군인장교 출신의 정인목(鄭仁穆)과 이승설(李昇卨)이 재직하였다. 육군참령이었던 노백린은 교련책임이었다. 그 밖에 차리석(車利錫: 성경), 최예항(崔叡恒), 유기열(柳祈熱), 김현식(金絃軾), 유진영(柳鎭永), 이상재(李相在) 등도 교사로 복무하였다. 교사들은 대부분 신민회 회원으로 구성되었으며, 신민회의 독립운동 이념을 몸소 실천하려는 입장에서 학교교육을 뒷받침하였다.

대성학교에서는 양계초(梁啓超)의 『음빙실문집(飮氷室文集)』을 한문교재로 사용하였다. 근대적 서구의 민주적 공중도덕, 즉 근대적 국가관념과 민권사상·자유·자치·독립사상 등을 받아들일 것을 강조한 양계초의 사상을 적극 받아들였던 것이다. 그리고 학생들에게 매주 성경 공부를 시켰고 또 교회 출석을 권장하였다. 대성학교 시절 도산 안창호는 학생들에게 민주시민으로서의 자질과 태도에 관한 덕목을 강조하였다. 즉 "약속을 지키는 것, 집합 시간을 지키는 것, 맡은 책임을 완수하는 것, 성실하게 실천하는 것" 등을 민주시민이 갖추어야 할 기본적 자질로 들었다. 대성학교에서는 또한 학생자치를 권장하고 자치훈련을 시켰다.

1909년 10월 26일 하얼빈 역에서 안중근 의사가 한국 침략의 원흉 이토 히로부미 처단 의거가 일어나자, 소위 배후를 조사한다는 구실하에 안창호·이종호·이갑 등 서북 지방의 유력 인사들을 체포 구속하였다. 평양에서 체포되어 서울 용산 헌병대로 압송된 안창호는 40여 일간의 취조 끝에 일단 무혐의로 그 해 12월 31일에 석방되었다. 그러나 석방 후 재구속 되었다가

2월 20일 경 수감에서 풀려나 1910년 2월 중국으로 망명하였다. 안창호가 국외로 망명한 후 대성학교는 학감 장응진에 의해 운영되었다. 그러나 교정에는 형사와 헌병의 출입이 빈번하였고, 학생들의 동요 또한 심하였다. 1910년 대한제국이 주권을 상실하고 일제의 지배하에 들어가자, 일제는 즉시 동화주의에 입각한 식민지 교육방침을 표방하고 사립학교 탄압을 시작하였는데 그중에서도 대성학교와 정주의 오산학교, 안주의 안흥학교 등 민족적 사립학교가 탄압받았다.

그러한 상황에서도 대성학교는 1912년 3월 3일에 제1회 졸업생 20명을 배출할 수 있었다. 그런데 제1회 졸업식을 거행한 직후 교장 장응진마저 일제에 구속됨으로써 더 이상 학교의 운영은 어렵게 되었고 1913년에 급기야 학교는 폐쇄되었다.[11]

3) 숭실전문대학 입학

『의용실기』「자서전」에 이관구는 일제가 한국을 강점한 1910년에 숭실전

숭실대학 교사와 전교생

---

[11] 독립기념관, 「대성학교」, 『한국독립운동사사전-총론편』, 2004 참조.

숭실대학 천문학 수업

숭실대학 전경

문대학 3학년에 재학 중이었던 것으로 기록되고 있다.

> 安昌浩 先生을 從하야 平壤에 往하야 大成學校를 出身하고 平壤 崇實大學에 입학하야 三年級에서 수학하다가 한일합병시를 당하야 조선에 留할 생각이 없어서 일본의 不平黨을 련락하기 爲하야 東京에 半年間를 留하며…….

이관구의 사상 형성에 있어서 숭실대학에 재학한 것은 상당히 중요한 영향을 미쳤을 것으로 보인다. 일단 기독교계통의 대학에서 공부한 그는 서양사상에 대한 새로운 이해를 갖게 되었을 것이다. 대성학교 때보다는 한 차

숭실대학 운동회

원 높은 신학문을 수용하는 중요한 계기가 되었을 것으로 보인다.

여기에서 의문스러운 것은 1908년에 대성학교에 입학한 것으로 되어 있는데 대성학교에서 3년간 공부한 후 어떻게 하여 숭실전문대학 3학년에 입학 또는 편입하였는가 하는 것이다. 상식적으로는 이해가 되지 않는 부분이다. 혹시 그 당시 이관구의 연령이 25세 또는 26세이고, 한문의 수학연도

또는 대성학교에서의 성적이 워낙 뛰어나서 숭실대학 3학년에 편입된 것이 아닌가 추정된다. 보통 대학 1~2학년의 경우 교양과목의 이수가 많으므로 막바로 전공학과에 편입한 것으로 사료된다. 이와 관련된 구체적인 기록은 찾아볼 수 없다.

1897년 10월에 숭실학당을 평양에 처음 세운 이는 베어드(W.M.Baird)이며, 열강의 침략과 우리나라가 위기에 처한 혼란한 시기였다.[12] 숭실에서 대학과정이 실질적으로 시작된 것은 1905년부터이다. 숭실대학 재학생 수와 졸업생 수를 보면, 1907년 재학생 수는 12명, 1908년 19명, 1909년 18명이다. 이관구가 입학하던 1910년에는 재학생 수가 54명으로 1909년보다 36명이나 더 증가하였다.[13] 즉 이관구가 대성학교에서 1910년에 숭실대학에 편입하던 해가 대학생 수가 급격히 증가하였던 때로, 이관구도 바로 이때 입학한 것으로 보인다.

1910년 봄 학기에 숭실대학에 입학하였는데, 1910년 8월에 소위 한일합방조약이 강제로 조인되어 세상에 알려진 것은 그 이후의 일이다. 이관구는 한일합방조인 소식을 듣고 분개하여 일본의 불평당과 연락하기 위하여 도일(渡日)하였다고 하였다. 이관구가 대성학교에서 숭실대학으로 전입하여 1910년 말에 일본으로 도일하였으므로 숭실대학에서의 수학기간은 약 1년도 못되는 기간이었다. 그 당시 숭실대학에서 이수한 과목과 교수를 보면, 1909년에서 1910년 사이의 3학년 이수과목은 성경(레위기 3, 히브리서 2), 수학(측량술 3, 해석기하 2), 물리학(정성화학 3), 자연과학(천문학 3), 역사학(20세기사 3), 인문과학(논리학 3), 어학(영어 3), 웅변음악(토론 1) 등이었다.[14]

물론 대성학교에서 이미 배웠던 과목도 있었겠지만, 숭실대학은 기독교 학교이기 때문에 이관구로서는 유학가문에서 유학경전만 공부하다가 성경을 공부하게 되어 특히 다른 세상을 만난 것 같았을 것이다. 또한 역사에서

---

12) 『숭실대학교백년사』, 1997 참조.
13) 위의 책, 134쪽. 숭실대학교 재학생 수와 졸업생의 통계에 의하였음.
14) 위의 책, 147쪽.

'20세기사'는 근현대사이므로 특히 관심과 주목의 대상이 되었을 뿐만 아니라 우리나라 문제와도 직접적인 관련이 있는 부분이기 때문에 열심히 공부하였을 것으로 보인다. 특히 1909년에서 1910년 사이의 교수진은 대체로 외국인 선교사로 구성되었고 한국인 조교가 함께 참여하여 수업을 하였다.[15] 특히 서양인에게 직접 받은 수업은 이관구에게 서양을 견문하고 싶다는 강한 동기를 부여했을 것으로 보인다. 차후 이관구가 러시아 프랑스 등 서양을 주유하게 되는 계기가 된 것으로 판단된다.

숭실대학에 재학 중 일제에 의해 조선이 강점된 소식을 들은 이후 이관구는 일본에 있는 합병반대론자들과 연계하여 국제적인 연대차원에서 공동전선을 구성하여 일본제국주의에 대항하고자 하였다. 우선 그는 마음을 차분히 가라앉히고, 실천계획을 짜기 위하여 향리로 내려와 서예를 하며 일본으로 갈 구상을 하고 있었다.

4) 일본에서의 활동계획 구상과 서도에의 정진

이관구는 조부 이영직 밑에서 붓글씨를 배웠지만 자신도 서도에 소질이 있었고, 대성학교와 숭실전문학교에서 신학문을 공부하고 일제의 조선 강점시 틈을 내어 임종식(林鍾植), 임기선(林基先)에게 서법을 배웠고, 노승룡(盧承龍)에게도 서법을 배웠다. 그 당시 송곡(松谷) 노승룡, 송암(松菴) 최정현(崔正鉉) 등은 서도에 명망이 있었다. 또한 노승룡 문중에서 노승룡의 조부 의길공(義吉公), 그리고 노승룡의 부친인 경설공(敬卨公), 노승룡의 종백(從伯) 오산공(梧山公)도 해서(楷書)를 잘 하였고, 노문중의 필법(筆法)의 대가로 알려졌다. 여기에서 이관구의 필법이 대성하여 이관구는 명필가로서도 널리 알려져 차후 독립운동가로서 활동하는 데 크게 도움이 된 것으로 보인다.

서예에 도움을 준 최정현과 노승룡, 윤헌에 대해 이관구가 쓴 기록을 『의

---

15) 위의 책, 149~150쪽.

용실기』에서 찾아보면 다음과 같다.

1) 崔正鉉

崔正鉉의 호는 松菴이니 平南 龍岡人이라. 幼時로부터 總名이 超群하야 사리를 餘히 이해하더니 독서함에 至하여 진리를 해득함이 善文者와 結彿하더니 旣長함에 능히 大儒가 되어 關西와 海西에서 巨擘을 屈할만한 文人이 되어서, 당시에 유명한 인사의 행장과 墓碣文이 다 其手로 從寫되지 아니 한 것이 없고 또는 松菴의 문자가 아니면 當世에 비문이 生色이 안 된다고 宣傳하였다. 더욱 애국사상이 懇切하야 항상 애국자를 尋訪하고 通情하면 胸懷가 大開하는 듯이 생각하였다.

其時에 李華史가 황해도 海州에서 독립운동을 하다가 事覺되여 未果하고 평안도를 중심하고 다시 지하운동을 할 적에 平南에서는 松菴과 盧承龍과 尹子度 等 幾人이 責任을 비밀리에서 同志를 많이 얻었다. 더욱 松菴은 文으로써 一世를 傾하게 되어서 더욱 동지를 많이 얻었고, 李華史가 支那 燕京에 가서 袁世凱를 說하는 文를 松菴를 작성하였음으로 그 文勢가 中國人에게도 讚誦를 받은 일이 있다. 華史의 독립운동을 직접간접으로 많이 찬조하였음으로 華史가 平南의 동지를 많이 연결한 것은 대개 松菴의 不絶한 努力으로 되었다.

그러나 時運이 불리하고 倭警의 視目이 너무 밝아서 華史가 또 일을 당하게 되어서 松菴도 그 同數로 指目되야 비상한 주목을 받았다. 그러나 華史는 외국으로 避去하고 따라서 確的한 證憑文과 증거가 없어서 간신히 그 褐網를 탈출하였다. 그러나 항상 倭警의 주목이 있음으로 말년에는 고의로 經學院 講師라는 名目까지 가지고 여생을 强送하다가 考終命하였으나 松菴의 생각 中에는 一日卄四時에 애국심을 忘할 적이 없어니 실로 문인 중의 사상가요 애국자이니라.

2) 盧承龍

盧承龍의 호는 松谷이니 齠齡으로부터 卓異한 材操가 있고 더욱 서도에 능하여 詩人이 常言하기를 文崔(松菴)筆盧라고 하였다. 爲人이 氣宇가 軒昂하야 장부의 기상이 있고 더욱 與人交際가 능하여 留京 時에도 京城의 동지가 龍岡郡人 中에 最多하였다. 일찍 上舍烈에 錄名되고 京鄉間에서 筆名이 有함으로 遠近의 士子가 負笈하고 書體를 학습하러 來하는 者 額多하였다. 此 松谷家門은 但 松谷뿐만아니라 그 祖考 羲吉公은 筆法이 神妙에 入하야 金秋史로 더불어 齊名하고 其父 敬嵒公도 筆名이 有하였고 그 從伯 梧山公은 楷法에 善하야 筆名이 京鄕에 振하였으니 그럼으로 그 盧門를 筆法大家라고 稱하였다.

그 당시에 李華史가 平壤 崇實大學를 畢하고 暫時 休養할 시간를 偸得하여 松谷門下 往赴하여 書法를 연습한다. 華史는 황해도에 在할 時에 名筆이라 稱하는 林鍾植 林基先 兩先生에게 書法를 배워 善書者라 稱할만한 筆力를 가지고 松谷門下에서 삼개월 간 書法를 연습할 때에 他生徒들 보다 熱心用功하여 羲吉公의 大字와 梧山公의 楷字及 細書와 松谷의 珠聯屛障 書法을 學得하여 觀者로 하여금 師弟의 書法를 分別치 못하여 摹寫하였다. 어떤 날 松谷이 梧山公의 書字와 華史의 書字를 보고 어느 것이 뉘 글씨인지 분별치 못하고 또 어느 것이 羲吉公의 글씨인지 華史의 글씨인지 알지 못하게 相似하여서 松谷이 華史를 讚嘆 日「吾筆西糸」라고 한 적이 있었다. 이와 같이 삼개월을 지내는 동안에 松谷과 華史間에 정의가 相通되야 조선독립의 事事를 時時로 상의하고 서로 相分하였다.

其後 華史가 독립운동할 때에 松谷은 타인보다 더 열심으로 독립사상 가진 紳士를 많이 연락하여 가지고 일반민중에게도 독립사상를 고취하니 其時에 松谷의 동지 中 巨頭는 洪箕疇, 羅錫基 等이 其人이였다. 松谷은 交際術이 能한 手腕으로 事業의 편의를 取하기 爲하여 龍岡郡 參事라는 名義를 가지고 있으니 당시에 龍岡 江西 咸從 甑山 等地의 士子가 다 松谷을 景仰함으로 松谷門下가 번영하였다. 松谷은 華史의 第二擧義 前에 별세하여 華史의 독립을 오래 찬조치 못하였다 할지라도 松谷의 공로가 華史에는 於다 아니할 수 없으니 松谷은 실로 眞愛國志士의 一人이니라.

3) 尹鐩

尹鐩의 자는 子度이니 평남 中和人이라 才操가 비상하고 더욱 서도에 능하여 崔松菴 盧松谷 尹子度 三人이 文翰도 相似하고 사상도 相同하야 서로 莫若한 知己로 지내더니 마침내 李華史를 得하야 四人 동지가 되고 더욱 평북의 朴海山 朴雲菴의 長侄 梁鳳濟, 조선시대에 宣川 等 七郡 군수를 지내고 寧邊 觀察까지 역임한 政客이다. 林庸菴 朴雲菴의 首弟子로 平北에서 第一擅名 諸同志을 합하여 洞翼이 相成되어 사업의 猛將를 糾合하게 되였다.

子度는 手巧가 있어서 기계 발명을 많이 하고 더욱 宣傳術이 능하여 華史가 第一次 海州서 거의할 時에도 海州 石潭 李栗谷의 奉祀孫 鍾文氏와 동참하였고 第三次 擧義時에도 동참하였고 華史와 同히 燕京까지 갔던 일도 있었고, 第一次 華史와 同心某事하였다는 嫌疑者로 日警에게 주목을 받아 三日 倭警察留置場에 구류된 事도 있었다. 子度는 不絶히 華史와 同히 독립운동을 계속하다가 華史가 倭警에게 체포되어 十年懲役律를 받을 때에 누차 재판정에 불리어 간일도 있었다. 그러나 子度에게는 役刑까지는 당하지 아니하고 華史의 애국열성과 활동능력을 많이 贊成하였다.

其後에 倭警의 주목도 심하고 또 조선독립의 시기가 尙遠한 듯 하여 親日派를 가까이하며 惑 議事도 하는 일이 있음으로 世人이 子度는 心事가 變移하였다 하고 別別한 惡宣傳하는 者도 적지 아니 하였으나 실로 子度의 用意也와 程度也가 그렇게 容易히 變치 아니할 것은 여러 가지 사실이 증명하는 바이요 華史도 의심치 아니하니 동지이니 少年에 司馬科에 擧한 一義士이니라.

제4장

해외에서의 항일투쟁의 전개

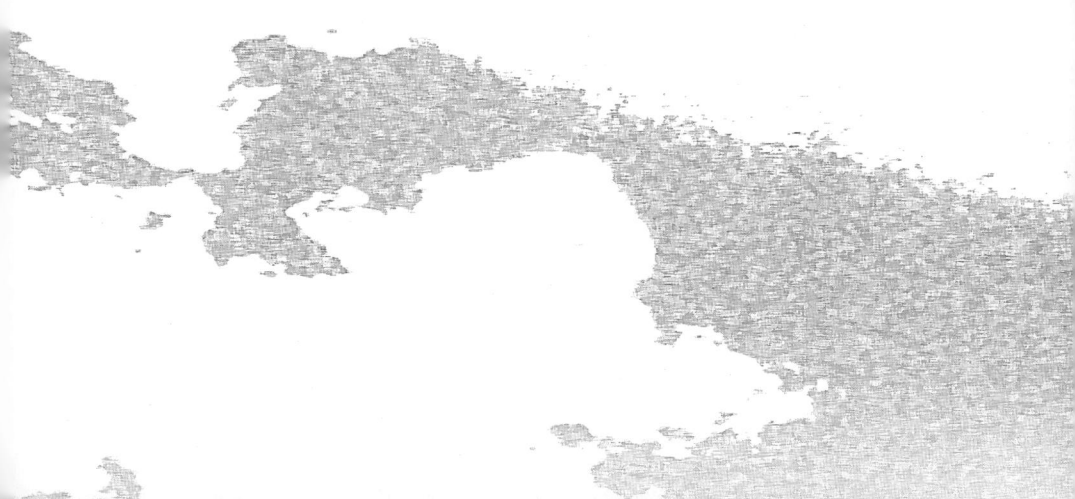

1. 일본으로의 이동과 독립운동의 전개
   : 일본 불평당과의 공동투쟁을 위한 노력

1) 이관구의 일본으로의 이동시기

숭실대학에 재학하던 중 이관구는 1910년 말 일제의 조선강점 소식을 듣게 되었다. 그는 분개하여 일제의 조선강점으로부터 조국을 광복시킬 구상을 하게 되었다. 그러는 과정에서 그는 일본으로 직접 가 그곳의 불평당과 연락하여 공동투쟁을 전개하는 것이 조국을 구할 수 있는 첩경이라고 인식하였다. 이에 그는 일본으로 이동하여 수도인 동경에 반년 동안 머물면서 항일투쟁을 전개하고자 하였다.[1]

이관구는 숭실대학 대학생이었으므로 재학 시 일본어 또는 영어를 어느 정도 공부하였을 것으로 보인다. 특히 그는 일찍부터 한학을 암기형식으로 공부하였기 때문에 일본어 공부를 보다 효율적으로 할 수 있었을 것으로 짐작된다.

이관구가 일본으로 가기 위해서는 무엇보다도 여비가 필요하였다. 일본 가는 여비 마련도 그리 용이하지 않았다고 생각된다. 족보에 따르면, 이관구의 조부 이영직이 1910년에 사망한 것으로 되어 있다. 이관구 자신도 소위 한일합방의 소식을 듣고 일본의 불평당과 접촉하기 위하여 1910년에 일본으로 건너간 것으로 되어 있다. 그러면 일제의 조선강점이 1910년 8월 말경이므로 일본으로 건너간 것은 거의 1910년 11월 말 아니면 12월경이었을 것으로 추정된다. 즉, 이관구의 조부인 이영직의 사망은 한일합방 이전이 아닌가 사료된다. 이관구는 이영직의 장례를 치루고 일본으로 건너갔을 것이다.

이관구는 조부 이영직과 남다른 특별한 관계였다. 할아버지는 이관구가 일찍 어머니를 여의고 계모의 학대 밑에서 자라게 되자 그를 특별히 돌보

---

[1] 이관구, 『의용실기』.

고 또한 공부도 가르쳤다. 할아버지의 특별한 사랑이 아니었다면 이관구는 학업을 계속할 수 없었을 것이고 더구나 민족운동가 이관구로 성장하기 어려웠을 것이다.2)

2) 이관구의 도일 방법: 일본으로 가는 교통로

이관구의 도일에 대하여 정확히 이해하기 위해서는 일본으로 가는 그 당시의 교통편을 이해하는 것이 중요하다고 생각된다. 이관구가 평양에서 출발하였는지, 고향인 황해도 송화군 고향집에서 출발하였는지는 현재로서는 알 수 없다. 그 당시 교통편으로는 1905년 1월 1일에 경부선이 개통되어 신의주에서 부산까지 열차가 왕래하였고, 1910년에 중국(만주)과 조선 사이에 압록강 철교가 가설되었다. 그리하여 한국과 만주 간에도 교통이 개통되었다. 그때에 미국이나 일본이나 세계 각국으로 가는 교통로는 일단 중국 상해로 가서 해외로 가는 경우도 있었다.

그러나 평양에서 일본으로 가는 경우는 부산에서 일본 시모노세키(下關, 하관)로 가는 부관연락선(釜關 連絡船)을 주로 이용하였다. 부관연락선은 부산(釜山)과 일본의 시모노세키를 왕복하는 국제 여객선이다. 1905년 9월 11일에 최초의 부관연락선인 잇키마루(壹岐丸, 일기환)가 취항했다. '부관'(釜關)이라는 이름은 부산의 앞 글자(釜, 부)와 시모노세키의 뒷 글자(關, 관)를 딴 것이다. 일본에서는 종종 어순을 바꾼 관부연락선(關釜連絡船), 또는 관부항로(關釜航路)라고 부른다.

물론 부관연락선 전에는 일본과의 교통 왕래는 비정규적인 선박, 즉 밀선을 이용할 수밖에 없었고,3) 청일전쟁, 그 후 1904년 러일전쟁 시기에는 군함이 주로 왕래하였고, 1905년을 전후하여 일본의 구주(九州) 지방에서 한국으로 농업 이민을 오는 사람들은 주로 일본 후쿠오카(福岡港)에서 부산

---

2) 「이영직」, 『한산이씨족보』.
3) 「부관 연락선 개통 100년 어떻게 볼 것인가」, 한일학술회의, 2005년 12월 21자 『부산국제 신문』 기사에서.

또는 진해, 인천, 목포항으로 왔는데 이때 상업선이 주로 이용되었다. 1905년 9월 1일부터 관부 연락선이 부산에서 시모노세키로 정기적으로 왕래하자 일반인들은 주로 이 배를 이용하였다. 이관구도 육지에서는 경부선을, 바다에서는 관부연락선을, 일본의 시모노세키에서 동경까지는 기차를 이용하였을 것으로 보여진다. 이렇게 판단할 수밖에 없는 것은 이관구 자신이 쓴 기록에 이동 경로에 대한 구체적인 언급이 전혀 없기 때문이다.

3) 도일 당시의 일본의 정치적 상황

계태랑

이관구는 일본에 갈 당시 특정한 정치적 세력과 연계하여 간 것이 아닌 것 같다. 그가 말하는 일본의 불평당이란 정식 정당도 아니고 일본이 한국을 강점할 때에 이에 반대한 일본의 정당 등을 총칭하여 가리킨 것이 아닌가 생각된다.

그 당시 한국강점을 적극적으로 추진한 세력으로는 일본의 현양사(玄洋社) 계열의 천우협(天佑俠), 흑룡회(黑龍會) 등이 있고, 대외중치(大隈重治), 망월용태랑(望月龍太郞) 송촌웅지진(松村雄之進), 특히 흑룡회의 두산만(頭山滿), 내전양평(內田良平), 강본유삼조(岡本柳三助), 한국의 일진회 이용구(李容九), 송병준(宋秉畯) 등이 있었다. 또한 군부에는 산현유붕(山縣有朋)과 계태랑(桂太郞), 그리고 소위 문치파라고 하면서 한국 강점에 앞장선 이등박문(伊藤博文) 등이 있었다.

이러한 일본인들 중에서도 침략자에 반대한 양심적인 인물들이 있었다. 행덕추수(幸德秋水), 대삼영(大杉榮), 편산잠(片山潛), 산천균(山川均), 목하상강(木下尙江), 황연한촌(荒煙寒村), 내촌감삼(內村鑑三), 계리언(堺利彦)

등이 그들이다. 그들은 생명을 걸고 침략에 반대했을 뿐만 아니라 그렇게 하는 것만이 일본의 장래를 위하는 것으로 믿고 한국을 강점하는 것에 반대하는 운동을 전개하였던 것이다.

이관구가 일본에 가기 전 일본 사회주의계열은 두 갈래였다. 마르크스주의파와 인도주의파가 그것인데, 이들 각파가 대립 분열하였고, 마르크스주의파가 우세하였다. 그들은 1906년에 계리언을 중심으로 일본사회당을 결성하였다. 이때 서원사공망(西園寺公望)은 자유민권론자로서 서원사 내각은 자유민권적 자세로서 사회당도 국법이 허락하는 범주 내에서 인정한다고 하였다. 그 당시 정식 당원은 불과 200명이었으나 경찰의 추계로는 전국의 사회주의자는 2만 5천 명 정도 된다고 파악하고 있었다. 사회당은 사상 선전 단체로부터 결성된 지 불과 1년 후인 1907년 2월에 결사가 금지되었다.

일본사회주의자들은 중국의 혁명가들과 연락하여 1907년 7월에 중국과 베트남 필리핀 인도사회주의자 민족혁명가들과 일본 동경에서 동아화친회(東亞和親會)를 개최하고, 제국주의자를 반대하고 아시아 인민의 연대를 강조하였다. 일본제국주의의 한국강점에 대하여 이미 조직된 동경사회주의자 유지회는 "우리들은 조선인민의 자유 독립 자치의 권리를 존중하고 이에 대하여 제국주의의 방책은 만국 평민 계급 공동의 이익에 반하는 것으로 인정하고 일본정부는 조선정부의 독립을 보장한다는 언질에 충실하기를 바란다(1907년 7월 21일)"라고 주장하였던 것이다.

그러나 일본에서는 사회주의가 계속 발전할 수 없었다. 일본에서 사회당이 발전하기 얼마 전 행덕추수(1871.11.4~1911.1.24)가 미국에서 무정부주의의 영향을 받아 일본으로 돌아왔다. 행덕추수의 본명은 덴지로(傳次郞)이고, 고치현(高知縣) 출생이다. 1893년부터 『자유신문』과 『만조보(萬朝報)』의 신문기자로 재직하였으며, 1897년 무렵부터 사회주의로 전환, 1901년 『20세기의 괴물 제국주의』를 써서 제국주의를 탄핵하였다. 1903년 평민사(平民社)를 결성하고 주간지 『평민신문』을 창간하여 러일전쟁 반대를 주장하였다. 1905년 약 반년 동안 미국에 머무르면서 아나르코 생디칼리즘으로 전신(轉身)하고, 1907년 일간지 『평민신문』을 통하여 노동자의 직접행동, 즉 총동맹파업을 주장하였다. 1910년 일부 급진파가 계획하고 있던 천황암살계획에 연루되었다는 혐의로 체포되었으며, 사회주의자에 대한 탄압의 일환으로 이 사건을 확대 해석한 당국에 의해 1911년에 처형되었다. 저서로는 『평민주의』,『그리스도 말살론』 등이 있다. 그는 일본과 같은 전제국(專制國)에서는 노동자의 직접 행동인 파업 이외에는, 즉 혁명의 길 이외에는 길이 없다고 주장했다.

이에 대하여 편산잠(1859~1933) 등은 제2인터네셔날의 영향으로 사회주의 실현을 주장하였다. 그는 일본의 정치가이자 혁명가로서, 1881년 활판공으로 일하며 고학하다가 1884년 미국으로 건너가 존스 홉킨스 대학, 예일대학 신학부 등에서 공부하였다. 이 시기에 영국·미국의 노동운동을 통해 사회운동에 확신을 갖게 되었다. 잡지『노동세계(勞動世界)』를 발간하였고 일본의 초창기 노동조합운동의 중심인물로서 활동하였다. 1912년 코민테른 상임집행위원으로 소련에 머물면서 일본의 공산주의 세력을 지도하였다.

행덕추수의 주장은 당시의 일본의 현실을 무시한 관념적 혁명주의적 성격은 있었으나 일부 지식인들의 지지를 받았다. 그들의 운동은 관념적이며, 격렬하였다. 이것이 결국 정부에게 탄압의 기회를 주게 되었다.

일본정부의 탄압이 심할수록 그에 대한 반발도 더욱 격렬해졌다. 무정부주의자 관야(菅野)와 궁하태랑(宮下太郎) 등은 일본천황을 압박의 원흉으로 보고 암살할 것을 생각하기 시작하였다. 그들은 천황제란 권력기구를 타도할 것, 그 기구의 정점에 있는 천황 개인을 무너뜨릴 것을 호소하였다. 그것을 탐지한 일본정부는 1910년 5월부터 6월에 걸쳐 궁하와 관야는 물론 그들의 기획과는 아무런 관계가 없었던 행덕추수를 비롯하여 당시 사회주의자, 무정부주의자들을 천황암살 혐의로 모두 체포하였다. 그리고 세상 사람들 모르게 비밀재판을 진행하여 행덕추수를 주모자로 하여 천황암살을 기도한 것으로 만들어 24명에게 사형을 선고하고, 1911년 1월 24일 행덕추수 등 12명의 사형을 집행하였다. 그리고 나머지 12명은 무기징역에 처하였다. 일본정부는 이것을 소위 '대역사건(大逆事件)'이라고 하였다.

이를 계기로 일본정부는 사회주의운동과 노동, 농민운동을 담당하는 특별고등경찰(특고)을 경시청에 설치하였다. 아울러 이후 '사회'라는 말 자체가 금지되어, 『곤충사회(昆蟲社會)』라는 자연 과학책마저 사회라는 글자가 붙어 있다고 하여 판매 금지되는 일까지 있었다.

이관구가 동경에 머물렀던 6개월, 즉 1910년 말에서 1911년 초는 바로 일본에서 반제국주의·반전주의적인 사회주의자와 무정부주의자를 체포하여 사형, 무기징역에 처하는 무시무시한 공포시기였던 것이다. 이관구의 일본행은 그가 당시 일본의 상황에 대한 정확한 인식을 못하였기 때문이라고 하겠다. 그러므로 그는 자연히 중국행을 택할 수밖에 없지 않았나 한다.[4]

4) 일본에서의 활동

이관구는 일본에도 한국 침략 강점 세력에 반대하는 양심적인 인물들이 있다고 생각하고 그들이 조직한 세력을 '불평당'이라고 인식하고 있었다. 그는 이들 윤리와 도덕과 양심이 있는 일본인들과 연대하여 일제의 조선침략을 저지하고자 동경행을 선택하였던 것이다. 그가 특별히 동경을 선택한 것은 이곳이 일본의 수도이며 정치의 중심지이기 때문이었다.

이관구는 일본의 양심적인 세력을 지나치게 과신하고 그들을 만나 호소하면 일본 제국주의 세력을 막을 수 있지 않을까 하는 소박한 희망을 가졌던 것이 아닌가 한다. 그는 일본의 정세를 정확히 파악하지 못하고 의사적인 용기를 갖고 일본으로 출발한 것이다.

현재 남아 있는 기록에는 그의 일본행이 단독으로 이루어진 것인지, 일본에 있는 소위 불평당과 사전에 교섭이 있었던 것인지 알려 주는 것은 없다. 다만 지금까지의 내용을 통하여 볼 때, 이관구의 일본행은 단독으로 이루어진 것이며, 사전에 연락되는 동지들은 없었던 것으로 보인다. 어찌 보면 그의 행동은 용감한 행동이기는 하지만, 일면 청년으로서의 무모함 또한 있지 않았나 생각된다. 바로 정의를 위해서라면 주변의 환경을 돌아보

---

[4] 『アジア歴史事典』, 동경: 평범사, 1959의 해당 항목을 주로 참조하였음.

지 않는 용기와 결단이 그를 독립운동의 세계로 향하도록 한 원동력이 된 것이 아닐까 한다. 처음 가는 적국 일본, 땅 설고 물 설은 바로 이곳에서 이관구가 누구를 만나고 그와 어떤 활동을 전개하였는지 살펴볼 수 있는 부분이 없다. 다만 구한말 조국을 구하기 위해 일본으로 향했던 나철 등의 경우를 통하여 추정해 볼 수밖에 없다.5)

(1) 나철 등의 일본행을 통해 추정해보는 이관구의 일본 내에서의 활동

나철은 1901년 서울에 온 이후부터 1905년 을사조약이 체결된 직후까지 일본 동경에서 활발한 민간외교활동을 전개하였다. 그가 외교활동에 관심을 기울인 것은 외무대신이었던 스승 김윤식으로부터 받은 감화와 국제정세에 대한 인식 등에서 출발한 것이 아닌가 짐작된다.

나철은 우선 국제공법(國際公法)과 한·일 양국 사이에 맺어진 약장(約章)에 호소하면 조선의 독립을 달성할 수 있다고 판단하였다. 나철의 이러한 생각은 1905년 러일전쟁이 거의 끝나갈 무렵, 일본의 승리가 확실시되었을 때에도 지속되었다. 그러므로 나철은 일본이 "대한제국의 완전한 독립을 위해 싸운다"라고 하는 대러선전포고(對露宣戰布告)의 구실을 믿고, 일본이 그것을 도덕적인 입장에서 지킬 경우 조선의 독립은 유지될 수 있다고 생각하였던 것이다. 따라서 나철 등은 1905년 6월 러·일강화조약이 체결되는 미국으로 가고자 하였으나 그의 이러한 계획은 주한일본공사 임권조(林權助)의 방해로 실패하고 말았다.6)

그러나 그 후에도 나철 등의 외교적인 노력은 계속되었다. 1905년 8월에 도일한 그는 이기, 오기호 등과 함께 일본천황에게 조선의 독립을 보존해 줄 것을 상소하였던 것이다. 그 내용이 1905년 11월 14일자 『대한매일신보』

---

5) 나철에 대하여는 박영석, 박환의 대종교 및 나철에 대한 글을 중심으로 서술하였다. 박영석, 『일제하 독립운동사연구』, 일조각, 1984 ; 박환, 『대륙으로 간 혁명가들』, 국학자료원, 2003.
6) 『대한계년사』, 광무 11년 3월조.

「잡보」에 전문이 게재되어 있다. 이 상소문에서 나철 등은 일본천황이 1895년 8월 1일과 1904년 2월 10일에 칙서를 내려 한국의 독립을 약속했음을 상기시키고, 양국 간의 약속을 지킬 것을 요구하였다. 또한 일본정부에도 일본정부가 한국과 맺은 약속을 지킬 것을 주장하였다.

둘째, 나철은 국제공법과 양국 간의 약장을 일본이 지킬 것이라는 믿음 하에 동양평화론을 수용하였다. 1900년경부터 국운에 대한 위기의식이 고조되자 언론계와 일반 지식인들 사이에는 한·청·일은 순치보거(脣齒輔車)의 관계이므로 일본이 러시아와의 전쟁에서 지면 한국도 망한다고 생각하였다. 따라서 삼국이 힘을 합쳐 서양 백인종들의 침략을 격퇴하여야만 동양의 강토와 인종을 보존할 수 있다는 이른바 동양평화론이 적극 지지되고 있었다. 러일 간의 대립이 첨예화되면 될수록 그리하여 한국의 장래가 위태로워지면 질수록 동양평화론은 서울의 지식인들 사이에 믿어보고 싶은 그럴듯한 독립보존의 논리로서 유행하였던 것이다. 더구나 일본 측은 천황의 칙서 등을 통하여 러일전쟁에서 승리하면 한국의 독립을 보장해 주겠다고 주장하고 있던 터였다.7)

나철 역시 여기서 예외는 아니었다. 1905년 11월 일본의 후작 이등박문이 특파대사로서 조선을 방문하여 합방한다는 소문이 있자 나철, 오기호, 이기 등은 그에게 보낸 전갈문에서, 일본이 조선의 독립을 침해하는 것은 곧 일본, 나아가 동양의 평화를 해치는 것이라고 주장하였던 것이다.8)

그러나 나철 등의 동양평화론에 입각

이등박문

7) 『대한매일신보』 1905년 11월 14일자.
8) 박은식, 『한국통사』, 1922, 제34장.

한 민간외교활동은 평화론의 실체를 파악하지 못한 채 이루어진 것이었다. 사실 동양평화론은 일본이 한반도와 만주 그리고 중국 대륙을 침략하려는 야심을 합리화시키기 위한 것이었다.[9] 그것은 일본의 동양평화론자인 송촌웅지진(松村雄之進)이 처음에는 조선의 독립을 주장하는 척 하더니 나철 등에게 통감부 고문인 내전양평(內田良平)을 소개하는 등 일본에 충성을 바치도록 회유하고 있는 데서도 그 실체를 엿볼 수 있다.

(2) 일본 불평당과의 만남

이관구는 불평당과 연락하여 항일운동을 전개하기 위하여 일본으로 향하였다. 나철 일행의 경우를 통하여, 이관구의 외교를 미루어 짐작해볼 수 있다. 이관구는 당시 일본의 불평당의 범주에 속하는 인사들과 만났다는 기록은 남아 있지 않다. 다만 이관구는 동경에 약 6개월 동안 체류하였고, 그들과 연대를 추진하여 보았으나 일본인과는 물과 기름이므로 도저히 불구대천의 원수는 될지언정, 동심 동사할 수는 없다는 것을 자각한 후로 곧 일본을 떠나 중국으로 갔다고 되어 있다.

이관구는 안내자도 없이 일본 동경에 처음 간 것으로 보인다. 그는 일본의 반제국 반전론자, 사회주의자 등 불평당과 만나 진지한 대화를 나누고 향후 방향을 모색하고자 하였다. 그러나 당시 계태랑 내각하에서는 이러한 활동은 이루어질 수 없었다. 사회주의자들에 대한 철저한 탄압이 이루어지던 시기였기 때문이다.

『의용실기』「자서전」의 이관구의 기록을 보면, 그는 일본제국의 침략주의자들을 만났으나 그들로부터 배척당한 것으로 보인다.

> 일본인과는 성질이 水油不同器의 형세임으로 도저히 일본인과는 不共戴天之讐는 될지언정 同心同事할 수는 없다고 자각한 후로 곧 일본을 離하야 중국에 往하야……

---

[9] 강창일, 「일진회의 '합방'운동과 흑룡회」, 『역사비평』 52, 2000년 가을호, 246~247쪽.

이관구가 귀국하지 않고, 일본에서 중국으로 간 것은 동경 근처에 있는 요코하마항(橫濱港)에서 상해로 가는 교통편이 있었던 것도 한 원인이 되었을 것이다. 요코하마는 본래 다마 구릉(多摩丘陵) 임해부(臨海部)의 사주(砂洲)상에 자리한 한촌이었으나, 1859년의 미·일(美日) 수호통상조약에 따라 개항장이 되면서 도시화의 기초가 성립되고, 1872년 동경과의 사이에 철도가 부설됨으로써 일본의 문호로서의 지위가 확립된 일본 최대의 항만이 되었다.

그러나 그가 중국을 택한 것은 다른 목적과 이유가 있었을 것이다. 결국 이관구는 일본의 당시 정치적 상황 때문에 일본으로 간 목적을 이루지 못하고 중국행을 결정하고 말았다.

2. 중국으로의 망명과 항일투쟁

1) 중국 상해 남경으로의 망명

이관구는 1910년 말 일본에 도착한 후 6개월 정도 머문 후 1911년 6월 7월경에 요코하마에서 선편으로 중국 상해로 향하였다. 상해는 약칭하여 '후[또는 '선(申)']'라고도 부른다. 중국 동부 해안의 중간 부분에 양자강이 바다로 들어가는 입구에 있으며, 해안선 길이는 220km이다. 전국시대 초(楚) 나라 춘신군(春申君)의 봉읍이었으며, 송(宋)나라 때 진을 설치하여 상해라고 부르기 시작하였다. 1927년 시(市)가 설치되었다. 남송(南宋)시대에 진이 설치되고, 명(明)나라 중기에 왜란(倭亂)을 방비하기 위하여 성을 건설한 이래 오늘날까지 400~500년의 역사를 이어왔다.

이관구는 왜 귀국하지 않고 중국으로 간 것일까. 당시 한국은 일본의 식민지였기 때문에 그의 항일운동은 불가능하다고 판단하였기 때문일 것이다. 이에 그는 같은 한자문화권인 중국으로 갔다. 비록 중국어를 할 줄 모르지만 필담(筆談) 등을 통하여 중국인과의 대화는 가능하다고 판단하였을

상해 황포탄

것이다. 아울러 중국 역시 일본제국주의 침략의 피해를 입고 있는 상황이었으므로 활동이 용이할 것으로 생각하였을 것이다.

상해에 도착한 이후 그의 행적을 알려주는 기록은 보이지 않는다. 상해에 도착한 이후 그는 남경으로 이동하였다. 남경은 일찍이 전국시대에 초(楚)나라의 금릉읍(金陵邑)이었던 곳으로 삼국시대인 229년에 오나라의 손권(孫權)이 건업(建業)이라고 개칭하여 이곳에 도읍을 정한 뒤부터 강남(江南)의 중심지로 발전하였던 곳이다. 진(晋)나라 때 건강(建康)으로 개칭하여 지방의 치소(治所)로 삼았으나, 다시 318년에 동진(東晋)의 원제(元帝)가 도읍한 뒤, 계속해서 송(宋)·제(齊)·양(梁)·진(陳)의 4대에 걸쳐 남왕조(南王朝)의 국도가 되어 남왕조 문학의 중심지로 번영하였다. 589년 진(陳)이 수(隋)에 의해 멸망되면서 도읍지 건강도 파괴되었다.

당(唐)나라 때에는 금릉(金陵)·백하(白下) 및 금릉부 등으로 불리다가 오대십국(五代十國) 시절 강녕부(江寧府)로 개칭(937)된 뒤 남당(南唐) 20여 년의 도읍지가 되었다. 남송(南宋) 때에 건강부(建康府), 원(元)나라 때 집경로(集慶路)로 불리다가, 1356~1441년에 명(明)나라 도읍지가 되어 처음에 응천부(應天府), 뒤에 남경(南京)으로 불렀다. 현재의 남경의 명칭은 그때에 비롯되었으며, 현존하는 주위 34km의 성벽도 그때 축조되었다. 1441년에 도읍지가 북경으로 옮겨진 뒤에는 배도(陪都)로서 중시되었다. 청나라 때에는 강녕부(江寧府)로 불리고, 1853년부터 12년간 태평천국군(太平天國軍)이 점령하여 천경(天京)으로 불렸으나 전란으로 황폐해졌다. 1842년에는 아편전쟁 후의 남경조약이 이곳에서 체결되고, 1858년 천진조약에 의해 개항장이 되었다. 신해혁명의 결과 1912년 여기에 중화민국 임시정부가 수립되었다.

남경 취보성

남경으로 이동한 이유에 대해서도 정확한 이유를 파악할 수 없다. 남경에서 상강실업학교(上江實業學校)에 다니다가 북경으로 간 것으로 되어 있다. 상강실업학교는 어떤 학교인지 어느 정도의 수준의 학교인지 파악할 수 없다. 왜 외국에 가서 학교에 입학하였는지도 알 수 없다. 그가 항일운동을 전개하기 위하여, 국권을 회복하기 위하여 도일한 것과 마찬가지로 중국으로 간 것도 같은 목적이었을 것으로 생각된다.

이관구는 한문 경전, 즉 중국 고전에도 상당한 실력이 있고 한국에서 신식 학교인 대성학교와 숭실전문학교를 다녀 신학에도 상당한 지식이 있었다. 또한 일본어, 영어에도 어느 정도의 어학 지식이 있었을 것이다. 그러므

제4장 해외에서의 항일투쟁의 전개 71

손문

로 필담 등으로 충분히 의사가 통할 수 있었을 것으로 보인다.

이관구는 남경에서 상강실업학교에 입학하였다가 북경으로 간 것으로 되어 있는데, 이는 신해혁명 때문인 것 같다. 신해혁명은 1911년(辛亥年)에 일어난 중국의 민주주의 혁명으로, 이를 통해 손문을 대총통으로 하는 중화민국이 탄생하였다. 이를 제1혁명이라고도 한다. 이 혁명으로 청나라가 멸망함으로써 2000년간 계속된 전제정치(專制政治)가 끝나고, 중화민국(中華民國)이 만들어져 새로운 정치체제인 공화정치의 기초가 이루어졌다.

1900년 의화단(義和團)사건 이후 청나라의 유럽 열강에 대한 굴종적 태도는 한층 더 심해졌으며, 이에 따라 국민 생활의 고통은 더욱 가중되었다. 이렇게 열강에 의한 중국의 식민지화 위기가 심화되었으므로, 1905년 각지의 반정부 세력은 중국 최초 정당인 중국 혁명동맹회(革命同盟會)를 결성하였다.

청나라도 이에 대항하여 중앙집권 체제의 운동(新政運動)을 도모하였으나 사회적 모순은 격화되고, 신정반대·세금거부·그리스도교 배격 등의 대중투쟁이 전국적으로 확대되었다. 이 움직임에 따라서 지방의 유력자, 즉 향신(鄕紳)과 상공업계를 기반으로 입헌파(立憲派)가 형성되어 입헌군주제를 지향하여 국회 속개(速開)운동을 일으켰다. 이에 대해 화교(華僑) 외에 재일본유학생과 국내의 지식 청년층을 참가시킨 혁명파는 중국동맹회를 결성하여 비밀결사인 회당(會黨)과 손을 잡고 민주공화제를 지향하는 반청(反淸) 무장투쟁을 전개하였다.

1911년 5월 청나라는 철도 국유령을 발표하여, 그때까지 민영(民營)인 철도를 담보로 열강의 금융자본 연합체인 4국 차관단으로부터 거액의 자금을 빌려 재정난을 타개하려고 획책하였다. 이에 대하여 호남·호북·광동 등에서 광범위한 반대운동이 일어났으며, 특히 사천(四川)에서는 대규모 무장투쟁으로 발전하였다. 같은 해 10월 초 청조가 사천폭동을 토벌하기 위하여 호북신군(湖北新軍)을 동원하자, 무한(武漢) 지구에서 문학사(文學社)와 공진회(共進會) 등을 조직하여 신군(新軍) 공작을 전개해온 혁명파는, 10월 10일 무창에서 봉기하여 중화민국 군정부를 설립함으로써 신해혁명의 도화선에 불을 붙였다(무창봉기 武昌蜂起). 이 혁명은 순식간에 전국에 파급되어 1개월 이내에 거의 모든 성에서 호응하기에 이르렀다. 1912년 1월 1일 손문을 임시 대총통으로 하고 남경정부가 수립되어 손문의 삼민주의(三民主義)를 그 지도이념으로 한 중화민국이 발족하였다.

이보다 앞서 청조는 북양(北洋) 군벌의 원세개(袁世凱)를 기용하여 혁명군의 토벌을 명하였으나, 영국의 중재로 화평이 진행되었다. 열강 측이 압력을 가하고, 많은 지방에서 실권을 장악한 혁명정부의 내부에 숨어들어간 입헌파의 책동도 있었으며, 또한 혁명파 내부의 대립도 있어서 혁명군은 북벌을 중지하고 남북화의(南北和議)가 진행되었다. 원세개는 청나라의 황제를 퇴위시키는 조건으로 손문으로부터 대총통의 지위를 이양받았고, 3월에 정식으로 대총통에 취임하여 북경정부를 조직하였다. 이때부터 혁명은 급

강절혁명연합군의 남경공격(1911년)

제4장 해외에서의 항일투쟁의 전개

원세개

속하게 반혁명으로 전화(轉化)되었다. 정당이 난립하는 중에 혁명파는 혁명동맹회를 개조하고 소당파(小黨派)를 합쳐서 국민당(國民黨)을 창립, 의회정치의 실현을 희구하였으나, 열강과 입헌파의 지지를 받은 원세개 혁명파에게 무력탄압을 가하여 제2혁명을 일으키는 계기를 만들었다. 혁명파는 제2(1913년 7월), 제3(1915년 12월)의 혁명을 일으켜 원세개정권과 대결하였으나, 반제(反帝)·반봉건의 과제는 해결되지 않고 5·4운동 이후의 혁명으로 미루어졌다.

　남경에서 학교를 얼마 다니지 않고, 북경으로 간 것은 또 무슨 이유인지 모르나 그 당시 신해혁명으로 1911

중화민국 임시참의원 대표(1912년, 남경)

년 10월 10일 무창(武昌)에서 봉기하여 10월에 혁명군이 남경을 점령하였기 때문에 치안상태가 좋지 않아서가 아닐까 생각된다. 혁명군이 남경을 점령하였으니 남경이 혁명 상태로서 치안뿐만 아니라 모든 면에서 혼란이 일어났기 때문에, 더구나 외국인으로서 남경에 더 이상 머물 수 없기 때문에 그는 북경으로 이동하였다.

추정컨대, 이관구는 1911년 말이 아니면 1912년 초에 북경에 도착하여 북경에서도 대학에 진학하였다. 그는 『의용실기』「자서전」에서 다음과 같이 중국에서의 상황을 간단히 수록하고 있다.

> 일본을 離하야 중국에 往하야 임시로 남경 上江實業學校에 입학하였다가 其後 북경 滙文大學에 입학하였다가 明倫大學으로 轉學하야 가지고 있는 동안에 북경의 정객과 문인을 많이 상종하였는데 其中 政客으로 湯化龍, 文學에는 梁啓超를 最親하였다.

2) 북경에서 탕화룡, 양계초, 강유위와의 만남

이관구가 남경에서 북경으로 온 것이 1911년 말 아니면, 1912년 초였다고 가정하자. 1912년 3월에 원세개는 북경에서 임시 대총통으로 취임하였고, 혁명이 이루어진 후에 여러 정당이 각지에서 성립되었으며, 중국동맹회마저 내부 분열이 있었다. 원세개는 중국동맹회에 반대하는 세력을 규합하여 공화당을 조직, 자기의 어용정당을 조직하였다. 혁명파에서도 동맹회를 재개편하여 국민당으로 개편하고 원세개의 독재를 정당내각제로 막아보려고 하였다. 이에 원세개는 국민당의 지도자 송교인(宋敎仁)을 암살하였다. 이처럼 당시 북경의 정국은 상당한 혼란 속에 있었다.

1912년 초에 북경의 회문대학(滙文大學)에 입학하였다가 다시 명륜대학으로 전학하여 대학 재학 중에 중국의 정치인들과 문인들을 만났다고 한다.

여기에서 이관구가 다닌 북경 회문대학에 대하여 살펴보기로 하자. 필자는 1999년 8월 16일 현재 대련대학 교수인 유병호, 이관구의 아들 이하복 등

만수산

전문대가(前門大街)

천단

만리장성

북경

과 함께 회문중학교 교우회 상무이사 선전교육위원회 주임인 오종병(吳宗炳, 당시 64세)과 회문중학교 교우회 비서장인 맹해의(孟亥義, 59세)와 면담을 하였다.

북경 회문대학은 1871년 미국인이 설립한 미이미회(美以美會, 교회명)가

창립한 것이다. 학교명은 처음에는 회리서원(懷理書院)이었고, 다음에는 회문서원, 그 다음에는 회문대학으로 개칭되었다. 그리고 회문대학은 1918년에 연경대학으로 귀속되었다. 회문대학의 후신으로 현재 남아 있는 것이 지금의 회문중학부라고 한다.

회문대학터

이관구는 회문대학을 다닌 후 명륜대학으로 전학하였다고 하나, 이 명륜대학의 실체는 파악할 수 없었다. 이관구는 북경에 와서 처음 입학한 대학이 회문대학이라고 하였고, 회문대학에서의 수학기간이 얼마였는지 모르지만 짐작컨대 긴 기간이 아니고, 곧 명

회문대학터에서의 필자

륜대학으로 전학한 것으로 보인다. 외국인으로서 그 나라 대학에 입학하는 것이 쉬운 일인지 어려운 일인지, 또한 입학금이 얼마인지 그 당시 이관구가 경제적인 능력이 어느 정도인지 대학의 입학 문제 또한 다른 대학으로의 전학 문제가 어떤지 모르겠다. 그리고 대학의 수준이 일본 동경의 초기 청산학원(靑山學院) 같은 곳인지, 우리나라의 초기 배재학당, 이화학당 수준인지 잘 알 수 없다.

한편 북경에 있는 동안 이관구는 수많은 정객과 문인들을 만난 것 같다. 그는 『의용실기』에 실린 「자서전」에서 다음과 같이 기록하고 있다.

북경의 政客과 文人을 많이 相從하였는데 其中 政客으로 湯化龍, 文學에는 梁啓超를 最親하였다.

이관구가 북경에 있으면서 큰 영향을 받은 인물은 탕화룡이다. 탕화룡은 1873년생이며, 이관구는 1885년생이다. 그는 청말 민국초의 정치가이다. 1911년 성립된 헌우회(憲友會)의 회원이었다가 1911년 10월 무창봉기가 일어나자 호북군도독부정무부장에 추대되어 1912년 2월 공화건설토론회에서 4월에 북경임시참의원 부의장이 되었다. 10월에는 양계초가 주도하는 공화통일당과 합하여 민주당을 결성하여 공화당과 함께 중국혁명동맹회를 결성한 후에 국민당에 대항하고 1913년 4월 제1국회의 중의원 원장이 되었다. 5월 민주, 공화, 통일 3당이 합동한 진보당의 이사로써 원세개에 협력하고 1914년 서세창(徐世昌)의 정사당 내각 교육부장이 되었다가 1915년 10월에 사임하였다. 그 후에는 상해에서 원세개의 견제에 대한 반대운동을 하였다.

탕화룡은 처음에는 헌우회 회원으로 무창봉기에 참가하였고, 북경 참의원 부의장, 중국혁명동맹회 참가, 1913년 중의원 의장, 진보당의 이사로써 원세개에 협력, 서세창 내각의 교육부장, 또한 원세개의 견제에 대한 반대운동, 1917년 단기서 내각의 내무총장 등 경력이 화려하다. 그는 정치적 혼란기에 활동한 인물이기 때문에 그의 정치노선에 일관성이 없었다.

이관구는 1912년 북경의 대학에서 공부보다는 중국의 정객들로부터 조국을 구할 방법에 대한 자문을 구하고자 하였던 것 같다. 탕화룡은 복벽주의자이기도 하고, 때로는 공화주의자이며, 혁명가이기도 했다. 역대 내각에서 부장, 총장을 역임한 정치가인 동시에 행정가이며, 다양한 사상을 지닌 이론가로서 유능한 인물이었다. 이관구는 이 탕화룡과의 대담에서 무엇을 배우고 느꼈을까.

사람의 대인관계는 어떤 측면에 상대가 상대를 어떻게 대하여 주었는가를 서로가 주관적으로 생각한다. 탕화룡은 중국의 소위 거물 정객이오, 중화사상의 소유자였다. 그러므로 한국인을 소국의 오랑캐라고 멸시하였을 것이다. 탕화룡은 중국의 중심지인 북경의 거물정치인인데 하물며 일본의 식민지인 조선청년을 대등하게 대하여 주었을까. 아니면 역사적으로나 지리적으로 공동운명에 있는 한중관계를 고려하여 형제국이란 인식하에 정을 갖고 이관구를 특별히 대하여 주었을까.

탕화룡이 이관구를 상대하여 과연 허심탄회하게 양국관계를 논의하였을까는 의심스럽다. 그러나 어떤 면에서 생각해보면 탕화룡은 정치인이기 때문에 정치적인 면에서 호의적으로 상대하였는지 모른다. 탕화룡과 이관구의 관계에서 탕화룡은 유리한 위치에 있었다. 이관구는 정치적으로 높은 지위

양계초

에 있는 인물을 찾아가 조언을 구하는 입장이었다. 상호 간에 야심을 가진 외국인끼리의 만남이므로 만남에 있어서 얼마나 진실성이 있었는지는 깊이 생각해 볼 여지가 있다.

이관구가 문학계에서 가장 친하게 지낸 인물은 그의 자서전에서도 언급하고 있듯이 양계초(梁啓超, 1873~1929)이다. 양계초의 자는 탁여(卓如), 호는 임공(任公) 또는 음빙실주인(飮氷室主人)이며, 광동성 신회(新會) 사람이다. 어려서부터 중국 전통교육을 받았으나, 상해에서 세계 지리서인『영환지략(瀛環志略)』과 서양 서적을 보고는 생각이 크게 바뀌었고, 이해 강유위(康有爲, 1858~1927)를 처음 만나 그에게 육왕심학(陸王心學)과 서학(西學)을 배우고 공양학(公羊學)을 익혔다. 1895년 강유위와 함께 북경에 강학회(强學會)를 설립하고, 상해에 강학회 분회를 설립하여 여러 나라 서적의 번역, 신문·잡지의 발행, 정치학교의 개설 등 혁신운동을 펼쳐 나갔다. 1895년 이후에는 담사동(譚嗣同)과 함께 변법자강운동에 진력하였다. 북경의『만국공보(萬國公報)』와 상해『시무보(時務報)』의 주필로 명성을 떨쳤으며, 마카오[澳門]에서도『지신보(知新報)』를 발간하였다. 이러한 계몽적인 잡지를 발

간하여 서양의 신사상을 소개하고 구사상을 배격하며 애국주의를 고취하여 중국 개화에 공헌하였다. 그의 수많은 정치 논설들은 늘 사회에 파장을 불러일으켰다. 하지만 1918년 말, 유럽을 방문하면서 유럽 사회가 안고 있는 각종 병리 현상을 직접 둘러보게 되어 귀국 후 서양문명이 이미 파산하였음을 선언하기도 하였다.

양계초는 문학, 사학, 철학, 불학(佛學)에 조예가 깊었다. 『음빙실전집(飮氷室全集)』, 『음빙실총서(飮氷室叢書)』, 『청대학술개론(淸代學術槪論)』, 『중국근삼백년학술사(中國近三百年學術史)』, 『선진정치사상사(先秦政治思想史)』, 『중국역사연구법(中國歷史硏究法)』, 『중국문화사(中國文化史)』 등의 방대한 저술이 있으며, 『음빙실전집』에는 360여 편의 시가 수록되어 있다.

양계초는 신해혁명을 거쳐 원세개체제가 확립된 1912년 10월에 외국으로부터 각계의 환영리에 귀국하여 천진에서 『용언(庸言)』을 발행하는 한편 구입헌계(舊立憲系) 제파(諸派)와 제휴를 도모하여 1913년에 진보당을 설립하고, 이사에 추대되었다. 제2혁명 후 국민당이 쇠퇴되는 기회에 웅희령(熊希齡)내각이 출현할 때 사법총장이 되었다. 이 전후시기에 이관구는 양계초를 자주 찾아가 만났다.

양계초의 일대기를 보면, 1929년에 사망할 때까지 그의 경력은 다양할 뿐만 아니라 업적도 많았다. 그래서 많은 사람을 만났고, 저술도 많은 저명인사였다. 그래서 이관구도 그가 만난 많은 사람 중의 한 사람이었을 것이고, 그에게 얻은 지식과 경륜이 컸을 것이다. 그러나 이관구가 양계초를 만났고 가장 친하였다고 한 언급은 이관구의 글에만 나타난다. 양계초가 이관구와 가장 친하였다고 말한 적은 없다.

양계초의 저술 중 1926년에 간행된 『음빙실문집(飮氷室文集)』은 세계에 대한 지식을 아는 데 유용한 책으로 널리 알려져 있었다. 그러므로 한국 지식인들도 이 책을 통하여 세계사정과 지식을 얻고자 하였다. 왜냐하면 그 당시만 하여도 영어나 다른 외국어를 아는 사람이 한국인으로서는 아주 드물었고, 서양사정, 즉 세계사를 한문으로 잘 알 수 있게 쓰여진 책이 바로 『음빙실문집』이었기 때문이었다.

이관구가 양계초를 만난 것은 일본제국주의를 몰아내기 위한 방략을 구하기 위한 것이었다. 그의 「자서전」에 다음의 기록을 통하여 알 수 있다.

余가 外國에 이와 같이 遠遊를 하는 本意는 文字를 學하랴는데 있지 아니하고 國家를 重建하고자 하는 意圖에 在하였다.

양계초는 이관구의 사유에 절대적인 영향을 끼쳤으며, 그의 저서인 『신대학』도 양계초의 영향을 깊이 받아서 이루어진 것이다. 그렇기 때문에 이관구는 양계초와 나눈 대화를 『언행록』 첫 번째에 싣고 있다. 또한 이관구의 다른 저서인 『의용실기』 「자서전」에서 그는 북경에서 정객과 문인을 많이 교류하였는데, 그중 양계초와 가장 친하였다고 밝히고 있다.[10] 그러므로 이관구는 양계초와의 교류를 통하여 그에게 영향을 많이 받았을 것이다.

이관구의 언행록에는 「양계초와 나눈 위인론(偉人論)」이라는 글이 있다.

자선(子鮮)이 양계초를 만났는데 양계초가 말하기를,
"그대의 나라에 위인(偉人)이 있습니까?"
하였다. 자선이 말하기를,
"고대의 위인은 일일이 다 들 수 없지만, 근대에 이르러서 종교계에는 최제우(崔濟愚)가 있고, 경제계에는 정약용(丁若鏞)이 있고, 정치 및 교육계에는 안창호(安昌浩)가 있고, 문인계에는 신채호(申采浩)가 있습니다."
하였다. 양계초가 말하기를,
"내가 책에 쓰기를 '예로부터 지금까지 한번도 인재를 낳은 적이 없는 나라가 있었으니, 고려(高麗) 등과 같은 나라가 그것이다.'고 하였는데, 지금 그대의 말을 들으니, 내가 이전에 책에 쓴 것은 크게 잘못 되었습니다."
하였다.

위의 내용을 통하여 볼 때 이관구는 최제우, 정약용, 안창호, 신채호 등에 대한 각별한 애정을 갖고 있던 것으로 판단된다.

---

[10] 정욱재, 「화사 이관구의 신대학연구」, 『한국사학사학보』 10, 2004 참조.

한편 이관구는 강유위하고도 일정한 교류가 있던 것으로 보인다. 강유위는 청말의 무술변법의 입역자이며, 중국 광동 남해현 사람이다. 이관구보다는 26년 연상이다. 강유위는 중국 청나라 말기 및 중화민국 초의 학자이자 정치가로 무술변법(戊戌變法)이라 불리는 개혁의 중심적 지도자이다. 전통적인 유교를 새로운 관점에서 보는 공양학(公羊學)을 배우고 널리 유럽의 근대사정도 익혔다. 그 무렵에 격렬해진 열강의 침략에 저항하기 위하여 일본의 명치유신(明治維新)을 본따서, 국회를 열고 헌법을 정하여 입헌군주제로 하는 정치적 개혁(變法自疆)의 필요성을 느꼈다. 그는 고향에 사숙(私塾) 만목초당(萬木草堂)을 열고 양계초 등을 교육하는 한편, 황제에의 상서(上書)와 북경·상해에서 면학회(勉學會)를 조직하는 등 활동을 하기 시작하였다. 1898년 그의 '변법자강책(變法自疆策)'은 제사(帝師)인 옹동화(翁同)를 통하여 광서제(光緒帝)에 받아들여져 무술변법이라 불리는 개혁을 지도하였다. 과거(科擧)의 개정, 실업의 장려, 부정관리의 정리 등 그 내용은 시대의 조류에 알맞은 것이었으나 개혁의 추진력이 궁정 내의 일부에 한정되었고, 국민들과의 광범한 유대가 없었기 때문에 실효를 거두지 못하였다. '100일 변법'이라 불리고 있듯이 불과 100일쯤 뒤에 원세개의 배반으로 실패로 끝나고, 서태후(西太后) 등의 수구파(守舊派)가 모든 것을 원상대로 환원시키자 강유위 등은 해외로 망명하였다. 망명 후 보황회(保皇會)를 설립하여 의화단(義和團)의 난을 틈타 선통제(宣統帝)의 복위를 꾀하기도 하였으나, 그의 사상은 차차 쇠퇴하여 손문 등의 혁명파에 의하여 대체되었다. 『신학위경고(新學僞經考)』, 『공자개제고(孔子改制考)』, 『대동서(大同書)』 등 많은 저서가 있다.

이관구의 「언행록」에는 다음의 글이 실려 있다.

〈강유위와 나눈 철리론(哲理論)〉

자선이 강유위(康有爲)를 만났는데 강유위가 말하기를,
"그대는 유도(儒道)의 철리(哲理)를 아시오?"
하였다. 자선이 말하기를,

강유위의 무덤(우측 필자, 좌측 이관구의 아들 이하복)

"유도(儒道)는 실천(實踐) 학문입니다. 궁리(窮理)·정심(正心)·수신(修身)·제가(齊家)로부터 치국(治國)·평천하(平天下)까지 모두 도(道)를 따라 시행하지 않는 것이 없습니다.

무릇 사람의 지식은 보고 듣는 작용이 있는데, 공간 및 시간에 의하여 여러 감각으로 하여금 스스로 날아 흩어지지 않고 그것을 잡아 영겁(永劫) 속에 들게 해야 합니다.

고찰작용(考察作用)이 있는데 삼대원리(三大原理)를 얻어야 하니, 조리만족(條理滿足)·서물조화(庶物調和)·세력불멸(勢力不滅)의 이치입니다.

추리작용(推理作用)이 있는데 능히 사물의 어지러움을 정리하여 그 차서(次序)를 정하고 그것으로 하여금 복잡함으로부터 점차 단순함으로 들어가게 합니다. 그래도 아직 만 가지를 가지런히 하여 하나로 할 수 없는 것은 최고 간결한 곳에 두고 다시 서열 메긴 사물을 점검하여 일리(一理)로부터 다른 이치로 진입하고 일례(一例)로부터 다른 예로 진입케 합니다.

이와 같이 층층(層層)으로 쌓아 올라가 극치에 도달하는 곳을 구하여 하루아침에 이 극치에 도달하면, 다시 이 이전과 같이 사물에 의지할 바가 있지 않으니, 이를 일러 무한무의(無限無倚: 한이 없고 의지함이 없음)의 본원(本原)의 지의(旨義)가 여기에 있다는 것입니다. 신(神)·영(靈)·혼(魂) 및 천당세계(天堂世界)를 말하는 자의 본원(本原)의 본원이니, 모두 무한무 하며 불가사의하여 다시 보거나 들어서 고찰하는 두 작용으로 실험할 수 있는 것이 아닙니다. 오직 추리력(推理力)에 의지하여 엿보아 헤아릴 따름이니, 우리의 실천하는 학문이 아닙니다. 이는 도학(道學)이 근본이 된 뒤에야 철학(哲學)이 붙이는 바가 있게 됩니다."
하였다. 강유위가 말하기를,

"주자(朱子)가 『대학(大學)』에서 격물치지(格物致知) 전(傳)을 보충하여 이르기를 '무릇 천하의 물건에 나아가 그 이미 아는 이치를 따라서 더욱 궁리하여 그 궁극에 다다름을 구하지 않는 것이 없게 한다. 노력하기를 오래하여 하루아침에 활연(豁然)히 관통하는 데에 이르면 모든 사물의 표리정조(表裡精粗)가 이르지 않음이 없어서 내 마음의 전체대용(全體大用)이 밝지 않음이 없다.'고 하였습니다. 주자는 그 이치를 간략히 말한 것인데, 지금 그대는 능히 그 법을 자세히 말하였으니, 유교(儒敎)의 철리(哲理)를 통달한 사람이라고 말할 수 있겠습니다."
하였다.

한편 이관구는 북경에 있을 때 신채호와도 일정한 교류를 갖고 있었던 것으로 보인다. 그가 한국의 위인으로 가장 주목한 인물 또한 신채호였다. 신채호가 이관구가 북경을 떠날 때 준 글이 「언행록」에 남아 있다.

⟨신채호가 이관구에게 준 작별시⟩

자선이 연경(燕京)을 떠날 때 신채호(申采浩)가 자선에게 작별하며 시를 주었는데 다음과 같다.

풍진에 웅장한 뜻을 품고 원유편(遠遊篇)을 읊다가,
칼을 잡고 뛰면서 산을 내려올 때로다.
하늘에 닿은 형극에 앞길을 알겠고,
눈이 다하는 안개 낀 물결에 가는 배가 있도다.
공업이 뒤늦은 때라고 넙적 다리 살에 울지 말라.
욕심(慾心)이 싹트는 곳에 갈매기를 놀래기가 쉽구나.

돌이 많아 아직도 을지굴(乙支窟)이 있으니,
이웃집 백 척 누각을 향하지 말라.

3) 절강성 항주부 군관속성과

(1) 항주부 군관속성과

항주군관학교터에서의 필자와 이하복

1911년 말 또는 1912년 초에 북경에 와서 회문대학과 명륜대학을 다니며 탕화룡과 양계초 등을 만나 조국을 구할 수 있는 방법을 궁구한 이관구는 무력을 통하여 힘을 길러 독립을 달성하는 길이 가장 효과적인 방법이라고 인식하였던 것 같다. 이관구는 『의용실기』에 실린 그의 「자서전」에서 다음과 같이 언급하고 있다.

余가 외국에 이와 같이 遠遊를 하는 本意는 文字를 學하려는데 있지 아니하고 국가를 重建하고자 하는 의도에 在하였다. 그럼으로 戰略도 학습하기 爲하야 浙江省 抗州府 軍官速成科를 短時日에 졸업하고 南京 第二次革

命戰爭에 참전하였으나 그 時에 南軍이 不利하여 支那一飯圖는 袁世凱의 天下가 되었다.

　余는 또 중국에 留할 형편이 되지 못하여 露西亞를 經由하야 歐洲列國에 遊覽의 길을 떠났으나 不過一年에 다시 中國으로 돌아오니 중국은 손문의 新革命의 風氣는 消하야지고 袁世凱의 帝王慾이 발동되어 無辜한 新革命家는 많이 殺害되었다. 그러나 余는 進退維谷으로 할 수 없이 북경에 留하면서 袁克文과 情誼가 相通되야 一時는 北京政府에 一官엿도 단애 준 일도 있었다.

　그러나 袁世凱의 帝王主義는 袁世凱의 死刑으로 轉化하고 말았다. 그 後로 余도 더욱 不平心를 懷하고 남경으로 상해로 香港으로 西北間島로 露領으로 돌아다니며 백방으로 擧事할 同志를 求하야 얼마만치 많은 同志를 求하고 지하공작을 많이 하여 오는 동안에 非常한 苦痛를…….

　이관구는 중국 남방인 절강성 항주부 군관속성과를 찾기로 결심하고 즉시 항주로 떠나게 된 것이다. 그가 특별히 다른 지역도 아닌 항주로 간 이유는 무엇일까.

　항주는 전당강(錢塘江)의 하구에 위치하며, 서쪽 교외에 서호(西湖)를 끼고 있어 소주(蘇州)와 함께 아름다운 고장으로 알려져 있다. 7세기 수(隋)나라가 건설한 강남하(江南河: 大運河의 일부)의 종점으로 도시가 열려 남송시대에는 수도가 되었으나, 임시수도라는 뜻에서 행재(行在)라고 하다가 임안(臨安)이라고 개칭하였다. 10세기 이후에는 외국선박의 출입도 많았다. 19세기에 태평천국군(太平天國軍)의 싸움으로 파괴되었고, 남경조약(南京條約)에 의해 상해가 개항되자 항구로서의 번영은 상해에 빼앗겼다.

　나라를 찾고 독립운동의 방략은 오직 군략(軍略), 즉 군사 지식을 먼저 습득하는 것이 제국주의시대의 당면 과제이며, 그것만이 구국의 첩경의 길이라고 이관구는 명심하고 혁명의 기운이 싹트고 있는 항주로 출발한 것이다.

　이관구가 북경에서 항주에 도착한 것이 1912년 중순 이후였다. 그가 목적한 절강성 항주부 군관속성과에 입학하여 단시일에 수학하고 남경 2차혁명전에 참가하였다. 그러나 그의 뜻과는 달리 중국은 원세개의 천하가 되었다. 이관구는 외국인으로서 항주군관학교에서 중국의 혁명 중에 제대로 군사교육도 받지 못하고 두서없는 혼란 속에서 항주에서 남경으로 출정하여 제2혁명전쟁에 참가하였으나 원세개는 청나라의 황제를 물러나게 하는 조건으로 손문으로부터 대총통의 지위를 받아 1912년 3월에 북경에서 북경정부를 수립하였다. 이때부터 원세개는 반혁명으로 돌아서게 되었다. 그러자 이관구는 제2차 남경혁명전에서 어떤 형태로든 패잔병이 되었다.

그는 남경이 처음은 아니었다. 1911년 7~8월경에 중국 상해에 도착하여 이어 상해에서 남경으로 가서 남경의 상강실업학교에 입학하였다. 그는 남경에 약 5~6개월간 체류한 적이 있었다. 그 당시인 1911년 10월 10일 무창봉기로 청조를 타도하고 공화제의 중화민국이 건립될 때인 제1혁명이 일어날 때에 이관구는 남경에 있었던 것이다. 그러므로 그는 중국의 혁명 분위기를 어느 정도 체득하고 북경으로 이동하였던 것이다. 이관구는 항주에서 절강성 항주부 군관학교 속성과를 수학하고 혁명군으로서 제2혁명전에 참전하였다가 원세개군에게 패하고 소위 패잔병으로서 변복(變服)하고 북경으로 도주하였는데 그 경위는 알 수가 없다.

(2) 서예와 중국 동지들

이관구는 1947년 음력 2월에 서울에서 지난날 중국 절강성 항주군관학교 동창생 친구들과 중국의 동지들이 써준 글씨들에 대하여 친구인 이계동(李撰同)씨의 글을 받아 보관하였다. 이계동이 쓴 글에 따르면, 이관구가 큰 뜻을 품고 동서양을 유람하면서 만난 사람들이 이관구를 흠모하여 그에게 써준 글들을 이관구가 기념으로 보관한 것이라고 한다.

이관구가 남긴 이 서첩(書帖)의 서두에,

此帖中題名人大率 中華國 浙江省 杭州 軍官學校之同窓友也 而其外題名
人亦好同耆也 印

李華史懷大志負盛名而遊東西洋光輝所接孰不欲服　此所以多少人士爭書 此帖而持贈華史以留其殷勤之意者也　檀紀四千二百八十年　丁亥　閏 二月　勉 石完山　李揆同　書　印

라고 되어 있다.

이관구가 보관하고 있는 글씨들을 통하여 그의 대인관계와 절강성 항주군 관학교의 동지들을 짐작해 볼 수 있다. 보관하고 있는 글씨는 다음과 같다.

1. 惜別　湖南　趙瑞麟
2. 權衡(사물을 저울질하여 평가하는 일)　福州　高鴻聲
3. 望重文壇(문단을 중히 바라보노라)　南京　陳濟瀛
4. 形隔神會(형체는 막혔어도 정신은 모였구나)　南京　龐國士
5. 短亭風笛長亭柳 千里雲陰 馬足輕塵 中有離 人一片心 王孫芳草知處 躓淚通明 玉漏音沈猶是 離筵訪別人 右調寄采桑子 華史先生 正韻 徐州 童沂(단정에 피리소리 장정에 능수버들, 천리에 구름 그늘, 말발굽 따라 이는 가벼운 먼지, 그 속에 떠나는 이 마음 조각 어렸구나, 왕손이여 방초는 어디 메냐, 밀초 눈물 환활제에 옥루두 똑똑 그 소리 침침 크니 자리를 떠는 이게 고별인사 하듯 해라. 이상 채상자 운률에 기탁했음) 화사 선생님 정운 서주 동기 印
10. 風雨同舟(비바람에 한배에 올라)　北京　萬鳳樓
11. 惜陰(광음을 아끼다)　北京　盧祜
12. 正義(정의)　北京　柳潔
13. 廉潔(청렴하고 결백하라)　湖北　王家瑞
14. 勤愼(근면하고 신중해라)　天津　王志霖
15. 自三皇五帝以來 爾書畵又精妙 大可觀也(삼황오제이래로 그대 서화 또한 정묘하니 볼만하구나) 南京 華史先生 正之(화서선생 정지하소서) 唐體
16. 業精於勤(정밀한 업무는 근면에서 온다네) 화사선생 정지(화사선생 님께 바르게 해주시오) 上海 李衡山
17. 志逸九霄 風度鍾遠 心統群理 器宇閎深(뜻은 구중천에 날리고 풍도는 원대하라 마음은 많은 리(理)를 거느리거니 기우는 굉장하고 깊도

다) 上海 張耀卿
18. 忠誠奉公(충성봉공) 上海 王永興
19. 華史先生紀念 品重圭璋(품중규장) 杭州 陳振石
20. 華史先生紀念 秋水伊人(가을 물에 그 사람) 蘇州 魯世賢
21. 華史先生紀念 日新月異(날로 달로 새로워져라) 海蔘威 楊翰文
22. 華史先生紀念 百尺竿頭 更進一步(백척간두 경진일보) 露領 白潔沈
23. 華史先生紀念 淸 愼 勤(청, 신, 근) 曲阜 韓景春
24. 華史先生紀念 學品兼優(학문 품격이 겸하여 우월하다) 太原 王雲亭
25. 松風水月未之比其淸華 仙露明珠鷗能方其朗潤(솔바람 물속달이 그의 청화 비기지 못하리니 신선이슬 야광주들 그의 낭윤 비길수 있으랴) 廣東 黃梅榮
26. 華史先生紀念 望美人兮(미인을 바라봄이여) 寧波 黃梅榮
27. 華史同志 雅正 其分若疎 其所關 猶勝於至親(갈라두면 성긴 것 같고, 닫아보면 지친을 누가 하리라)[11]
28. 爲華史先生(화사선생을 위하여)
春風大雅 能容物(봄바람 크고도 우아하여 물질을 용납할 수 있노라)
海山 韋秉植
29. 訥言敏行(말은 더듬으나 행동은 민첩하게) 武昌 婁學謙

이관구가 글을 받은 연도는 그가 중국에 건너간 1911년부터 1918년 한국에서 일본경찰에 체포될 때까지이다. 이관구에게 글을 써준 사람의 명단은 다음과 같다.

趙瑞麟, 福州 高鴻聲, 南京 陳濟瀛, 南京 龐國士, 徐州 童沂, 北京 萬鳳樓, 北京 盧祜, 北京 柳潔, 湖北 王家瑞, 天津 王志霖, 上海 李衡山, 上海 張耀卿, 上海 王永興, 杭州 陳振石, 蘇州 魯世賢, 海蔘威 楊翰文, 露領 白潔沈, 曲阜 韓景春, 太原 王雲亭, 廣東 黃梅榮, 寧波 黃梅榮, 海山 韋秉植. 武昌 婁學謙 등이다.

---

11) 보이지 않아 성명을 알 수 없음.

제4장 해외에서의 항일투쟁의 전개

　이들을 지역별로 인원을 나누어 보면, 남경 3, 북경 3, 상해 3, 항주 2, 호남 1, 복주 1, 서주 1, 호북 1, 천진 1, 소주 1, 태원 1, 광동 1, 영파 1, 곡부 1, 해삼위 1, 노령 1, 무창 1명 등이다.
　다음은 이들이 써준 글의 내용을 보면 다음과 같다. 호남의 조서린이 써준 〈석별〉은 혁명전의 전우와의 만남과 이별을 석별로 나타낸 것이 아닌가 한다. 복주의 고홍성의 〈권형〉은 이관구에게 신중하게 처신할 것을 권유한 것으로 보인다. 남경 출신 진제영이 써 준 〈망중문단〉은 이관구가 지닌 한문에 대한 깊은 조예와 인품을 높이 평가한 것이다. 남경 출신의 방국사가 〈형격신회〉라고 쓴 것은 무엇보다도 정신이 똑발라야 한다는 것을 언급한 것으로 그의 인품을 높이 평가한 것이다.
　그리고 서주 출신의 동기는 채상자(采桑子) 운율에 기탁하여 떠나는 이관구에게 고별인사를 한 것이다. 북경 출신의 만풍루는 이관구와 혁명전쟁에 함께 한 전우로서 생사를 함께 도모했다는 뜻에서 비바람에 한배에 올랐다고 언급하고 있는 것이다. 북경 출신 노호가 쓴 〈석음〉은 광음을 아끼라는 뜻으로 뜻있게 살기 위하여 꾸준히 노력하라는 것이다. 북경의 유결은 〈정의〉라는 글을 주어 정의롭게 살 것과 우리의 혁명전이 정의로운 것임을 밝힌 것이 아닌가 한다. 호남 출신 왕가서의 〈염결〉과 천진 출신 왕지림의 〈근신〉은 위인이 되기 위하여 갖추어야 할 교훈적인 내용을 적어 준 것으로 보인다. 상해의 이형산은 〈업정어근(業精於勤)〉이라고 하여 근면을 강조하고 있다. 상해 출신 왕영홍 역시 〈충성봉공〉의 격언을 적어 주었다.
　남경의 당체는 중국의 삼황오제 이래 이관구의 글씨와 그림이 정문하고 대단하다고 높이 평가하고 있다. 아울러 상해의 장요경 역시 그의 인물됨을 높이 평가하고 있다. 항주 출신의 진진석의 〈품종규장〉은 이관구의 인물을 높이 평가한 것으로 그의 인격이 즉 인품이 장중하다고 평가하여 글씨를 써준 것이다. 소주 출신의 노세현도 이관구를 가을 물의 그 사람이라고 높이 평가하였다. 블라디보스토크의 양한문은 날마다 더욱 정진할 것을 강조하였고, 러시아의 백결침도 백척간두로 더욱 정진할 것을 강조하였다. 해외에서 독립운동을 더욱 활발히 전개할 것을 격려한 것이다. 독립운동의 현장에서 적절한 글이라고 판단된다.

중국의 공자가 탄생한 고장인 곡부 출신 한경춘은 〈청렴, 근신, 근면〉이라는 글을 써주었다. 곡부 출신답게 사람이 지키고 행동하는 데 지침이 되는 글이다. 태원 출신인 왕운정은 이관구가 학자인 동시에 항일 독립운동가였으므로 존경심을 표하였던 것이다. 광동 출신 황매영은 이관구의 시문이 남과 비교하여 볼 때, 청려하고 화미함을 칭송하였다. 또한 영파 출신 황매영은 이관구를 지칭하여 미인을 바라보는 것과 같다고 하여 그의 인품과 위인됨을 칭찬하였다.

항주 출신의 성명을 알 수 없는 분은 나누어 보면 성긴 것 같고, 닿아보면 지친(至親)을 능가하리라라고 하여 이관구를 평가하였다. 성명 미상의 그는 항주군관학교 동창생이었을 것으로 추정된다. 아주 가까운 전우로서 지친보다 가까운 친근한 사이였다는 표현인 것 같다. 해산 위병식은 한국인으로서 이관구의 지인인 동시에 동지이다. 무창 출신 루학겸은 말은 어눌하게 하더라도 행동은 민첩하게 하라고 경계의 말을 주었다.

지금까지 이관구에게 글을 써준 인물들을 통하여 이관구의 중국인들과의 교류의 대강을 살펴볼 수 있었다. 이들 가운데에는 이관구와 1910년대에 중국 혁명전쟁에 함께 참여하였던 동지들이 많은 것 같다. 그러나 이들의 활동상과 인적사항을 파악할 수 없어 이관구의 중국에서의 활동상을 밝히는 데는 별 도움이 안 되어 안타까움을 금할 길 없다.

4) 정원택(鄭元澤)의 일기에 근거한 이관구의 행적

(1) 『지산외유일지』에 보이는 이관구

1912년 대종교계통과 연이 닿아서 만주로 망명하였다가, 중국 혁명의 소식을 듣고 1913년 초 남경과 상해로 망명한 정원택의 일기(『志山外遊日誌』)에 1910년대 초 이관구의 행적을 알 수 있는 기록들이 등장하여 중국 관내에서의 그의 활동을 이해하는 데 큰 도움을 주고 있다. 당시 이관구는 그의 별칭인 이명숙(李明淑)으로 기록되고 있다.
먼저 일기를 작성한 정원택(鄭元澤, 1890.9.27~1971.11.28, 號: 志山)에 대하여 『독립유공자공훈록』을 통하여 살펴보면 다음과 같다.

신규식

정원택

충청북도 중원(中原)사람이다.

1910년에 대종교(大倧敎)에 입교하였으며, 1912년 상해(上海)에서 신규식 등이 조직한 동제사(同濟社)에 가입하여 항일운동을 하였다.

1918년에는 파리강화회의에 참석할 사절단의 자금을 간도(間島), 노령(露領)에서 인수하여 전달하였으며 1919년에는 대한독립의군부(義軍府)의 조직에 참여하여 서무를 담당하였다고 한다.

1919년 4월에는 의군부의 기밀사(機密事)로 상해(上海)에 출장하여 이동녕(李東寧) 등과 함께 길림(吉林)의 상황을 보고하고 국내에서 새로 온 청년들에게 폭탄제조법을 가르치기도 하였다. 1919년 4월에 개최된 임시정부 임시의정원 의원으로 선출되어 의정원 회의에 참석하였다.

당시의 임시정부는 재정(財政)의 조달에 큰 어려움을 겪고 있었는데 그 동안은 각 지방에서 모여든 인사들 중에 자금을 가져오는 이도 있었고, 또 각기 가까운 계통을 통하여 자금이 들어오기도 하였지만 정부의 조직 또는 운영을 위하여 이를 솔선하여 공식적으로 희사하는 경향이 적었으며, 또 정부의 조직과 함께 5월에 개최된 제4차 의정원 회의에서는 구급의연금(救急義捐金)의 모집을 결정하고 각 도별로 구급 의연금 모집위원을 선출하였지만 그것이 당장 소기의 성과를 거둘 수도 없는 일이었다.

따라서 신규식(申圭植) 조소앙(趙素昻) 등 임정 요인들은 동년 5월 초에 의정원 의원인 김덕진(金德鎭)과 함께 그를 국내로 밀파하여 서울의 정두화(鄭斗和)를 찾아 자금 조달을 원조받도록 하였다. 그러나 그는 귀국 도중에 일경에게 체포되어 옥고를 치렀다.

즉, 정원택은 1910년대 초 중국 상해 등지에서 신규식(申奎植) 등이 조직한 동제사에서 항일운동을 전개하던 인물이다. 그런 그였으므로 이관구와 만났을 가능성이 크다. 정원택의 일기에 적힌 이관구의 행동에 대하여 살펴보기로 하자. 주변의 이해를 위해 앞뒤 부분도 인용하기로 한다.

(1913년) 4월 21일　동제사(同濟社) 신입 사원 6인에게 환영회를 개최하다.
　　　　　27일　예관 선생이 상해를 출발하다.
　　　　　29일　벽초(碧初)·위당(爲堂)·천봉(天峯) 3위가 남통주(南通州)에 우거하는 김택영(金澤榮)씨[호는 창강(滄江)]를 방문코자 상해로 출발하였다.
　5월 　6일　겸곡 박은식 선생이 상해로 향해 떠났다.
　　　　15일　예관 선생이 상해로 왔다.
　　　　18일　만호(晩湖)·벽초(碧初)·위당(爲堂)·문일평(文一平)·김정기(金正琪) 등이 상해로부터 왔다.
　　　　19일　동류 형제 일동이 호가(胡家) 화원(花園)으로 가서 관상하는데, 이 호가원(胡家園)은 남경 성내 서남 모퉁이에 있는 저명한 별장이다. 주위가 3~4리에, 1부는 주택이요, 1부는 화원이니, 동서 양단에 소나무와 수양버들이 늘어서 있고, 중앙에 연못을 설치하고, 못 기슭에는 돌로 싸서 산을 만들고, 산위에 행각(行閣)과 복도(複道)가 층층히 굴회(屈廻)하고, 못 가운데의 돌로 만든 산과 산 사이에는 무지개 다리를 설치하여 통행케 하고, 그림으로 그린 난간과 석탑에 오죽(烏竹)·창송(蒼松)이 어울려졌으며, 기화요초가 향기를 뿜어 사람의 넋을 빼았고, 한 모퉁이에는 철망을 가설하고 원앙새며 원숭이를 사육하고 있으니, 이 별장 주인의 풍부한 구상을 짐작하겠더라.
　5월 20일　동제사(同濟社) 창립 1주 기념식을 거행하였다. 이날 밤에 이명숙(李明淑)·오진홍(吳鎭洪)이 북경으로부터 내도하였다.
22일 예관 선생이 상해로 출발하였다.

위의 기록에서 보는 바와 같이 이관구는 1913년 5월 20일에 북경으로부터 남경에 도착하였다. 그리고 신규식이 주관하던 동제사 창립 1주년에 기념식에 참가하였던 것이다.

이관구가 무슨 일로 남경까지 왔는지, 그가 먼 길을 온 데에는 나름대로의 이유가 있을 것이다. 정원택의 『지산외유일기』에 이관구의 이름은 이명숙으로 되어 있다. 이관구가 1918년에 국내에서 체포되어 심문을 받는 과정에서 그의 성명이 여러 가지인 것으로 나타났는데, 그 가운데 하나가 바로 이명숙인 것이다. 이외에 이관구의 별칭으로는 이종석, 이해량, 이자선, 충장, 정충장군(精忠將軍) 등이 있었다. 이관구의 자는 명숙이고, 호는 화사였다.

1913년 5월 20일 이관구가 남경에 도착한 이후 7월 9일 상해, 7월 29일 북경으로 돌아오기까지 그의 활동을 살펴보기 위해 정원택의 일기를 다시 인용하면 다음과 같다.

5월 23일 김만호(金晩湖)·남즙(南楫)이 상해로 출발하였다.
25일 신건식(申健植)·김정기(金正琪)·김덕진(金德鎭)·김필한(金弼漢)·이찬영(李瓚榮)과 동반하여 야외 소풍을 가는데, 촌집으로 가서 한바탕 보리 타작을 하여주고, 돌아오는 길에 천보산(天寶山)에 오르는데, 산봉우리 아래에 있는 보타암(普菴)으로 들어가 다과를 사서 먹고, 제1봉에 오르니 돌 봉우리가 부용(芙蓉: 연꽃)과 같이 멋있게 솟아있고, 눈 아래로 금릉(金陵: 남경) 전경이 바둑판처럼 깔려 있고, 서북으로 장강(長江) 일대와 소주태호(蘇州太湖)의 광활함이 한 폭의 그림처럼 펼쳐져 있으니, 남아의 심금이 쾌활해져서 날아갈 것만 같았다. 1행 6인이 각자 명함 1장씩을 봉우리 바윗돌 틈 사이에 놓고, 상제(上帝)에게 묵도하고 주위를 방황하다가 저물녘에 숙소로 돌아 왔다.

6월 5일　문일평·임성일(林成一)이 상해로 떠나고, 최훈·오진홍(吳鎭洪)이 귀국하니, 이 편에 고향 본집으로 제3차의 서신을 부송하였다.

　　　7일　예관 선생이 상해로부터 내도하니, 강서(江西)에 전란이 일어난 소식을 들었다. 4월부터 지금까지 형혹(熒惑: 화성[火星])이 남두성좌(南斗星座) 바로 옆에 있다.

　　　15일　벽초(碧初)·위당(爲堂)·이찬영·김덕진(金德鎭)·김필한(金弼漢)·김덕준(金德俊)·김진(金震)이 상해로 떠났다.

　　　16일　예관 선생이 상해로 출발하였다. 이날 황흥(黃興)이 남경에 잠입하여 군관을 불러 회유하고 독립을 선포하니, 도독(都督) 정덕전(程德全)이 도망한지라, 황흥이 인민에게 방(榜)을 붙여 효유(曉諭)하였다.

　　　17일　신상무(申相武)·신성모(申性模)·왕세진(王世振)·윤필건(尹必健)이 상해로 출발하였다.

　　　21일　만호 김규식(金奎植) 선생이 중국인 모대위(毛大衛) 의사와 적십자대를 조직하여 임회관(臨淮關)에 출동하니, 김정기(金正琪)·계선(桂宣)이 수행하였다.

　　　25일　만호 선생 및 김정기가 돌아 왔다.

　　　26일　신가항(申家港: 지명)의 이홍장(李鴻章) 구택(舊宅)을 빌려서 이사하니 총 50여 간이었다. 정문으로부터 안문에 이르기까지 사중문(四重門: 네겹문)이요, 정침(正寢)은 정면 5간이 2층이니, 정침이 상하 10간이요, 상방(廂房)이 동서루 상하 합하여 12방이요, 안 정문 외에 좌우로 합 4간방이 있고, 동서 상방(廂房)이 합 4간이요, 중당(中堂)은 접객실이라, 한 양식(樣式)으로 외정문에 이르러 또 문방(門房) 2간 합 50간 방이 있고, 좌우에 협문(夾門)이 5개 처나 있어서 모두 복도로 통하고, 최후문(最後門)으로 좇아 들어가면 화원이 있으니, 원내에는 연당(蓮塘)이 있고, 못 기슭에 대사행각(臺行閣)이 설치되었으나 모두 대나무로 가설한 것이다. 해가 오래 지나서 썩어 무너졌고, 화분 수백 개가 담 밑에 쌓여 있었다. 외문으로부터 정침에 이르기까지에 정원 및 행로를 벽돌로 포식(佈

飾)하고, 그림 난간과 층계의 사치가 극치에 달하였던 것을 추상할 수 있으며, 담 높이가 몇 길이라. 그리고 이 집은 본 주택이 아니고, 일시 가다가 들려 사는 집이라 하니, 당시 이 홍장의 권위와 생활을 추상할 수 있었다. 집세는 매달 50원 이었다.

28일   시내에 계엄령을 내리고, 진회수(秦淮水) 변에서 병사 검열을 행하니, 가로의 분위기가 삼엄하였다.

7월 3일   만호(晩湖) 선생이 상해로 출발하였다.

5일   이찬영이 상해로부터 오니, 북간도에 계신 은계(隱溪) 선생과 박승익(朴勝益)의 서신을 접견하였다.

6일   겸곡(謙谷)과 신건식·이찬영·김용호(金容浩)·우상순(禹相淳) 이 상해로 출발하였다.

7일   하해명(何海鳴)이 남경에 돌입하여 재차 강소(江蘇) 독립을 선포하였다.

9일   남경에 잔류한 동지 중에 민국대학에 재학중인 이광(李光)·김덕(金德) 2인만 체류하고, 나와 김갑(金甲)·이초(李超)·최익준(崔益俊)·이명숙(李明淑)·박세호(朴世豪)·김정기(金正琪) 제씨는 상해로 출발했는데, 기차는 임시 군용이므로 하관강구(下關江口)에 나가서 영국 상선을 타니, 이때는 남경 피난민이 답지하여 배안이 극도로 복잡하였다. 석양에 진강(鎭江)에 정박하였다가, 깊은 밤에 소주(蘇州)에 도착하니, 대안에 있는 중국 군함에서 우리가 탄 배에 탐조등(探照燈)을 비치매, 이 무렵에 만재(滿載)된 중국인 남녀 아동이 놀라 겁을 먹고 부르짖으니, 일시 혼란 상태를 연출하였다.

10일   오전 10시에 황포탄(黃浦灘)에 정박했다가, 하륙하여 즉시로 프랑스조계 보창로(寶昌路)에 있는 만호 김규식씨 숙소를 찾으니, 한흥(韓興)·조소앙(趙素昂)·송전도(宋全道)·홍성희(洪性喜) 등 제씨를 상봉하여 환담하고, 상해에 체류하는 제씨와 차례로 인사를 나누다가 서간도에 있는 성인호(成麟鎬)의 서신(제1차)을 접견하였다.

11일   황운학(黃雲鶴)·정재홍(鄭在洪)이 본국으로 출발하고, 집의

	서신(제4차)을 접수하였다. 이날 저녁에 황포강에 나아가 4~5 동지와 뱃놀이를 하였다.
14일	신건식·김정기와 백이부로(白爾部路)에 누상 1간을 빌어 동거하기로 하였다.
16일	길원(吉元)·이일(李一)이 내방하여 처음 인사를 나누었다.
18일	단재(丹齋) 신채호(申采浩) 선생과 김용준(金容俊)이 청도(靑島)로부터 내도하였다.
19일	홍성희(洪性喜)·김진(金震)이 귀국하고, 윤세용(尹世茸)·이극로(李克魯)가 서간도로부터 내도하였다.
21일	계선(桂宣)·김삼(金三)이 진강으로부터 내도하고, 김갑(金甲)이 와서 함께 유숙하였다.
25일	김용준(金容俊)·이일(李逸)·안증(安澄)·곽림대(郭林大)·길원(吉元)·임초(林超)·신단재(申丹齋)·윤세용(尹世茸) 제씨를 여태루(旅泰樓)로 초청하여 환영회를 개최하였다.
26일	임성일(林成一)·왕세진(王世振)·곽림대(郭林大)·윤필건(尹必健)·길원(吉元) 등 5인이 미국으로 출발하였다.
28일	국치 3주(國恥三周)라, 동제사 총회(同濟社總會)를 개최하고, 오후에 선열 홍범식(洪範植)씨 추도회를 개최하였다.
29일	계선(桂宣)·최익준(崔益俊)·이명숙·김석관(金錫觀)·김덕준(金德俊) 등 5인이 북경으로 출발하였다. 이날 밤에 집의 서신(제5차)을 접수하였다.
8월 4일	이극로·김삼(金三)·윤영한(尹英漢) 3인이 북경으로 출발하였다.
6일	동제사 총회를 계속 개최하였다.

 위의 기록을 통하여 볼 때, 1913년 5월부터 남경에 있던 한국인들은 남경의 정세가 불안하여 거의 상해로 떠나게 된 것이다. 원세개의 지배하에 황흥(黃興) 등 혁명군이 남경에 잠입해 오고, 계엄령이 선포되었다. 이관구도 무슨 생각으로, 무슨 목적으로 북경에서 남경으로 왔는지 그의 생각과 목적한 바는 알 수 없다. 그러나 5월에 남경에 왔다가 7월에 북경으로 돌아간 것을 보면, 남경의 불안한 정세 때문일 것이다. 이관구는 하는 수 없이 북

경으로 돌아갔다.[12]

한편 당시 김규식(金奎植)은 토원운동(討袁運動)에 직접적으로 참여하기도 하였다. 그는 1913년 7월 19일 황흥이 남경으로 와서 반원독립(反袁獨立)을 선포하고 토원에 참여한 직후 중국인 의사와 함께 의료구호대를 조직하고 안휘성 임준관(臨准關) 지역으로 출동하였고, 이때 계선(桂宣) 등 한인학생들도 함께 참여하였던 것이다. 한편 이관구 등 나머지 한인들은 대부분 상해 조계 지역으로 철수하였다.[13]

이관구가 남경에서 상해로 와서 바로 북경으로 온 것은 중국의 정국이 불안해서였다. 1913년 7월 강서성(江西省)의 이열조(李烈鈞)가 원세개에 반대하는 군사반란을 일으켰다. 그러나 무기력하게 실패하고 말았다. 결국 제2혁명이 실패하였으므로 원세개의 권력이 강화되어 갔다. 이러한 정국 속에서 이관구는 북경에 더 머물 처지가 되지 못하였다. 이관구는 혁명파의 신분이었던 관계로 북경에 더 체류할 수 없었던 것이다. 그의 당시 입장은 『의용실기』「자서전」에서 다음과 같이 언급하고 있다.

남경 제2차혁명전쟁에 참전하였으나 그 時에 南軍이 불리하여 支那一飯圖는 袁世凱의 천하가 되었다. 余는 또 중국에 留할 형편이 되지 못하여 露西亞를 經由하여 歐洲列國에 遊覽의 길을 떠났으나……

(2) 이관구와 동제사

『지산외유일기』의 다음의 기록을 보면 이관구는 당시 동제사에 활동하던 인물들과 남경, 상해, 북경 등지에서 1913년 5월부터 7월까지 행동을 함께 하게 된다.

---

[12] 1913년 7월 29일 계선, 최익준, 이명숙, 김석관, 김덕준 등 5인이 북경으로 출발하였다 정원택 저, 『지산외유일지』, 홍순옥 편, 탐구당, 1983, 76쪽.
[13] 배경한, 「상해 남경지역의 초기(1911~1913) 한인망명자들과 신해혁명」, 『동양사학연구』 67, 1999, 51쪽.

(5월) 20일 　동제사(同濟社) 창립 1주 기념식을 거행하였다. 이날 밤에 이명숙(李明淑)·오진홍(吳鎭洪)이 북경으로부터 내도하였다.
(7월) 28일 　국치 3주(國恥三周)라, 동제사 총회(同濟社總會)를 개최하고, 오후에 선열 홍범식(洪範植)씨 추도회를 개최하였다.
　　 29일 　계선(桂宣)·최익준(崔益俊)·이명숙·김석관(金錫觀)·김덕준(金德俊) 등 5인이 북경으로 출발하였다. 이날 밤에 집의 서신(제5차)을 접수하였다.

이관구는 동제사와 어떠한 관계일까. 우선 동제사에 대하여 알아보도록 하자. 『한국독립운동사전』에 보이는 동제사에 대하여 인용하면 다음과 같다.

동제사 同濟社

　　1912년 중국 상해에서 조직된 독립운동 단체. 신규식(申圭植)·박은식(朴殷植) 등이 중심이 되어 국권회복운동을 위해 결성하였다. 상해지역의 독립운동단체의 효시로 이 지역의 한국독립운동을 위한 기반다지기에 기여하였다. 동제사 결성에 가장 결정적인 역할을 담당한 사람은 1911년 3월에 상해로 망명한 신규식이었다. 육군무관(武官) 출신으로 국내에서 국권회복운동을 전개하다 중국으로 망명한 신규식은 중국혁명에 희망을 걸고 있었다. 이후 많은 한국의 독립운동가들이 한국독립을 갈망하며 중국혁명운동의 근거지인 상해 지역으로 모여들게 되었다. 신규식은 국내에서 계몽운동을 전개하여 명성을 떨쳤던 박은식이 만주를 거쳐 상하이로 오자 그와 더불어 애국지사를 결집해서 민족운동을 추진할 단체결성을 추진하게 되었다. 이밖에 만주를 거쳐 망명해온 박찬익·이광 등의 독립지사와 민필호·임의탁 등 유학생들이 이에 동참하였다. 이 단체의 결성 이후 김규식(金奎植)·신채호(申采浩)·홍명희(洪命憙)·조소앙(趙素昻)·문일평(文一平)·신건식(申健植)·조성환(曺成煥) 등이 참여하여 활동하였다. 단체의 명칭인 동제사란 "동주공제(同丹共濟)"를 줄인말로 한인(韓人)간의 친목융화(親睦融和)·간난상구(艱難相救)를 표방한 것이지만 그 진정한 목표는 국권회복에 두었다.
　　동단은 상해로 망명해오는 독립지사와 이주해 오는 동포수가 증가함에 따라 조직이 점차 확대되었으며, 최고 전성기에는 300여 명의 회원을 가진 명실상부한 독립운동단체로 성장하였다. 그 조직 구성은 본부는 상해에, 지사는 북경, 천진, 만주 등 중국지역과 노령 이외 구미, 일본 등지에 설치되었고 본부조직에는 이사장과 총재를 두며, 지사에는 사장과 간사를 두었던 것으로 보인다.

총재는 고문의 성격을 가진 직위로서 박은식이 맡았으며 실무 대표로는 이사장(사장)을 맡은 신규식이었고, 간부직으로 간사 몇 명이 있었다. 동제사에 가입하는 회원은 비밀을 맹약하고 이를 엄수하며 간부 상호 간에는 암호를 사용하여 왕래하였다.

그 구성원의 특징을 정리하면 다음과 같다. 우선 출신지역을 보면 대다수가 경기(조소앙·정인보·조성환·박찬익·민제호·민필호·변영만·여운형)와 충청(신규식·이광·신채호·신건식·정원택)의 기호지역 출신이었고, 경남(김규식·김갑·한홍교), 평안도(문일평·선우혁), 황해지역(박은식) 출신이었다. 연령은 대부분이 20대와 30대로 청년층이 주류를 이루었어도 지도층은 30대 후반에서 50대에 이르는 장년층이었다. 신앙은 대종교가 큰 비중을 차지했고 기독교도 다수였다. 이들 중 신민회 출신은 신채호·이광·조성환·박찬익·선우혁 등이며, 육군무관출신인 신규식·조성환을 비롯한, 박은식·신채호·문일평 등은 언론이나 학회를 통한 계몽운동을 전개하는 등 대다수 구성원은 국내에서 국권회복운동을 통해 민족운동의 경험을 나누었던 인물들이었다.

동제사의 핵심인물이었던 신규식·박은식·신채호 및 조소앙 등이 가졌던 정치사상은 시민적 민족주의, 대동사상 및 개량적 사회주의였으며 대부분 국혼적 국사관과 대종교의 국교적 신앙을 가지고 있었다. 이런 점을 미루어 동제사의 이념이 국권회복이라는 대전제 아래 시민적 민족주의·대동사상·민주사회주의·국혼적 역사관·국혼적 종교관 등으로 구성되었으리라 추정된다.

동제사는 상해에서 결성된 한국독립운동단체의 효시로서 이후의 단체결성 및 이 지역에서의 독립운동 전개에 직접, 간접으로 영향을 주었으며, 또한 동제사의 협력단체인 신아 동제사(新亞同濟社)를 통한 중국혁명세력의 지원도 확보할 수 있었다. 동제사는 외교와 교육활동을 통해 독립운동을 전개했다. 외교는 신규식의 신해혁명 참가를 교두보로 삼고 중국 혁명 인사들과의 공적·사적인 교류를 통해 이루어졌다. 이러한 일련의 노력의 하나가 한·중 양국의 협력단체인 신아동제사의 결성으로 구체화되었다. 동제사는 신아동제사를 통하여 중국 혁명지사들로 하여금 한국독립운동에 관심을 갖도록 하고 또한 그들의 지원을 얻고자 했다. 동제사는 청년교육과 군사교육에 주력하였다. 이 단체는 1913년에 우선 중국어를 가르치기 위해 12월 17일 상하이 명덕리(明德里)에 박달학원(博達學院)을 설립하였다. 약 10년 동안에 100명 정도의 졸업생을 배출하였다. 이들은 중국지역은 물론 일본과 만주로도 파견되어 독립사상을 고취시키고 항일운동전선에서 지도적인 인물로 활동하였다.

이관구가 동제사에서 구체적으로 어떠한 활동을 하였는가는 알 수 없다. 다만 그가 이 단체에서 독립운동가들을 만나고 민족의식을 보다 공고히 하였고, 그 곳에서의 활동이 그의 독립운동의 인맥을 폭넓게 갖는 계기가 된 것만은 분명하다.

3. 독립운동방략의 고민: 만주, 러시아, 유럽, 인도, 중국 본토

1) 이관구의 만주, 러시아로의 이동

이관구는 1913년 말 1914년 초 북경에서 만주를 경유하여 러시아 연해주 블라디보스토크, 모스크바로 간 것으로 짐작된다. 그가 만주를 경유하여 블라디보스토크로 갔다면 당시 그 지역에서 항일투쟁을 전개하던 재만한인과 러시아의 연해주 한인들을 만났을 것이다. 1910년 당시 이 지역의 항일운동에 대하여 알아보기로 하자.

(1) 만주 지역 한인사회와 항일운동: 독립운동 기지의 건설

1910년을 전후하여 재만한인사회를 기반으로 독립운동 기지를 건설하고자 하는 움직임이 독립운동가들 사이에서 활발히 전개되었다. 이러한 움직임은 독립전쟁론에 기반을 둔 것이었다. 독립전쟁론이란, 일본제국주의가 대륙침략전쟁정책의 일환으로 한국을 강점한 데 이어 중국·러시아·미국 등을 침략하게 될 것이라는 전망하에 수립된 대일 항쟁 방법론이다. 즉 일제는 필연적으로 중일전쟁과 러일전쟁, 그리고 미일전쟁을 유발하게 될 것이므로 그러한 전쟁이 일어날 때 한국인은 대일독립전쟁을 감행하여 독립을 쟁취해야 한다는 것이다. 이에 따라 전국민은 무장 세력의 양성과 군비를 갖추면서 독립운동의 기회를 기다려야 한다는 전제 아래 독립운동 기지를 건설하게 되었다.

그 첫단계 사업은 민족정신이 투철한 인사들을 집단적으로 해외에 이주시키는 것이었다. 이러한 계획안은 신민회에 의하여 구체화되었으니, 이들은 1910년을 전후하여 중국 동북 지역에 한민족을 집단적으로 망명시키고자 하였다. 이들이 중국 동북 지역을 망명 지역으로 선택한 이유는 첫째, 두만강과 압록강을 사이에 두고 한반도와 매우 가깝다는 지리적인 이점, 둘째, 1860년대부터 한국인이 이주하여 당시 재만한인사회를 형성해 나가고 있었다는 점, 셋째, 일본의 압력이 국내보다 덜 미치고 있다는 점 등이었다.

1910년 일제에 의해 한국이 강점당하자 신민회의 계획에 따라 서간도 지역에는 경학사, 부민단, 신흥강습소 등이 조직 운영되었다. 그리고 북간도 지역에서는 명동촌이 독립운동 기지로서 그 역할을 다하였다. 이러한 독립운동 기지의 건설은 이 지역 한인 사회를 기반으로 한 한국독립운동의 확대 발전이라고 할 수 있으며, 3·1운동 이후의 본격적인 대규모 독립전쟁을 위한 준비 단계로서 그 의미가 크다고 하겠다.

부민단(扶民團)은 1910년대 서간도(西間島) 지역에서 조직된 재만 한인의 자치기구이자 독립운동 단체로서 1912년 가을에 조직되었으며, 통화현을 중심으로 한 서간도 일대에 독립운동 기지를 건설하고 독립전쟁을 위한 준비를 전개하였다.

1911년 경학사(耕學社)가 해체된 후 재만한인사회에서는 한인사회의 자치와 산업의 향상을 지도할 새로운 조직의 필요성을 절감하였다. 이에 1912년

유하현 한인 교회

유하현 한인들

가을, 독립운동가들은 경학사를 바탕으로 하여 부민단을 조직하였다. 부민단의 뜻은 '부여의 옛 영토에 부여의 후손들이 부흥결사(復興結社)를 세운다'는 것이었다. 본부를 통화현(通化縣) 합니하(哈泥河)에 두었으며, 초대 총장은 의병장 허위(許蔿)의 형인 허혁(許赫)이 맡았다. 그리고 이어서 이상룡(李相龍)으로 교체 선임되었다. 총장 아래 부민단에는 서무·법무·검무(檢務)·학무·재무 등의 부서를 두었다. 그리고 중앙과 지방의 조직을 마련하였다. 중앙에는 단장 1인 및 각 부서 주임을 두었으며, 지방에는 천가(千家) 및 큰 부락에 조직되며 장으로 천가장(千家長) 1인을 두었다. 그리고 구(區)에는 약 1백가(百家)에 구단(區團)을 설치하여 구장(區長) 혹은 백가장(百家長) 1인을 두었다. 그리고 패(牌)에는 10가호(家戶)에 패장(牌長) 혹은 십가장(十家長)을 두었다. 즉 부민단은 중앙과 지방 조직으로 이루어져 있었으며, 지방의 경우는 천가장·구장·패장 등으로 호(戶)의 수에 의하여 결정되었다.

1914년 유하현 부민단의 경우 현내를 4개구로 나누어 제1구 부민단은 대사탄(大沙灘)에, 제2구 부민단은 대화사(大花斜)에, 제3구 부민단은 대두자구(大肚子溝)에 부민단의 소재지를 두었다. 그리고 제4구 부민단의 경우 존재는 확인할 수 있으나 소재지는 알 수 없다. 그리고 각 구 부민단은 그들이 관할하는 지역과 호구, 인구 수 등이 있었다. 그중 제1구는 선인구(仙人溝) 등 18개 지역으로 총 호수가 250, 인구가 1,372명이었으며, 제2구는 소만구(小灣溝) 등 16개 지역으로 514호, 2,731명이었다. 그리고 제3구는 고산자(孤山子) 등 7개 지역으로 172호, 760명이었고, 제4구는 대탄평(大灘平) 등 8개 지역으로 38호, 160명 등이었다. 그리고 각 구의 임원은 각 구단마다 고문·단총리(團總理)·검찰장·갑장·패장·검찰원·십장(什長) 등을 두었는데, 그중 단총리는 단칙(團則)을 총괄하고 민사·형사상 사무를 담당하였으며, 검찰장은 형사의 업무를 장악하였다. 그리고 도검찰은 부내(部內)의 요소(要所)에 배치되어 사고를 사찰하는 역할 등을 담당하였던 것이다.

제1구 부민단의 경우 고문 이탁(李鐸), 단총리 남상복(南尙福), 검찰장 이동희(李東熙), 도검찰 박치서(朴致瑞), 갑장(甲長) 이광선(李光鮮) 그리고 패장 2명, 검찰원과 십장 각 1명씩을 두었다. 제2구 부민단의 경우는 고문 왕삼덕(王三德), 단총리 방기전(方基典), 도검찰 안병모(安炳模), 갑장 장승납(張承納)·박명초(朴明楚)·권중열(權重烈), 십장 변석윤(邊錫允)·신양재(辛陽材)·한응천(韓應天)·안희전(安熙典) 그리고 패장과 검찰원을 주요 부락에 4명씩 두었다. 그리고 제3구 부민단의 경우는 단총리를 곽무(郭武)가 담당하였으며, 다른 간부의 명단은 알려져 있지 않다. 제4구 부민단의 경우도 알 수 없다.

부민단의 표면적인 사업은 재만 한인의 자치를 담당하고 재만한인사회에서 발생하는 일체의 분쟁을 재결(裁決)하는 것과 재만 동포들을 대신하여 중국인 또는 중국관청과의 분쟁사건을 맡아서 처리해주는 것, 재만 한인학교의 설립과 운영을 맡아 민족교육을 실시하는 것 등이었다. 이러한 부민단의 궁극적인 사업 목표는 재만 한인의 토대 위에 독립운동 기지를 건설하고, 독립전쟁을 위한 준비를 하는 것이었다. 한편 부민단에서는 신흥강습소(新興講習所)를 통하여 독립군의 양성에도 힘을 기울였다. 그러나 신흥강습소의 이러한 활동은 그 지역의 토민들의 오해의 대상이 되었다. 이에 부민단에서는 "나의 동포 잃었으니 이웃 동포 내 동포요", "나의 형제 잃었으니 이웃 형제 내 형제라" 라고 하는 표어를 내걸고 토민들에게 양해를 구하였다. 그리고 의복, 모자, 신발 등을 토민들과 똑같이 입고 변장함으로써 상호 친교 운동을 적극 추진하였다. 그 결과 토민들의 배척은 진정되었다. 또한 부민단에서는 신흥강습소의 졸업생을 주축으로 하여 신흥학우단도 조직하여 독립전쟁을 준비하는 한편, 1914년 이후에는 백두산에 백서농장(白西農庄)이라는 독립운동 기지도 건설하여 항일투쟁에 만전을 기하였다. 그 후 부민단은 1919년 3·1운동이 전개될 때까지 재만 한인의 자치기구이자 독립운동 단체로서 독립전쟁 기지단체로서 그 사명을 다하였다. 동년 4월 초순에 군정부(軍政府)가 성립된 것을 계기로 부민단의 모체 위에 한족회(韓族會)가 조직됨으로써 부민단은 발전적인 해체를 하게 되었다.

한편 북간도 지역의 대표적인 단체로는 중광단(重光團)을 들 수 있다. 1911년 중국 길림성(吉林省) 왕청현(汪淸縣)에서 활동한 대종교 독립운동 단체이다. 독립운동가 나철(羅喆)은 1909년 1월 15일 서울 제동(濟洞)에서 구국운동의 일환으로 대종교를 창시하고 서울에 남도지사(南道支司) 및 북부지사(北部支司)를 설치하였으며, 1910년 10월 25일에는 백두산 기슭인 북간도 화룡현[和龍縣 일명 삼도구(三道溝)] 청파호(靑坡湖)에 지사를 설치하고 포교 및 반일활동을 전개하였다. 중광단은 함경북도 함일학교(咸一學校)를 졸업하고 대종교에 입교한 서일(徐一)을 단장으로 현천묵(玄天黙)·백순(白純)·박찬익(朴贊翊)·계화(桂和)·김병덕(金秉德)·채오(蔡五)·양현(梁玄)·서상용(徐相庸) 등을 중심으로 조직되었다. 중광단의 명칭에서 '중광'이란 단군교의 부활을 의미하는 것이나 중광단의 건립목적은 종교활동 보다는 대종교인들을 중심으로 한 무장독립운동에 있었다.

그러나 건립 초기 중광단은 군사인재 및 무기의 결핍으로 본격적인 군사활동을 전개할 수 없었다. 이러한 상황에서 중광단은 먼저 대종교 포교와 학교교육을 통하여 한인들의 민족의식을 제고시켜 반일인재를 양성하고자 하였다. 이에 따라 1911년 6~7월 이정완(李貞完)은 화룡 학성촌(鶴城村)을 거점으로 포교 활동을 추진하였으며, 나철은 서일·계화·백순·박찬익 등과 함께 화룡현 청파호 등지에서 포교 활동을 전개하였다. 그 후 서일은 왕청현, 현천묵과 김병덕 등은 연길에서 각각 포교활동에 전념하여 대종교의 사회적 기반을 확대하여 갔다. 결과 1914년 5월 13일 대종교는 총본사를 청파호에 옮겨왔으며 북간도 각지에는 시교당(施敎堂)이 설치되면서 대종교 신도도 몇 천 명으로 급증하였다. 한편 중광단은 연길현, 화룡현, 왕청현 등 지역에 민족교육을 위한 사립학교 건립을 추진하였다.

그러나 중광단을 중심으로 한 대종교 계통의 사립학교가 신속한 발전을 이루자 일제는 중국 지방 당국에 압력을 가하면서 방해하기 시작하였다. 그리하여 1914년 11월 동남로관찰사서(東南路觀察使署)에서는 화룡현 및 왕청현 지사(知事)에게 명령하여 대종교가 지방정부의 비준을 받지 않았다는 이유로 강제 해산을 선포하였다. 이에 맞서 중광단에서는 중국인 교육감과 친밀한 관계가 있던 대종교인 박찬익(朴贊翊)을 내세워 당시 성장(省長)이며 독군(督軍)이었던 장작상(張作相)을 만나 대종교의 종교활동과 민족교육은 독립운동의 일환임을 설득하여 화를 면하기도 하였다.[14]

(2) 러시아 연해주 지역의 한인사회와 항일운동
： 권업회와 대한인국민회 시베리아지방총회

1910년대 전반기 러시아 연해주 지역의 대표적인 독립운동 단체는 권업회와 대한인국민회 시베리아지방총회이다. 이들에 대하여 살펴보도록 하겠다.

① 권업회의 조직과 활동

권업회는 1911년 12월 19일 러시아 블라디보스토크 신한촌에서 조직된 연해주 지역 재러한인의 권익 옹호기관이자 독립운동 단체였다. 지금까지

---

14) 『한국독립운동사사전』, 김춘선이 작성한 「중광단」 등 참조.

권업신문간행지 신한촌 정경(1920)

연해주 지역 한인 전체를 대표하는 기구가 없었던 점을 상기해 볼 때 이 단체의 설립은 한인독립운동사에 있어서 대단히 중요한 의미를 갖는다고 할 수 있다. 그 전에는 함경도파, 평안도파, 서울파 등으로, 또는 토착 세력, 외부이입 세력 등으로 나누어져 각각 군소단체들이 난립해 있었던 것이다. 그러나 이들 단체들은 일제의 조선 강점, 러시아의 대한인정책의 변화 등에 발맞추어 하나의 단체로 뭉치게 되었던 것이다.

　권업회는 조국이 일제에 의하여 강점된 상황하에서 망국민에 의하여 해외에서 조직된 단체라는 기본적인 성격을 갖고 있다. 그러므로 권업회는 그 설립과 활동, 해산에 이르기까지 러시아의 대한인정책에 강한 영향을 받을 수밖에 없었다. 그럼에도 불구하고 권업회는 자신의 주변 환경을 최대한 이용하며 재러한인의 권익옹호와 조국의 독립을 위한 준비를 게을리하지 않았다. 농작지 개척활동, 입적 청원활동 등은 그 대표적인 예라고 할 수 있다.

　권업회는 재러한인의 권익옹호와 조국의 독립을 목적으로 하고 있는 단체였다. 그러므로 이를 추진하기 위하여 많은 활동을 전개하였다. 그러나 그중에서도 『권업신문』의 발간은 권업회의 중점적인 사업이었다. 그 점은 권업회의 재정 지출 중 『권업신문』이 차지하는 비중이 제일 높다는 사실을 통하여 단적으로 알 수 있다.

　결국 권업회와 『권업신문』은 모국이 일제에 의해 조선이 강점된 상황하에서 이국 땅에서 살고 있는 동포들에 의해 조직된 단체이며 신문이라는 기본적인 한계를 갖고 있었다. 더구나 러시아의 대한인정책은 이들의 활동에 큰 영향력을 미쳤던 것이다. 이러한 주변 여건 속에서 권업회는 곤다찌 총독과 밀접한 관계를 유지하면서 재러동포들의 권익옹호와 계몽 등을 통한 지식의 발달, 민족의식의 고취 등을 추진하였다. 그런데 연해주 지역에서의 재러한인들의 민족운동은 제1차 세계대전이 발발하면서 러시아와 일본이 연합국이 됨으로써 쇠퇴하게 되었다. 그 후 권업회에서 활동한 인물들은 러시아혁명 과정을 거치면서 이동휘, 김립, 최재형, 계봉우 등 대다수의 인물들이 대한국민의회, 한인사회당 등에 참여하여 혁명 이후 한인민족운동을 주도하게 된다.

권업신문

② 대한인국민회 시베리아지방총회의 조직과 활동

대한인국민회 시베리아지방총회 1차 대의회(『신한민보』 1913년 8월 1일)

대한인국민회 시베리아지방총회는 치타 지역에서 처음으로 조직된 한인의 대표기구이자 독립운동 단체였다. 이 단체는 비록 대한인정교라고 하는 러시아정교를 이용하여 단체를 이끌어 나갔으나 사실상 독립운동 단체였다. 뿐만 아니라 이 단체는 미주의 대한인국민회의 시베리아지방총회라는 점에서 그 의미가 크다. 즉 미주의 대한인국민회와 유기적인 관계 속에서 단체가 운영되었던 것이다.

대한인국민회 시베리아지방총회는 공립협회 원동지부가 발전되어 조직된 국민회 원동지부를 바탕으로 1911년 10월 이강, 정재관 등 국민회계열의 인사들에 의하여 자바이칼주의 수부인 치타에서 조직되었다. 창립 당시 시베리아총회의 주요간부는 회장 박집초, 부회장 태용서, 서기 탁공규, 극동전권위원 이강 등이었다. 그리고 관할 지역은 치타, 하바로브스크, 미영, 상우진 등 9개 지방회였으나 1913년에는 16개 지방회로, 1914년에는 21개 지방회로 그 세력이 확대되었다.

『대한인정교보』는 1912년 1월 2일 러시아 치타에서 간행된 한글 잡지로 그 이름을 '대한인정교보'라고 하였다. 이 잡지는 비록 러일관계, 러시아의 대한인국민회에 대한 부정적 인식 등으로 인하여 간행자가 러시아 정교 치타 교구로 되어 있고, 그 명칭 또한 종교적인 색채를 강하게 띠고 있으나 사실은 미주에 본부를 두고 있는 대한인국민회의 시베리아 지방총회 기관지였던 것이다. 정교보는 창간 시에는 매월 1일 한 차례씩 간행할 예정이었으나 일본의 방해, 1차 세계대전의 발발 등으로 인하여 1914년 6월에 간행된 11호를 마지막으로 폐간되고 말았다.

이처럼 치타 지역을 중심으로 활발

대한인정교보

한 독립운동을 전개하던 대한인국민회 시베리아지방총회와 그 기관지『대한인정교보』는 1914년 후반 1차 세계대전의 발발로 그 세력이 위축되고 결국 1915년 5월 러시아에 의해 해체되고 말았다. 그러나 그 뒤 치타 지역에서 전개된 혁명운동의 밑거름이 되었다.15)

2) 모스크바와 유럽으로 가는 길

(1) 모스크바로 가는 길

이관구는 만주를 경유하여 러시아 연해주 블라디보스토크를 경유하여 모스크바로 갔을 것이다. 그의 당시 상황은『의용실기』「이무」에서 살펴볼 수 있다.

李茂

李茂의 號는 杞泉이니 일직 혁명투사의 一人으로 李華史와 同히 러시아

시베리아 횡단철도 노선도

---

15) 박환,『러시아한인민족운동사』, 탐구당, 1995 참조.

모스크바 성바실리 사원

지방을 編曆하며 모스크바에서 金奎植를 상봉하여 장래에 할 일을 대략 상의하였고 그 後에 만주에 歸來하여 有志와 國와 同히 조선독립운동을 많이 하며 있다가 李華史가 歐洲列國으로 遊歷하고 돌아오는 길에 李華史와 다시 만나 아무쪼록 조선에 歸하야 독립운동을 하기로 相約이 있었다.

즉 이관구가 북경에서 만주를 경유하여 러시아로 가게 되었는데, 그 당시 어떤 경로를 통하여 러시아의 모스크바를 경유하여 구주열국을 유람하고 돌아오게 되었다. 북경에서 어떤 교통편을 이용하여 모스크바까지 가게 되었는가를 일단 추정해 보기로 하자. 이를 위하여 먼저 한국인들의 모스크바나 유럽으로 갔던 노선과 방법을 알아보도록 하자.

이극로(李克魯)의 『고투40년』 속에 보면, 1910년대 이극로는 제1차 세계대전 시에 만주벌판을 걸어서 직접 러시아의 모스크바까지 간적이 있었다.16) 한편 「대한국민의회 밀사 尹海와 高昌一의 시베리아 횡단기」를 보면, 윤해와 고창일은 1919년 파리에서 개최되는 베르사이유 평화 국제회의에 참석하기 위하여 기차로 몇 개월에 걸쳐 시베리아를 경유하여 프랑스의 파리에 도착하였다.17)

또한 김규식과 여운형은 1921년에 미국의 워싱턴회의에 대항하기 위하여 레닌이 모스크바에서 '동방피압박자대회'를 개최하였을 때 이 회의에 참석

---

16) 이극로, 『고투40년』, 범우사, 2008, 31~55쪽(8.15해방공간 시리즈 3).
17) 박환, 『박환의 항일유적과 함께 하는 러시아 기행』 2, 국학자료원, 1987, 155~170쪽.

하기 위하여 중국의 상해에서 출발하여 북경 – 장가구(張家口) – 몽고의 고륜(庫倫) – 트로스차스카파(소련국경) – 트레카삽스크 – 스딘스크 – 이르크츠크(바이칼호)를 거쳐 모스크바(1922.1.7)에 도착하였다.[18]

위의 사례들을 참조하여 이관구가 1913년 말경에 만주를 경유하여 러시아 연해주의 블라디보스토크를 거쳐 모스크바로 간 경우, 몇 가지 길을 가정해 볼 수 있다.

1안: 중국 북경 – 심양 – 장춘 – 길림 – 훈춘(여기에서 도보로 러시아국경으로 월경) – 블라디보스토크 – (시베리아 철도) – 모스크바
2안: 북경 – 심양 – 장춘 – 길림 – 연길 – 영안 – 목단강 – 수분하(러시아 국경선) – 블라디보스토크 – 시베리아 철도 – 모스크바
3안: 북경 – 심양 – 장춘 – 하얼빈 – 치치하얼 – 만주리 – 러시아 치타 – 이르크츠크 – 모스크바
4안: 상해(선편) – 블라디보스토크 – 시베리아 철도 – 모스크바

위에 언급한 바와 같이 4가지 길이 있었다. 철도, 선편, 도보가 그것이다. 그러나 이관구는 만주를 경유하여 러시아와 구주열강을 거쳐 일단 중국 북경으로 돌아왔다. 그리고 그 후 북경에 좀 머물렀다가 마음이 편치 않고 하여 남경, 상해, 홍콩 등지로 갔다가 다시 서북간도와 노령으로 갔다. 이는 『의용실기』「자서전」에서도 짐작해 볼 수 있다.

> 余도 더욱 不平心를 懷하고 남경으로 상해로 香港으로 서북간도로 露領으로 돌아다니며 백방으로 거사할 동지를 求하야 얼마만치 많은 동지를 구하고 지하공작을 많이 하여 오는 동안에 非常한 고통을 당하여 은 것은 下記한 동지들의 事蹟에서도 차자 볼 수 있겠기로 余로서는 일일이 記載치 아니하고 또 記載할 생각도 없다.

---

[18] 이정식, 『김규식의 생애』, 신구문화사, 1974, 75~77쪽.

이관구가 모스크바를 거쳐 구주열강을 유람하고 선편으로 돌아오는 길은 만약 그가 프랑스에서 배를 타고 중국으로 왔다고 가정하면 프랑스 남부 항구도시 마르세유를 출발하여 지중해-스에즈운하-홍해-인도양-실론섬-말레카해협(싱가폴로가 말레지아, 인도네시아 사이)-중국 상해로 오는 길밖에 없었다.[19]

앞서 언급한 바와 같이, 이관구는 이무와 함께 러시아 지방을 역방하고 모스크바에서 김규식을 만나서 장래의 할 일을 대략 상의하였고, 그 후에 중국으로 돌아왔다고 기록하였다.[20] 이때는 1914~1915년경으로 추정된다. 이정식 박사의 저술인 『김규식의 생애』, 「모스크바 시절(1921~1922)」의 75~90쪽에 보면, 김규식은 1921년에서 1922년 이외에 모스크바에 체류한 적이 없다. 그러나 이관구가 모스크바에 있던 때는 1914년 아니면 1915년이다. 김규식이 모스크바에 있던 시기와 이관구가 있던 시기는 5년 이상 차이가 난다. 아마도 기록의 신빙성에 문제가 있는 듯하다.

(2) 모스크바, 파리, 인도

이관구는 러시아의 연해주 블라디보스토크, 모스크바, 프랑스 파리를 경유하여 인도로 간 것으로 되어 있다. 이관구는 모스크바에서 러시아 장군 막득가(莫得加)를 만났다. 이관구의 『언행록』에 다음과 같은 기록이 있다.

러시아 장수 막득가와 나눈 예의론(禮義論)

자선이 러시아 장수 막득가(莫得加)를 만났는데, 막득가가 말하기를,
"내가 듣건대 그대의 나라는 예절과 의리의 나라로서 어진 명성을 드날린다고 하니, 원컨대 귀국의 예절과 의리를 듣고자 합니다."
하니, 자선이 말하기를,
"우리나라의 예절과 의리는 이상하거나 특별한 일이 아닙니다. 다만 아

---

[19] 주경철, 『대항해시대: 해상팽창과 근대세계의 형성』, 서울대학교 출판부, 2008, 19쪽.
[20] 이관구, 「이무」, 『의용실기』.

버지는 자애(自愛)해야 하며, 아들은 효도해야 하며, 신하는 충성해야 하며, 임금은 온후해야 하며, 부부는 화목해야 하며, 형제는 우애해야 하며, 젊은 이는 어른을 공경해야 하며, 친구간에는 믿음이 있어야 하며, 국가를 위해서는 의무를 다해야 하며, 사회를 위해서는 공정한 마음을 다해야 하니, 이것이 우리나라의 근본적인 예절과 의리입니다."
하였다. 막득가가 말하기를,
"그대 나라에 이와 같이 좋은 예절과 의리가 있으니, 오래지 않아 다시 나라를 회복할 기상이 있음을 나는 굳게 믿습니다."
하였다.

러시아는 1905년부터 혁명이 일어날 징후가 점차 커져가고 있었다. 1차 세계대전이 일어날 무렵인 이때에 이관구와 만난 러시아 막득가 장군은 조선의 젊은 청년에게 조선에 대하여 예의와 의리가 있는 나라라고 높이 평가하고 조선의 독립을 위해 노력하라고 격려의 말을 하여 주었다.

이관구는 모스크바에서 다음 행선지인 프랑스 파리로 갔다. 그가 파리에서 만난 사람은 맥순이란 사람이다. 그는 직함이 대관(大官)이고, 부귀를 겸비한 노인이라고 한다. 이관구가 파리에서 맥순이를 만나고 13년 후에 그가 조선까지 와 이관구를 만났다고 한다. 햇수로 계산해보면 1927년 정도가 아닌가 생각되며, 그의 나이 72세 정도로 추정된다. 『언행록』에서, 이관구와 맥순이의 대화를 보면 다음과 같다.

프랑스의 맥순이에게 재산가의 의무 청취

자선이 프랑스 파리에 들어가서 맥순이(麥順爾)와 서로 친한 적이 있었다. 맥순이는 관직이 대관(大官) 계급에 이르고 부귀를 겸비한 복된 노인이었다.

서로 헤어진 뒤 13년만에 맥순이는 당시 나이가 72세였고 2억이 넘는 거금을 지니고 중화와 일본으로부터 조선에 이르러 자선을 찾아와 실정을 토로하여 말하기를,

"내가 큰 재물을 가지고 실제 사업을 경영하려고 조선에 와서 우선 귀하를 찾았으니, 귀하께서는 힘을 다하여 도와주십시오."

하니, 자선이 위로하여 말하기를,

"선생의 나이가 70여 세여서 기력이 이미 쇠진하고 신체 활동이 매우 어렵습니다. 부유하기로는 몇 억이나 되는 많은 재물을 소유하셨으니, 비록 힘써 재물을 늘리지 않더라도 삶이 오히려 풍족할 것입니다. 지위가 대관의 대열에 있으니, 그 존귀함은 부러워할 만합니다. 어찌하여 존귀하신 늙은 몸으로 노고를 꺼리지 않습니까? 만 리나 배를 타고 건너온 것은 장차 다시 무엇을 구하려고 하는 것입니까? 저의 소견으로는 편안히 귀국하셔서 여생(餘生)을 잘 보내시는 것이 가장 행복할 것입니다."
하였다. 맥순이는 발끈 얼굴빛을 바꾸고 자선을 꾸짖어 말하기를,

"재산이란 것은 나의 사유물(私有物)이 아닙니다. 잘 써서 국가가 이롭고 백성이 행복하게 되는 것이 재산가가 마땅히 시행해야 할 사업입니다. 이른 바 관직은 그 관위(官位)에 있을 때에 그 직무를 수행하는 것이고, 관위를 벗어나면 그 뒤의 권세가 조금도 없는 것입니다. 나이가 많고 몸이 늙은 때에 이르러 몸을 스스로 움직일 수 없으면 그만이거니와, 만일 움직일 수 있는 기력이 있다면 움직여서 사회사업을 해야 하는 것이니 이것이 바로 인생이 마땅히 해야 할 의무입니다. 만일 밭을 갈지 않고 밥을 먹거나 노고하지 않고 얻는 자는 공간을 횡령(橫領)하며 시간을 훔칠 뿐이니, 내가 취할 것이 아닙니다."
하니, 자선은 도리어 부끄러운 기색을 지녔다.

맥순이는 서구적 관점에서 노소를 불문하고 건강이 허용하는 한 일을 해야 하고 노동만이 신성한 것이라고 하였다. 그러나 이관구는 어디까지나 동양인의 사고방식으로 늙으면 일을 하지 말고 평안히 노후를 보내야 한다는 뜻에서 70이 넘은 노인을 존경한다는 뜻으로 그를 대한 것이었다. 서양인과는 노인 문제, 경제 문제, 도덕 문제 등에서 견해 차이가 있다고 생각된다.

이관구가 모스크바에서 어떤 경로로 파리로 왔는지 파리에서는 누구를 만났는지 등에 대한 기록은 남아 있지 않다. 그 후 선편으로 프랑스 마르세이유를 출발한 이관구는 인도의 봄베이에 도착하였다. 이곳은 인도 마하라슈트라 주의 주도(州都)로서, 인도의 금융 및 상업 중심지이자 아라비아 해 연안에 있는 인도 제1의 항구로서 세계에서 가장 크고 인구밀도가 높은 도시들 가운데 하나이다.

당시 이관구의 인도에서의 활동상을 짐작해 볼 수 있는 글을 『언행록』에 실린 다음의 글이 유일하다.

인도의 보리다득과 나눈 독립에 대한 대화

자선이 인도(印度) 본피시(本彼市)에 갔는데, 감지(甘池) 옹(翁)의 제자 보리다득(輔里多得)이 와서 만나 묻기를,
"그대는 고려(高麗: 朝鮮)에서 망명한 의사(義士)가 아니오?"
하니, 자선이 말하기를,
"그렇습니다."
하였다. 보리다득이 말하기를,
"원컨대 귀국의 실정을 듣고자 하오."
하니, 자선이 실정을 모두 말하였다. 보리다득이 슬픔을 머금으며 말하기를,
"귀국의 실정은 우리나라의 실정과 대체로 같습니다. 내가 비록 몸이 우리나라에 있으나 마음은 망명한 한 사람입니다. 뒷날 세계의 운수가 크게 열릴 때에 우리나라와 귀국이 함께 자유 독립국이 될 것입니다. 그 때가 되면 서로 만나서 회포를 푸는 것이 큰 희망입니다."
하고, 소매를 떨치고서 인사하고 떠나갔다.

이관구는 인도의 항구 봄베이에서 인도의 항영영웅(抗英英雄) 간디의 제자인 보리다득을 만났다. 그들은 제국주의 지배하에서 투쟁하는 전사들이었으므로 서로 강한 동지애를 느꼈을 것이다.

인도의 봄베이 항구에서 보리다득과 만난 후 봄베이에서 무엇을 하였는지 기록이 없어 알 수는 없다. 다음 이관구의 행선지는 중국의 상해였다. 상해에 도착한 후 그는 북경으로 가 그곳에서 다시 활동하였던 것이다.

3) 중국으로 귀국 후의 활동

이관구가 구주열국을 역방한 후 중국으로 돌아오니, 당시 상황은 『의용실기』「자서전」에 다음과 같이 기록되어 있다.

不過二年에 다시 中國으로 돌아오니 중국은 손문의 新革命의 風氣는 消하야지고 袁世凱의 帝王慾이 발동되어 無辜한 新革命家는 많이 殺害되였다. 그러나 余는 進退維谷으로 할 수 없이 北京에 留하면서 袁克文과 情誼가 相通되야 一時는 北京政府에 一官엿도 단에 준 일도 있었다. 그러나 袁世凱의 帝王主義는 袁世凱의 사형으로 轉化하고 말았다. 그 후로 余도 더욱 不平心를 懷하고 남경으로 상해로 香港으로 서북간도로 露領으로 돌아다니며 백방으로 거사할 동지를 구하여 얼마만치 많은 동지를 구하고 지하공작을 많이 하여 오는 동안에 非常한 苦痛을 當하야 온 것은 下記한 同志들의 事蹟에서도 차자 볼 수 있겠기로 余로서는 一一히 記載치 아니하고 또 記載할 생각도 없다.

　이관구는 인도의 봄베이에서 중국의 상해로 돌아와서 바로 북경으로 돌아왔다. 위에서 언급한『언행록』에서 보는 바와 같이, 원세개정부로부터 손문의 혁명 세력은 탄압받고 많은 혁명가들이 암살되었다. 이관구는 한때 중국 혁명군이었다. 그러므로 내심 걱정이 앞서기도 하였을 것이다.
　그는 요행히도 원세개의 둘째 아들인 원극문(袁克文)과 아는 사이었다. 원극문의 생모는 조선인 김씨였다. 원극문은 1890년생이며, 장서가로 학문에도 능하였다. 그러므로 북경에서 이관구와 인연이 있게 된 것이 아닌가 추정된다. 그러한 인연으로 이관구는 일시적으로 원세개정부의 관리로서 일하게 되었다. 이관구가 원세개의 아들인 원극문을 어떻게 알게 되었는지에 대한 기록은 남아 있지 않다.
　1915년 말 또는 1916년 원극문의 아버지인 원세개의 정부는 위기에 놓여 있었다. 각 지역에서 혁명 세력이 봉기하여 지방의 성마다 독립을 선언하였기 때문에, 원세개는 큰 어려움에 봉착하였다. 그래서 원세개는 1916년 6월에 마침내 고민에 빠져 화병으로 사망하고 말았다. 이관구는 이로 인하여 북경정부의 관리를 그만두고 다른 방략을 구상하지 않을 수 없었다. 그리하여 남경, 상해, 홍콩 등으로 또한 만주, 러시아 등지에서 독립운동의 동지를 규합하고 앞날을 구상하였다. 그의 구상의 결과가 1916년부터 1918년 8월 18일 황해도에서 일제의 경찰에 체포될 때까지 7차에 걸친 항일운동이다.

제5장

국내에서의 항일투쟁의 전개

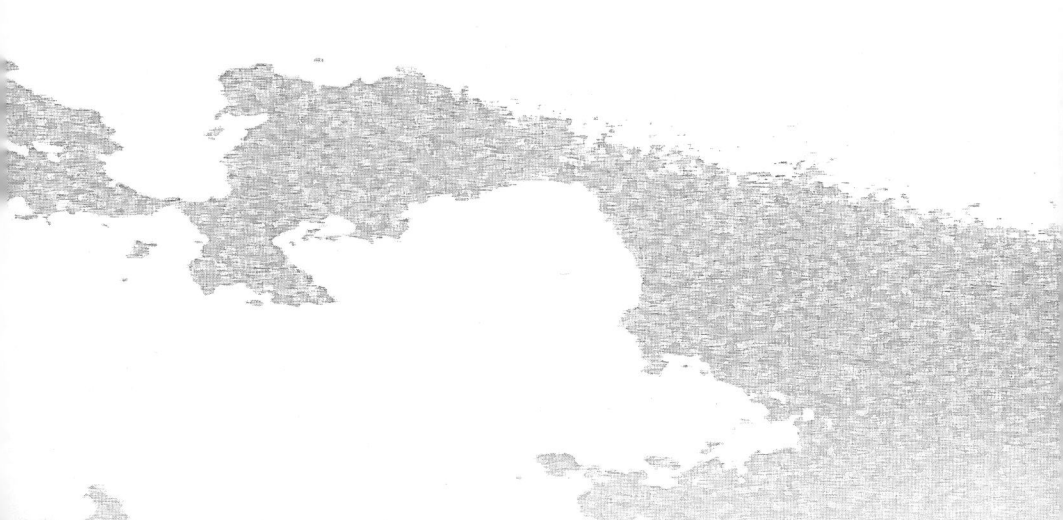

제5장 국내에서의 항일투쟁의 전개

이관구의 항일운동은 모두 7차에 걸쳐 이루어졌다. 이관구는 『의용실기』 「자서전」에서 다음과 같이 기록하고 있다.

　　大略 擧義한 것을 擧하면 平壤서 始하야 海州서 發覺된 것이 第一次요. 西間島서 起事하다가 發覺된 것이 第二次요. 慶尙道 朴尙鎭 等과 光復會를 組織한 것이 第三次요. 黃海道서 獨立軍團을 組織한 것이 第四次요.
　　安東縣서 倭政府의 要人을 暗殺하랴고 暗殺隊을 組織한 것이 第五次요. 吳東振 羅錫柱 等의 同窓生들로부터 無名의 革命家되기를 相約한 것이 第六次이요. 黃海道서 有志靑年을 勸하야 가지고 다시 義旗을 擧하다가 未時에 發覺된 것이 第七次이다.

1. 제1차 의거: 평양에서 시작하여 해주에서 발각

황해도 해주

이관구의 첫 번째 독립운동에 대하여 『의용실기』 「자서전」에서는 다음과 같이 간단히 기록하고 있다.

대략 거의한 것을 擧하면 평양서 始하야 海州서 발각된 것이 제일차요.

이관구의 『의용실기』중 제1차 의거에 대하여 언급하고 있는 것은 이근영, 이학희, 김우상, 조백영, 최정현, 윤헌 등의 기록에서 살펴지고 있다. 그들 각 항목에서 언급하고 있는 제1차 의거를 보면 다음과 같다.

먼저 이근영의 경우를 보기로 하자.

1) 李根永

李根永은 黃海道 海州 雲山面人이다. 貫은 全州이니 幼時부터 驍勇하며 膂力이 過人함으로 時人이 別號를 雲山壯士라 稱하였다. 平山義兵將 李鎭龍과 同히 서북간도를 왕래하며 왜적과 到處마다 혈투하고 壬子 春에 李鎭龍과 同히 중국 安東縣 沙河子 倭警駐在所를 습격하여 短銃과 彈子를 탈취하여 가지고 高飛遠去 하였다. 李華史가 황해도서 義旗을 擧할 때에 多數 義士가 봉기하는 중에 李根永이 先頭前線에 立하야 大韓獨立軍團의 선봉이 되어 다수의 동지로 더불어 海州 倭陳을 습격하려다가 事을 果치 못하고 평안도와 경상도등지 등을 다수히 연락할 시에 朴尙鎭 金佐鎭 等과 서로 肝膽을 相照하고 서북에서 吳東振 羅錫柱와 合心이 되어 왜적과 직접간접으로 누회 相鬪하였다.

세력이 강치 못한 단체로 李華史擧義事件에 다수인이 倭警에게 被捕되여 결국 倭法廷서 李根永도 五年役의 판결을 받고 그 盃憤한 俠氣를 强抑하고 赤衣을 着하고 평양감옥에서 복역하는지 일개월여에 囚人의 身으로 신의주감옥으로 轉監이 되었으니 時는 冬節이다. 未幾에 陽曆 一月 元旦가 되어서 監獄 囚人들을 役事식이지 아니하고 監房에 幽囚하니 俠氣衝天한 李根永은 그 盃憤하게 떠오르는 氣을 堪忍할 수가 없어서 看守 等 七八人이 開門 點檢하는 時間를 기다려 있다가 猛虎갖이 勇出하며 足으로 간수를 蹴하니 간수가 顚倒였다. 즉 달려들어 看守의 劍을 탈취하여 倭看守部長를 刺殺하고 또 倭看守長을 擊殺하고 監獄열쇠를 탈취하여 가지고 新義州監獄 罪囚있는 房 全部을 洞開하고 罪囚로 하야금 다 출옥하게 하니 칠백여 명의 죄수가 일시에 홍수같이 터져 나오게 되었다. 監獄所長及 간수 등은 다 도피하고 신의주 一版局이 수라장이 되었다.

倭人이 時急하여서 수비대을 풀어서 둔도하는 죄수을 追捕하니 此時에 李根永은 간수의 服裝을 奪着하고 압록강 철교로 緩緩히 渡去하야 安東縣에서 一夜 宿泊하고 卽 서간도로 入去하였다. 그때에 趙孟善이 서간도에서 軍政部를 設立하고 있을 때에 往訪하고 李華史의 部下라고 하고 前後事를 明告하니 趙孟善이 亦是 후원하였다. 不過 數月에 다시 조선으로 나와서 손 닺는 대로 倭敵과 親日反逆分子을 사살하여 조선의 정신을 다시 세우겠다하고 金明瑞 閔陽基 等 二十餘人을 率하고 압록강을 渡하면서 의주 모처의 倭駐在所을 猛擊하고 龍川 海岸의 倭駐在所을 擊하고 白晝에 定州警察에 單身으로 入하야 倭警 肝膽을 서늘하게 하고 鎭南浦에 着하야 姑害하려는 倭警을 사살하고 도처에서 倭警을 逢하는 대로 사살하니 당시에 倭警이 非常히 恐怖을 感하야 安眠치 못하였다.

그 時에 황해도 殷栗郡에 崔郡守가 當時 그 郡守職으로 있으면서 處處로 다니며 演說하기를 조선독립은 夢想에도 안될 것이니 人民들은 日鮮親睦을 至로 하고 조금도 妄動을 하지 말라고 하였다. 此事를 聞한 李根永 閔陽基는 곳 殷栗郡守家에 直入하야 그 罪를 公鳴하고 사살하였다. 그리하고 황해도 九月山에 本營을 두고 독립운동을 유력하게 하여 인심을 警躍시키었다. 此 九月山 本營을 發見한 武裝倭警 數百人이 全力하야 接戰한지 三日에 倭警은 二十餘人의 死傷者을 내이고 結局 李根永陳에서 탄환이 盡하고 또는 衆寡不敵으로 전부 전사하였다.

倭警이 李根永 等의 死體만 보고도 恐怖感이 있어서 銃三發을 더 放하고 往顧하니 全身이 銃丸 아니 맞은 處가 없다하니라. 지금까지 그 전사한 身體는 九月山 戰爭墟에 埋在하니라.

2) 成樂奎

成樂奎는 황해도 海州人이니 幼時부터 英雄의 氣槪가 있어서 家人의 生産作業을 일삼지 아니하고 四海의 英俊을 交結하며 大志을 懷하고 言語가 少하고 漢文과 書法이 能하고 言辯이 能하야 人을 感動시키는 力이 多하다. 每日新聞社에서 기자생활을 얼마간 한 턱으로 申采浩氏와 親하야 安東縣에서 倭總督暗殺을 密議하고 무기를 휴대하여 가지고 나와서 曹善煥 朴元東에게 武器를 주어서 京城에 來留하며 機會를 엿보게 하였다.

李華史가 第一次로 海西에서 起義할 時에 李鶴熺 吳淳九 朴淳興 朴行一

朴泰遠 李宗珏 李明稙 金遇常 等과 同히 참여하였다가 事가 發覺되여 해주 경찰서에서 2개월을 고생하다가 李華史가 외국으로 망명하기 때문에 別大 禍는 당하지 아니 하였으나 其後에도 李華史와 連絡이 있어서 늘 국내에서 혁명운동을 하고 있었다. 그러므로 成樂奎의 累巨萬財을 다 革命上에 소비 하였다.

　이와 같이 英俊을 많이 연결하고 있었기 때문에 李華史가 再次 擧義하는 때에 不數月에 경상도의 俠士及 義士와(金佐鎭이 그 代表) 함경도 평안도 의사 등과 다 連絡이 된 것은 皆 成樂奎의 활동력이 多한 所이다. 華史의 독립군단사건으로 倭警에게 被抱되여 倭法廷에서 七年役을 받았다. 그 時에 倭判事가 問하기를 "汝의 직업은 무엇이냐?"한 則, 成樂奎의 所答이 "본업은 조선독립이고 부업은 항일이다."하였다. 倭判事가 又 問하기를 "汝가 國語를 잘 안다하니 통역할 것 없이 직접으로 國語로 답하라."한 則 成樂奎는 "나는 조선어가 則 국어이고 너희들의 倭 말로 안다."고 대답하였다. 判事는 怒하며 말하기를 "我는 天皇陛下의 대리로 네게 대해서는 절대권을 가지고 있는데 네가 被告로서 어찌하여 우리 판사에게 네라고 하며 下賤語를 敢用하느냐?"하였다. 成樂奎는 嚴然한 容止로 답하기를 "너는 너의 천황폐하의 影子에 불과하고 我는 汝의 천황폐하의 相對者이다. 천황폐하의 影子되는 너희들이 너의 천황폐하의 상대자 되는 我에게 대하여 不敬의 語를 用하는 것이 大不敬이다. 我에게 不敬하는 것이 則 汝의 천황폐하에게 不敬하는 것인 줄 아라야 되나니라."하였다. 판사가 말하기를 "汝는 如何한 학교를 卒業하였느냐?" 成의 所答이 "我는 하나님으로 교장삼고 세계로 대학교삼고 萬物工科學을 삼고 實地로 學得한 학력이 有함으로 汝等과 如한 柴板前에서 學한 小小한 학식과는 天壤의 差이 있나니라." 판사 問하기를 "네가 그렇게 학식이 多大하면 왜 如此히 失敗할 內亂陰謀를 하였는가?" 成樂奎 所答이 "事의 成不成이 目前의 直觀으로 判明되는 것이 아니다. 내가 하는 일은 自今 삼십년 後에야 定成이 되리라. 汝等의 學識으로는 如此한 神秘의 將來事까지는 잘 모를 것이니라." 판사가 又 問하기을 "汝가 꼭 그렇게 確知하느냐?"한 則, 成의 所答이 "꼭 三十年 後에 汝 等은 汝의 本國으로 賢子와 같이 되여서 歸去하리라."하고 大喝하니 倭判事 等이 目이 뒹구래저서 아무 말도 못하고 "汝의 懲役이 七年이니 抑盃하면 控訴하여라." 하고 모두 다 들어갔다. 成樂奎는 倭判檢事 보기를 犬羊과 같이 보았다.

이로부터 成樂奎에게는 조선간수는 얼신도 못하게 禁하고 倭看守가 監視하였다. 만기출감 후에 倭警이 尾行으로 따라 다니는 것을 如何한 無人衆에서 倭警을 죽도록 擊打하고 倭警에게 告訴 아니하겠다는 다짐書를 받아 둔 일이 있었다. 常常 兵書를 讀하며 말하기를 조선독립 후에 외국과 전쟁하게 되면 반듯이 내가 劃策하여야 大接이 되리라고 말하였다.

3) 李鶴熹

李鶴熹는 海州 石潭의 栗谷 奉祀孫이다. 幼時부터 志氣가 拔華하야 일직이 大志를 抱하고 중국에 遊覽하며 조선에서도 義烈士을 다수히 연락하여 將次 期會 있는 대로 조선독립운동을 할 준비를 하고 있으니 그 세력에는 南儒林大家와도 상호연결을 취하게 되었다.

李華史가 露國으로부터 비밀리에 입국하여 第一次 해주서 擧義할 時에 주요역할을 하였으나 其時에도 事가 未幾에 發覺되어 오십여명의 동지자가 倭警察署에 被囚되야 비상한 악형을 받으며 數月를 경과하였으나 주체되는 華史가 외국으로 멀리 망명하였다는 사실이 現露되야 倭官員이 此五十餘人에게 대하여 華史와 如한 위험인을 다시 상종치 말라고 하고 훈계방면하였다 한다.

鶴熹는 그 후에도 독립운동을 직접간접으로 많이 하다가 享年이 不久에 世을 永別하니라. 其 爲人이 風采가 好하고 鬚髥이 美하고 言辭을 잘하고 의협심이 많고 大志가 有하야 당시 청년의 중견인물이 되었더니 不幸 短命死한 것은 조선사회로서 可謂有爲의 인물을 失하였다 하니라.

4) 金遇常

金遇常은 海州人이니 少時부터 의협심이 豊富하여 타인이 무고히 人의 壓制받는 것을 보면 분을 참지 못하고 그의 代子奮鬪한다. 그럼으로 當世人이 無將笑呆無將悲의 金俠士라는 명칭이었다.

李華史 第一次擧義時에 遇常이 前線에 冒險決死를 자원하였다. 遇이 他人보다 신체조직이 異하다. 그 신체는 곤봉으로 구타하여도 아픈 것을 覺치 못하고 甚至於 刀刃으로 신체의 어떤 부분을 刺하야 流血이 될지라도 별로 痛覺치 아니하고 略三十分間 호흡을 하지 아니할 수도 있고 膂力이

過入하야 常日 자기는 평생에 可畏한 事이 없노라 하였다. 그럼으로 倭人도 金遇常을 見하기을 좋아하지 아니하고 피하야 가는 일이 多하였다. 遇常이 또 詩을 잘 한다. 었던 때 詩會에「江風送棹掀柳山月橫窓半在梅」라고 하여서 壯元한 일도 있었다. 李華史가 第二次擧義하다가 事覺되야 十年役의 판결을 받아서 감옥에 갔다는 말을 聞하고 陽狂客이 되야 處處로 다니면서 報仇할 運動을 하다가 亦是 倭警에게 逮捕되야 非常한 惡刑을 받았으나 服役까지 되지 아니하고 入山하야 蹤跡을 감추었음으로 傳說에 山僧이 되었다 한다.

5) 趙百泳

趙百泳은 豊川人이니 趙泗齋의 門人으로 일직이 漢文과 書法이 能하고 寬厚長者의 風이 있었고 특별히 조선광복에 有志하야 애국자를 많이 交結하였다가 李華史 擧義時에 一次 동참하야 많은 역할을 하며 더욱 재산가를 많이 連結하야 華史의 광복운동비를 조달하다가 日警에게 발각되여 일본 경찰서에 잡히어가서 악형을 당하면서도 終始 屈하지 아니하니 世人이 그 氣强을 稱하야 第二 趙鏞昇이라 하였다. 平生 一片心으로 지내다가 해방을 마지하게 됨으로 世人이 趙百泳을 稱贊아니하는 者 없었나니라.

6) 尹鑢

尹鑢의 字는 子度이니 平南 中和人이라 才操가 非常하고 더욱 書道에 能하야 崔松菴 盧松谷 尹子度 三人이 文翰도 相似하고 사상도 相同하야 서로 莫若한 知己로 지내더니 마침내 李華史를 得하야 四人同志가 되고 더욱 平北의 朴海山 朴雲菴의 長侄 梁鳳濟 조선시대에 宣川 等 七郡郡守를 지내고 寧邊觀察까지 역임한 政客이다. 林庸菴 朴雲菴의 首弟子로 平北에서 第一擅名 諸同志을 합하야 洞翼이 相成되여 사업의 猛將을 糾合하게 되었다.

子度는 手巧가 있어서 機械 發明을 많이 하고 더욱 宣傳術이 能하야 華史가 第一次 海州서 擧義할 時에도 海州 石潭 李栗谷의 奉祀孫 鍾文氏와 同參하였고 第三次擧義時에도 同參하였고 華史와 同히 燕京까지 갔던 일도 있었 第一次 華史와 同心某事하엿다는 혐의자로 日警에게 주목을 받어 三日 倭警察留置場에 拘留된 事도 있었다.

제5장 국내에서의 항일투쟁의 전개

7) 吳淳九

吳淳九는 海州人이니 幼時부터 文筆才가 있음으로 神童이라 稱하였다. 조선의 局勢가 漸漸 衰退함을 見하고 此를 挽回할가 하여 多方으로 운동하다가 李華史 第一次海州擧義時에 同參하였다가 亦是 事覺되어 倭警察署에서 非常한 苦痛을 받고 나와서 곳 露領地로 往하야 百方으로 有志를 연락하고 있다가 李華史가 歐洲行하는 時에 다시 상봉하여 舊懷를 相敍하고 다시 後期를 約하고 외국서 虛蹂히 相別하였다. 그 後로 彼此相見치 못하고 知己相思로 지낸 것뿐이니라.

8) 李宗珪

李宗珪는 海州 西村에서 第一富豪大家로 지내며 韓國時代에 군수와 觀察府 禮房裨將을 지낸 사람이다. 爲人이 明敏하야 時機을 고찰하고 宦路을 謝하고 歸家하야 자기의 재산을 傾하야 청년교육에 종사하며 조선독립을 理想하고 多方으로 경영하여 본 사업이 적지 아니하였다. 李華史 第一次擧義時에 同參하였다가 事가 發覺되여 李華史와 同히 露領으로 亡命하였다가 露領에서 世을 永別한 眞愛國者의 一人이다. 云는 其 巨財을 독립운동에 援하고도 少毫도 후회치 아니 하였다 한다.

위의 기록들을 통해 볼 때, 이근영은 1912년 봄 이진룡과 같이 안동현 사하자 일본주재소를 습격하여 단총(短銃)과 탄약을 탈취하여 가지고 멀리 숨어 있었다. 이관구가 황해도에서 제1차 의거를 일으킬 때에 이근영은 선두에 서서 다수의 동지로 더불어 해주 왜진(倭陳)을 습격하려다가 일을 성공하지 못하였다. 제1차 의거에 대하여서는 「이학희」조에서 보다 분명히 살펴볼 수 있다.

李華史가 露國으로부터 비밀리에 입국하야 제일차 해주서 擧義할 時에 주요역할을 하였으나 其時에도 事가 未幾에 발각되여 오십여명의 동지자가 倭警察署에 被囚되야 罪常한 악형을 받으며 數月를 경과하였으나 主體되는 華史가 외국으로 멀리 망명하였다는 사실이 탄로되어 倭官員이 此五

十餘人에게 대하여 華史와 如한 위험인을 다시 상종치 말라고 하고 훈계방
면하였다 한다.

라고 하여, 이관구가 비밀리에 입국하여 해주에서 제1차 의거를 일으켰음
을 짐작해 볼 수 있다. 그때 일이 미리 발각되어 50여 명의 동지가 일본경
찰서에 체포되어 악형을 당하였고, 수개월이 지난 후 이관구가 외국으로
망명하였음이 밝혀져 동지들이 훈방조치 되었다. 이때 체포된 동지들은 이
학희, 오순구, 박순흥(朴淳興), 박행일(朴行一), 박태원(朴泰遠), 이종규, 이
명식(李明植), 김우상 등이었다. 특히 김우상은 모험결사대를 조직하여 자
원하여 활동하였다.[1] 아울러 조백영은 돈 많은 재산가를 연락하여 독립운
동자금을 많이 지원하였다.[2] 윤헌(尹子度)도 선전술이 능하여 이관구가 거
의할 시에 해주 석담(石潭) 이율곡(李栗谷)의 봉사손(奉祀孫) 이종문(鍾文)
과 함께 동참하였다고 한다. 한편 이종규는 제1차 의거가 발각되자 이관구
와 함께 러시아로 망명하였다.

다음으로는 이관구의 제1차 의거에 참여한 주요 구성원들의 성격에 대하
여 살펴보도록 하겠다.

(1) 李根永

李根永은 黃海道 海州 雲山面人이다. 貫은 全州이니 幼時부터 驍勇하며
膂力이 過人함으로 時人이 別號를 雲山壯士라 稱하였다. 平山義兵將 李鎭
龍과 同히 西北間島을 往來하며 倭賊과 到處마다 血鬪하고……

(2) 李鶴熺

李鶴熺는 海州 石潭의 栗谷 奉祀孫이다. 幼時부터 志氣가 拔華하야 일직
이 大志을 抱하고 中國에 遊覽하며 朝鮮에서도 義烈士을 多數히 連絡하여
將次 期會 있는 대로 조선독립운동을 할 준비를 하고 있으니 그 勢力에는

---

[1] 이관구,「김우상」,『의용실기』.
[2] 「조백영」,『의용실기』.

南儒林大家와도 相互連結을 取하게 되였다.

(3) 金遇常

金遇常은 海州人이니 少時부터 의협심이 豊富하야 他人이 無辜히 人의 壁制받는 것을 보면 분을 참지 못하고 그의 代子奮鬪한다. 그럼으로 當世 人이 無將笑呆無將悲의 金俠士라는 名稱이었다.

(4) 趙百泳

趙百泳은 豊川人이니 趙泗齋의 門人으로 일즉히 漢文과 書法이 能하고 寬厚長者의 風이 있었고 特別히 조선광복에 有志하야 애국자를 많이 交結하였다

(5) 尹鑢

尹鑢의 字는 子度이니 平南 中和人이라 才操가 非常하고 더욱 書道에 能하야 崔松菴 盧松谷 尹子度 三人이 文翰도 相似하고 사상도 相同하야 서로 莫若한 知己로 지내더니 마침내 李華史를 得하야 四人同志가 되고 더욱 平北의 朴海山 朴雲菴의 長侄 梁鳳濟 조선시대에 宣川 等 七郡郡守를 지내고 寧邊觀察까지 歷任한 政客이다. 林庸菴 朴雲菴의 首弟子로 平北에서 第一擅名 諸同志을 合하야 洞翼이 相成되여 事業의 猛將를 糾合하게 되였다.

(6) 吳淳九

吳淳九는 海州人이니 幼時부터 文筆才가 있음으로 神童이라 稱하였다.

(7) 李宗珪

李宗珪는 海州 西村에서 第一富豪大家로 지내며 韓國時代에 郡守와 觀察府 禮房裨將을 지낸 사람이다. 爲人이 明敏하야 時機을 考察하고 宦路을 謝하고 歸家하야 自己의 財産을 傾하야 청년교육에 종사하며 조선독립을 理想하고 多方으로 경영하여 본 事業이 적지 아니하였다.

(8) 成樂奎

　　成樂奎는 黃海道 海州人이니 幼時부터 英雄의 氣槪가 있어서 家人의 生産作業을 일삼지아니하고 四海의 英俊을 交結하며 大志을 懷하고 言語가 少하고 漢文과 書法이 能하고 言辯이 能하야 人을 感動시키는 力이 多하다. 每日新聞社에서 記者生活을 얼마간 한 턱으로 申采浩氏와 親하야 安東縣에서 倭總督暗殺을 密議하고 무기를 휴대하여 가지고 나와서 曹善煥 朴元東에게 武器를 주어서 京城에 來留하며 機會를 엿보게 하였다.

　위의 자료들을 통해 볼 때, 이관구의 해주 의거에 동참한 인물들은 이관구와 출신 지역 및 경향이 유사한 인물들인 것으로 보인다. 이근영, 성낙규, 이학희, 김우상, 오순구, 이종규 등은 모두 해주 출신들이다. 그리고 그들은 유학자 소양을 갖고 있던 인물들이었다. 특히 이종규는 황해도 서촌에서 제1부호로 알려진 인물이며 또한 구한국시대에 군수를 역임한 인물이기도 하다. 한편 조백영과 윤헌, 성낙규의 경우 이관구와 같이 서예에 능했던 인물이었음이 주목된다. 또한 이학희는 해주 석담의 이율곡의 봉사손이었던 것이다.

　1차 의거는 이관구가 국내에서 처음으로 항일운동을 전개하였다는 데 큰 의미가 있다고 보여진다. 당시 이관구는 시기적으로 중국에서 활동한 것으로 보이므로 국내와의 연계활동 부분에 대하여 보다 깊은 검토가 필요할 것으로 보인다.

2. 제2차 의거: 만주 서간도에서의 활동

　2차 의거에 대하여『의용실기』「자서전」에서는 다음과 같이 간단히 언급하고 있다.

　　서북간도서 起事 하다가 발각된 것이 제2차요.

2차 의거에 대하여 『의용실기』에 보이는 자료는 다음과 같다.

(1) 梁擇善

梁擇善은 海州人이다. 일찍 漢學에 유명한 柳毅菴先生을 從師하며 其 妹 兄되는 邊進士 東植과 知己가 되여 常常 國家을 憂하였다. 柳毅菴의 擧義 後에 處處에서 義兵이 起할 때에 梁擇善도 平山義兵將의 一人이 되었으나 別한 名도 得치 못하고 常常 內心에 독립사상을 懷하고 儒林의 義士를 많이 연결하여 가지고 있다가 李華史가 第二次擧義하여 大韓獨立軍團을 組織할 時에 重要 역할을 하였다. 儒林의 有志가 其時에 多數히 參加된 것은 梁擇善의 활동력에 依한 것이 不少하다. 事覺되자 중국을 거쳐 露領地로 亡命하였기 대문에 倭警에게 逮捕되지 아니 하였고, 其後에 서북간도로 來하야 柳毅菴의 多數 弟子 等과 相結하여 독립사업에 직접간접으로 許多한 노력을 하다가 風餐露宿 多年에 異域에서 世를 別하였다. 그 死亡 時에 遺怨이 죽어서 혼이라도 조선독립을 원한다라고 하였다.

(2) 成樂奎

成樂奎는 황해도 海州人이니 幼時부터 英雄의 氣槪가 있어서 家人의 生産作業을 일삼지 아니하고 四海의 英俊을 交結하며 大志을 懷하고 言語가 少하고 漢文과 書法이 能하고 言辯이 能하야 人을 感動시키는 力이 多하다. 每日新聞社에서 기자생활을 얼마간 한 턱으로 申采浩氏와 親하야 安東縣에서 倭總督暗殺을 密議하고 무기를 휴대하여 가지고 나와서 曺善煥 朴元東에게 武器를 주어서 京城에 來留하며 機會를 엿보게 하였다.

李華史가 第一次로 海西에서 起義할 時에 李鶴熺 吳淳九 朴淳興 朴行一 朴泰遠 李宗珪 李明稙 金遇常 等과 同히 참여하였다가 事가 發覺되여 해주 경찰서에서 이개월을 고생하다가 李華史가 외국으로 망명하기 때문에 別大 褐는 당하지 아니 하였으나 其後에도 李華史와 連絡이 있어서 늘 국내에서 혁명운동을 하고 있었다. 그러므로 成樂奎의 累巨萬財를 다 革命上에 소비하였다. 이와 같이 영준을 많이 連結하고 있었기 때문에 李華史가 再次 擧義하는 때에 不數月에 경상도의 俠士及 義士와(金佐鎭이 그 代表) 함경도 평안도 의사 등과 다 連絡이 된 것은 皆 成樂奎의 활동력이 多한 所以이다.

(3) 曺善煥

曺善煥은 黃海道 信川人이다. 일찍이 儒林門下에서 忠義의 道을 學하였고 安重根義士와 情誼가 厚하였고 柳毅菴 崔勉菴門下에도 있었고 海州 石潭을 중심하고 의병이 起할 당시에 擧義事에 많은 노력을 하여 왔으며 더욱 柳毅菴의 弟子 等이 結合하여 가지고 북경의 袁世凱에게 조선독립을 贊助하야 달나는 建議文을 捉出한 事이 있었다. 그 건의문의 내용은 중국과 조선은 역사와 지리상으로 不可離할 형제국이니 脣亡則齒寒格으로 조선이 망하면 중국도 위태하니 竝立 相助相依의 勢가 되기를 바란다고 하였다.

그 後로 조선에 歸하야 多方으로 애국의 지사를 連結하며 많은 활동을 하다가 李華史를 相遇하야 拳銃 幾柄을 携帶하고 申采浩의 권고를 받아 가지고 조선의 倭總督을 암살하고자 하여 成落奎 等과 同히 京城에 來留하다가 事를 果치 못하고 海州城中을 공격하여 볼 경론으로 다수의 의사를 규합하였으니 이것이 李華史의 第二次義擧運動의 初步이다. 역시 중과부적으로 착수치 못하고 各處로 다니면서 동지를 多求하는 중에 경상도에 往하야 광복단총사령 朴尙鎭과 결탁하야 가지고 南北呼應의 勢로 독립운동을 하기로 맹약하고 활동하다가 事覺되여 倭法廷에서 칠년의 판결을 받고 기나긴 세월을 철창에서 지내다가 옥중에서 병사하였다.

善煥의 특징은 외교에 善하고 모험을 잘하고 림시변통의 術이 敏活하고 여러 동지에게 감정을 잘 사지 아니하고 常常 笑顏을 가지고 있음으로 時人이 八方美人 외교가라고 別稱하였나니라.

(4) 韓聖根

韓聖根은 黃海道 信川人이다. 藥醫을 專攻하였고 陰陽書를 잘 알고 借力을 하고 魔術을 함으로 人氣를 많이 끌었다. 일직 李根奭과 同志가 되여 靑林敎의 敎主가 되여 敎徒을 多率하고 조국광복에 노력하였다. 多數의 敎徒가 韓聖根의 말을 信聽함으로 率衆이 甚多하여 相謂하기을 造化가 있어서 銃孔으로 水가 出하게 할 수도 있고 飛行車가 空中에서 固着不動하게 하는 道術있다고 한다. 如此한 術法으로 全國에서 信者를 多得하여 가지고 李根奭 等과 西北間島에 往하야 독립운동의 기초를 立하고자 하다가 未果하고 조선으로 歸來하야 李華史 第二次擧義時에 동참하야 많은 활동을 하였다. 교도가 수천명이라고 云하였다.

全鮮的으로 李華史가 各方面을 網羅하여 가지고 활동할 時에 聖根도 극력활동하다가 事覺하야 倭法廷에서 十年役의 判決을 받고 철창생활을 오래하는 동안에 倭警에게 鞠問時에 악형 당한 毒이 發하야 병사하게 되었음으로 其 가족이 보석운동을 하여 出監하야 귀가하였으나 未幾에 惡刑의 餘毒病으로 世을 永別하였나니라.

(5) 邊東煥

邊東煥 平山人이니 당시 儒林의 巨儒로 명망이 高하고 재산이 富裕하고 柳毅菴 弟子 中에도 屈指하는 巨弟子로서 과거 柳毅菴이 擧義할 時에도 물심양면으로 공로가 多하였다. 또 義兵 당시에도 物心으로 많은 찬조를 하였음으로 倭人들도 巨儒로 지칭하고 俯首茶敬하여왔다.

李華史 二次擧義時에 참가하여 역시 물심양면으로 많은 노력을 하야 독립사업에 有助된 일이 少치 안았다. 結局 事가 발각되어 倭警에게 被捕되여 老人의 衰身으로 감옥에 未決노 一年이나 있다가 복역은 催免하고 귀가하였으나 其後 삼일운동에 또 참가하였다. 邊東煥도 일생을 조선독립에 獻한 一義烈士이니라.

(6) 吳瓚根

吳瓚根은 黃海道 海州人이니 儒林의 一巨儒로 當時 富名이 有한 望重의 一人이다. 其父 鳳泳과는 故 崔勉菴의 首弟子로 崔勉菴이 대마도에서 日本産 穀物을 不食하고 餓死을 決心한 時에 鳳泳이 急히 朝鮮米를 船載하고 對馬島에 往하야 朝鮮米로 炊飯하야 崔勉菴께 供養하고 勉菴 節死 後에 그 身體를 朝鮮에 返葬하고 初中終制儀費用을 全部 當하고 其 洞後에 勉菴의 影堂을 作하고 春秋로 享祀하니 士子의 相絡이 數千에 達하였다.

瓚根이 其父의 志를 繼하여 士를 善春하니 士子의 來往이 더욱 繁頻하여 士林會에서 秘密裡에 擧義할 議論이 累有하였다가 李華史 第二次擧義時에 率衆同參하여 朝鮮의 全儒林界을 通하여 西北間島의 儒林까지 脈絡을 相蓮하였으나 事가 發覺되어 李華史와 同히 倭人에게 逮捕되여 亦是 一年餘을 未決노 監獄에서 苦生하다가 役刑은 받지 아니하고 出監하였으나

老衰한 身에 慘病이 되어 더욱 苦悶을 加하였다 한다. 吳瓚根의 父子는 一生을 國家에 犧牲하얏으로 朝鮮儒林 中의 巨儒되기 부끄럽지 아니하니라.

(7) 李和淑

李和淑은 黃海道 甕津人이다. 本是 京城人으로 甕津에 往하야 卜居하고 거액의 금전을 儲하였으므로 당시 富名이 隣邑까지 洋漫하였다. 和淑은 천성이 仁厚하고 애국심이 富한 지사로서 조선독립의 시기를 顧待한지 日久하였다.

李華史 第二次擧義時에 海州 西村 巨富六七人을 합하야 가지고 物心으로 원조하여 주기로 결심하였다. 時期가 尙早함으로 所的을 達치 못하고 事覺되여 亦是 華史와 同히 감옥에 未決노 一年 過하게 있다가 倭法廷에서 검사는 有罪論을 하였지만은 判事는 無罪判決을 하였다. 和淑도 一生을 朝鮮獨立에 獻한 一人이다.

(8) 趙賢均

趙賢均는 平安 定州人이다. 世世 大家臣族으로 富名을 得하고 생활하는 재산가이다. 일직이 進士科을 登하고 官이 參議에 至하였으나 其 성품이 特異하야 조선독립사업을 하는데 物心을 傾注하였으므로 평안남북도의 지사는 其家에 來往치 아니하는 이가 少하다.

李華史을 상봉하여 其 長子 重錫을 北京에 같이 往하야 유학케하고 自身도 북경에 수차 來하야 중국政家과도 意見을 서로 交換하였다. 華史가 逢變하는 日에 賢均도 倭警察署에 붙들려 가서 많은 욕을 보았으나 拘囚까지는 안되고 其 삼일운동에 참가하야 필경 복역이 되었다. 先是에 경상도 광복단과도 긴밀한 연락이 있었고 李鎭龍 趙孟善과도 긴밀한 연락이 있었지 만은 物心을 多傾한 處는 李華史의 第二次擧義時이니 一生을 국가에 獻한 애국자의 一人이니라.

(9) 金遇常

金遇常은 海州人이니 少時부터 의협심이 豊富하야 타인이 무고히 人의 壓制받는 것을 보면 분을 참지 못하고 그의 代子奮鬪한다. 그럼으로 當世

人이 無將笑呆無將悲의 金俠士라는 명칭이었다.

　李華史 第一次擧義時에 遇常이 前線에 冒險決死를 자원하였다. 遇이 他人보다 신체조직이 異하다. 그 신체는 곤봉으로 구타하여도 아픈 것을 覺치 못하고 甚至於 刀刃으로 신체의 어떤 부분을 刺하야 流血이 될지라도 별로 痛覺치 아니하고 略三十分間 호흡을 하지 아니할 수도 있고 膂力이 過人하야 常日 자기는 평생에 可畏한 事이 없노라 하였다. 그럼으로 倭人도 金遇常을 見하기를 좋아하지 아니하고 피하야 가는 일이 多하였다. 遇常이 또 詩를 잘 한다. 어떤 때 詩會에 「江風送棹掀柳山月橫窓半在梅」라고 하여서 壯元한 일도 있었다. 李華史가 第二次擧義하다가 事覺되여 十年役의 판결을 받아서 감옥에 갔다는 말을 聞하고 陽狂客이 되어 處處로 다니면서 報仇할 運動을 하다가 亦是 倭警에게 逮捕되야 非常한 惡刑을 받았으나 服役까지 되지 아니하고 入山하야 蹤跡을 감추었음으로 傳說에 山僧이 되었다 한다.

(10) 朴東欽

　朴東欽은 平北 泰川人이니 號는 海山이다. 其 伯父 雲菴先生의 首弟子로 名高道로 하여 官이 直閣에 至하였다. 조선합병 직전에 의병을 擧하려고 다수의 동지를 규합하였으나 事를 果치 못하고 合倂 後에는 조선을 떠나서 중국에 離居하니 從者가 多하였고 또 智謀와 計略이 多하여 李華史의 第二次擧義時에 平南北의 志士을 多數히 喚起하고 李華史을 指導하야 주었다.

　일직 李華史에게 詩를 贈하여 日「故國無文尙有人 從客活潑兩相新 汪洋意氣山藏寶 洒落精神鷄破晨 言實如符行險路 眞位上判涉要津 更將羽翼加餘力 畢竟雄名이 獨帶春」이라 하였다. 海山은 一生을 조선독립에 헌신하였고 李華史가 第二次擧義 時에 倭總督에게 送하는 檄文과 同胞에게 布告文은 다 海山이 作之書之하였다. 그럼으로 華史을 倭法廷에서 內亂陰謀兇徒 吹肅總督暗殺手備 等의 죄명을 付하였다. 海山은 年老하야 중국지방에서 別世하시니 後人이 海山을 子路와 같다고 하였나니라.

(11) 趙鏞昇

　趙鏞昇은 黃海道 豊川人이니 당시 海西의 대학자이다. 일직 宋淵齋의 門

人으로 理學을 숭상하니 弟子가 額多하였다. 합병 후로 其 齋前에 삼천리 강산은 了奪이나 一人도 의지는 不了奪이라 하고 書하야 懸板하고 倭人을 극히 반대하였다.

李華史 第二次擧義時에 海州 石潭 李種文 等과 同히 擧義하기로 하고 李華史의 擧義事을 직접간접으로 많이 찬조하다가 事가 발각되어 倭警에게 잡혀가서도 조금도 굴하지 아니하고 倭警에게 호령을 秋霜같이 하니 倭警도 그 威風에 壓하에 저서 敬語로 "여보서요, 趙先生 당신의 主義가 올코 당신의 말이 다 올치만은 시대가 이미 늦었으니 政心하시요."하였다.

鏞昇(號 泗齋)은 더욱 號令하며 叱하기를 "나는 나의 齋前에 日人이 삼천리강산은 了奪이라도 一人도 意志는 不了奪이라고 立碑하였다. 우리 조선 사람이 다 일본신민이 된다고 할지라도 나 趙泗齋만은 朝鮮臣民 그대로 있다 죽겠다. 이놈들아, 죽일려면 어서 죽여라! 내에게 무슨 말을 묻느냐? 李華史와 如한 堂堂한 意氣男兒를 너희들이 無罪히 잡아다가 악형을 하니 그런 악행을 하는 놈들은 不久에 亡하는 法이다. 나를 죽여서 나의 눈을 뽑아서 高木上에 懸하되 日本을 向하고 달아라. 내가 死하야서도 日本 亡하는 것을 보겠다."하고 號令하니 日本人이 狂老라 하고 歸還하였다.

泗齋는 漢文이 能하고 禮文을 잘 알고 道學을 崇尙함으로 四方에 弟子가 多하고 三南 等地의 人이 自己의 父祖의 行狀과 墓碣文을 지여 달라고 不遠千里하고 來하는 者 多하였다. 孔子廟을 其 居住하는 洞 南에 立하고 朔望으로 焚香하고 春秋로 享祀하니 그 洞은 鄒魯의 風이 有하다 하니라.

(12) 李錫熹

李錫熹는 海州人이니 栗谷의 雲裔이다. 일직이 漢學을 工夫하야 忠孝禮節을 알고 조선광복에 有志하야 애국지사를 많이 交結하더니 李華史 第二次擧義時에 同參하야 많은 役割을 하다가 事覺되여 倭警署에게 非常한 惡刑을 받았으나 終始 屈치 아니 可謂 義士의 一人이라고 稱할 것이니라.

위에서 보는 바와 같이 『의용실기』에 수록되어 있는 제2차 의거에 참여한 인물들은 모두 12명이다. 이들의 2차 관련 기록을 살펴보면 다음과 같다. 우선 「양택선」조에 쓰여진 내용을 보면, 양택선은 이관구의 제2차 의거

시 대한독립군단 조직에 크게 이바지하였다. 이 의거가 발각되자 양택선은 바로 만주, 러시아 연해주로 망명하였으므로 왜경에게 체포되지 않았다.[3)]

성낙규는 이관구의 제1차 의거로 해주경찰서에서 약 2개월간 구금 문초 당하였으나 이관구가 해외로 망명하였기 때문에 화를 모면하고 그 후 비밀리에 또 다시 국내에서 이관구를 만나 제2차 의거 시 경상도 함경도 평안도 의사들과 연락을 하였다.[4)]

조선환은 이관구의 제2차 의거 시에도 크게 도왔으며,[5)] 한성근은 청림교의 교주로서 만주의 한인사회에 큰 교세를 갖고 있어 교도들의 토대 위에 독립운동을 전개하고 있었는데, 이관구의 제2차 의거에 동참하였다.[6)]

변동환은 항일투쟁은 거두 유인석의 제자로서 구한말 유인석 밑에서 의병활동을 한 경험도 있었고, 그 후 독립운동의 동지들과 함께 물심양면으로 이관구의 제2차 의거에 적극적으로 동참하였다.[7)]

오찬근은 유림의 거유(巨儒)인 동시에 거부였다. 오찬근의 아버지 오봉영(吳鳳泳)은 최익현(崔益鉉)의 제자이다. 최익현도 일본에 체포되어 대마도에 구금되어 있으면서, 일본 곡식을 먹지 않았다. 오찬근은 그리하여 한국곡식을 대마도로 운반하여 갔다. 그 당시 오찬근은 사림회(士林會)를 조직하고 있었고, 그 사림회를 바탕으로 한 국내유림들과 서북간도의 유림까지 하여 이관구의 제2차 의거에 동참하여 항일운동을 전개하다가 발각되었다.[8)]

조현균은 평안도 정주인으로 대대로 대가 거족이며, 재산가이며, 벼슬이 참의에 이르렀다. 그는 조선 독립운동에 물심을 다하였으며, 평안남도 지사들이 조현균의 집에 왕래하지 않은 사람이 없었다. 이관구는 조현균의 아들 조중석(趙重錫)과 북경까지 왕래한 동지였다. 조현균은 이관구와 함께

---

3) 「양택선」, 『의용실기』.
4) 「성낙규」, 『의용실기』.
5) 「조성환」, 『의용실기』.
6) 「한성근」, 『의용실기』.
7) 「변동환」, 『의용실기』.
8) 「이화숙」, 『의용실기』.

일본경찰에 체포되어 수난을 당한 적도 있었다. 독립운동가들은 조현균으로부터 물심양면으로 지원을 받았다. 특히 조현균은 이관구의 제2차 의거 시 물심양면으로 크게 지원하였고, 이관구와는 독립운동의 특별한 동지였고, 독립운동 자금의 후원자였다.[9]

김우상은 이관구가 제2차 의거를 하다가 발각되어 10년형의 판결을 받았다는 말을 듣고 김우상이 미친 사람처럼 행동하여 곳곳으로 돌아다니면서 원수를 갚을 운동을 하다가 역시 일본경찰에게 체포되어 악형을 받았다.[10]

박동흠은 이관구의 제2차 의거 시에 평안남북도의 지사들로 하여금 지지케 하였고,[11] 조용승은 이관구의 제2차 의거 시에 황해도 해주 석담의 이율곡의 후손 이종문 등과 거의하고, 이관구의 의거에 직접 간접으로 협력하였다.[12] 이석희는 이관구의 제2차 의거에 동참하여 큰 역할을 하다가 일본경찰에 악형을 받았다.[13]

지금까지 제2차 의거에 참여한 인물들과 그들의 활동 내용을 『의용실기』의 각 인물들에 대한 설명을 중심으로 살펴보았다. 이를 토대로 제2차 의거의 내용을 복원해 보고, 그 특징을 알아보도록 하겠다.

첫째는 국내가 아닌 만주 지역을 중심으로 운동이 전개되었다는 특징을 보여주고 있다. 당시 압록강 대안이 서간도 지역과 두만강 대안인 북간도 지역에는 다수의 조선인들이 살고 있었다. 또한 1910년 일제의 조선 강점 이후 신민회의 만주독립운동 기지건설 계획에 따라 독립군 기지가 건설되고 다수의 독립운동가들도 망명하여 국내의 동지들과 연계하여 항일투쟁을 전개하고 있었다. 이관구도 이 당시 서북간도 지역을 중심으로 제2차 의거를 추진하였던 것이다. 서북간도 지역의 항일운동의 경우 이관구가 주로 평안도, 황해도 등지에 연고를 갖고 있기 때문에 만주 거주 이들 지역 출신

---

9) 「조현균」, 『의용실기』.
10) 「김우상」, 『의용실기』.
11) 「박동흠」, 『의용실기』.
12) 「조용승」, 『의용실기』.
13) 「이석희」, 『의용실기』.

들과 국내의 이들 지역 출신들과 밀접한 연관을 갖고 있었을 것이다. 아울러 1910년대의 경우 학연, 혈연, 지연 등을 중심으로 운동을 추진하는 사례가 많았다. 이관구가 제2차 의거를 "서북간도서 기사하다가 발각된 것이 제2차 의거"라고 하고 있음을 통하여 볼 때, 독립운동의 중심지가 서북간도였을 것이다.

둘째, 유인석이 황해도, 평안도, 러시아 지역, 만주 지역을 왕래하면서 의병활동, 학문 활동을 했기 때문에 후일 유인석의 제자인 이관구가 제2차 의거를 할 때에 각 지역의 유림의 적극적인 협력이 있었고, 유림의 선비들이 서로 다투어가며 이관구의 독립운동을 인적, 물적으로 도와 독립운동에 큰 힘이 되었다.

우선 주목되는 것은 유인석과 관련이 있는 인물들의 참여이다. 다음을 통해서 보다 분명히 살펴볼 수 있다.

(1) 梁擇善

梁擇善은 海州人이다. 일즉 漢學에 有名한 柳毅菴先生을 從師하며 其 妹兄되는 邊進士 東植과 知己가 되야 常常 國家를 憂하였다. 柳毅菴의 擧義 後에 處處에서 義兵이 起할 때에 梁擇善도 平山義兵將의 一人이 되었으나 別한 名도 得치 못하고 常常 內心에 獨立思想을 懷하고 儒林의 義士를 많이 連結하야 가지고 있다가 李華史가 第二次擧義하야 大韓獨立軍團을 組織할 時에 重要 役割을 하였다. 儒林의 有志가 其時에 多數히 參加된 것은 梁擇善의 活動力에 依한 것이 不少하다.

(2) 曺善煥

曺善煥은 黃海道 信川人이다. 일즉히 儒林門下에서 忠義의 道을 學하얏고 安重根義士와 情誼가 厚하얏고 柳毅菴 崔勉菴門下에도 있었고 海州 石潭을 中心하고 義兵이 起할 當時에 擧義事에 많은 努力을 하여 왔으며 더욱 柳毅菴의 弟子 等이 結合하여 가지고 北京의 袁世凱에게 朝鮮 獨立을 贊助하야 달나는 建議文을 捉出한 事이 있었다.

그 建議文의 內容은 中國과 朝鮮은 歷史와 地理上으로 不可離할 兄弟國

이니 脣亡則齒寒格으로 朝鮮이 亡하면 中國도 危殆하니 竝立 相助相依의 勢가 되기를 바란다고 하였다. 그 後로 朝鮮에 歸하야 多方으로 愛國의 志士를 連結하며 많은 活動을 하다가…….

(3) 邊東煥

邊東煥 平山人이니 當時 儒林의 巨儒로 名望이 高하고 財産이 富裕하고 柳毅菴 弟子 中에도 屈指하는 巨弟子로서 過去 柳毅菴이 擧義할 時에도 物心兩面으로 功勞가 多하였다. 또 義兵 當時에도 物心으로 많은 贊助를 하였음으로 倭人들도 巨儒로 指稱하고 俯首茶敬하여왔다.

한편 이들 외에 면암 최익현과 밀접한 관련을 맺고 있던 인물도 있다. 오찬근이 그 대표적인 예이다.

(1) 吳瓚根

吳瓚根은 黃海道 海州人이니 儒林의 一巨儒로 當時 富名이 有한 望重의 一人이다. 其父 鳳泳과는 故 崔勉菴의 首弟子로 崔勉菴이 對馬島에서 日本産 穀物을 不食하고 餓死를 決心한 時에 鳳泳이 急히 朝鮮米를 船載하고 對馬島에 往하여 朝鮮米로 炊飯하여 崔勉菴께 供養하고 勉菴 節死 後에 그 身體를 朝鮮에 返葬하고 初中終制儀費用을 全部 當하고 其 洞後에 勉菴의 影堂을 作하고 春秋로 享祀하니 士子의 相絡이 數千에 達하였다.

瓚根이 其父의 志을 繼하여 士를 善春하니 士子의 來往이 더욱 繁頻하여 士林會에서 秘密裡에 擧義할 議論이 屢有하였다가 李華史 第二次擧義時에 率衆同參하여 朝鮮의 全儒林界를 通하여 西北間島의 儒林까지 脉絡을 相連하였으나 事가 發覺되어 李華史와 同히 倭人에게 逮捕되어 亦是 一年餘을 未決노 監獄에서 苦生하다가 役刑은 받지 아니하고 出監하였으나 老衰한 身에 慘病이 되어 더욱 苦悶을 加하였다 한다. 吳瓚根의 父子는 一生을 國家에 犧牲하얐으로 朝鮮儒林 中의 巨儒되기 부끄럽지 아니하니라.

아울러 운암 선생의 제자인 박동흠의 경우도 주목된다. 그는 일본 총독에게 보내는 글을 작성한 장본인이다.

(1) 朴東欽

朴東欽은 平北 泰川人이니 號는 海山이다. 其 伯父 雲菴先生의 首弟子로 名高道로 하여 官이 直閣에 至하였다. 朝鮮合倂 直前에 義兵을 擧하랴고 多數의 同志를 糾合하였으나 事를 果치 못하고 合倂 後에는 조선을 떠나서 중국에 離居하니 從者가 多하였고 또 智謀와 計略이 多하여 李華史의 第二次擧義時에 平南北의 志士을 多數히 喚起하고 李華史를 指導하여 주었다.

일찍 李華史에게 詩를 贈하여 曰「故國無文尙有人 從客活潑兩相新 汪洋意氣山藏寶 洒落精神鷄破晨 言實如符行險路 眞位立判涉要津 更將羽翼加餘力 畢竟雄名이 獨帶春」이라 하였다. 海山은 一生을 朝鮮獨立에 獻身하였고 李華史가 第二次擧義 時에 倭總督에게 送하는 檄文과 同胞에게 布告文은 다 海山이 作之書之하였다. 그럼으로 華史을 倭法廷에서 內亂陰謀兇徒 吹肅總督暗殺手備 等의 罪名을 付하였다. 海山은 年老하야 中國地方에서 別世하시니 後人이 海山을 子路와 같다고 하였나니라.

또한 송연재의 문인도 있다. 그 대표적인 예가 조용승의 경우이다.

(1) 趙鏞昇

趙鏞昇은 黃海道 豊川人이니 當時 海西의 大學者이다. 일찍 宋淵齋의 門人으로 理學을 崇尙하니 弟子가 額多하였다. 合倂 後로 其 齋前에 三千里江山은 了奪이나 一人도 意志는 不了奪이라 하고 書하야 懸板하고 倭人을 極히 反對하였다. (중략) 泗齋는 漢文이 能하고 禮文을 잘 알고 道學을 崇尙함으로 四方에 弟子가 多하고 三南 等地의 人이 自己의 父祖의 行狀과 墓碣文을 지어 달라고 不遠千里하고 來하는 者 多하였다. 孔子廟를 其 居住하는 洞 南에 立하고 朔望으로 焚香하고 春秋로 享祀하니 그 洞은 鄒魯의 風이 有하다 하나라.

셋째, 제2차 의거는 황해도에 국한되지 않고, 경상도·평안도·함경도 등 국내의 여러 지역의 유지들이 협력하고 단합한 모습이 주목된다. 이에는 성낙규와 이관구의 힘이 컸다. 이관구는 『의용실기』 「성낙규」 부분에서 다음과 같이 언급하고 있다.

> 成樂奎의 累巨萬財를 다 革命上에 消費하였다. 이와 같이 英俊을 많이 연결하고 있었기 때문에 李華史가 再次 擧義하는 때에 不數月에 慶尙道의 俠士及 義士와(金佐鎭이 그 代表) 咸鏡道 平安道 義士 등과 다 連絡이 된 것은 皆 成樂奎의 活動力이 多한 所以이다.

2차 의거 시에 참여한 황해도 인물은 양택선(해주), 이석희(해주), 김우상(해주), 성낙규(해주), 조선환(신천), 한성근(신천), 변동환(평산), 오찬근(해주), 이화숙(옹진), 조용승(풍천) 등이고, 평안도는 조현균(평북 정주), 박동흠(평북 태천) 등이다.

3. 제3차 의거: 박상진(朴尙鎭)과의 만남과 대한광복회 조직

해주를 중심으로 한 독립운동 계획이 실패하자 이관구는 직접적인 무장투쟁과 아울러 그 준비도 동시에 행하여야 한다고 느낀 것 같다. 그는 그 준비로 국내에서 자금과 장정을 모집하여 국권회복을 기하여야 한다고 생각하였다. 이때 그는 박상진을 만난다. 박상진은 직접 신해혁명을 체험한 인물로 암살, 비밀, 폭동, 명령 등의 방략으로서 조선의 국권회복을 생각하고 있던 독립운동가였다.14) 이들의 만남은 이관구가 당시 부민단 단장인 허혁과15) 가까운 사이였기 때문에 자연스럽게 이루어졌을 것이다. 허혁은 박상진의 스승인 허위의 친형으로서 박상진과 상당히 가까웠기 때문이다.

---

14) 박영석, 「대한광복회연구 – 박상진 제문을 중심으로」, 『재만한인독립운동사연구』, 일조각, 1993, 141~144쪽.
15) 박영석, 「중국 동북지구(만주)에서의 민족독립운동」, 위의 책, 43~47쪽.

이관구가 기록한 허혁에 대하여 알아보기로 하자.

許爀

박상진

許爀은 慶尙道 善山人이니 號는 性山이다. 三南서 義兵將으로 有名한 方山 許薦의 伯氏이니 其弟 方山이 倭賊에게 敗死한 後로 盃憤한 心을 抑制치 못하여 亦是 義兵을 擧하려다가 事을 果치 못하고 家族 二食口을 데리고 中國으로 亡命하는 路에 李華史을 찾아서 그 家族은 西間島에 居하게 하고 慶尙道에서 中國에 移居한 有志紳士와 相結하여 百方으로 朝鮮光復運動을 함으로 時人이 黃忠이라고 稱하였다. 性山은 亦是 一生을 朝鮮獨立에 獻하였으니 可히 許方山의 伯兄될만하다. 漢文을 잘하고 醫藥方術이 能한 漢學者이고 忠義을 尊重히 여기는 巨儒이니라.

국권회복방법에 의견을 같이한 이들은 자신들의 계획을 실천할 단체를 조직하고자 하였다. 이러한 생각은 1915년 일제의 대중국 21개조 제시에 따라 중국국민들 사이에 대일전의 기운이 고조되고, 한국독립운동 단체들이 이에 가담하고자 하자 더욱 실체화되었다. 『의용실기』「박상진」조에,

朴尙鎭

朴尙鎭은 慶尙道 慶州人이다. 慶州邑 崔浚의 姊兄으로 其 富權으로 一道을 動할만한 富豪家 子弟의 一人이다. 일찍 建國의 志를 抱하고 露領과 中國地方을 遊歷하며 雄俊을 多交할 時에 李華史를 相逢하여 刎頸의 交을 結하고 歸國하여 광복단 조직할 의론을 熟凝하고 故鄕인 慶州에 歸하여 수백의 의병장을 會하야 광복단을 조직하고 무기는 外地에 在한 華史을 通하야

買來하야 가지고 일본인의 稅納金도 탈취하여 獨立運動費로 所用하고 親日惡徒輩을 숙청하기에 착수하였으나 너머 時急히 실행하다가 未幾에 發覺되여 倭警에게 체포되어 倭法廷의 判노 死刑及 役刑을 바든 者가 多하여 三南의 近來 第一徹裂한 무력독립단이라 한다. 해방 후에 光復會와 光復團이 皆其後者이라고 한다.

라고 하여 이관구가 박상진과 함께 상의하여 대한광복회를 조직하였음을 알 수 있다. 이러한 구상을 갖고 박상진과 함께 대한광복회를 조직하기 위하여 귀국한 이관구는 우선 박상진의 고향인 경주에 가서 활동하였을 것이다. 그러나 그의 구체적인 대한광복회 조직 시의 역할과 활동 모습 등은 지금 현재 남아 있는 기록에서는 찾아볼 수 없다. 다만 『의용실기』 「유준희」 조에,

柳準熙

柳準熙의 號는 平泉이니 平北 寧邊人이라. 素積於學博乎文한 志士의 身分으로 일찍 京城에 僑居하며 金融組合理事를 歷任하고 金融聯合會理事長까지 歷任하였음으로 計算이 熟達하고 事理에 明確하였고 京城에서 金融界의 有志를 많이 交遊함으로 實로 金融界에서는 有力하게 지내였다.

李華史가 朴尙鎭 等과 共히 광복단을 조직하기 爲하여 慶州行를 作할 때에 平泉이 華史를 京城서 相逢하야 意氣를 相附하고 肝膽을 相照하여 忌憚없이 朝鮮獨立事를 相論하고 將次 獨立運動을 같이 하기로 相誓하고 這間에 連絡이 不絶하였더니 華史가 變를 當한 後로 平泉이 論事處가 없어서 매우 寂寞하게 지냈다.

라고 하여 이관구가 대한광복회를 조직하기 위하여 경주에 갔다는 사실을 알려주고 있다. 또한 이관구의 「자서전」에,

倭人들은 나를 力士이요 別術法과 手段이 있는 줄 알기 때문에 彼의 말이 李華史는 造化가 無窮한 사람이라 하며 반듯이 내가 如何한 處에 往하

야 獨留할 時도 倭警이 七八人식 初也에는 擔銃하고 調査하러 온다. 倭警의 行裝을 보면 如何한 敵軍과 戰爭하러 가는 皃樣과 같으고 倭人뿐만 아니라 黃海道 海州 等地의 人과 慶尙道 慶州等의 人等은 至今까지도 나를 큰 壯士라 하고 口傳하야 온다. 그는 我가 六七次 擧義하다가 發覺되얏다 할지라도 倭警에게 一次도 捕拿되지 아니한 所以이다.

라고 하여 이관구가 경주 지방에 큰 장사라고 구전되고 있다는 점을 통해서 볼 때 그가 경주 지역을 중심으로 활동하였음을 짐작할 수 있다.

이처럼 박상진과 함께 경주로 와 대한광복회의 조직을 위하여 활동한 이관구는 광복회에서 더 이상 활동할 수 없었다. 1916년 대한광복회에서 추진한 칠곡부호 장승원(張承遠)의 암살 시도, 대구 부호 서우순(徐祐淳)에 대한 군자금 모금 등이 모두 실패하고 말았다.16) 이에 박상진이 그 여파로 만주에서 무기를 구입하고 돌아오는 길에 서울에서 총포화약류단속령 위반으로 체포되어 대한광복회는 큰 타격을 받게 되었기 때문이다.17) 대한광복회의 조직 및 활동에 있어서 중요한 역할을 한 우재룡(禹在龍)은 자서전『백산여화(白山旅話)』에서,

나는 국내외를 종유하야 白紙秘書룰 通輪하야 내외상통하고 지하운동이 발발하든 차제 의외에 대구사건의 협의로 국내국외에 운동을 일년 정지하다가 상진이 출옥함을 따라서 내외에 운동을 다시 계속하야……18)

라고 하여 1년 동안 광복회의 활동이 중지되었다고 한다. 이처럼 대한광복회는 큰 타격을 받았던 것이다. 그 결과 김좌진은 만주로 망명하는 등 많은 인사가 국외로 탈출하는 일이 발생하였다.19)

---

16) 위의 논문, 156~158쪽.
17) 위의 논문, 161쪽.
18) 禹在龍,『白山旅話』.
19) 박환,「김좌진의 투쟁노선과 정치이념」,『대륙으로 간 혁명가들』, 국학자료원, 2003, 136쪽.

박상진은 1884년 경상도 출생이며, 이관구도 1885년도 황해도 출생이다. 비록 출생지는 다르지만 같은 연배이다. 그들은 각각 사사한 스승들 역시 당대의 대표적인 유학자이며 우국지사들이었다. 박상진의 스승 허위가 그러하며, 이관구의 스승인 조부 이영직과 의암 유인석이 그러하다. 또한 그들은 구학문만 공부한 것이 아니라 신학문도 공부하였다. 박상진은 양정의숙에서, 이관구는 대성학교와 숭실전문대학에서 공부하였던 것이다. 아울러 박상진은 황포군관학교 한인특설반과 인연이 있었으며, 이관구는 절강성 항주부군관 속성과에 다녔던 것이다. 뿐만 아니라 이들 양인은 중국 본토, 만주, 러시아 등 주변 나라를 두루 역방하고 항일운동방략을 고민했던 공통점 또한 갖고 있던 인물이었다.

이관구와 박상진은 비록 출신 지역 등에는 차이가 있었지만 당시 여러 측면에서 공감대를 형성하고 있던 인물들이었다. 그런 그들의 만남이었음으로 이관구는 그들의 관계를 "물경지교"라고 표현하였던 것이다. 그리고 사상적 동지였던 그들은 신학문과 국제정세에 대한 폭넓은 이해를 바탕으로 중국과 같이 혁명전쟁을 통하여 근대적인 민주공화제 국가를 설립하고자 하였던 것이다. 바로 이러한 혁명전쟁을 위하여 이관구가 박상진과 더불어 함께 조직한 단체가 바로 대한광복회이며, 이것이 바로 이관구의 제3차 의거인 것이다. 이 제3차 의거에서 박상진은 총사령관을 맡았으며, 이관구는 황해도 지부장을 담당하였다.

한편 이관구는 그와 함께 제3차 의거에서 함께 활동한 대한광복회 평안도지부장 조현균에 대하여 다음과 같이 기술하고 있다.

趙賢均

趙賢均는 平安 定州人이다. 世世 大家臣族으로 富名을 得하고 생활하는 財産家이다. 일직이 進士科을 登하고 官이 參議에 至하였으나 其 性稟이 特異하야 朝鮮獨立事業을 하는데 物心을 傾注하였음으로 平安南北道의 志士는 其家에 來往치 아니하는 이가 少하다. 李華史을 相逢하야 其 長子 重錫을 北京에 같이 往하야 留學케 하고 自身도 北京에 數次 來하야 中國政

家과도 意見을 서로 交換하였다. 華史가 逢變하는 日에 賢均도 倭警察署에 붙잡혀 가서 많은 욕을 보았으나 拘囚까지는 안되고 其 三一運動에 參加하야 畢竟 服役이 되었다. 先是에 慶尙道 光復團과도 긴밀한 연락이 있었고 李鎭龍 趙孟善과도 긴밀한 연락이 있었지 만은 物心을 多傾한 處는 李華史의 第二次擧義時이니 一生을 國家에 獻한 愛國者의 一人이니라.

즉, 이관구는 그를 조선독립사업에 물심을 경주한 인물, 일생을 국가에 헌신한 애국자로서 높이 평가하고 있는 것이다. 조현균에 대하여는 그동안 잘 알려지지 않았다가 그의 후손인 조준희에 의하여 최근 집중적으로 연구되어 그 전체적인 면모가 밝혀지게 되었다.[20]

4. 제4차 의거: 대한독립군단의 조직과 활동

제4차 의거에 대하여 『의용실기』 「자서전」에서는 다음과 같이 언급하고 있다.

황해도서 독립군단을 조직한 것이 제4차요.

1) 대한독립군단의 조직과 활동

(1) 조직

이관구는 황해도 지역에 제2의 대한광복회를 조직하고자 하였다. 이와 같은 그의 생각은 1914년 그가 해주 지역을 중심으로 50여 명의 동지들과 함께 일차적으로 독립운동을 전개했었기 때문에[21] 더욱 실제화 될 수 있었

---

[20] 조준희, 「대한광복회 평안도지부장 경재 조현균」, 『한국민족운동사연구』 24, 2000.
[21] 「자서전」·「성낙규」, 『의용실기』.

을 것으로 보인다. 그리하여 이관구는 1916년 대한독립군단을 황해도에서 조직하였다. 이관구가 그의 「자서전」에서,

> 그 後로 余도 더욱 不平心를 懷하고 南京으로 上海로 香港으로 西北間島로 露領으로 돌아다니며 百方으로 擧事할 同志를 求하야 얼마만치 많은 同志를 求하고 地下工作를 많이 하여 오는 동안에 非常한 苦痛을 當하야 온 것은 下記한 同志들의 事蹟에서도 차자 볼 수 있겠기로 余로서는 一一히 記載치 아니하고 또 記載할 생각도 없다.
> 그러나 大略 擧義한 것을 擧하면 平壤서 始하야 海州서 發覺된 것이 第一次요. 西間島서 起事하다가 發覺된 것이 第二次요. 慶尙道 朴尙鎭 等과 光復會를 組織한 것이 第三次요. 黃海道서 獨立軍團를 組織한 것이 第四次요. 安東縣서 倭政府의 要人를 暗殺하랴고 暗殺隊을 組織한 것이 第五次요. 吳東振 羅錫柱 等의 同窓生덜로부터 無名의 革命家되기을 相約한 것이 第六次이요. 黃海道서 有志靑年을 勸하야 가지고 다시 義旗을 擧하다가 未時에 發覺된 것이 第七次이다. 이와 같이 累起累敗하였음으로 그 동안에 倭人의 銃劍를 마자 죽은 同志도 多하고 獄中에서 苦生하다가 惑은 死하고 惑은 滿期로 出獄한 者도 有하다.
> 余도 일직 監獄에서 二年 時間를 虛費하고 出獄하였다. 出獄 後에는 倭警이 尾行함으로 朝鮮에 留하기 시른 생각이 나서 美國에 留學갈 素志을 抱하고 美國 某大學에 入學試驗를 처서 其 試驗에 入格하야 入學許家書가 나온 後에 工學校에 往하고자 倭總督府 外事課에 美洲旅行券申請를 하였으나 畢竟은 倭政에서 高等秘密 三條에 依하야 却下한다 하였기로 余는 더욱 不平하야 各處로 漫遊하며 放浪生活을 하였으나 倭警의 注目이 너머 甚하야 어떠한 處에 往하면 該警察署로서 退去命令까지 한 일도 한 두 번이 아니다.[22]

라고 하여 그가 황해도에서 대한광복회와 별도로 대한독립군단을 조직하였음을 알 수 있다. 그러나 대한독립군단은 일면 대한광복회의 황해도, 평

---

[22] 「자서전」, 『의용실기』.

안도를 총괄하는 역할을 하였던 것으로 보인다.23) 이관구의 경우 대한광복회 황해도 지부장으로 알려져 있는 것이다.24)

(2) 활동

이관구는 10년을 국권회복운동의 준비기간으로 정하고 군자금 모집, 독립운동가의 양성, 민족의식의 고취, 빈민구제 등 독립전쟁 준비와 아울러 직접적인 무력투쟁을 당면 목적으로 삼고 있었다.

먼저 이관구의 군자금 모집을 살펴보면 3부분으로 나누어 볼 수 있다. 회원의 군자금 헌납, 자산가의 의연, 곡물무역상 경영을 통한 이윤추구 등이 그것이다. 먼저 회원들의 군자금 헌납에 대하여 알아보면, 주로 황해도에서는 오찬근(吳讚根), 이화숙(李和淑, 李起鉉) 평안도에서는 박문일(朴文一)의 문인인 양봉제(梁鳳濟)에 의하여 이루어졌다. 당시 황해도 지역의 부자였던 오찬근은 전후 3회에 걸쳐 150원을 제공하였으며,25) 옹진의 부호였던 이화숙은 해주 서촌(西村) 거부 6~7인과 함께 대한독립군단의 재정을 적극 지원하였다.26) 한편 치부에 재략이 있던 평안도 박천의 양봉제는 평안남북도의 부호들과 함께 군자금 마련에 노력하였으며, 항상 이관구에게,

> 더욱 평남북의 부호가를 다수히 교결하였음으로 이화사에게 상언하기를 재정은 내가 당하여 볼 터이니 귀군(貴君)은 충렬의사를 다수히 연락하였다가 기회를 보아서 전국이 일시에 거의하게 하라고 하고……27)

라고 하여, 군자금을 제공하였다.

---

23) 박환, 「대한광복회에 관한 새로운 사료: 『義勇實記』」, 『만주한인민족운동사연구』, 1991, 일조각, 381쪽.
24) 『광복회부활취지급연혁』, 1945.
25) 「오찬근」, 『의용실기』.
26) 「이화숙」, 『의용실기』.
27) 「양봉제」, 『의용실기』.

또한 일본 측 기록에 따르면 그는 황해도 지역을 중심으로 각지의 자산가에게 의연금을 얻고자 하였다. 그래서 회원들은 권총 및 기타 흉기로서 자산가를 협박, 군자금을 강징하기도 하였으며, 1916년 음력 11월 황해도 해주군 장곡면(壯谷面) 거주 최봉식(崔鳳植)의 경우는 의연은 커녕 반항을 하므로 권총을 발사하여 상해를 입히기도 하였다.

이관구는 군자금 마련을 위하여 1916년 음력 9월에는 만주 안동현에서 문응극(文應極), 강응오(姜應五) 등과 협의하여 금 5천 원(2천 원은 본인의 투자)을 투자하여 삼달양행(三達洋行)이란 미곡무역상을 경영하였다. 또한 1916년 음력 7월부터 10월경까지 무순(撫順)에서 곡물상 경영 준비를 위하여 체재 중 약 3개월 간 동 지방 고학생 조송헌(曹松軒) 외 10수 명을 소집하여 강습회를 개최하고 윤내경(尹來卿)을 통하여 독립의식을 고취시켰다. 그리고 1917년 음력 정월에는 장춘(長春) 거주 채수일(蔡洙一), 명문흡(明文洽)과 협의하여 자금 3천 원(2천 원은 본인 출자)을 투자하여 상원양행(尚元洋行)이란 곡물무역상을 설치하는 한편 상해거주 독립운동가 한진교(韓鎭敎, 晉敎)와 상업 및 독립운동에 대하여 연락을 도모하였다.[28] 아울러 그는 조선 각지의 부자들을 모아 흥부회(興富會)를 결성 조직하여 남북만주에 상업기관, 학교, 회사, 병원들을 설립하고자 하기도 하였다.[29]

또한 독립전쟁 준비를 위하여 두 번째로 대한독립군단은 중국, 러시아령 등지에 학교를 건설, 민족의식을 고취하여 독립운동가를 양성하고자 하였다. 처음에는 황해도 지역의 뜻있는 청년들을 만주 등지로 권유하여 가지고 와서 민족의식을 고취시켜, 독립전쟁에 참여시키고자 하였다. 그러나 점차 중국, 노령 등 현지의 동포들을 중심으로 전개하고자 하였다. 따라서 1916년 음력 10월경에는 만주 무순 지방의 고학생 조송헌 외 10여 명을 소집하여 강습회를 개최하였다. 1917년 음력 3월경에는 간도, 통화(通化), 관전(寬甸), 탕해(湯海), 요원(遼遠)과 노령 지방에 거주하는 약 30명의 독립운동가들과 학교건립 문제에 대하여 교섭하기도 하였다.[30]

---

[28] 『한국독립운동사』 2, 483~484쪽.
[29] 이관구 고등법원 판결문(1919.1.23).

세 번째로 이관구는 빈민을 구제하여 인심을 수습하여 사상의 통일을 기하고자 하였다. 이러한 생각은 신교육을 받은 그에 의하여 가능하였다. 그는 1917년 음력 3월경 손우청(孫宇廳)과 논의하고 간도에서 동인이 경영하는 광제병원(廣濟病院) 확장비로서 금 4천 원을 투자하였다. 그는 1917년 음력 9월경 중국 청도(靑島)에 병원을 설립하고자 하였다.[31] 해외에서 중국인의 소작농으로 비참한 생활을 하고 있는 동포들을 위하여 병원을 설립하고자 한 예는 일찍이 찾아볼 수 없었던 특징적인 것이라 할 수 있다. 그리고 이러한 활동이 인심의 수습과 사상의 통일, 즉 항일민족의식의 형성방법으로 제시되었다는 사실 또한 주목할 만하다고 하겠다. 이는 기존의 항일민족의식의 형성방법이 교육을 통한 단순한 민족의식의 고취에 의한 것이었기 때문이다.

한편 이관구는 직접적인 무장투쟁 또한 전개하고자 하였다. 그는 항주 군관속성과를 졸업하는 한편 직접 중국의 제2차 혁명전쟁(1913)에 참가하였으므로 무략에 밝았기 때문일 것이다. 특히 그는 암살, 폭동, 비밀, 결사 등을 주장하는 박상진과 가까운 인물이었다. 특히 대한독립군단 구성원 가운데에는 의병전쟁에 참가했던 이근영, 이문성, 박원동, 양택선, 조선환, 박동흠 등 화서계열의 무장투쟁론자들이 다수 가담하고 있었던 것이다.[32]

이관구는 한말의 의병장 출신 이문성과 함께 활동하였다.『의용실기』「이문성」조에

> 李華史가 황해도서 擧義할 時에 李根永과 同히 華史의 독립군단에 參入하야 평남북도과 서간도로 다니며 前線에서 악전분투하였고 倭警駐在所을 襲擊한 것도 一二次가 아니다. 文成의 性格은 무인이면서도 문인의 風이 있다. 항상 동료의 불평을 융화시키는 감화력이 有하였다. 亦是 李華史의 거의사건으로 被捕되야 五年의 懲役을 받고 평양감옥에서 李根永과 同히

---

30) 『한국독립운동사』 2, 484쪽.
31) 위의 책, 484쪽.
32) 박환, 「대한광복회에 관한 새로운 사료:『義勇實記』」, 377~378쪽.

신의주감옥에 轉獄되였다가 李根永 新義州監獄 突破 時에 竝力하야 新義 監獄 罪囚을 다 放出하고 자기도 逃去하다가 일본수비대가 추격시에 돌아 서서 간수에게서 탈취한 총으로 日兵에게 放銃하니 日兵이 意外의 銃丸을 當하야 限三十分間 遲滯하게 된 그 間에 逃走하는 죄수등은 국경을 越하야 生命을 完保한 者가 多함으로 其 罪囚들이 李文成의 功을 贊하는 者 多하 니라.

其 後에 文成은 서간도로 入去하야 倭賊과 累戰하며 同胞을 爲하야 風 餐露宿하며 趙孟善과 共히 국가에 몰 희생하였다. 文成이 死時에 遺限하여 曰"我가 死하는 것은 限이 없으나 獨立되는 것을 못 보고 死하니 黃泉에 歸하야서라도 獨立을 爲하야 일하겠다."하였다 한다.33)

라고 하고 있는 것이다.

황해도 지역의 대한독립군단은 다른 지역 및 다른 인물들과도 연계를 갖고 있었다. 우선 이전에 이관구가 활동하고 있던 대한광복회와의 관련을 생각할 수 있다. 대한독립군단의 평안도 지역 중심인물인 조현균에34) 대하여 언급한 『의용실기』 「조현균」조에,

先是에 慶尙道 光復團과도 緊密한 連絡이 있었고 李鎭龍 趙孟善과도 緊密한 連絡이 있었지 만은 物心을 多傾한 處는 李華史의 第二次擧義時이니 一生을 國家에 獻한 愛國者의 一人이니라.

라고 하고 있다.35)

또한 당시 북간도 장백(長白), 무송현(撫松縣)에서 포수단을 조직하여 조맹선(趙孟善)과 함께 활동하고 있던 이진룡(李鎭龍)과도 긴밀한 관계를 갖고 있었다.36) 특히 대한독립군단의 이근영, 이문성, 양택선 등은 이진룡과

---

33) 「이문성」, 『의용실기』.
34) 조준희, 「대한광복회 평안도지부장 경재 조현균」, 『구한말의 민족운동』, 한국민족운동사학회, 2003.
35) 「조현균」, 『의용실기』.
36) 「자서전」, 『의용실기』.

함께 구한말에 의병을 함께 한 인물들이었다.37)
  이관구는 성낙규를 통하여 함경도 인사들과 연결하여 활동하였다. 『의용실기』 「성낙규」조에,

> 李華史가 再次 擧義하는 때에 不數月에 경상도의 俠士及 義士와(金佐鎭이 그 代表) 함경도 평안도 의사 등과 다 連絡이 된 것은 皆 成樂奎의 활동력이 多한 所以이다. 華史의 독립군단사건으로 倭警에게 被抱되어 倭法廷에서 七年役을 받았다. 그 時에 倭判事가 問하기를 "汝의 직업은 무엇이냐?"한 則, 成樂奎의 所答이 "본업은 조선독립이고 부업은 항일이다."하였다. 倭判事가 又 問하기를 "汝가 國語를 잘 안다하니 통역할 것 없이 직접으로 國語로 답하라."한 則 成樂奎는 "나는 조선어가 則 국어이고 너희들의 倭 말로 안다."고 대답하였다.38)

라고 하고 있는 것이다.
  이외에 대한독립군단은 안동현에 삼달양행, 장춘에 상원양행 등의 곡물무역상을 두고, 중국의 제 독립운동 단체와 유기적인 연락관계를 맺고 활동을 전개하여 나갔던 것이다.
  한편 1917년 음력 5월경 황해도 해주군 화양면(花陽面) 상호리(雙湖里) 주막에서 이관구는 변동환(邊東煥), 조인혁(曹寅爀) 등과 모여서 이들을 가입하게 하고, 변동환을 황해도 총무로 하여 본 운동을 전담하게 하였다.39) 이어 1917년 음력 9월경 경성 체제 중 이태희(李泰儀)의 권고에 따라 최익현(崔益鉉), 송근수[宋近洙(淵濟)], 유인석의 3인을 합사(合祀) 전도(全道)의 양반 유생의 뜻에 합하여 동지가 되기 용이하다 하여 삼현묘(三賢廟)를 건설하고자 기획하였다. 동년 음력 11월경 이석희(李錫熹)를 시켜 〈광복회〉, 〈신학국보(新韓國寶)〉, 〈재무총장〉 등의 인장을 조각케 하고 또 국권회복취지서를 제작하기도 하였다.40)

---

37) 「이근영」·「이문성」·「양택선」, 『의용실기』.
38) 「성낙규」, 『의용실기』.
39) 『한국독립운동사』 2, 484쪽.

1910년대의 이관구의 항일운동은 결국 1918년 6월 18일 황해도 미율면 석정리(石井里)에 거주하는 조하동(趙夏東)이 해주경찰서장에게 투서를 함으로써 발각되었다. 이에 동년 8월 18일 이관구, 성낙규, 조선환, 이태의, 오찬근 등 24명이 체포됨으로써 막을 고하였다.[41]

5. 제5차 의거
: 안동현에서 일본정부의 요인을 암살하려고 암살대를 조직

안동현 임제사   안동현 만주인거리

제5차 의거에 대하여 『의용실기』 「자서전」에서는 다음과 같이 언급하고 있다.

> 安東縣서 倭政府의 요인을 暗殺하려고 암살대를 조직한 것이 第五次요.

이관구의 무력의 가장 대표적인 것은 1916년에 조선총독을 암살하고자 한 데서 찾아 볼 수 있다. 이 거사는 동향 출신인 안중근의 예를 모방하여 조선총독을 세 번 암살한다면 열국의 도움을 얻어 국권을 회복할 수 있다

---

40) 위의 책, 485쪽.
41) 위의 책, 480쪽.

는 이관구의 기본적인 생각에서 출발하였다. 그리고 이 계획을 1차로는 안동현, 2차로는 장춘에서 실시하려고 하였다.42) 『의용실기』 「성낙규」조에,

> 成樂奎는 황해도 海州人이니 幼時부터 英雄의 氣槪가 있어서 家人의 生産作業을 일삼지 아니하고 四海의 英俊을 交結하며 大志를 懷하고 言語가 少하고 漢文과 書法이 能하고 言辯이 能하야 人을 感動시키는 力이 多하다. 每日新聞社에서 기자생활을 얼마간 한 턱으로 申采浩氏와 親하야 安東縣에서 倭總督暗殺을 密議하고 무기를 휴대하여 가지고 나와서 曹善煥 朴元東에게 武器를 주어서 京城에 來留하며 機會를 엿보게 하였다.
> 李華史가 第一次로 海西에서 起義할 時에 李鶴熺 吳淳九 朴淳興 朴行一 朴泰遠 李宗珪 李明稙 金遇常 等과 同히 참여하였다가 事가 發覺되여 해주경찰서에서 2개월을 고생하다가 李華史가 외국으로 망명하기 때문에 別大禍는 당하지 아니 하였으나 其後에도 李華史와 連絡이 있어서 늘 국내에서 혁명운동을 하고 있었다.

라 하여, 경성(京城)에서 성낙규, 조선환, 박원동 등이 조선총독을 암살하고자 하였다. 이들 3인이 총독암살의 담당자가 된 것은 1차적으로 이들 모두 안중근의 고향인 황해도 지역 출신으로서 그에 대한 남다른 흠모의 정을 갖고 있으리라 여겨졌기 때문이라고 생각된다. 그중 특히 박원동, 조선환 등은 한말에 의병에 참여했던 인물이었을 뿐만 아니라,43) 박원동은 한일합방 때에는 7적(賊)을 사살하려고 권총을 가지고 경성에 오기도 하였다. 또한 안중근과도 대단히 가까웠던 인물이었다.44) 조선환 역시 안중근 의사와 정의가 두터웠던 것이다.45) 그리하여 이들 3인에게 거사를 맡겼으나 1917년까지 일을 성공시키지 못하여 총독암살계획은 실패로 돌아가고 말았다.46)

---

42) 위의 책, 483쪽.
43) 「조선환」·「박원동」, 『의용실기』.
44) 「박원동」, 『의용실기』.
45) 「조선환」, 『의용실기』.
46) 이관구 등 판결문(1919년 1월 13일 고등법원).

6. 제6차 의거: 무명의 혁명가 되기를 약속

이관구의 제6차 의거는 『의용실기』「자서전」에 다음과 같이 기록되어 있다.

> 吳東振 羅錫柱 等의 同窓生들로부터 無名의 革命家되기를 相約한 것이 第六次이요.

이관구와 함께 활동한 오동진과 나석주에 대하여 먼저 알아보기로 하자.

오동진(吳東振, 1889~1944)

독립운동가. 호는 송암(松菴). 평북 의주 출신. 생후 반년 만에 생모 한씨를 사별하고 12세부터 계모 백씨 아래에서 성장하였다. 그 후 그는 평양에 있는 민족학교인 대성학교 속성사범과에 입학하였다. 여기에서 그는 민족의식을 고취하게 되고 기독교를 접하게 되었다.

1910년 일제에 의하여 조선이 강점되자 향리로 돌아온 그는 일신학교를 설립, 청소년들에게 민족의식과 배일사상을 심어주고자 노력하였다. 아울러 기독교 집사인 그는 구국운동의 일환으로 기독교를 전도, 온 마을 사람들이 기독교를 믿게 하였다.

그러나 오동진의 이러한 민족운동은 오래 지속될 수 없었다. 일제에 의해 일산학교가 곧 폐교를 당하자 그는 일제의 눈을 피하여 상업에 종사하면서 독립운동의 기회를 엿보았다. 그러던 중 1919년 3·1운동이 일어나자 의주에서 만세시위운동에 참가하였다가 체포의 손길이 미치자 가족을 데리고 만주 관전현 안자구로 망명하였다.

간도에 자리를 잡은 뒤, 안병찬과 독립운동단체인 대한청년단연합회를 조직하고 교육부원이 되어 만주와 국내 등지를 돌아다니며 독립사상을 고취시키기 위한 강연회를 개최하였다.

오동진

1920년 광복군총영을 결성, 총영장이 되어 독립군을 편성하여 항일전투를 전개하였다. 이때 미국 국회의원단이 우리나라를 방문한다는 소식을 접하였다. 이에 우리 민족의 항일독립운동의 존재를 그들에게 확인시켜 주기로 하였다.

그래서 소속 독립군 중에서 안경신 등 3명은 평양으로, 정인복 등 2명은 신의주로, 임용일 등 2명은 선천으로, 김영철 등 3명은 서울로 잠입시켜 각기 일제의 통치기관을 파괴하고 요인을 암살하도록 하였다.

평양 잠입조는 평안남도 경찰부에, 신의주 잠입조는 신의주역 철도호텔에, 선천 잠입조는 선천경찰서와 선천군청에 각기 폭탄을 던져 폭파하였다. 그러나 서울 잠입조는 총독부 폭파를 계획하던 중 발각, 체포됨으로써 실패하였다.

1922년 재만독립운동 단체가 통합하여 결성된 대한통의부의 교통부장·재무부장으로 임명되어 국내외에서 군자금 모금활동을 전개하였다. 그 뒤 군사부장 겸 사령장이 되어 소속 독립군을 지휘, 활발한 국내 진입작전을 전개하였다.

1925년 대한통의부·의성단·대한독립단·광정단 등 10여 개 단체를 규합하여 정의부를 결성하고, 군사부위원장 겸 사령장으로 소속 독립군을 지휘하여 국경 지방의 일본경찰관서를 습격, 파괴하였다.

대표적인 것은 평안북도 초산경찰서의 추목주재소·외연주재소 및 벽동경찰서 여해주재소 습격사건과 1925년 차련관주재소 습격사건 등이었다.

1926년 고려혁명당을 조직하여 활동하다가, 1928년 일본경찰의 밀정인 김종원의 모략에 빠져 체포되었다. 그는 옥중에서도 일제에 대항하여 단식투쟁을 전개하였다. 25일간 물만 마시고도 조금도 기운이 쇠한 모습을 보이지 않았고, 목욕도 보통사람과 똑같이 하면서 자신의 예심종결서를 탐독하는 모습은 일본 형사들 사이에 큰 화제가 되기도 하였다. 한편 오동진이 체포된 후 정부에서는 그를 구출하려고 끊임없이 노력하였다. 1927년 7월 초순에 그의 심복부하인 제5중대 상등병 정기선 등이 압록강을 건너 국내로 잠입, 약 5개월 동안 평북 일대에서 오동진을 구출하기 위해 활동하였다. 그리고 박경칠 외 7명은 '오동진 구출결사대'를 조직하여 신의주 대안 안동현에 진출하여 계획을 이루고자 하였으나 실패하였다.

결국 오동진은 국내로 압송되어 신의주지방법원과 평양복심법원에서 무

압록강 철교

기징역을 언도받았다. 경성형무소와 공주형무소에서 복역하였으며, 1934년 20년으로 감형되기도 하였으나 모진 고문 끝에 공주에서 1944년 옥사하였다. 공주의 공산성 앞에 그를 추모하는 비가 서있다.[47]

나석주에 대하여는 『독립유공자공훈록』에 따르면 다음과 같다.

> 나석주(羅錫疇, 1892~1926.12.28)
>
> 황해도 재령(載寧)사람이다. 그는 재령 명신학교(明新學校) 2학년을 수료하고 농사일을 하다가 23세 때 만주로 건너가서 4년간 군사훈련을 받고 27세 때에 귀국하여 황해도 겸이포(兼二浦)에서 표면상 점포를 경영하면서 이면으로는 독립운동에 심혈을 기울였다. 1919년 3·1독립운동이 일어나자 동지들을 규합하여 상해의 임시정부에 군자금을 조달하는 한편 결사대를 조직하여 한대홍(韓大弘)과 같이 평산군(平山郡) 상월면(上月面) 주재소 일경과 상월면장을 사살하였고 다시 안악군(安岳郡) 친일파(親日派) 부호를 사살한 후 삼엄한 경계망을 뚫고 1920년 9월 22일 상해로 망명하였다. 그는 임시정부 경무국 경호원으로 활약하다가 하남성(河南省) 감단군관학교(邯鄲軍官學校)를 졸업하고 중국군 장교로 있으면서 보안육군강무당(保安陸軍講武堂)에 적을 두었으나 이때 봉직전(奉直戰) 관계로 퇴학하였다. 의열단(義烈團)에 가입한 그는 1926년 4월 천진(天津)으로 가서 김창숙(金昌淑)과 상면하여 김창숙으로부터 조국의 강토와 경제를 착취하는 동양척식주식회사(東洋拓植株式會社)와 조선은행(朝鮮銀行)·식산은행(殖産銀行) 등을 폭파하

---

47) 오동진 예심종결서. 박환, 「오동진」, 『독립운동가열전』, 한국일보사, 1989.

제5장 국내에서의 항일투쟁의 전개

여 학정에 시달리는 동포를 구해 달라는 권고를 받고 이를 실행하기로 결심하였다. 동년 12월 26일 그는 중국인 노동자로 가장하고 폭탄과 권총을 휴대하여 지부이통환공사의 역부로 가칭하고 천진(天津)에서 상선 융극호(戎克號)에 편승하여 위해위(威海衛)를 거쳐 이튿날 27일 인천에 도착하였다. 그는 28일 오후 중국청년으로 변장하고 동척(東拓)으로 가서 회사의 상황을 정찰한 다음 그 길로 남대문통에 있는 식산은행(殖産銀行) 일반 통용문으로 들어가 대부계 철책 앞에 폭탄 한 개를 던졌다. 다시 오후 2시 동척(東拓)으로 가서 수위실 책상에서 무언가 쓰고 있던 조선부업협회(朝鮮副業協會) 잡지기가 고목길강(高木吉江)을 사살하고 2층으로 올라가다가 총소리를 듣고 놀라 따라 올라오던 사원 무지광(武智光)을 쏘아 쓰러 뜨리고 토지개량부(土地改良部) 기술과장실로 들어가 차석 대삼태사랑(大森太四郞)과 과장 능유풍(綾由豊) 등을 저격한 후 폭탄 한 개를 던졌으나 불발되었다. 그는 다시 층계를 내려와 문밖으로 나가 조선철도회사(朝鮮鐵道會社)로 들어갔다. 정문에 들어서자 회사 수위 송본필일(松本筆一)과 마침 이곳에 왔던 천진당(天眞堂) 점원 김정열(金井悅)을 쏜 후 황금정(黃金町) 길거리로 발길을 옮길 때 경기도 경찰부(京畿道警察部) 경부 전전유차(田畑唯次)를 만나 그를 사살하였다. 황급히 출동한 경찰대와 기마대의 추격을 받은 그는 최후를 각오하고 권총 세발을 자신의 가슴에 쏘고 쓰러졌다. 일경은 그를 총독부 병원에 입원시켜 응급치료를 받게 하였는데 약간 정신이 되살아 나는 듯 하였다. 이때 일경이 그의 이름을 묻자 "나석주(羅錫疇)"라 대답하고 "김창숙(金昌淑)과 밀의하였다."는 말을 남기고 조용히 숨을 거두었다. 일경은 폭탄 두 개, 스페인제 10연발 권총 1정, 탄환 66발을 그 자리에서 압수하였다. 1927년 5월에 동지 이화익(李化翼)이 북경에서 피체되어 신의주(新義州)로 압송되자 비로소 그의 의거가 자세하게 밝혀지게 되었다. 동월 31일에 그의 장남 응섭(應燮)이 백운학(白雲鶴)으로 변성명한 후 감시망을 뚫고 상해로 가서 이 사실을 알리자 상해의 동지들이 이 소식을 듣고 슬퍼하며 그의 추도식을 거행하였다.

나석주

위에 언급된 오동진과 나석주의 경우를 살펴보면, 이관구가 대성학교에서 수학한 것은 맞으나 나석주와 대성학교를 함께 다닌 적은 없다. 나석주는 황해도 재령 지방에서 학교를 다닌 것으로 알려지고 있다. 그러므로 이관구와 나석주는 대성학교 동문은 아니다.

이관구는 1885년생이고, 오동진은 1889년생, 나석주는 1892년생이다. 이관구는 1918년에 일경에 의해 체포되었다. 이를 통해서 볼 때, 이들은 1918년 이관구의 체포 전에 서로 동지가 되기를 맹세한 것이 아닌가 추정된다. 이들 상호의 관계에 대하여는 더 이상의 기록이 없다.

7. 제7차 의거: 황해도에서의 재기도모

의용실기 자서전에 기록된 제7차 의거에 보면 다음과 같다.

> 黃海道서 有志靑年을 勸하야 가지고 다시 義旗을 擧하다가 未時에 發覺된 것이 第七次이다.

7차 의거와 관련하여 언급한 사료들은 『의용실기』에 별로 없어 그 구체적인 면모를 밝히기 어렵다. 다만 시기적으로 볼 때 이관구의 체포와 때를 같이 하지 않았나 판단된다.

8. 이관구의 체포와 진술에 대한 평가

이관구가 일제 관헌에게 체포된 것은 1918년 6월 18일 황해도 해주군 미율면(彌栗面) 석정리(石井里) 조인혁(趙寅爀)의 명의로 해주경찰서장 앞에 오찬근(吳讚根) 외 21명이 이관구가 기획하고 있는 조선독립운동을 목적으로 하는 광복회에 가입하여 운동하고 있다는 투서가 있었기 때문이었다.

일본 측은 이 투서에 기재된 인물은 평소 요시찰 인물로 엄밀히 수사 중이었던 자들이었다고 보고하고 있다.[48]

그 당시 이관구와 함께 체포된 명단을 보면 다음과 같다. 이관구(33세), 성낙규(29세), 조선환(30세), 이태의(32, 33세), 이근석(30세), 이윤양(41세), 이석희(29세), 이근영(35세), 최근초(崔根草, 32, 33세), 이문성(29세), 양택선(30세), 박원동(33세), 오찬근(45세), 변동환(48세), 오인혁(46세), 변동식(41세), 박행일(36세), 이학희(29세), 윤자도(48세), 이기현(53세), 조백영(35세), 조용승(56세), 김성우(35세), 문응극(36세) 등이었다.

위의 명단과 같이 전체 수배자가 23명이었는데, 그중에 일제경찰에 체포된 자는 19명이었고 체포되지 않은 자는 4명인데, 이들은 해주군 출신 최근초, 양택선과 신천군 출신 이근석, 옹진군 출신 이태의 등이었다.

체포된 23명 중 22명은 황해도 출신이고, 문응극만 평안도 출신이다. 황해도 출신을 군별로 나누어 보면 해주군 출신이 13명인데, 그중 2명은 미체포이다. 그 외 봉산군 출신이 1명, 연백군이 1명, 옹진군 2명(1명 미체포), 장연군 2명, 신천군 1명(미체포) 등이다.

이관구와 연루자는 수십 명에 달한다. 그들 대부분은 만주와 러시아 연해주, 중국 본토 등에 걸쳐 있다. 1910년대 일본경찰의 정보능력으로는 이들과 이관구의 상호관계를 일일이 파악할 수 있는 상황은 아니었던 것 같다.

이관구가 해주경찰서에서 언급한 진술내용을 모두 사실이라고 보기는 어려울 듯하다. 그 진위를 파악하는 작업은 현재로서도 간단한 일이 아닐 것 같다. 다만 이관구가 일본경찰에 진술한 내용을 통하여 그의 활동의 일단은 짐작해 볼 수 있지 않을까 한다. 이를 기술하며 필자의 의견을 적어보면 다음과 같다.

1) 이관구는 중국의 북경 남경 상해를 방문한 바 있었고, 미주의 샌프란시스코에 거주한 안창호를 방문하여 독립운동을 상의한 바 있었다고 하였다.

---

[48] 「국권회복을 표방하는 불령선인 검거의 건」, 고경 23808호, 1918년 8월 16일, 480~482쪽(국사편찬위원회, 『한국독립운동사』 2, 「사건 발단의 단서」, 482쪽).

그러나 그 당시 이관구는 샌프란시스코에 도착하지 못하고 병이 나서 항해 도중에 하와이에 도착하였기 때문에, 안창호를 만난 일이 없었다. 이 당시 샌프란시스코에서 만났다는 것은 다시 검토할 여지가 있다고 보여진다.

2) 이관구는 하와이에서 항일독립운동가인 김성삼(金成三), 윤영일(尹永日), 오현주(吳顯周), 길진영(吉震永) 등을 만나 항일독립운동방략을 협의하고 1913년에 귀국하였다. 이관구는 귀국하여 해주군 미율면 이종규 댁에 머물고 1913년 음력 12월에서 1914년 음력 5월에 이르러 이학희 외 6명에게 미국 하와이로 밀항을 권유하였으나 자금이 없어 중지하고 1914년 음력 11월경에 중국으로 가서 항일운동가를 규합하기로 하였으나 실패하고 말았다고 하였다.

이 당시 이관구는 중국과 만주, 러시아 연해주 또는 구라파로 간 기간이기 때문에 중복된 것으로 사려된다. 이관구가 일제 경찰에 진술한 것이 거짓이라고 보여진다. 그러나 일제경찰은 그 당시 독립운동가들의 해외 활동을 조사할 방법이 별로 없었다.

안동 원보산

3) 1916년 음력 6월에 이관구는 성낙규, 조선환 등과 중국 안동의 원보산 공원에서 항일운동에 관하여 밀회(密會)하였고, 만주에서 삼달양행(三達洋行), 상원양행(尙元洋行), 간도 용정에 광제병원, 중국 본토 청도에 병원의 설치를 계획하였다고 진술하였다. 아울러 최익현, 유인석, 송근수 등 3인을

위한 삼현사(三賢祠) 건립 문제 등을 언급하였다.

이 부분에 대하여 일제 관헌은 본인의 자백에 의한 것으로 그 신빙성을 의심하였다.[49]

다음은 이관구의 「연류자의 인명표」에[50] 대한 검토이다. 이는 만주와 러시아 연해주 그리고 중국 본토에서 활동하고 있는 독립운동가들에 관한 것이다.

1. 양상우(梁相祐, 황해도인): 62, 63세 정도. 이관구의 기획에 따라 독립운동에 참가한 자임.
2. 정강화(鄭江華, 경기도인): 52, 53세 정도. 이관구의 서간도 안동현의 상업(독립운동)에 참여를 표하였다고 함. 그 상업은 독립운동을 지칭한 것임. 독립운동을 상업이라고 지칭함. 일제에게 직접 독립운동이라고 하면 죄가 되므로 상업으로 가장한 것임.
3. 김규식(金奎鎭, 서울인): 57, 58세 정도. 고금 서화가. 그는 이 왕세자의 그림 선생. 후에 유명한 서예가가 됨. 그는 이관구의 독립운동에 찬성한 자임.
4. 안창일(安昌一, 평안남도인): 50세 정도. 안창일은 이관구가 중국의 서간도 안동현에서 상업을 하는 일에 찬동한 자라고 되어 있으나, 그것은 독립운동에 찬동하였다는 것임.
5. 양봉제(梁鳳濟, 평안북도인): 60세 정도. 이관구의 서간도 안동현의 상업하는 일에 찬동한 것으로 되어 있으나 상업은 독립운동을 위장한 것이므로 실제로는 이관구의 독립운동을 찬동하여 협력한 자임.
6. 최순(崔淳, 경상북도 경주인): 30세 정도. 3년 전 중국 북경에서 유학 시에 이관구에게 뒷날 상업을 할 때 1천 원을 준다고 하고, 사상을 같이 한다고 한 자임.
7. 김덕영(吉德永, 평안북도인): 35, 36세 정도. 평양 대성중학교 동창생으로서 1917년 5월경(음력) 이관구와 선천에서 독립운동하는 데 진력을 다 할 것을 약속하였음.

---

49) 「나. 연루자의 행동」, 485쪽.
50) 「연류자의 인명표」, 486~490쪽.

8. 전은식(田殷植, 평안북도인): 25, 26세 정도이며 평양 대성중학교 동창생이며 1917년에 이관구와 독립 운동하는데 전력을 다 할 것을 약속하였음.
9. 이복현(李福賢, 황해도인): 42세 정도 1917년 이관구의 독립운동에 찬동하였으나 행동한 적은 없음.
10. 한진달(韓鎭達, 서울 종로인): 28, 29세 정도. 이관구의 독립운동에 대하여 잘 알지 못하였으나 종종 이관구에 대하여 편리를 보아 줌으로 이관구가 그에 대하여 희망을 가지고 있었음.
11. 노하룡(盧河龍, 평안남도인): 50세 정도. 여관업. 이관구가 독립운동가임을 잘 알지 못하였으나 이관구의 일에 편리를 보아 줌으로 인하여 이관구는 노하룡에 대하여 희망을 갖고 있었음.
12. 심국형(沈國亨, 서울 종로인): 연령도 알 수 없고 직업도 알 수 없고, 심씨에 대하여 신상을 알 수 없으나 숙소를 같이 하고 있었음.
13. 한기동(韓基東): 직업 연령을 알 수 없으나 숙소를 같이 하고 있었음.
14. 김입관(金笠舘, 서울 종로인): 직업 연령을 알 수 없으나 숙소를 같이 하고 있었음.
15. 양기탁(梁起鐸, 평남 용강인): 56, 57세 정도. 전『매일신문』기자. 서간도 통화(通化)의 학교장으로 이관구의 독립운동에 참여하고 단지파(斷指派)로서 이관구의 신뢰가 가장 컸음.
16. 허성산(許聖山, 경상북도인, 서간도 거주): 65세 정도. 단군교 신자 이관구의 독립운동에 참여한 자. 허위(의병장)의 둘째 형.
17. 이창세(李昌世, 본적 불명): 20세 정도
18. 윤내경(尹來卿, 경기도인): 53세 정도, 조유헌(曺裕軒, 17세 정도), 심하식(申河植, 17세 정도), 김택식(金擇植, 17세 정도), 김일준(金一準, 17세 정도), 한운태(韓運泰, 17세 정도): 위의 6명은 만주 서간도 무순 거주자로서 이관구의 독립운동에 찬동하여 1916년 7월부터 약 2개월간 이관구 주제의 강습소 교사로서 교편을 잡은 자임. 또한 이관구에게 배운 자임. 즉, 이관구가 독립운동을 강습함.
19. 한영복(韓永福, 경기도 강화인, 중국 천진 거주): 55세 정도. 원래 군수 경력을 가졌음.
20. 김현식(金賢植, 강원도인, 중국 상해 거주): 40세 정도.

21. 박농광(朴農光, 황해도 평산인): 60세 정도.
22. 신기식(申基植, 경기도인): 50세 정도.
23. 신기하(申基河, 주소불명): 32세 정도.
24. 박영래(朴永來, 충청남도 공주인, 중국 북경 거주): 30세 정도.
25. 김해산(金海山, 경상도인): 40세 정도.
26. 이광(李洸, 경기도인): 40세 정도.
27. 김계(金啓, 경상북도인, 대구·장춘·상해 간 왕복): 24세 정도.
28. 안통(安通, 경상북도인, 대구·장춘·상해 간 왕복): 24세 정도.

위의 한영복에서 안통까지 10명은 중국 북경에서 해외 도항자를 예비 교양한 사람으로서 이관구의 기획에 관계한 자임. 즉, 이관구가 독립운동에 관한 교육을 시켜 미국으로 보내기 위하여 사전 교육을 받은 자임.

29. 계만화(桂晩華, 평안북도인, 서간도 흥경 거주): 35세 정도. 직업은 교사. 즉, 道花 중학교장으로서 이관구의 독립운동에 참가한 것임.
30. 김학수(金學洙, 평안남북도인, 서간도 흥경 거주): 30세 정도. 이관구의 독립운동에 참가하였음.
31. 이금(李金, 평안남도인, 서간도 관전 거주): 북간도 국자가 중학교 교사로서 이관구의 독립운동에 참가하였음.
32. 이동희(李東熙, 함경남북도인, 북간도 훈춘 거주): 52세 정도. 체육교사이며 북간도 각지에 돌아다니며 이관구의 항일독립운동에 찬성한 자임.
33. 장기영(張基永, 경기도인, 북간도 국자가 거주): 31, 32세 정도. 동지역 중학교 교사로서 이관구의 독립운동에 찬성한 자임.
34. 이영(李英, 함경인, 북간도 거주): 35세 정도. 소학교 교사로서 이관구의 독립운동에 찬성한 자임.
35. 조성환(曹成煥, 경기도 서울인, 중국 북경 거주): 50세 정도. 자산가로서 이관구의 독립운동에 찬성한 자임.
36. 박정래(朴正來, 경기도 서울인, 중국 북경 거주): 22, 23세 정도. 이관구의 항일 독립운동에 찬성한 자임
37. 김창강(金滄江, 경기도 서울인, 중국 북경 거주, 본명은 김택영 – 필자주): 60세 정도. 북경신보사 기자로서 이관구의 독립운동에 찬동한 자임.
38. 신채호(申采浩, 충청도인, 중국 북경 거주): 40세 정도. 북경 신보사 기자로서 이관구의 독립운동에 찬동한 자임.

39. 박은식(朴殷植, 황해도 평산인, 중국 북경 거주): 60세 정도. 상해 민보사에 취직하고 이관구의 독립운동에 참가하였고, 이관구와 가장 친근한 사이임.
40. 신성(申成, 경기도 서울인): 50세 정도. 이관구의 독립운동에 참여하였다.
41. 김성(金晟, 경기도 서울인, 중국 남경 거주): 35세 정도. 서양인의 일에 종사함. 그리고 이관구의 항일독립운동에 찬성하였음.
42. 고제도(高濟島, 함경남도인, 중국 북경 거주): 35세 정도, 이관구의 항일독립운동에 찬성한 자임.
43. 신성태(申性泰, 평안남도인, 북간도 거주): 35세 정도, 이관구의 항일운동에 찬성한 자임.
44. 김병익(金炳翼, 평안북도 선천인, 중국 상해 거주): 30세 정도. 중국인 경영 상업학교 학생. 이관구의 항일독립운동에 찬성.
45. 신경훈(申京燻, 평안남도인, 중국 광동 거주): 70세 정도. 자산가로서 이관구의 항일독립운동에 참가한 자임.
46. 김남연(金南淵, 황해도 장연군인, 중국 상해 거주): 32, 33세 정도. 1917년 3월 도항하여 안동현에서 이관구의 항일독립운동에 찬성한 자임.
47. 신단재(경기도 서울인, 노령 거주): 50세 정도. 이관구의 독립운동에 찬동한 자로서 일찍이 이관구에 대하여 외국 소설 원심중(圓心中) 총독 3인까지만 암살하면 각국이 독립을 인정한다는 암시를 받았다고 이를 실행하라고 암시를 준 자임.
48. 강응오(姜應五, 황해도인, 중국 안동현 거주): 40세 정도, 강응오의 주소에는 서울 이문경(李文慶)의 농업에 종사하고 있다 하며, 1916년 봄 이후 이관구의 독립운동에 참가하여 이관구, 문응극과 공동자금 1천 원을 투자하여 상업을 경영하였으며, 또 1915년 음력 9월에 이관구로부터 박상진에게 반환하는 권총을 경기도 개성까지 지참하고 박상진에게 교부한 일이 있었다.
49. 이춘식(李春植, 평안북도인, 중국 안동현 新市場通 거주): 연령은 알 수 없음. 문응극의 점원.
50. 최준성(崔俊成): 문응극의 점원이었음.
51. 손일민(孫一民): 문응극의 점원이었음.
52. 채수일(蔡洙一, 함경북도인, 중국 장춘 東科街 거주): 26, 27세 정도.

1916년 이후 이관구의 독립운동에 참여하여 이의 보조의 목적으로서 이관구에 문명흡(文明洽)과 공동자금 500원을 투자하여 상업을 영유하였음.
53. 문명흡(文明洽, 함경북도인, 중국 장춘 동과가 거주): 55, 56세 정도. 채수일에 같은 자금 천 원을 투자하였음.
54. 한진교(韓鎭敎, 평안남도 상원군인, 중국 상해 미국 조차지 거주): 이관구의 독립운동에 참여하여 동지에 연락, 보지(保持)한 자임.
55. 손중응(孫中應, 경상남도 밀양군인, 서간도 환인현 거주): 42, 43세 정도. 이관구의 독립운동에 참여하여 간도 용정 광제병원을 이관구와 공동으로 경영하였음.
56. 허공삼(許公三, 평안남도인, 서간도 거주): 50세 정도. 이관구의 독립운동 기획에 참여하여 그 기획의 일환인 창고(倉庫)학교 건립에 참여하였음.
57. 최윤수(崔允守, 함경도인 노령 거주): 52, 53세 정도 이관구의 독립운동에 참여하여 그 기획의 일환인 창고학교 건립에 참여하였음.
58. 신영태(申永泰, 평안북도 가산인, 치치하얼 거주): 40세 정도. 이관구의 독립운동에 참가하여 그 기획의 일환인 창고학교 건립에 참여하였음.
59. 이시영(李始榮, 경기도인, 서간도 합니하 거주): 57세 정도. 자본가로서 무관학교 건립과 기획에 참여한 자임.
60. 양해란(楊海蘭, 경기도인, 서간도 합니하 거주): 57세 정도. 자산가로서 무관학교 건립과 기획에 참여한 자임.
61. 김병화(金炳華, 함경북도인, 북간도 요원 거주): 37세 정도. 이관구의 독립운동에 참여. 1917년 음력 2월부터 2개월 간 이관구의 주재의 강습회 교사로서 교편을 잡았음.
62. 이남기(李南基, 전라도인): 28세 정도. 1917년 서울에서 이관구가 조선환에 대하여 동지라고 소개한 자로 말하고 있지만 이관구는 이를 부인함.
63. 조각헌(權覺軒, 경상북도인): 32세 정도.
64. 우백산(禹伯山, 경상북도인): 32세 정도.[51]

위의 연루자를 본적지인 도별로 나누어 보면 경기도가 18명이다. 일제

---

51) 경상도 지역 대한광복회의 중심인물인 우재룡으로 판단됨.

통치하에서 오늘 날의 서울이 경기도에 속해 있었다. 황해도 5명, 평안남도 9명, 평안북도 7명, 경상북도 6명, 경상남도 1명, 경상도 1명, 강원도 1명, 충청남도 1명, 충청북도 1명, 충청도 1명, 함경남도 1명, 함경북도 3명, 함경도 3명, 전라도 1명, 그리고 도의 표시가 밝혀지지 않는 인물이 8명이다. 이를 통해 볼 때, 출신지는 서울 출신이 가장 많다.

이관구의 연루자 중 해외에서 활동한 인물을 보면 다음과 같다. 북경 5명, 남경 1명, 광동 1명, 천진 1명, 상해 4명, 상해 미국 조차지 1명, 만주 서간도 18명, 북간도 4명, 장춘 3명, 안동현 2명, 치치하얼 1명, 러시아 연해주 2명으로 되어 있다.

단재 신채호의 경우는 신채호, 신단재 등으로 두 번 등장하고 있다. 그리고 현재 거주지가 불분명한 사람이 많다. 이관구가 연루자라고 언급한 인물들은 이관구가 해외에서 활동하면서 접촉한 인물들을 기억나는 대로 진술한 것에 불과하다. 또한 그는 개인별 신상을 상세히 언급하지 않음으로서 동지들을 보호하고자 하였다. 예를 들면 허혁의 경우 그는 진술에서 다음과 같이 간단히 언급하고 있다.

> 許聖山(경상북도인, 서간도 거주): 65세 정도. 단군교 신자. 이관구의 독립운동에 참여한 자. 허위(의병장)의 둘째 형.[52]

그러나 그가 쓴 의용실기 중 「허혁」조에서는 다음과 같이 상세히 기록하고 있다.

許爀

許爀은 慶尙道 善山人이니 號는 性山이다. 三南서 義兵將으로 有名한 方山 許僞의 伯氏이니 其弟 方山이 倭賊에게 敗死한 後로 盃憤한 心을 抑制치 못하여 亦是 義兵을 擧하려다가 事을 果치 못하고 家族 二食口을 데리고 중국으로 망명하는 路에 李華史을 찾아서 그 家族은 西間島에 居하게

---

[52] 허성산은 호가 性山이고 이름은 許爀이다.

하고 慶尙道에서 中國에 移居한 有志紳士와 相結하여 百方으로 朝鮮光復運動을 함으로 時人이 黃忠이라고 稱하였다. 性山은 亦是 一生을 조선독립에 獻하였으니 可히 許方山의 伯兄될 만하다. 漢文을 잘하고 醫藥方術이 能한 漢學者이고 忠義를 尊重히 여기는 巨儒이니라.

한편 이관구는 독립운동을 은밀히 전개하기 위하여 상업활동을 전개하였다. 독립운동을 하기 위해서는 상회로 위장하는 것이 일제의 추적을 피하는 데 편리하였다. 당시만 해도 중국 지역의 경우, 일제의 감시가 심하지 않았지만 그래도 영사관 경찰이 있었기 때문이다. 상업상 만난 인물들도 사실 이관구의 독립운동 동지들인 것으로 보아야 할 것이다.

이관구가 1918년 체포되었을 때, 함께 체포된 국내 동지들이나, 이관구가 언급한 연루자의 명단의 동지들을 보면, 그는 일시도 쉬지 않고 풍찬노숙하면서 형극의 길을 걸어 항일운동을 하였음을 짐작해 볼 수 있다.

제6장

일제감옥에서의 항일투쟁(1918~1924)

해주지방법원

1. 이관구의 체포와 동지들에 대한 분석

1918년 6월 18일 황해도 해주군 미율면 석정리 조하동의 명의로 해주경찰서장 앞에 한통의 투서가 왔다. 그 내용은 놀랍게도 오찬근 외 21명이 이관구가 추진하는 국권회복을 목적으로 하는 광복회에 가입하여 활동하고 있다는 것이었다.

당시 이관구를 포함하여 그와 함께 활동한 인물로 지목된 사람은 총 24명으로, 다음과 같다.

1. 李觀求(중심인물, 이명: 良, 明叔, 鍾錫, 33세)
  본적: 황해도 송화군 하리면 안농리
  주소: 위와 같음

2. 成樂奎(양반 무직, 29세)
  본적: 황해도 송화군 장양면 순막리
  주소: 위와 같음

3. 曺善煥(무직, 30세)
   본적: 황해도 신천군 남부면 마산리
   주소: 위와 같음

4. 李泰儀(미체포, 무직, 32, 33세)
   본적: 황해도 옹진군 가천면 장현
   주소: 위와 같음

5. 李根奭(미체포, 무직, 30세)
   본적: 황해도 신천군 용문면 냉정리
   주소: 위와 같음

6. 李允痒(여인숙, 41세)
   본적: 황해도 해주군 해주면 중정
   주소: 위와 같음

7. 李錫熹(여인숙, 29세)
   본적: 황해도 해주군 해주면 남본정
   주소: 위와 같음

8. 李根永(음식점, 35세)
   본적: 황해도 해주군 운산면 유정리
   주소: 위와 같음

9. 崔根草(미체포, 무직, 32, 33세)
   본적: 황해도 해주군 장곡면 죽동리
   주소: 위와 같음

제6장 일제감옥에서의 항일투쟁(1918~1924)

10. 李文成(농업 29세)
    본적: 황해도 해주군 장곡면 정현리
    주소: 황해도 해주군 미율면 매정리

11. 梁擇善(미체포, 무직, 30세)
    본적: 황해도 해주군 금산면 선산리
    주소: 위와 같음

12. 朴元東(농업, 33세)
    본적: 황해도 봉산군 기천면 기산리
    주소: 위와 같음

13. 吳讚根(유생, 45세)
    본적: 황해도 해주군 금산면 선산리
    주소: 위와 같음

14. 邊東煥(유생, 鑛山師, 48세)
    본적: 황해도 해주군 해주면 상정
    주소: 위와 같음

15. 曺寅燁(유생, 농업, 일명 道燦 貫一, 46세)
    본적: 황해도 해주군 추화면 계덕리
    주소: 위와 같음

16. 邊東植(유생, 농업, 일명 春卿, 41세)
    본적: 황해도 연백군 과궁면 봉현리
    주소: 위와 같음

17. 朴行一(양반, 농업, 36세)
    본적: 황해도 해주군 고산면 수정리
    주소: 위와 같음

18. 李鶴熺(양반, 29세)
    본적: 황해도 해주군 석담리
    주소: 위와 같음

19. 尹子度(유생, 48세)
    본적: 황해도 해주군 해주면 상정
    주소: 위와 같음

20. 李起鉉(농업, 일명 和淑, 53세)
    본적: 황해도 옹진군 교정면 판정리
    주소: 위와 같음

21. 趙百永(농업, 35세)
    본적: 황해도 장연군 전택면 상화리
    주소: 위와 같음

22. 趙鏞昇(농업, 56세)
    본적: 황해도 송화군 율곡면 월현리
    주소: 위와 같음

23. 金成禹(35세 가량)
    본적: 황해도 장연군 장연면 이하 불상
    주소: 위와 같음

제6장 일제감옥에서의 항일투쟁(1918~1924)

24. 文應極(양반, 곡물상, 36세)
    본적: 평북 용천군 양하면 신안동
    주소: 위와 같음

이들 총 24명을 지역별로 보면, 23명은 황해도 출신이며, 문응극만이 평북 용천군 출신이다. 중심인물인 이관구가 황해도 출신이기 때문일 것이다.

총 24명을 연령별로 나누어 보면, 30대는 중심인물인 이관구(33세), 조선환(30세), 이태의(32, 33세), 이근석(30세), 이근영(35세), 최근초(32, 33세), 양택선(30세), 박원동(33세), 박행일(36세), 조백영(35세), 김성우(35세), 문응극(36세) 등이다. 20대는 성낙규(29세), 이석희(29세), 이문성(29세), 이학희(29세) 등이며, 이기현(和淑, 53세), 조용승(56세) 등은 50대이다. 40대는 이윤양(41세), 오찬근(45세), 변동환(48세), 조인혁(46세), 변동식(41세) 등이다. 전체적으로 볼 때 이관구와 동년배인 30~40대가 주류를 이루고 있음을 알 수 있다. 한편 미체포된 인물은 이태의, 최근초, 양택선, 이근석 등이다.

체포된 인물 가운데, 양반은 성낙규, 박행일, 이학희, 문응극, 유생은 오찬근, 변동환, 조인혁, 변동식, 윤자도 등이다. 여인숙을 경영하는 사람은 이윤양, 이석희로 되어 있다. 문응극은 양반이면서 곡물상으로 기록되고 있다. 이처럼 여인숙, 곡물상 등이 함께 참여하고 있는 것은 연락망과 관련이 있는 것으로 추정된다.

체포된 인원을 볼 때, 이관구는 20대에서부터 50대에 이르기까지 폭넓게 인맥을 형성하고 독립운동을 전개하고 있음을 알 수 있다. 또한 1910년대의 시대적 상황을 고려하여 황해도 해주 등지를 중심으로 독립운동 조직을 은밀하게 추진하고 있음도 주목할 필요가 있다고 생각된다. 아울러 유생, 양반, 농업 등 폭넓은 계층을 망라하고 있다. 또한 여인숙, 곡물상 등에 종사하는 인물들도 참여케 함으로써 일제의 눈을 피해 효율적인 연락망을 갖추려고 노력하고 있음도 살펴볼 수 있다.

2. 이관구 판결문 분석과 투옥생활

이관구는 체포된 후 일제의 심문을 받게 되었다. 당시 상황을 이해할 수 있는 글이 이관구의 『언행록』에 실려 있다.

〈일경 산하차랑에게 충의(忠義) 해설〉

자선이 일정시대(日政時代)에 정치범으로 일본 경찰에게 체포되었다. 그리하여 경찰서에서 신문을 받는데, 산하차랑(山下次郎)이 묻기를,
"그대의 재주와 학문으로 솔선하여 일본 정치에 동화되면 영광과 부귀를 길이 누릴 텐데 어찌 일본을 반대하고 조선의 독립을 도모하려 하여 스스로 고생하기를 이와 같이 하오?"
하니, 자선이 말하기를,
"그대가 말한 것은 영광과 부귀이고, 내가 지키는 것은 충성과 의리이오. 일본의 고사(高士)는 영광과 부귀를 구하다가 죽겠으나, 조선의 고사는 충성과 의리를 굳게 지키다가 죽소이다."
하였다. 산하차랑은 부끄러운 기색을 띠면서 질문의 주제를 다른 것으로 돌렸다.

이관구는 1918년에 황해도 해주 경찰서에 체포되어 심문을 받고, 해주 검찰청에 송치되어 해주지방법원에서 재판을 받았다. 그의 죄명은 보안법위반 강도교사였다. 일제가 언급하고 있는 그의 활동을 요약하면 다음과 같다.

첫째로, 국내에서 이관구는 1916년에서 1918년까지 그의 부하 동지로 하여금 독립운동자금을 모금하기 위하여 황해도를 위시하여 전국적으로 부자를 상대로 사전에 통고문을 보내어 기일 내에 준비하라 하고 찾아가서 자금을 요구케 하였다. 그리고 이에 응하지 않은 경우 때로는 권총을 발사하여 위협하기도 하고, 처단하기도 하는 등 응징하도록 하였다. 이런 관계로 이관구의 죄명이 보안법 위반 강도교사로 언급되고 있는 것이다. 이런 일은 허다하게 많았고, 앞서 언급한 이관구의 7대 의거가 그 독립운동의 사례이나 이 7대 의거가 일제 관헌 측으로 보아 보안법 위반인 것이다.

제6장 일제감옥에서의 항일투쟁(1918~1924)

둘째로, 이관구는 1910년에서 1916년까지는 국내외에서 주로 활동하였다. 일본, 중국, 만주, 러시아, 프랑스, 인도, 미국 등지가 그 활동지였다. 그 중에서도 일제 관헌이 주목한 것은 만주, 러시아, 국내 조선에서의 독립운동인 것이다. 이관구의 이러한 독립운동에 대하여 해주지방법원에서는 징역 10년을 언도하였다.

판결을 언도한 조선총독부 판사는 석천정(石川正), 남상장(楠常藏), 영소직방(永沼直方), 원전신(原田新) 등이었고, 서기는 국지덕차랑(菊池德次郎)이었다. 이관구와 그의 동지인 성낙규, 박원동 등은 1918년 12월 17일 평양복심법원이 언도한 판결에 대하여 고등법원 형사부에 상고하였는데, 고등법원 형사부 조선총독부 검사 초장임오랑(草場林五郎)의 의견을 듣고 판결한 내용을 분석해 보기로 하자.

첫째, 이관구는 본인에게 판결된 보안법강도교사에 대하여 불복하고 이에 고등법원에 상고하였다. 이관구 등이 상고한 이유는 자신의 행동은 조국과 민족을 위한 행동한 것이므로 정당한 것이란 인식에서 출발한 것으로 보인다. 이러한 이관구의 인식은 타당하고 정당한 것이다.

판결문에서 이관구의 상고 취지에 대하여 다음과 같이 언급하고 있다.

> 피고 이관구 상고 취지는 본인의 죄가 보안법위반 강도 교사로 판결됨에 보안법위반은 남북만주에 상업기관 또는 병원, 흥업학교, 회사 등을 설립하고 혹은 예정한 것으로 조선의 부민(富民)을 어우러서 흥부회(興富會)를 조직하고 모(某) 신사를 설립하려고 한 일에 관하여는 동범(同犯)도 많은 힘을 기울였지만 해주지방법원과 평양복심법원의 신성한 판결로 동범은 모두 죄가 없이 방면되었다. 피고도 그 사건에 관하여는 하나하나 자백하고 죄책(罪責)을 감수하나 강도교사죄라 운운함에 대하여는 피고는 전연 알지 못하는 바이다.

이관구 등 3명은 독립운동을 위하여 재만한인사회에서 상회, 병원, 학교, 흥부회(興富會)를 조직하였다. 이들 조직은 독립운동의 연락기관으로서 아울러 재만한인의 민족의식고취 장소로서 중요한 기능과 연락을 하였던 것이다. 그러므로 이관구는 보안법은 인정할 수 있으나 강도교사죄의 경우는 타당하지 않다고 인식하여 이에 고등법원 형사부에 상고하였던 것이다.

둘째, 이관구의 상고 중 그가 진술한 성낙규 부분을 보면, 성낙규의 활동과 이관구와의 상호관계를 잘 보여주고 있다. 성낙규 부분을 보면 다음과 같다.

공범자인 성낙규는 6, 7년 전부터 피고와 안면이 있으나 해당인은 외국의 학교에서 수업하고 있어서 서로 교통함이 단절됨에 1916년경 이관구 본인이 중국 안동현에 온 이유를 듣고 천리를 멀다하지 않고 찾아 안동현에 왔다 그리하여 피고에 대하여 국권회복의 일을 물으니 대개 나라의 일은 중대하여 하루아침에 할 수 없으니 귀군은 먼저 학교에 들어가 공부하고 상당의 자격을 갖추어야할 것을 도모해야 한다고 하니 낙규가 이르기를 자기도 연령이 30세에 이르러 공부할 능력이 없다고 말하고 나는 장래 모처에서 상점을 설립할 생각인데 동업을 하는 것이 어떠하냐라고 말함에 이것 또한 원하는 바가 아니다 하여 피고와 의견이 달라 귀군의 일은 귀군의 일이고 피고의 일은 피고의 일이니 우리들이 조선인으로 국사에 매진하려는 생각은 서로 같지만 실행이 서로 다른 이유로 방법이 없다고 말해 서로 급진완진(急進緩進)의 의사충돌로 얽혀 있었으며 또 낙규가 말하길 자기는 먼 길을 내방하여 국사를 논한다 하고 비록 서로가 생각이 달라 다르게 논하는 바이나 자기는 남북만주에 1차 여행할 뜻이 있는데 만주에는 도적이 이르는 바가 많아서 가는 길이 어려움에 권총 1조를 대여하고 여행을 마친 후에 반환하겠다고 말하여 권총을 준 일이 있으나 그로부터 자기는 장춘 지방에 상점을 설립하지 않는다고 들어간 이래 다시 안동현에 돌아와서 성낙규의 소식을 물으니 자기 집에 돌아왔다고 하여 편지를 보내어 권총을 돌려받았다.

그 후는 서로 타국에 있어서 소식을 알 수 없었으나 1917년 겨울에 피고는 경성에서 경영할 일이 있어 동지(同地)에 오니 성낙규도 다시 찾아와 이전에 피고가 동인에게 가르친 일을 듣지 않은 것을 후회하고 헤어진 후에는 청도의 병원을 경영하였는데 그 간에 적지 않은 재산을 국사에 다 소비한 것을 한없이 탄식하였다. 또 말하기를 자기에게는 친한 친구 이근석이라는 자가 있다고 하여 피고가 해주통과의 길에 방문하여 만나보니 좋은 친구가 아님으로 이와 같은 친구는 쓸모없고 도리어 해를 입게 될 것이다라고 성낙규에게 말했다. 다른 일은 전연 아는바가 없다. 그러므로 낙규를 교사하여 강도를 하게 한 일은 없다.

이관구는 진술을 통하여 성낙규와의 관계는 독립운동 관련이 아님을 주장하였다. 아울러 본인이 성낙규에게 강도를 하게 한 일이 없다고 강력히 부인하였다.

이관구와 성낙규의 상호관계는 해방 후 이관구가 쓴 의용실기「성낙규」조에서 보다 정확히 파악할 수 있을 것 같다. 이는 일제하에서의 언급과 해방 후 자유로운 분위기 속에서의 언급을 상호 비교해 볼 수 있는 흥미로운 경우라고 생각된다. 이를 보면 다음과 같다.

成樂奎

華史의 獨立軍團事件으로 倭警에게 被抱되야 倭法廷에서 七年役을 받았다. 그 時에 倭判事가 問하기를 "汝의 職業은 무엇이냐?"한 則 成樂奎의 所答이 "本業은 朝鮮獨立이고 副業은 抗日이다."하였다. 倭判事가 又 問하기를 "汝가 國語를 잘 안다하니 通譯할 것 없이 直接으로 國語로 答하라."한 則 成樂奎는 "나는 朝鮮語가 則 國語이고 너 외들의 말은 倭 말로 안다."고 대답하였다. 判事는 怒하며 말하기를 "我는 天皇陛下의 代理로 네게 對하여서는 絕對權을 가지고 있는데 네가 被告로서 엇지하여 우리 判事다려 너라고 하며 下賤語를 敢用하느냐?"하였다. 成樂奎는 嚴然한 容止로 答하기를 "너는 너의 天皇陛下의 影子에 不過하고 我는 汝의 天皇陛下의 相對者이다. 天皇陛下의 影子되는 너의 들이 너의 天皇陛下의 相對者되는 我에게 對하야 不敬의 語를 用하는 것이 大不敬이다. 我에게 不敬하는 것이 則 汝의 天皇陛下에게 不敬하는 것인 줄 알아야 되나니라."하였다.

判事가 말하기를 "汝는 如何한 學校를 卒業하였느냐?" 成의 所答이 "我는 하나님으로 校長삼고 世界로 大學校 삼고 萬物工科學을 삼고 實地로 學得한 學力이 有함으로 汝等과 如한 柒板前에서 學한 小小한 學識과는 天壤의

差이 있나니라." 判事 問하기를 "네가 그렇게 學識이 多大하면 왜 如此히 失敗할 內亂陰謀를 하였는가?" 成樂奎 所答이 "事의 成不成이 目前의 直觀으로 判明되는 것이 아니다. 내가 하는 일은 自今 三十年 後에야 定成이 되리라. 汝等의 學識으로는 如此한 神秘의 將來事까지는 잘 몰을 것이니라." 判事가 又 問하기를 "汝가 꼭 그렇게 確知하느냐?"한 則, 成의 所答이 "꼭 三十年 後에 汝 等은 汝의 本國으로 賢子와 같이 되어서 歸去하리라." 하고 大喝하니 倭判事 等이 目이 뒹구래저서 아무 말도 못하고 "汝의 懲役이 七年이니 抑冤하면 控訴하여라." 하고 모두 다 들어갔다. 成樂奎는 倭判檢事 보기를 犬羊과 같이 보았다.

이로부터 成樂奎에게는 朝鮮看守는 얼신도 못하게 禁하고 倭看守가 監視하였다. 滿期出監 後에 倭警이 尾行으로 따라 다니는 것을 如何한 無人衆에서 倭警을 죽도록 擊打하고 倭警에게 告訴 아니하겠다는 다짐書를 바다둔 일이 있었다. 常常 兵書를 讀하며 말하기를 朝鮮獨立 後에 外國과 戰爭하게 되면 반듯이 내가 劃策하여야 大接이 되리라고 말하였다.

셋째, 이관구가 조선환과의 관계에 대하여 언급한 부분을 살펴보도록 하겠다. 상고취지서에서 이관구는 다음과 같이 상고하고 있다.

또한 조선환(曹善煥)은 1916년 성낙규의 소개로 알았다. 처음에 성낙규와 함께 안동현에 와서 자기의 혈성적 애국사상이라고 말하며 색깔을 나타내고 자기는 평생의 주된 소원이 총독암살이고 그 일을 위해 완수할 계획이었으나 권총이 없어 목적을 이룰 수 없다고 안타까워하니 성낙규가 보증하여 권총 1조를 주었다. 그 후 선환(善煥)의 이력을 조사하니 무재산 무학식이므로 권총을 돌려 받았다. 그 후 본인이 다시 와서 남북만주의 어떠한 상점에서 근무할지를 정하여 달라고 신청하였다.

조선환은 그 후 상점으로부터 재물을 다수 거짓으로 말하여 사용하고 또 피고를 헌병대에 고하여 태형을 당하게 한 일도 있었다. 그 외에 대단한 가해를 입힌 적도 있다. 이번 사건의 발각과 함께 동인에 대하여 강도의 교사, 국사에 관한 교도를 하였다라는 재판소의 판시라는 것도 조선환에 대하여는 전술과 같이 서로 재미있는 이유가 있는 이상 무엇으로 교사,

교도의 이유가 있다고 하겠는가? 피고와 조선환의 사이는 성낙규가 능히 아는 바이니 피고가 권총을 대여한 것이 결코 강도를 할 의사가 없음에도 불구하고 제1심 제2심에서 강도 교사의 죄명을 씌우는 것은 매우 유감스러우므로 지금 일단 상고취의서로서 애원하고 있다고 한다.

이관구가 중국 안동현에서 독립운동의 근거지를 마련하였고, 국내의 독립운동가들을 모아 훈련하고 겸하여 독립운동자금을 마련하면서, 조선환에게 총독을 암살하게끔 성낙규 보증으로 권총을 대여하였다가 다시 받았다는 것은 무엇인가 석연치 않다.

이관구는 조선환 때문에 헌병대에서 많은 고초와 수난을 받게 되었다. 이관구가 조선환에게 빌려준 권총으로 그가 독립운동자금 모금 등 많은 활동을 하였기 때문에 결과적으로 이관구는 강도교사 판결을 받게 되었다. 상고문에서는 독립운동 선상에서 이관구와 조선환의 관계가 나쁜 것처럼 되어 있지만, 사실은 가까운 동지였다.

해방 후 이관구가 작성한 『의용실기』「조선환」에서 이관구의 조선환에 대한 인식을 짐작해 볼 수 있다.

曺善煥

曺善煥은 黃海道 信川人이다. 일찍이 儒林門下에서 忠義의 道을 學하였고 安重根義士와 情誼가 厚하였고 柳毅菴 崔勉菴門下에도 있었고 海州 石潭을 中心하고 義兵이 起할 當時에 擧義事에 많은 努力을 하여 왔으며 더욱 柳毅菴의 弟子 等이 結合하여 가지고 北京의 袁世凱에게 朝鮮 獨立을 贊助하야 달라는 建議文을 捉出한 事이 있었다. 그 建議文의 內容은 中國과 朝鮮은 歷史와 地理上으로 不可離할 兄弟國이니 脣亡則齒寒格으로 朝鮮이 亡하면 中國도 危跆하니 竝立 相助相依의 勢가 되기를 바란다고 하였다.

그 後로 朝鮮에 歸하야 多方으로 愛國의 志士을 連結하며 많은 活動을 하다가 李華史를 相遇하야 拳銃 幾柄을 携帶하고 申采浩의 勸告를 받아 가지고 朝鮮의 倭總督을 暗殺하고자 하야 成落奎 等과 同히 京城에 來留하다가 事를 果치 못하고 海州城中을 攻擊하여 볼 經論으로 多數의 義士을 糾

합하였으니 이것이 李華史의 第二次義擧運動의 初步이다.

亦是 衆寡不敵으로 着手치 못하고 各處로 다니면서 同志을 多求하는 中에 慶尙道에 往하야 光復團總司令 朴尙鎭과 結托하야 가지고 南北呼應의 勢로 獨立運動을 하기로 盟約하고 活動하다가 事覺되여 倭法廷에서 七年의 判決을 받고 기나긴 歲月을 鐵窓에서 지내다가 獄中에서 病死하였다. 善煥의 特徵은 外交에 善하고 冒險을 잘하고 臨時變通의 術이 敏活하고 여러 同志에게 感情을 잘 사지 아니하고 常常 笑願을 가지고 있음으로 時人이 八方美人 外交家라고 別稱하였나니라.

이관구의 성낙규와 조선환과의 관계에 대하여 일제는 다음과 같이 평가하고 있다.

원심은 원판결의 이유 중에 취한 각 증거에 의하여 피고가 판시와 같이 曹善煥, 成樂奎에 대하여 각 권총을 교부하고 조선인 자산가에게 국권회복 운동비의 지출을 구해 응하지 않는다면 해당 권총을 사용하여 금원을 탈취하는 일을 권하여 재물 강취를 각 교사함으로 동인 등으로서 원판결 이유 제2항 내지 제5항의 각 강도를 실행함에 이르렀다는 사실을 인정한 것은 논지 중 피고가 曹善煥, 成樂奎에 대하여 각 권총을 대여한 일은 있어도 동인 등을 교사하여 강도를 하게 한 사실은 없다고 진술한 점은 자기의 사실을 주장하여 원심의 직권에 속한 사실인정을 非議함에 귀착되므로 이유가 없고 또 당원은 사실 복심을 하는 곳이 아님으로 그 복심을 구한다는 점도 이유 없다.

즉, 일제는 이관구가 조선환, 성낙규에 대하여 각 권총을 대여한 일은 있어도 동인 등을 교사하여 강도를 하게 한 사실은 없다고 진술한 점은 사실이 아니라고 판단하고 있다.

다음에는 성낙규의 경우를 보기로 하자. 성낙규로서는 보안법위반 강도판결을 유감으로 생각하고 이에 상고하였다. 성낙규의 상고취지는 다음과 같다.

제6장 일제감옥에서의 항일투쟁(1918~1924)

　피고 성낙규의 상고취지는 피고인의 보안법위반에 대하여 강도로 판결함은 진실로 유감이라고 상고하였다. 우리 대한이 일본에 부속된 이후에 분개가 심해져 가끔 이관구를 만나 나라를 독립시킬 일을 모의하고 그 계획 중 뜻하지 않게 취조를 받음을 당하여 강도로까지 씌우려 하니 피고 등은 결코 강도를 목적으로 한 것이 아니라는 사실을 진술하였다. 대저 강도라는 것은 부호가에 침입하여 금전을 강청하여 나누어 먹는 것을 강도라고 칭할 수 있으나 피고 등은 모두 지방의 유지신사(有志紳士)와 교제하였으며 장연군(長淵郡) 목감면(牧甘面) 손정훈(孫貞勳) 집에서 금전을 청구한 일이 없다. 비록 국권회복에 참가하기를 권유하긴 했으나 조금도 응하지 않았고 옹진군(瓮津郡) 봉홍면(鳳鴻面) 평양리(平陽里) 성명삼(成明三) 집의 사건에서는 피고가 본인의 얼굴을 앎으로 만나는 공범자 중 조선환이 참가할 것을 권유하기 위해 간 것이다. 성명삼(成明三)을 만나지 않은 것은 음모사실임으로 만약에 그 사건에 성명삼이 응하지 않을 때는 모든 사실이 발각될 염려가 있었기 때문이다. 진실로 강도의 목적으로는 번화한 도시에 금전을 다수 거래하는 자산가에게 침입하여 다수에게 강청했으나 촌려(村閭)의 수구당(守舊黨)과 유지신사(有志紳士)를 가서 찾아봄에 하등 강도의 목적을 달성하지 못하였다.
　지금의 시대는 동서양 제국이 각자 그 나라를 위해 다른 나라를 삼키려고 맹렬한 전쟁도 한다. 우리는 잃어버린 나라를 독립시키려고 한 일인데 강도로 판결한 것은 모두 부당하다고 믿음으로 지금 일단 상고취의서로서 애원한다고 말하니 원심은 원판결에 사용한 각 증거에 의하여 피고는 판시와 같이 공동피고 이관구의 교사에 의하여 범의를 계속하여 원판결 이유 제2항 제4항 제5항의 각 강도를 한 사실을 인정한 것은 논지 중 피고가 강도를 한 사실이 없다고 진술한 점이 자기의 사실인 점을 주장하고 원심의 직권에 속한 사실 인정을 비난함에 귀착함으로 이유 없고 당원은 사실의 복심을 하는 곳이 아님으로 그 복심을 구하는 점 역시 이유 없다.

　성낙규는 "부호가집을 침입하여 무기로 위협하여 금전을 강탈하여 나누어 먹는 것을 강도라고 한다. 우리는 일제의 강점으로 광복을 위하여 혁명전쟁을 수행하기 위하여 혁명자금 독립자금을 마련하기 위한 비상수단으로 한 것이므로 우리의 행위는 정당한 행위이지 강도는 아니다. 바로 강도는 일제다"라고 강력히 항의하였던 것이다.
다음은 박원동의 경우를 살펴보기로 하자. 박원동이 상고한 이유는 다음과 같다.

　　피고 朴元東의 상고 취의는 피고는 1917년 음력 4월 25일 황해도 해주군 고산면(高山面) 석장리(石墻里) 손운봉(孫雲鳳) 집에서 양택선(楊澤璇)과 우연히 만나 옹진군에 가는 도중 동군 지경장(地境場)에서 성낙규, 조순환(趙淳煥) 양인과 만나 옹진군 봉홍면 평양리 성명삼 집에 도착했을 때는 그 사실이 무엇인지 알지 못하여 1917년 음력 8월10일 양택선(楊澤璇) 이태희(李泰熙)와 피고의 3인이 옹진군 괴정리(槐井里) 판토리(板土里) 이기연((李基淵)의 집에 가서 성낙규의 편지를 가지고 도착했으나 국권회복의 일인지의 여부를 알지 못하였으므로 1918년 음력 6월 16일에 이르러 해주경찰서에 인치되어 마침내 재판소에서 피고는 하등 관계된 사실을 알지 못하였음에도 강도로 징역 5년에 처해진 것은 부당하다고 하여 다시 공소의 결과 평양복심법원에서 기각판결을 받아 피고의 억울한 마음이 천지간에 알려진 바이다.
　　이에 상고취지서를 제출함으로 지금 일단 그 단계에서 애원한다고 말함에 원심은 원판결에서 적용한 각 증거에 의하여 피고가 공동피고 이관구의 교사에 의하여 원 판결 이유 제4항의 강도를 한 사실을 인정했다는 것은 논지 중 자기는 강도를 한 사실이 없다고 진술한 점이 자기의 사실이라고 하는 바를 주장하여 원심의 직권에 속하는 사실인정을 비의(非議)함에 귀착함으로 이유 없고 당원은 사실의 복심을 하는 곳이 아님으로 조금이라도 구한 점 역시 이유 없다. 이상 설명과 같이 피고 3명의 상고는 이유 없으므로 형사소송법 제285조에 따라 주문과 같이 판결한다.

박원동은 강도로 징역 5년에 처한 것은 부당하다고 주장하였다. 박원동도 한국인으로서 당연히 해야 할 행동인 독립운동을 강도라고 하여 징역형에 처하는 것은 있을 수 없는 일이라고 호소하였다.
해방 후 이관구는 박원동에 대하여 그의 『의용실기』 「박원동」에서 다음과 같이 언급하고 있다.

朴元東

朴元東은 黃海道 鳳山人이다. 幼時부터 射獵를 좋아하였다. 平山서 李鎭龍과 同히 義兵을 起하는 役割을 하였으나 無名將이 되어서 世人의 周知하는 바가 되지 못하였다. 庚戌 合併 時에 七賊을 射殺하랴고 拳銃를 가지고 京城에 月餘을 來留하였으나 事를 果치 못하고 安重根義士와 相通이 多하였다. 其後 不平을 懷하고 間島을 단니면서 倭賊과 正面衝突이 되여 生死을 賭한 것도 一二回가 아니였다. 그리하다가 李華史가 第二次義旗을 擧할 時에 來參하야 朝鮮 全國을 通行하며 많은 活動을 하다가 事覺되어 倭法廷에서 五年役의 判決을 받고 鐵窓生活을 하고 滿期 後 出監하여서도 倭警의 尾行調査가 常常있을지라도 그 酷毒한 倭警의 眼을 避하에 가며 不絕히 秘密裏에서 獨立運動에 努力하였다. 朴元東의 特徵은 人性이 貿朴純厚하야 一次心決한 事는 絡身不變하고 冒險을 잘하고 膂力이 强하고 騎射가 善함으로 別號를 朱蒙將軍이라 하였다.

박원동은 징역 5년에 처해진 것이 부당하다고 하여 다시 공소하였으나 평양복심법원에서 기각 판결을 받았다.

이관구 등 피고 3명은 조국의 광복과 민족해방 등을 위하여 일제와의 항일투쟁을 결사적으로 하였는데, 그들을 강도로 판결한 것은 부당하다고 믿고 상고한 것이다. 이에 대하여 평양복심법원에서는 사실을 복심하는 곳이 아니므로 고려의 여지가 없다고 판단하고 기각 판결을 하였다.

성낙규와 박원동은 평양복심법원의 판결에 복종하지 아니하고 다시 서울의 대법원에 상고하였다. 그러나 이관구는 서울 대법원에 상고를 포기하고 평양의 복심법원의 판결에 따라 징역 10년의 언도 중 6년의 수형생활을 마치고 1924년에 석방되었다.[53]

수감 중에 이관구는 옥중에서 자살하기 위하여 혀를 깨물어 죽기 직전에 이른 적도 있었다고 한다.[54] 이관구가 6년 동안 옥중생활을 하는 중에, 이

---

[53] 이관구의 둘째 아들 이하복과의 대담(2009년 6월 22일 필자의 집에서).
[54] 위와 같음.

관구의 가족 중 그를 면회 온 사람은 아무도 없었다. 그 당시 이관구의 가족들은 올 상황이 되지 못하였던 것이다. 그를 가장 아끼었던 할아버지 이영직은 1910년에 세상을 떠났다. 조부는 어머니 없이 자라난 이관구를 정성을 들여 공부시켰다. 만약 조부가 살아계셨다면 면회를 갔었을 것이다. 그리고 부친인 이윤규는 이관구가 석방된 그 이듬해인 1926년 사망하였다. 이관구의 부친도 일찍이 부인이 사망하여 재혼을 하였으며, 새로 꾸민 가정도 원만하지 않았다. 이관구의 숙부인 이두규(李斗珪)도 1923년에 사망하였다. 이처럼 이관구의 집안이 복잡하였기 때문에 그의 집안 가족들은 면회를 하지 않았던 것 같다. 특히 이관구의 죄명이 보안법 위반 강도교사였기 때문에 더욱 면회를 꺼려하였던 것으로 보인다. 이관구 개인으로서는 외롭고 고달픈 수형생활 중 섭섭한 마음이 컸을 것으로 보인다.[55]

판결서는 중요하므로 이를 부록으로 첨부한다.[56]

---

[55] 이관구, 『도통지원단』, 18~19쪽. "급기야 감옥에서 10년 징역을 하였다. 그 징역을 하는 동안에도 가족으로 누구 한 사람 왔어 면회하여 주는 것도 없다. 만기되어 나왔어 聚妻하여."
[56] 판결문 번역은 국가보훈처 공훈심사과 김정아 선생이 수고해 주셨다.

【부록】

1919년 형상 제4호

判 決 書

黃海道 松禾郡 下里面 安農里 농업
피고인 李觀求(34년)
同道 同郡 長陽面 筍幕里 무직
피고인 成樂奎(30년)
黃海道 鳳山郡 岐川面 岐山里 농업
피고인 朴元東(34년)

　위 보안법 위반 강도 피고사건에 대하여 1918년 12월 17일 平壤覆審法院이 언도한 판결에 대하여 각 피고로부터 상고 申立이 있으므로 當院은 조선총독부 검사 草場林五郎의 의견을 듣고 다음과 같이 판결한다.

주문
　본건 피고 세 명의 상고는 모두 이를 기각한다.

이유
　피고 李觀求 상고 취지는 본인의 죄가 보안법위반 강도 교사로 판결됨에 보안법위반은 남북만주에 상업기관 또는 병원 흥업학교 회사등을 설립하고 혹은 예정한 것으로 조선의 富民을 어우러서 興富會를 조직하고 某 신사를 설립하려고 한 일에 관하여는 同犯도 많은 힘을 기울였지만 해주지방법원과 평양복심법원의 신성한 판결로 同犯은 모두 죄가 없이 방면되었다. 피고도 그 사건에 관하여는 하나하나 자백하고 罪責을 감수하나 강도교사죄라 운운함에 대하여는 피고는 전연 알지 못하는 바이다.

공범자인 成樂奎는 6, 7년 전부터 피고와 안면이 있으나 해당인은 외국의 학교에서 수업하고 있어서 서로 교통함이 단절됨에 1916년경 李觀求 본인이 支那 安東縣에 온 이유를 듣고 천리를 멀다하지 않고 찾아 안동현에 왔다. 그리하여 피고에 대하여 국권회복의 일을 물으니 대개 나라의 일은 중대하여 하루아침에 할 수 없으니 귀군은 먼저 학교에 들어가 공부하고 상당의 자격을 갖추어야할 것을 도모해야 한다고 하니 樂奎가 이르기를 자기도 연령이 30세에 이르러 공부할 능력이 없다고 말하고 나는 장래 모처에서 상점을 설립할 생각인데 동업을 하는 것이 어떠하냐라고 말함에 이것 또한 원하는 바가 아니다 하여 피고와 의견이 달라 귀군의 일은 귀군의 일이고 피고의 일은 피고의 일이니 우리들이 조선인으로 국사에 매진하려는 생각은 서로 같지만 실행이 서로 다른 이유로 방법이 없다고 말해 서로 急進緩進의 의사충돌로 얽혀 있었으며 또 樂奎가 말하길 자기는 먼 길을 래방하여 국사를 논한다 하고 비록 서로가 생각이 달라 다르게 논하는 바이나 자기는 남북만주에 1차 여행할 뜻이 있는데 만주에는 도적이 이르는 바가 많아서 가는 길이 어려움에 권총 1조를 대여하고 여행을 마친 후에 반환하겠다고 말하여 권총을 준 일이 있으나 그로부터 자기는 장춘 지방에 상점을 설립하지 않는다고 들어간 이래 다시 안동현에 돌아와서 成樂奎의 소식을 물으니 자기 집에 돌아왔다고 하여 편지를 보내어 권총을 돌려받았다.

그 후는 서로 타국에 있어서 소식을 알 수 없었으나 1917년 겨울에 피고는 경성에서 경영할 일이 있어 同地에 오니 成樂奎도 다시 찾아와 이전에 피고가 동인에게 가르친 일을 듣지 않은 것을 후회하고 헤어진 후에는 청도의 병원을 경영하였는데 그 간에 적지 않은 재산을 국사에 다 소비한 것을 한없이 탄식하였다. 또 말하기를 자기에게는 친한 친구 李根奭이라는 자가 있다고 하여 피고가 해주통과의 길에 방문하여 만나보니 좋은 친구가 아님으로 이와 같은 친구는 쓸모없고 도리어 해를 입게 될 것이다라고 成樂奎에게 말했다. 다른 일은 전연 아는바가 없다. 그러므로 樂奎를 교사하여 강도를 하게 한 일은 없다.

또한 曹善煥은 1916년 成樂奎의 소개로 알았다. 처음에 成樂奎와 함께

제6장 일제감옥에서의 항일투쟁(1918~1924)

안동현에 와서 자기의 혈성적 애국사상이라고 말하며 색깔을 나타내고 자기는 평생의 주된 소원이 총독암살이고 그 일을 위해 완수할 계획이었으나 권총이 없어 목적을 이룰 수 없다고 안타까워하니 成樂奎가 보증하여 권총 1조를 주었다. 그 후 善煥의 이력을 조사하니 무재산 무학식이므로 권총을 돌려 받았다. 그 후 본인이 다시 와서 남북만주의 어떠한 상점에서 근무할지를 정하여 달라고 신청하였다.

曹善煥은 그 후 상점으로부터 재물을 다수 거짓으로 말하여 사용하고 또 피고를 헌병대에 고하여 태형을 당하게 한 일도 있었다. 그 외에 대단한 가해를 입힌 적도 있다. 이번 사건의 발각과 함께 동인에 대하여 강도의 교사, 국사에 관한 교도를 하였다는 재판소의 판시라는 것도 曹善煥에 대하여는 전술과 같이 서로 재미있는 이유가 있는 이상 무엇으로 교사, 교도의 이유가 있다고 하겠는가? 피고와 曹善煥의 사이는 成樂奎가 능히 아는 바이니 피고가 권총을 대여한 것이 결코 강도를 할 의사가 없음에도 불구하고 제1심 제2심에서 강도 교사의 죄명을 씌우는 것은 매우 유감스러우므로 지금 일단 상고취의서로서 애원하고 있다고 한다.

원심은 원판결의 이유 중에 취한 각 증거에 의하여 피고가 판시와 같이 曹善煥, 成樂奎에 대하여 각 권총을 교부하고 조선인 자산가에게 국권회복 운동비의 지출을 구해 응하지 않는다면 해당 권총을 사용하여 금원을 탈취하는 일을 권하여 재물 강취를 각 교사함으로 동인 등으로서 원판결 이유 제2항 내지 제5항의 각 강도를 실행함에 이르렀다는 사실을 인정한 것은 논지 중 피고가 曹善煥, 成樂奎에 대하여 각 권총을 대여한 일은 있어도 동인 등을 교사하여 강도를 하게 한 사실은 없다고 진술한 점은 자기의 사실을 주장하여 원심의 직권에 속한 사실인정을 非議함에 귀착되므로 이유가 없고 또 당원은 사실 복심을 하는 곳이 아님으로 그 복심을 구한다는 점도 이유 없다.

피고 成樂奎의 상고취지는 피고인의 보안법위반에 대하여 강도로 판결함은 진실로 유감이라고 상고하였다. 우리 대한이 일본에 부속된 이후에 분개가 심해져 가끔 李觀求를 만나 나라를 독립시킬 일을 모의하고 그 계획 중 뜻하지 않게 취조를 받음을 당하여 강도로까지 씌우려 하니 피고 등은 결코 강도를 목적으로 한 것이 아니라는 사실을 진술하였다. 대저 강도라는 것은 부호가에 침입하여 금전을 강청하여 나누어 먹는 것을 강도라고 칭할 수 있으나 피고 등은 모두 지방의 有志紳士와 교제하였으며 長淵郡 牧甘面 孫貞勳 집에서 금전을 청구한 일이 없다. 비록 국권회복에 참가하기를 권유하긴 했으나 조금도 응하지 않았고 甕津郡 鳳鴻面 平陽里 成明三 집의 사건에서는 피고가 본인의 얼굴을 앎으로 만나는 공범자 중 曺善煥이 참가할 것을 권유하기 위해 간 것이다. 成明三을 만나지 않은 것은 음모사실임으로 만약에 그 사건에 成明三이 응하지 않을 때는 모든 사실이 발각될 염려가 있었기 때문이다. 진실로 강도의 목적으로는 번화한 도시에 금전을 다수 거래하는 자산가에게 침입하여 다수에게 강청했으나 村閭의 守舊黨과 有志紳士를 가서 찾아봄에 하등 강도의 목적을 달성하지 못하였다.

　지금의 시대는 동서양 제국이 각자 그 나라를 위해 다른 나라를 삼키려고 맹렬한 전쟁도 한다. 우리는 잃어버린 나라를 독립시키려고 한 일인데 강도로 판결한 것은 모두 부당하다고 믿음으로 지금 일단 상고취의서로서 애원한다고 말하니 원심은 원판결에 사용한 각 증거에 의하여 피고는 판시와 같이 공동피고 李觀求의 교사에 의하여 범의를 계속하여 원판결 이유 제2항 제4항 제5항의 각 강도를 한 사실을 인정한 것은 논지 중 피고가 강도를 한 사실이 없다고 진술한 점이 자기의 사실인 점을 주장하고 원심의 직권에 속한 사실 인정을 비난함에 귀착함으로 이유 없고 당원은 사실의 복심을 하는 곳이 아님으로 그 복심을 구하는 점 역시 이유 없다.

　피고 朴元東의 상고 취의는 피고는 1917년 음력 4월 25일 黃海道 海州郡 高山面 石墻里 孫雲鳳집에서 楊澤璇과 우연히 만나 옹진군에 가는 도중 동군 地境場에서 成樂奎, 趙淳煥 양인과 만나 甕津郡 鳳鴻面 平陽里 成明三 집에 도착했을 때는 그 사실이 무엇인지 알지 못하여 1917년 음력 8월 10일 楊澤璇 李泰熙와 피고의 3인이 甕津郡 槐井里 板土里 李基淵의 집에 가서 成樂奎의 편지를 가지고 도착했으나 국권회복의 일인지의 여부를 알지 못하였으므로 1918년 음력 6월 16일에 이르러 해주경찰서에 인치되어 마침내 재판소에서 피고는 하등 관계된 사실을 알지 못하였음에도 강도로 懲役 5年에 처해진 것은 부당하다고 하여 다시 공소의 결과 평양복심법원에서 기각판결을 받아 피고의 억울한 마음이 천지간에 알려진 바이다.

이에 상고취지서를 제출함으로 지금 일단 그 단계에서 애원한다고 말함에 원심은 원판결에서 적용한 각 증거에 의하여 피고가 공동피고 李觀求의 교사에 의하여 원 판결 이유 제 4항의 강도를 한 사실을 인정했다는 것은 논지 중 자기는 강도를 한 사실이 없다고 진술한 점이 자기의 사실이라고 하는 바를 주장하여 원심의 직권에 속하는 사실인정을 非議함에 귀착함으로 이유 없고 당원은 사실의 복심을 하는 곳이 아님으로 조금이라도 구한 점 역시 이유 없다. 이상 설명과 같이 피고 3명의 상고는 이유 없으므로 형사소송법 제285조에 따라 주문과 같이 판결한다.

               1919년 1월 23일
               高等法院 刑事部

제7장

석방 후 국내에서의 지하 항일투쟁
(1924~1945)

제7장 석방 후 국내에서의 지하 항일투쟁(1924~1945)

이관구는 옥중생활 6년의 형기를 해주형무소에서 마치고 1924년 출옥하게 되었다. 출옥 후 일본경찰이 이관구를 계속 미행하였으므로 그는 조선에 머물기 싫어서 외국으로 탈출하고자 하였다. 궁리 끝에 그는 미국으로 유학 갈 생각을 하였다. 이관구는 공부를 열심히 하여 미국의 모(某)대학에 입학시험을 쳐서 합격하여 입학허가서를 받았다. 이에 학교에 입학하고자 조선총독부 외사과에 미주여행권을 신청하였다. 그러나 조선총독부에서 고등비밀 3조에 의거하여 각하되어 그의 미국행은 좌절되었다. 이에 이관구는 크게 실망하여 여러 지역을 다니며 각 지역을 방황하며 보냈다.

그가 가는 곳마다 일본경찰이 미행하였으며, 관할주재소에서 퇴거명령이 내려진 것이 한 두 번이 아니었다. 일본경찰은 이관구를 역사(力士)이며 신출귀몰한 인물이라고 인식하고 있었기 때문에 그가 홀로 머무를 때에도, 일본경찰 7~8명이 권총을 갖고 그를 대하며 조사하는 등 신중을 기하였다. 이 때문인지, 황해도 해주 등지나 경상도 경주 등지에서 이관구는 힘이 센 인물로 전해지고 있다.

이관구는 그가 작성한 『의용실기』「자서전」에서 당시 상황을 다음과 같이 기록하고 있다.

> 余도 일직 監獄에서 二年 時間를 虛費하고 出獄하였다. 出獄 後에는 倭警이 尾行함으로 朝鮮에 留하기 시른 생각이 나서 美國에 留學갈 素志을 抱하고 美國 某大學에 入學試驗을 쳐서 其 試驗에 入格하야 入學許家書가 나온 後에 工學校에 往하고자 倭總督府 外事課에 美洲旅行券申請를 하였으나 畢竟은 倭政에서 高等秘密 三條에 依하야 却下한다 하였기로 余는 더욱 不平하야 各處로 漫遊하며 放浪生活을 하였으나 倭警의 注目이 너머 甚하야 어떠한 處에 往하면 該警察署로서 退去命令까지 한 일도 한 두 번이 아니다.
>
> 倭人들은 나를 力士이요 別術法과 手段이 있는 줄 알기 때문에 彼의 말이 李華史는 造化가 無窮한 사람이라 하며 반듯이 내가 如何한 處에 往하야 獨留할 時도 倭警이 七八人식 初也에는 擔銃하고 調査하러 온다. 倭警의 行裝을 보면 如何한 敵軍과 戰爭하러 가는 兒樣과 같으고 倭人뿐만 아

니라 黃海道 海州 等地의 人과 慶尙道 慶州等의 人等은 至今까지도 나를 큰 壯士라 하고 口傳하야 온다. 그는 我가 六七次 擧義하다가 發覺되얏다 할지라도 倭警에게 一次도 捕拿되지 아니한 所以이다.

　歲月이 如流하야 이 苦痛의 時期가 지나가고 解放이 됨으로 나는 京城에 來留하야 新民黨을 組織하고 委員長으로 있다가 李博士 雩南의 意向대로 從하야 黨은 合黨하고 그 後에 韓國光復義勇軍團를 組織하였으나 美軍政이 實施됨에 依하야 이를 合法的으로 解散하고 美軍政長官 러취가 累次 美軍政下에서 벼슬하라고 勸하나 日本때에도 官의 奴隸되지 아니한 몸으로 美軍政에서 身을 汚染하는 것이 道人의 行動이 아니라 하고 姑辭하니 러취가 朝鮮사람으로서 實로 官爵에 뜻이 없는 사람은 華史 等 몇몇 사람뿐이라는 말을 聞하얏다. 그 後 社會事業 하기 爲하야 某某 救護機關도 組織하야 보았으나 다 金錢의 不許로 所的에 達치 못하 그 後에는 心을 또 學文硏究에 留하고 數十卷의 冊子를 書하야 至今 出判 中에 있다. 此에 至하야 略記한다.

　　華史 李觀求略記

한편 이관구는 1924년 출옥하여 3년만인 1927년에 여연수(呂連壽, 1906년생, 21세)와 재혼을 하게 되었다. 그 당시 이관구는 43세였다. 이관구는 재혼과 동시에 본가가 있는 황해도 송화군 하리면 안농리에서 황해도 송화군 풍해면 성상리로 분가하여 이사하였다.[1]

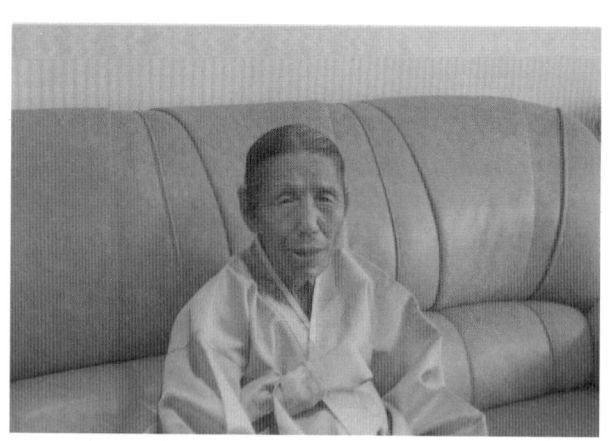

이관구의 부인 여연수 여사

그가 이사한 풍해

---

[1] 1997년 4월 15일 이하복과의 면담에서 청취.

면(淵海面)은 군의 서부에 위치한 면이다. 그 면의 중심지가 바로 성상리이다. 본래 풍천군 지역이었으나 풍천군이 1909년에 송화군에 합병되자 이 군에 속하게 되었다. 면의 남단에 관현(碥峴, 185m)과 같은 고개가 있지만, 면 전역이 대체로 평야로 되어 있고, 남천과 그 지류가 북쪽으로 흐른다. 특히, 남천의 범람원은 토지가 비옥하여 각종 농산물의 경작에 적당하다. 그러나 북서부 연안은 사빈(砂濱) 해안을 이룬다. 해안에는 초도(椒島)가 있다. 주요 농산물은 쌀·콩·조·보리 등이며, 특용작물로 잎담배와 사과·배 등의 과일을 재배한다. 서해 연안 지방의 천북리 진강포에서는 어업이 활발하며, 주요 어획물은 조기·도미·까나리·조개류 등이다. 초도 부근의 해역은 각종 어족이 모이며, 특히 까나리의 어획기에는 소사리에 파시를 이룬다. 일부 주민들은 해안에서 제염업에 종사한다.

도로는 옛 풍천읍을 기점으로 송화·은율에 3등도로가 통하고 각 마을로 통하는 등외도로가 방사상(放射狀)으로 개설되어 있다. 그리고 해운으로는 진강포에 각종 선박이 기항하며, 초도의 소사포 간에 정기 항로도 마련되어 수륙교통이 편리하다. 초도에 서도등대(西島燈臺)가 있다. 유적으로는 옛 풍천읍 뒤편의 서린봉에 풍천성지가 있다. 교육기관으로는 초등학교 1개교가 있다. 성상(城上)·성하(城下)·세교(細橋)·문헌(文憲)·천남(川南)·천북(川北)·소사(蘇沙)·이현(泥峴) 등 8개 리(里)가 있다.

이관구는 성산리에서 1928년 그는 본가와 처가의 도움으로 과수원을 경영하게 되었다. 그리고 1929년에는 처외조부인 여정국의 염전을 관리하는 일을 하였다. 여정국은 황해도 송화군 상리면 와룡리에서 염전을 크게 경영하기도 하고 아울러 개간사업도 하고 있었다.

당시 이관구는 풍해면에서 목축업을 하면서 실업학교와 기술학교를 설립하여 해방 후에 대비하여 기술자를 양성하고자 하였다. 다음의 『의용실기』「감익룡」을 보면 짐작해 볼 수 있다.

甘益龍

甘益龍의 號는 菴이니 黃海道 松禾人이니라. 爲人이 長大하야 漸漸丈夫

위 氣象이었고 喜怒를 色에 形치 아니하며 大志가 있어서 家人의 生産作業를 일삼지 아니하고 일직 雄俊을 交結하더니 白凡 金九翁과 擧義하다가 事覺되여 倭政下에서 五年懲役을 甘受하였고 出獄 後로 亦是 朝鮮獨立運動을 하느라고 四方으로 周遊하다가 (중략) 또 豊川의 席島 全部를 買를 하여 가지고 牧畜業를 模範的으로 實行하며 또 實業學校와 技術學校를 많이 設立 實業者와 技術者를 많이 養成하야 將來 有用의 時期를 待備하려고 할 적에 華史와 同히 實業을 務圖하기로 相約하고 地下運動를 하든 적도 있었다.

한편, 당시 이관구의 동생인 이찬구(약 20세 정도)도 석도에 실업학교와 기술학교를 설립하고 목축업을 하려고 할 때 함께 노력하기도 하였다.[2]

이관구는 생업에 종사하면서 생활이 점차 안정되어 갔으며 그러는 가운데 여연수와의 사이에 아들 이춘복이 태어났다. 식민지 치하에서 고생하는 가운데 이관구는 오랜만에 가정의 행복을 느껴볼 수 있었다. 그러나 이관구는 그런 가운데에서도 독립운동에 대한 꿈은 접지 않고, 계속 항일의 꿈을 불태우고 있었다. 독립운동을 추진하기 위하여 1931년 9월 18일 만주사변이 발발한 후 그는 황해도 송화군에 거주하는 부호 오한근에게 그의 집과 처가 과수원 등 전 재산을 저당잡히고, 자금을 마련하여 국외로 탈출을 시도하였으나 실패하고 말았다.[3] 이 일로 인하여 이관구는 오한근으로부터 과수원과 가옥 등 전 재산을 몰수당하였다. 아울러 처장조부가 개간하여 농사지은 벼마저 오한근의 일꾼들이 와서 추수하여 갔다. 이에 이관구는 처가로부터 냉대를 받았다.[4] 국외 망명에 실패하였을 뿐만 아니라 처가에도 폐를 끼쳐 이관구는 곤란한 입장에 처하게 되었다. 그런 가운데 1932년 이관구의 둘째 아들인 이하복이 출생하였다. 가족의 생계를 책임져야 하는 그로서는 낙망스러운 상황이었다.

경제적으로 어려운 상황 속에서 이관구는 1934년에는 황해도 일대인 송화군, 신천군, 안악군, 봉산군, 연백군, 봉산군, 장연군, 옹진군, 해주시 등과

---

[2] 이하복과의 면담에서 청취.
[3] 이관구의 처 여연수와의 면담에서 청취.
[4] 위와 같음.

제7장 석방 후 국내에서의 지하 항일투쟁(1924~1945)

서울 등지를 다니며, 지인 동지 등과 유대관계를 가졌다. 아울러 학생 등 젊은 층에게 강의하며 교육을 담당하였다. 그는 한문에 조예도 깊고 명필이었기 때문에, 특히 젊은이들에게 한문과 붓글씨를 가르쳤다. 또한 사찰을 방문하여 현판을 써주기도 하고 혹은 비문을 써주기도 하며 생활을 영위하여 갔다. 그런 가운데 일본경찰에 체포되어 고향으로 돌아온 적도 있었다. 1935년에는 장녀 이영복이 출생하였다.

1936년부터 1938년까지 이관구는 충남 논산군 계룡면의 이문제와 유대관계를 맺고 논산군의 신원사에 투숙한 학생들을 교육시켰다. 신원사에 있는 동안 절 주변에 있는 소림원의 주지 유봉래에게 소림원이라는 현판을 써주기도 하였다.

방랑생활을 하던 이관구는 1940년 처갓집에서 집터를 마련하여 주어 농사를 지으며 다시 안정된 생활을 하게 되었다. 그러나 이시기는 국가총동원시기라 그에 대한 감시도 심해졌고 일제의 수탈의 정도도 더욱 더 강화되었다.

1940년 이관구는 조만식과 서강(西江) 대보산(大寶山) 도산수양원에서 만났다. 조만식은 1882년생이고 이관구는 1885년생이므로 조만식이 3년 연상이다. 두 사람은 숭실대학 동문이다. 조만식은 평안도 출신으로 일본에서 정칙(正則)영어학교와 명치대학에서 공부하였다. 귀국하여 오산중학교 교사 및 교장을 역임하였다. 3·1운동에 참가하였다고 투옥된 적이 있으며, 신간회에 참여하였다. 조만식과 이관구의 대담이 이관구의 『언행록』에 실려 있다. 이를 보면 다음과 같다.

조만식

조만식과 나눈 조선독립 경륜

자선이 조만식(曺晩植)을 서강(西江) 대보산(大寶山) 도산수양원(島山修養院)에서 만났는데, 조만식이 말하기를,

"그대는 다년간 해외에 돌아다녔고, 근년에는 감옥에 들어가서 매우 쓴 맛을 보았습니다. 지금 출옥 후에 일본 경찰이 항상 미행하여 감시하니, 그대의 원행(遠行)은 매우 어렵겠습니다. 그대가 도산(島山: 안창호) 선생을 사모하여 장마 비도 어려워하지 않고 멀리 여기까지 와서 마침 나를 만나 해후의 정을 펴니, 이 또한 우연이 아닙니다. 원컨대 그대의 경륜을 듣고자 합니다."

하니, 자선이 말하기를,

"무릇 어려운 것은 일이고, 말하기 어려운 것은 장래(將來)입니다. 세상 길은 기구하고 인정은 뒤집혀서, 금일의 동지가 변하여 명일의 원수가 되고, 전년에 계획한 도모가 금년의 화근이 됩니다. 어망(魚網)을 쳤는데 기러기가 우연히 그 안에 걸리고, 당랑(螳螂)의 탐욕에 참새가 또 그 뒤에서 〈잡아먹으려고〉 틈을 엿보고 있습니다. 기틀 속에 기틀이 숨어있고 변화 밖에 변화가 생깁니다. 도(道)는 갈래가 많아서 혹은 기로에서 우는 자가 있기도 하고, 혹은 길이 곤궁한 자가 있기도 하고, 혹은 길을 다투는 자가 있기도 합니다. 평지에 풍파가 이따금 뒤집혀 일어나고, 하늘의 기함(機緘: 사물의 종시)은 헤아리기 어려운데, 억눌렸다가 펴며 폈다가 억눌러서 충분히 농락하며 전복시키면서 호걸로 자처하는 자가 많으니, 누가 그 기틀을 알겠습니까?

방금 천하의 대세는 독일이 구주(歐洲)의 패권국(覇權國)이 되어 장차 제1차 세계대전의 숙원을 갚아보려 하니, 이에 필연적으로 동맹할 자는 일본이란 나라이며 대적할 나라는 미·영·불·로·중국 등의 연합국입니다. 수년을 격전하다가 마침내 패망에 이를 자는 독일과 일본입니다. 그 때를 당하여서는 일본이 철수하여 귀국하지 않을 수 없을 것입니다.

북쪽에는 소련 세력이 있고 남쪽에는 미국 세력이 있어, 두 나라가 분쟁을 극치로 하여 조선의 중앙이 홍구(鴻溝)가 됩니다. 그리고 인민의 사상은 남과 북이 서로 달라서 각각 정부를 세우고 서로 살해하기를 원수와 같이 합니다. 이러한 때를 당하여서는 사람들이 그 현명한 영도자 생각하기를

갓난아이가 자애로운 어머니를 그리워하듯이 합니다. 그러나 세상에는 그러한 사람이 없고 또 그 다음가는 사람도 없고 제 3등의 인물이 대두하여 서로 모리배 짓을 하고 백성의 실정은 돌아보지 않아 마침내 자멸하는 데에 이르니, 어찌 서글프지 않겠습니까? 이러한 때를 당하여 아직도 세상을 구원할 영웅이 없으니, 어찌 매우 서글프지 않겠습니까?

장마 비가 계속 이어지면 사람들이 모두 그 습기와 진흙을 싫어하여 바람이 일어나 구름을 몰아가기를 기다립니다. 그러나 큰 바람이 일어나지 않으니, 검은 구름을 몰아서 축출하기가 어렵습니다. 이 큰 바람은 미(美)·로(露) 전쟁입니다. 나의 경략(經略)은 두루 남북을 돌아다녀서 기틀을 보며 형세를 살펴서, 일을 하며 도모를 짜는 데에 조선의 독립을 도모하려 하는 것 이외에 다시 다른 경륜은 없습니다."

하였다. 조만식이 말하기를,

"나 역시 동감이오."

하였다. 때는 일본 소화(昭和) 15년(1940)이었다.

위의 대담은 이관구가 1950년 이후에 쓴 글이기 때문에 당시의 상황으로는 보기 어려운 부분이 있다. 다만 이관구의 국제정세에 대한 인식의 편린은 살펴볼 수 있다. 즉 이관구는

방금 천하의 대세는 독일이 구주(歐洲)의 패권국(覇權國)이 되어 장차 제1차 세계대전의 숙원을 갚아보려 하니, 이에 필연적으로 동맹할 자는 일본이란 나라이며 대적할 나라는 미·영·불·로·중국 등의 연합국입니다. 수년을 격전하다가 마침내 패망에 이를 자는 독일과 일본입니다. 그 때를 당하여서는 일본이 철수하여 귀국하지 않을 수 없을 것입니다.

라고 하며 독일과 일본의 패망을 예견하고 있었던 것이다.

1941년 2월 12일 조선총독부에서는 제령(制令) 제8호로서 조선사상범 예방구금령을 발표하였다. 그리고 3월 10일 시행했다. 이는 특히 사상범인 이관구에게 해당되는 것이다. 이를 통하여 이관구 등 독립운동가들은 일제로부터 철저한 감시를 당하게 되었다.

한편 이관구는 감익룡과 함께 강서 대보산 도산 수양원에 가서 안창호의 뜻을 받들어 자아혁신운동을 선전하기도 하였다.『의용실기』「감익룡」항목은 이를 보여주고 있다.

甘益龍

支那 奉天에서 李華史와 相逢하여 肝膽를 相照하고 獨立의 計劃과 意思를 相換하고 秘密裡에 地下運動을 하여왔다. 李華史가 江西 大寶山 島山 修養院에 가서 安昌浩先生의 命을 맡아 가지고 自我革新運動를 宣傳하며……

제8장

해방 후 정당활동

제8장 해방 후 정당활동

해방 후 시청모습

해방 후 진주하는 미군

대한민국정부 수립

해방기념(경남 울진 언양)

해방 당시의 모습들

이관구는 그의 언행록에서 해방 후 자신의 이력을 다음과 같이 정리하여 기록하였다.

〈이관구의 광복 이후 이력〉

자선이 해방 후 경성에 들어가서 신민당(新民黨) 당수(黨首), 신민회장(新民會長), 전재동포구제회(戰災同胞救濟會) 회장, 대한광복의용군사령(大韓光復義勇軍司令), 북로군판공처장(北露軍辦公處長), 건군협진회비서장(建軍協進會秘書長), 민일당(民一黨) 당수(黨首), 단족통일당(檀族統一黨) 총재, 사학연구협회(史學硏究協會) 회장, 육충사보호유림회(六忠祠保護儒林會) 회장, 성도중학교후원회(城道中學校後援會) 이사, 광복회(光復會) 외무국장 등 공직을 거쳤다.

즉, 그는 해방 후 서울로 와 신민당 당수 등 정당생활과 더불어 대한광복의용군사령 등 군사활동, 사학연구협회 회장 등 다양한 활동을 전개하였다. 그런 가운데 미군정시기에는 미군정장관으로부터 도지사를 제의받기도 하였으나 거절하였다고 한다. 『언행록』의 다음 내용은 이를 증명해 주고 있다.

〈미군정장관의 도지사 제의 거절〉

자선이 미군정장관(美軍政長官) 나치(拿致)(러취-필자 주)를 만났는데 나치가 말하기를

"우리가 지금 조선에 주둔하였으나, 조선의 정황에 생소하여 백성을 다스리기가 어렵습니다. 귀하께서는 평소 학문을 쌓아서 글이 두터우니, 정견에 반드시 고견이 있을 것입니다. 나와 함께 남한을 다스린다면 장차 조선을 건국하는 기초가 될 것이니, 어떠하십니까?"

하니, 자선이 말하기를

"귀하가 나를 아끼는 마음은 감사하기가 무한합니다. 그러나 나의 본의는 미군정 아래에서 벼슬하고 싶지 않습니다. 바라건대 귀하는 다시 다른 사람을 구하여 잘 쓰십시오."

하였다. 훗날 미군정에서는 어느 도지사 자리를 권하였다. 자선은 불쾌해

하면서 말하기를

"그대는 다만 봉황의 염우(廉隅)를 보지 않았습니까? 높이 천 길을 날면서 배가 고파도 좁쌀은 쪼지 않습니다."

하였다.

1. 신민당의 당수로서 활동

1) 신민당 당수로서 활동

이관구의 해방의 감격과 그 후의 활동에 대하여는 다음 사료를 통하여 살펴볼 수 있다.

> 이관구의 유고 『도통지원단(道通之元旦)』
>
> 만기 되야 나와서 취처(娶妻)하여 남자형제와 여식을 낳았다. 그리하자 해방이 되어서 조선독립이 된다는데 있어서는 나도 이번기회에는 반드시 호기회를 만나서 내외 숙원이던 독립을 하고 입신양명하리라 하고 어심(於心)에 독희자부(獨喜自負)하였던 일도 있었다.

즉, 이관구는 해방이 되자 그 기쁨을 이루 주체할 수 없었다. 특히 그는 독립운동가로서 일제의 탄압과 감시를 받고 있는 처지였으므로 더욱 그에게 큰 기쁨이었음을 것이다. 아울러 독립된 국가에서 일익을 담당하고자 기대하였던 것 또한 자연스러운 일이었을 것이다. 그는 모든 국민들이 잘사는 이상적인 사회의 구현을 위해 노력하고자 하였을 것이다. 특히 신학문을 공부한 그였으므로 그는 해방 후에 정당을 조직하여 그의 사상을 현실에 구현하고자 하였을 것이다. 해방 후 수많은 정당들이 만들어진 것은 그러한 연유 때문일 것이다. 즉 당시 해방된 조국에 대한 기대와 열정이 정당으로 나타난 것으로 보인다.

이관구의 해방 후 정당활동에 대해서는 『의용실기』「감익룡」과 「유준희」, 「위병식」조에서 짐작해 볼 수 있다. 이들 각각의 부분을 보면 다음과 같다.

1. 甘益龍

그러허다가 乙酉年 八月十五日의 해방의 희소식을 마지 할 때에 華史와 同히 京城에 來하야 新民黨이라는 정당를 조직할 때에 華史는 당수가 되고 益龍은 事業部長이 되어 많은 활동를 하였음으로 당시에 신민당의 名數와 세력이 한국민주당과 서로 頡頏하였다. 其後 이승만박사가 미주로 從來하여 조선의 정당이 雨後竹筍과 같이 以族立함을 근심하여 李華史를 請하여 諸黨의 合黨爲一工作를 하라고 勸하였다. 華史는 이박사의 말을 從하야 率先 合黨工作를 務圖하야 凡二十餘黨를 합하여 一個 民族黨를 맨들 적에 益龍이 집행위원의 一人이 되고 華史는 합당 후 탈당하고 大韓光復義勇軍司令으로 되어 갔다.

益龍은 民族黨에 수차 출석하여 事爲를 討議하다가 의견이 相左하야 역시 탈당하고 華史는 美軍抑制로 義勇軍를 해산시킬 때에 합법적으로 해산시키고 李堈 公 李始榮의 선배와 韋秉植 崔璋烈 等으로 함께 史學硏究會를 조직하고 각종 과학을 연구할 때에 益龍은 金白凡翁과 함께 來頭를 相論하며 黃金을 많이 準備하라는 責任를 負하고 恒常 華史에 來하야 問議하며 金錢積聚에 非常히 勞身焦思하여 그 計劃한 것이 範圍가 擴大할 뿐 만 아니라 尋常人의 생각으로는 미치지 못할 處와 事까지 及한 일이 있었다.

그러나 時運이 不利하야 好事가 多魔로 目的한 일을 達成치 못하고 建國未了의 心懷를 그대로 胞中에 가득히 품어 가지고 中途에서 死할 時에 自己의 墓碑에 新民黨 事業部長 甘益龍이라고 書하여 달라는 遺言을 하고 長逝하였다고 한다. 益龍의 前後所經歷事를 溯考하면 實로 愛國志士되기 부끄럽지 아니한 身心를 가졌나니라.

2. 柳準熙

八一五解放 後 華史가 新民黨首로 被任된 時에 宣傳部長의 任을 擔當하여 많은 活躍를 하여 왔다. 新民黨이 합당된 後로 華史와 共히 역사연구에 종사하였고 華史가 檀奇古史를 飜譯하여 出版한 後로 그 書册를 四方에 傳

播하기에 沒頭하였으며 檀奇의 古疆域를 細考하야 古時代의 版圖를 文字로써 範圍와 輪廓를 그려 놓았고 歷史의 曖昧處를 處를 많이 闡明하였으니 實로 歷史와 지리상의 功이 적지 아니하였다.

時運이 否塞하야 紀元 四二八三年 六月二十五日에 北鮮의 共産軍이 京城을 침입하니 정부의 閣員 等은 인민을 遺棄하고 자기 생명만 애석히 여겨서 南鮮으로 도피하니 京城의 在留民 等은 여지없이 유린를 받게되고 積在하였든 物品은 다아 共産軍의 소유물이 되여 공산군이 주야로 北鮮에 載去하기를 일삼으며 民主主義思想 가진 사람을 狩獵하듯이 搜索逮捕하니 그 慘酷한 情狀는 눈물이 眼球을 가리움으로 참아 다 말할 수 없었다.

그럼에도 불구하고 정부는 부산에 망명하여 있으면서도 감투다툼 세력다툼으로 정치상 일을 삼으니 참으로 隣國에 들리워 질까 바 부끄러울 일이 많았다. 僥倖으로 聯合軍이 왔어 救援하기 爲하야 공산군을 反擊하는대 歐美兵은 원래 地上作戰이 서툴무로 空中에 翱翔하며 비행기로 공산군을 擊滅하기 위하여 邑府市를 무차별하게 爆傳하니 京城을 위시하여 南北諸邑市에 有名한 건물은 모두 다아 폭파되어 다시 건설할 계획이 烏有에 歸하였다. 색깔 좋은 하늘 탈이와 같이 연합국의 보조로 복구된다고 선전하나 그러나 로마가 一日에 건설된 것이 아니라는 것과 같이 京城의 宏大한 건물과 기타 府市에 高大한 건물이 一朝一夕에 건축된 것이 아니요 長하다면 사천여년, 短하다면 백여년 시간을 가지고 차침차침 건설된 것이니 어찌 如干한 外國의 補助物資로써 건축을 복구할 수 있으랴.

況且, 인민이 미군폭격에 사상자가 甚多하고 공산군 침탈에 아사자가 額多하니 실로 有經論한 政略家가 閣員 中에 一人만 있다고 할지라도 금일 정부의 閣員의 態는 取치 아니할 것이다. 미군이 仁川에다 艦砲射擊를 감행하고 상륙하야 京城을 참혹하게 폭파하고 赤軍를 추격하여 갔다. 此時에 南鮮政府가 서울로 환도하였으나 人心의 信望을 多失하야 以功贖罪가 되지 못할 것이다.

그럼에도 불구하고 在留派 南下派를 分別하여 가지고 南下派만 관리로 등용하게 하고 在留派는 外國人처럼 여겨 등용치 아니한다하니, 어찌 인민의 신앙을 받으랴. 참으로 길이 太息할만한 일이다. 정부는 蒼蠅付驥尾格으로 聯合國을 따라서 환도한 후에도 아무런 先後策이 없고 但 정치의 主要件은 인민군를 索得하는 것과 其他 附逆者 爲名人를 체포처벌하는 것과

舶來米를 幾分만 인민에게 배급주고 多量은 管轄者의 私腹를 充하려고 하며 인민생활은 度外視함으로 백성의 생활난 日後日甚莫甚節하야 다시 難을 思하며 是日은 晌喪코 하는 歎息을 이구동성으로 부르짖게 되니 엇지 平安하기를 기다릴리요.

預算없이 공산군을 진격하든 聯合軍은 寒氣를 接치 멋하고 또 地上戰이 서툴러서 鴨綠江까지 갔다가 중공군의 반격을 받아 生命財産에 치명상를 당하고 鰲步로 후퇴함에 따라 南鮮 政府는 또 鰲步退하게 되었다. 其時에 인민들도 다아 南으로 避去하는대 天塞冰凍하고 또 폭격이 심하여 폭격으로 죽는 자, 凍死者, 飢死者, 病死者 不知其數요 怨敵이 滿天하연 中에 共中軍과 人民軍은 서울에 入城하야 주민의 가택에 침입하여 곡물과 牛馬鷄犬를 다 탈취하여다가 飽食煖處하고 住民는 다 餓死에 濱하게 되니 애국지사의 안목으로는 참아 이 진상을 보지 못하게 되었다.

此時에 平泉의 妻子도 또한 피란가서 何處에 在한지 소식이 杳然하다. 공산군은 끝임없이 이 民家에 침입하여 곡물을 탈취하여 가고 피난하여 간 空家의 물품은 殘餘없이 다 공산군이 가저 가서 避難 갔다가 歸還한 者 等도 모두 無産者가 되고 말 것이다. 우리 반도 삼천리강산은 남북양정권이 並로 하여 가지고 北鮮은 소련과 중공군을 청하여 南鮮의 동포를 擊破하려하고 南鮮은 美英佛軍를 請하야 北鮮의 동포들 擊滅하려 하니 소위 주의와 행동의 선악은 차이가 있다 할지라도 異族를 請하야 동족을 살해하는 行動은 같다.

兩政權의 목적과 행동이 다 여차여차하니 조선은 국가만 망할뿐 아니라 민족까지 망할 시기가 왔다. 漢陽百里에 人跡이 斷絶되고 鷄犬聲이 不聞되고 臨津以北은 再作胡地하고 山野處處에 積尸가 如山하고 僧血이 成川이라는 鄭鑑錄 예언이 꼭 맡았다. '우리는 살면 살수록 苦生할 것뿐이다. 차라리 죽어서 外敵의 受侮를 입지 아니하는 것이 淸節高士의 일이다.'라 하고 此世를 이와 가치 悲觀하고 無人空房에 獨臥하고 自死하였으니 이 平泉의 自死한 眞景를 생각하면 그 時代의 정치와 인민의 困難如何는 推測할수 있을 것이다. 이것이 다 自死한 平泉의 記錄를 謄書한 것이다(六二五事부터 外敵의 受侮를 被치 아니하고 自死하는 것이 高士의 일이라는 대까지는 다 平泉의 記錄를 謄寫함).

平泉은 문학을 좋아하며 詩에 취미를 가지고 주역을 많이 연구하여 왔고 정치와 법률연구도 게으르지 아니하게 하였고 더욱 兵書를 많이 연구한 실력있는 博士이니 참으로 如此한 有爲의 人이 世를 永別하게 된 것은 有志士로 하여금 淚를 禁치 못하게 되니라.

3. 韋秉植

韋秉植의 號는 海山이니 平安道 永柔人이다. 幼時부터 才操가 超凡하여 百家語를 다 열람하고 더욱 의술이 能하여 韓方醫業을 開하고 博愛濟事業을 하여 왔다. 한일합병 후로는 조선독립을 志하고 서양의 傳道次로 來한 목사 등과 朴泳孝 以下 諸革命家를 連結하여 가지고 지하활동을 많이 하여 왔다. 더욱 李華史와 志氣가 相合하여 華史가 독립운동을 하려 平南北 往할 때에는 반듯이 海山를 尋訪하였다. 그러나 倭政下에서 成效된 것이 아무 것도 없었고 世上을 卑澳한 듯이 보고 此 塵世를 초월하여 가지고 精神界에서 놀겠다는 생각이 있어서 梁起鐸先生과 共히 統天敎를 設立하였으나 宗敎時代가 조선에도 己晩하야 有意未成하고 擧世皆濁에 我獨淸格으로 自己할 사라고 超世의 생각을 가지겠다는 의도하에서 仙學를 매우 趣味있게 潛心硏究하다.

八一五解放 時에 서울에 來하야 李華史와 同히 新民黨에 있었고 그때 미군정시대부터 官情은 전혀 없었고 淸高한 마음만 가지고 있으니 솔직히 海山의 身分을 論하면 一代의 淸高士라 하여야 可할 것이다. 南鮮政府가 設立되려 할 때에 海山 雩南 李博士에게 여러 번 조선민족은 남북정권으로 以하여 自亡을 促進하는 것이라 하며 雩南에게 直接로 面告하고 書字로 利害를 俱陳한 일도 一二次가 아니다.

그러나 雩南은 自己가 대통령하겠다는 생각이 國, 民族 爲하겠다는 것보다 몇 배나 더 强하여서 꼭 南鮮政府를 서게 하였다. 그때에 海山는 自恨하여 말하기를 '事已誤矣라 우리 民族이 外族의 弄絡에 들어서 同族相戰으로 致命喪을 당할 줄을 뉘가 먼저 알았노라 不出 一二年에 我의 눈으로 朝鮮天下 將亂할 것을 보리라.' 하고 雩南에게도 去來를 끝었다. 그때에 徐載弼博士가 美軍에 最高議政官으로 나와 있으면서 雩南에 對한 聲明書를 廣告하였다. 그 聲明書에 말하기를 李承晩博士는 美國에 있을 때도 存在가 없이 있었고 행동에 美擧가 一無하니 我는 李承晩을 믿지 않는 바로다 하였다.

此時에 어떤 靑年이 이 聲明을 가지고 載弼博士에게 가서 취소하라고 强勸한 일이 있었다. 徐博士는 浚昧하게 되었다. 그때에 海山 等 數人이 徐博士에게 願留次로 往見하였다. 徐博士는 從容한 말로써 하기를 "내가 朝鮮에 있는 것을 第一忌厭하는 一人 李承晚을 指言함 이 있으니 내가 美國에 가면 彼도 좋고 我도 平安하니 당신네들이 願참오신 것은 고마우나 나는 事情과 立場이 그러하니 가겠습니다."하였다. 海山 亦 더 願留할 수 없어서 歸來하였다.

또 白凡이 南北協商갈 때에 海山 等이 가서 말류하야 日 "先生 等이 남북협상을 한다고 소련이 말들을 일이 아니요 또 金日成이가 그만한 利害를 알 사람이 못되니 가서 말하여야 필경 空行空言에 불과할 것이요 反히 선생의 신변에 위험을 齊來할터이오니 성공치 못하거든 蔣介石 處으로 가든지 그렇지 아니하면 自死하시던지 할 覺悟를 가지고 가라."고 역설하였다. 白凡翁은 그 말을 그대지 重要하게 廳치 아니하고 南北協商를 가서 성공치 못하고 京城에 歸來하여 있다가 不幾에 兇漢에게 피살되고 배후에 某人이 있다고 외국신문에 까지 떠들었다.

政局은 이와 같이 難版이 되어서 每日 私欲만 充하는 관료만 趨勢登場 하니 晝出魍魎의 世界가 될 줄 確實히 알고 있었던 사람 中에 海山도 一人이다. 海山은 이와 같이 明鑑이 있음으로 今番 亂離 中에도 완전한 避難處를 차자서 無事安過하였을 것이다.

海山은 實로 智鑑이 卓異한 高士이요 李華史의 唯一知己友이다. 世에 法高名士를 求하려면 海山으로 爲始함이 足하리라 하노라.

이관구는 감익룡과 함께 해방 후 서울로 상경하여 신민당을 창당하고 당수가 되었다. 그리고 감익룡이 사업부장을, 유준희가 선전부장을 맡아 이관구의 신민당을 후원하였다. 이관구는 신민당의 세력이 한국민주당과 필적할 만한 정당이었다고 스스로 평가하고 있다. 신민당에 대한 공식기록은 『매일신보』 1945년 9월 16일자에 보이고 있다.

우리의 새로운 국가건설에 있어서 당면한 급무는 완전한 신민주의를 확립코 파벌과 영웅주의를 버리어 국가와 민족의 장래를 위하여 純一無二한 민주주의의 국가건설을 기한다는 취지에서 신민당이 새로이 결성되었다.

본부는 花洞 119番地에 두었고 강령과 위원은 다음과 같다.

강령
一. 우리는 신민주주의국가의 건설 及 其 발전을 기함
一. 우리는 본당 취지에 의하여 최고정견으로서 정부를 輔翼하기로 함
一. 우리는 國利民福을 증진하기 위하여 물심양면으로 과학적 국가의 완성을 기함

委員
委員長: 保留 副委員長: 梁起鐸 李觀求
委員: 禹泰鼎 康星九 權寧珏 金永杰 金文彬 權寧浩 金元燮 李啓哲 朴在永 李鏞祥 禹秉濟 姜鳳瑞 高用憙 康容禧 洪鏞晩 金永植 洪龍澤 尹善海 以下 50餘名[1]

　신민당은 신민주의국가인 과학적 국가의 건립을 추구하고 있다. 아울러 위원장은 공석으로 되어 있으며 부위원장은 양기탁과 이관구로 되어 있다. 이관구가 양기탁을 부위원장으로 추대한 것은 양기탁은 그가 구한말부터 존경하던 인물이었기 때문일 것이다. 아울러 그의 명망성을 통하여 당의 결속과 명예를 선양하고자 하는 데 있지 않았나 한다. 그러나 양기탁은 1938년 중국 강소성(江蘇省) 담양현(潭陽縣) 고당암(古堂庵)에서 병으로 서거하였다.[2]

2) 이관구의 신민에 대한 강조와 신민주의의 추구

　이관구는 신민에는 두 가지 의미가 있다고 판단하였다. 그의 『언행록』을 보면 다음과 같다.

---

[1] 『매일신보』 1945년 09월 16일(국사편찬위원회 한국사데이터베이스 http://db.history.go.kr).
[2] 『大韓民國 獨立有功者 功勳錄』 第1卷, 國家報勳處, 1986, 171~174쪽.

〈신민의 두 가지 의미〉

　신민(新民)과 같은 것은 우리 백성으로 하여금 모두 옛것을 버리고서 남을 따르게 하려 함이 아닙니다. 신(新: 새롭게 함)의 뜻은 둘이 있으니, 첫째는 그가 가진 것을 담금질하며 가다듬어 새롭게 함이고, 둘째는 그가 없는 것을 채취하여 보충하여 새롭게 함입니다. 두 가지에서 하나만 결여되어도 그 때에 공효(功效)가 없어지게 됩니다. 선철(先哲)이 교육을 세우는 데에는 재질에 인하여 돈독히 해 줌과 변화기질(變化氣質)의 두 가지 방도를 벗어나지 않습니다. 이것이 바로 우리가 본디 가진 것을 담금질하며 가다듬고 본래 없는 것을 채취하여 보충한다는 주장입니다. 한 사람도 이와 같고, 여러 백성도 또한 그러합니다.

　즉, 이관구는 신민의 두 가지 의미는 "첫째는 그가 가진 것을 담금질하며 가다듬어 새롭게 함이고, 둘째는 그가 없는 것을 채취하여 보충하여 새롭게 함입니다"라고 하고, 두 가지 중 하나도 결여되면 안 된다고 강조하였다.

　한편 이관구의『언행록』에는 신민당 당수 겸 신민회 회장으로 있을 때, 미군정 하지 중장과의 대화를 다음과 같이 기록하고 있다. 여기에서 이관구가 신민을 얼마나 중요한 당면과제로 생각하고 있었는가를 보여주고 있다. 그렇게 때문에 이관구는 당명을 신민당이라고 하였던 것이다.

하지 중장

〈당면한 급무는 신민〉

　자선이 신민당수(新民黨首) 겸 신민회 회장(新民會會長)으로 있을 때에 조선에 있는 미주둔군 하지(河地) 중장이 자선을 초청하여 묻기를,
　"방금 조선이 해방되자 정당이 난립하여 각자의 주의를 주장합니다. 좌익과 우

익이 혼잡하여 진위를 판단하기 어려우니, 원컨대 귀당(貴黨)의 신민주의 (新民主義)를 듣고자 합니다."
하니, 자선이 말하기를,

"내가 지금 신민(新民)을 마땅히 힘써야 하는 시급함을 극력(極力) 말하고자 하는데, 그 입론(立論)의 근저(根柢)에는 두 가지가 있습니다. 첫째는 내치(內治)에 관련된 것이고, 둘째는 외교(外交)에 관련된 것입니다.

이른바 내치에 관련된 것은 무엇입니까? 천하에 정치 술법을 논의하는 자가 많은데, 자주 말하기를 모(某) 갑(甲)이 나라를 그르치며, 모(某) 을(乙)이 백성에게 재앙을 입히고, 어느 사건은 정부의 실기(失機)이며, 어느 제도는 관리가 직분을 다하지 못한다고 합니다. 이와 같은 것은 내가 또한 감히 그렇지 않다고 하지 못하겠습니다. 정부는 무엇으로부터 이룩되며 관리는 무엇으로부터 나옵니까? 이것은 어찌 민간으로부터 오는 것이 아니겠습니까? 모갑과 모을은 국민의 일체가 아닙니까?

오래된 일이나, 여러 소경을 모아도 한 사람의 이루(離婁)가 될 수 없으며, 여러 귀머거리를 모아도 한 사람의 사광(師曠)이 될 수 없으며, 여러 겁쟁이를 모아도 한 사람의 오획(烏獲)이 될 수 없습니다. 이와 같은 백성으로 이와 같은 정부를 얻는 것은 바로 이른바 오이 심은 데에 오이 나고 콩 심은 데에 콩 난다는 것이니, 그 또한 무엇을 탓하겠습니까?

서양 철학자가 한 말이 있는데, 정부와 백성은 마치 한난계(寒暖計: 온도계)와 공기 같은 것이라고 하였습니다. 공중의 기후는 침관(針管) 속의 수은과 그 온도가 반드시 서로 고르게 되어서 조금도 빌려 오지 않습니다. 국민의 문명 정도가 낮은 자는 비록 현명한 임금과 훌륭한 재상을 얻어 다스려도 그 사람이 사망하면 그 정무가 사라집니다. 비유하자면 삼엄한 겨울철에 한난계(寒暖計)를 끓는 물 속에 넣으면 비록 그 온도가 갑자기 올라가도 얼음은 한결같이 차가워 〈온도가〉 떨어지는 것은 전과 같습니다. 국민의 문명정도가 높은 자는 비록 우연히 포악한 임금과 부정한 관리가 있어 그 시대 사람을 죽이더라도 그 백성이 스스로 능히 보충하여 정돈합니다. 비유하자면 무더운 때에 한난계(寒暖計)를 얼음 덩어리 위에 놓으면 비록 그 온도가 갑자기 떨어지더라도 얼마 되지 않아 얼음이 녹아〈온도가〉 전과 같이 올라가는 것과 같습니다.

그렇다면 진실로 신민(新民)이 있으면 어찌 신제도(新制度)가 없거나 신정부(新政府) · 신국가(新國家) · 신독립(新獨立)이 없는 것을 근심하겠습니까? 그렇지 않으면 비록 오늘 한 가지 법을 변경하고 내일 한 사람의 관원을 바꾸어 동쪽에서 바르고 서쪽에서 지우듯이 되고, 남의 걸음을 배우다가 제 걸음을 잊으며, 남의 찡그림을 본받다가 추한 모습이 될 것이니, 나는 그것이 구제될 수 있을지 모르겠습니다.

우리 조선은 30여 년 동안 일본의 강압 아래에서 압제를 받다가 하루아침에 해방이 되었습니다. 각자 자유세계(自由世界)를 얻었다고 하여 정당이 빽빽이 서며 민심이 어지러워서 정리되지 않는 것은 신민(新民)의 도(道)를 아직 마음에 두지 않아서입니다.

즉, 이관구는 정치적 혼란 속에서 신정부, 신국가를 올바로 건설하기 위해서는 신민의 도(道)를 강조해야 함을 역설하였다.

또한 이관구가 당수였던 신민당의 정책은 『언행록』 다음의 글을 통하여 살펴볼 수 있다.

〈자유의 정의와 신민당의 정책 및 도의〉

"자유(自由)의 정의(定義)를 말한다면 '사람마다 자유로이 하면서 남의 자유를 침해하지 않는다.'는 것이 정의입니다. 비록 사람이 양아(兩我: 두개의 나)를 가지고 있지 않은 자가 없으나, 그 첫째는 중생(衆生)과 대대(對待)인 아(我)로서 드높이 칠척(七尺: 사람의 신장)이 인간에 서 있는 것이고, 그 둘째는 칠척(七尺)과 대대(對待)인 아(我)로서 빛나는 일점(一點)이 영대(靈坮: 마음)에 존재하는 것입니다.

그러므로 남이 나를 노예로 삼는 것은 두려워할 것이 못되지만 스스로 남에게 노예가 되는 것보다 통탄할 것이 없습니다. 스스로 남에게 노예가 되는 것은 오히려 두려워할 것이 못되지만 내가 나에게 노예가 되는 것보다 참혹할 것이 없습니다. 장자(莊子)가 말하기를 '서글픔은 심사(心死: 마음이 죽음)보다 큰 것이 없고, 신사(身死: 몸이 죽음)가 다음이다.' 하였습니다. 나는 생각건대 욕(辱)은 심노(心奴: 마음이 노예가 됨)보다 큰 것이 없고, 신노(身奴: 몸이 노예가 됨)는 곧 말단이라고 하겠습니다. 그렇다면 고인(古人)의 노예가 되지 말고, 종교의 노예가 되지 말고, 세속의 노예가 되지 말고, 경우(境遇)의 노예가 되지 말고, 정욕(情慾)의 노예가 되지 말아야 합니다.

아(我)의 밝은 대아(大我)의 기개(氣槪)로 드높이 우주 안에 우뚝 서서 항상 크게 깨우치고 치우치지 않으며 기대지 않고 선(善)함을 선택하여 굳게 잡고 그 명덕(明德)을 밝혀 정신을 새롭게 하며 정치를 새롭게 하여 백성으로 하여금 그 지혜와 그 도덕과 그 능력을 향상케 하고 생활을 안정되게 하며 질서를 정연하게 하여 나아가 열방(列邦: 여러 나라)과 그 보조를 평화의 경지에서 함께 해야 합니다.

이것이 신민당(新民黨)이 마땅히 행해야 할 정책(政策) 및 도의(道義)입니다."
하였다.

하지가 이것을 보고 2통의 편지를 회답하였는데, 그 대략을 말한다.

〈하지 중장의 회답〉

선생님

저는 9월 22일 당신이 보낸 편지를 군정당국에 회송하고 있습니다. 저는 당신 나라의 미래를 위한 진정한 생각을 향한 행동으로서의 당신 당의 정책에 큰 관심을 가지고 편지를 읽었습니다.

저는 당신이 어떠한 성공적 국가 정책의 큰 부분인 많은 현안과 행정적인 문제에 대해 사려 깊은 생각을 하고 있다고 믿습니다.

당신이 하시는 모든 일들이 잘 되어서 한국이 그 자유를 실천하는 데에 진정한 큰 도움을 주기를 바라면서.

당신의 친구, 존 R. 하지

河地覽此 而回二通書 其略曰

Gentleman

I am forwarding your letter of 22 September to my Military Government. I have read with great interest(inorest) the policies(polioies) of your party as an act(act) forth real thought for the future(fature) of your country(contry).

I trust that you are also giving considerable thought to the tremendous amount of details(detail) and to the numerous(natmerous) administrative problems(probleme) which are a large part of any successful national(natiol) policy.

By keeping in mind that all your things (things you all) may well be in expostulating(axplrseitising) true(tsriue) great assistance to Korea in exercising its freedom.

Faithfully yours, John R. Hadge

역(譯)

구월 이십일(九月二十二日)에 군정당국(軍政當局)에 달(達)한 귀(貴) 서한(書翰)을 접견(接見)하였음이다. 아(我)는 귀당(貴黨)의 정책(政策)을 귀한(貴翰)에 명기(明記)한 것으로써 큰 희망(希望)과 흥미(興味)를 가지고 있겠읍니다.. 그리하여 귀(貴) 정책(政策)이 귀(貴) 국가(國家)의 장래(將來)를 위(爲)하야 그 진정(眞正)한 성의(誠意)가 있는 줄 믿음으로써 기대부분(其大部分)이 국가(國家)를 완성(完成)할 정책(政策)이라고 할 리만치 상세(詳細)히 기술(記述)한 것으로써 종합적(綜合的) 의견(意見)도 잘 알았음이다. 차등사(此等事)를 심중(心中)에 잘 지키어 가는 데서 자유(自由) 해방(解放)된 조선(朝鮮)에 대하야 큰 원조(援助)가 될 기초(基礎)가 공고(鞏固)하여질 줄노 확신(確信)함이다. 하지 중장(中將) 회서(回書)[제2차 회답은 생략한다(第二次回答略)].

즉 이관구는 신민당이 마땅히 해야 할 정책과 도의는 명덕(明德)을 밝혀 정신을 새롭게 하며, 정치를 새롭게 하는 것으로 인식하였던 것이다.

2. 일민당의 당수로서 활동

신민당은 이승만이 귀국한 후 정당난립 현상에 우려를 표하고 통합운동을 전개하자, 이승만의 요청에 따라 통합하였다. 뿐만 아니라 이승만 박사의 뜻에 따라 다른 군소정당을 통합하는 데에도 힘을 기울였다. 결국 이관구가 만든 신민당은 발전적으로 해체되고 말았다. 이에 신민당에서 중추적인 역할을 한 감익룡과 유준희도 탈당하고 말았다. 이관구는 당의 해체와 더불어 대한의용군사령이란 직함을 갖고 활동하게 되었다.

한편 이관구는 신민당 외에 이무(李茂), 편득열(片得烈) 등이 만든 일민당의 임시 당수로서 활동하기도 하였다. 『의용실기』「이무」조에서 이에 대하여 살펴 볼 수 있다.

1. 李茂

其에 華史와 杞泉은 서로 헤어져서 여러 해 동안 彼此에 消息를 몰랐다. 그러허다가 八一五解放 後에 華史가 京城에 來하야 新民黨首로 있을 적에 李茂는 片得烈 等과 共히 一民黨을 組織하고 黨務에 奔忙하였다. 마침 黨首가 없어서 李華史가 臨時黨首로 있엇다. 때에 雩南 李博士가 美洲로부터 歸國하여 合黨을 主張할 때에 一民黨도 亦是 合黨을 同許하고 李博士와 種種 來往이 있었다. 그러하다가 大韓民國이 된 後로 雩南과 政見이 相異하여 立朝치 아니하고 韋秉植 等과 共히 南北 兩政權이 서면 民族戰이 展開되어 將來 外國民族이 끼어들어 가지고 同族를 相殘할 日이 있으리라 하며 雩南과 白凡 金九翁에게 여러 번 不祥事을 陳達하였다.

또는 南北協商도 贊成하지 아니하였다. 杞泉의 主意는 外人을 引入하면 生死間에 그 損害는 朝鮮民族에 及할 것뿐이라고 强勁하게 主張하였으나 畢竟은 南北政權이 竝立되어 北鮮政權은 蘇聯를 祖國으로 事함으로 蘇聯 操縱下에 共産政治를 行하고 南鮮은 美國保護下에 名色 民主政治라고 行하여 왔으나 所謂 政府大官이라 하는 者 流의 大部分이 貪官汚吏임으로 國家興復에 用力치 아니하고 私腹만 充함에 눈이 떠 있기 때문에 政府가 아무 實力도 없고 더욱 團體力이 없어서 腐敗하기러 前日 韓日合倂 當時보다 더 참혹함으로 人民의 生活難이 極度에 達하여 모두 難를 思하였다.

마침내 北政權의 人民軍이 大擧하야 京城에 侵入하니 南鮮政府는 對抗도 못하여 보고 大統領 以下 諸 閣僚가 모두 南方으로 逃避하고 人民과 殘溜物資는 모두 人民軍의 魚肉되고 所有되어 三個月 幾千億의 物資를 다 북쪽으로 載去하고 人民은 모두 다 飢餓에 濱하야 死境에 至하였더니 美軍의

無差別한 暴俸를 바다 서울이나 外邑府市에 有名한 建築物은 一도 完全한 것이 없이 다 爆擊를 當하야 燒火하고 南北戰爭이 버러지기 때문에 死傷者가 南北 兩方 統計가 一百五十萬이 超過한다고 한다.

僥倖이 聯合軍이 勝利하고 人民軍이 失敗하야 退去함으로 聯合軍이 乘勝長驅하야 鴨綠江까지 갔다가 중공군과 인민군이 합세하여 반격함에 연합군이 屢敗하야 대구까지 퇴거하고 南鮮政府는 그 間에 驥尾에 附한 蒼蠅치름 聯合軍의 後를 從하야 京城에 入來하야 하는 것없이 감투싸움만 하다가 또 京城을 抛棄하고 大邱로 逃避하였다.

人民軍과 共産軍이 再次 京城에 入하니 그 人民을 蹂躪하는 것과 財物을 取去한 것은 이로다 形言할 수 없었다. 聯合軍이 增員하여 가지고 다시 反擊하니 中共軍과 人民軍이 退去하였으나 다시 들어 올 準備를 하며 蠢動하고 있다. 만일 聯合軍이 또 後退하고 中共軍과 人民軍이 다시 京城에 入한다면 朝鮮民族은 全部 滅亡할 地境에 瀕할 것뿐이다. 曚愚의 所習이 所恃者戚이라는 것과 같이 南鮮政府는 아무런 自發的 方策이 없고 但 聯合軍만 믿고 또 聯合軍에 物品補助 받기만 기다리니 乞國이라 할 넌지 保護國이라 할 넌지 알 수 없다.

이것이 모두다 李茂가 預度하고 自己가 入閣하면 如此한 事는 事前에 防備할 計策있다하고 華史에게 大小事를 相議하여 왔으나 今番 人民軍에게 拉致한바 되여 北鮮으로 가서 死生을 알 수 없으니 참으로 李茂같은 애국자요 경론가가 그 抱負를 施行하여 보지 못하고 無坎히 彼에게 拉去되여 生命을 빼앗김은 千秋에 有感이라고 아니할 수 없나니라.

당시 이무와 함께 일민당(민일당)을 이끌었던 편덕열 역시 황해도 출신 독립운동가였다. 편덕열은 황해도 출신 대표적인 독립운동가 편강열의 동생이다.[3] 그런 그였으므로 이관구와 호흡을 함께 할 수 있었던 것으로 추정된다. 편덕열에 대하여 『독립유공자공훈록』을 통하여 살펴보면 다음과 같다.

---

[3] 『동아일보』 1930년 9월 29일자.

편덕열(片德烈) 1897.1.29~1976.12.12

황해도 연백(延白)사람이다.

1919년 삼일운동이 일어나자 중국 남경(南京)으로 건너 가 금릉대학(金陵大學)에 입학하여 수학하였으며, 1920년 4월경에는 소주(蘇州), 항주(杭州), 상해(上海) 등지로 다니며 애국지사들을 만나 독립운동 방안을 논의하였다.

1919년 6월에는 임시정부의 황해도 연백군(延白郡)조사원에 임명되었으며, 1920년 9월 군자금 모집 등의 사명을 띠고 국내로 돌아왔다. 그리하여 서울에서 선만상보(鮮滿商報)를 경영하는 한준형(韓俊炯)과 김성환(金聖煥), 김덕영(金德榮) 등을 만나는 등 임무를 수행하고 귀환하던 중 평양에서 일경에 체포되었다. 그는 결국 1921년 4월 23일 평양복심법원에서 징역3년형을 받고, 동년 5월 23일 고등법원에서 형이 확정되어 옥고를 치렀다.

1924년 3월 25일 출옥 후 형인 편강열(片康烈)을 찾아 만주로 건너가 활동을 계속하였으며, 일경의 감시를 피하기 위해서 1928년에는 반석현(磐石縣)에서 중국에 귀화하기도 하였다.[4]

편덕열은 해방 후 일민당 사무총장으로 활동하였으며, 의용대를 창설하기도 하였다. 그 후 구국동지전국총동맹을 결성하여 동연맹의 대표로서 미군정회합에 참석하기도 하였다.[5] 한편 편덕열은 대한경제보국회 발족에도 상담역으로 참여하였다. 『중앙신문』 1945년 12월 15일자를 보면 이를 알 수 있다.

> 서울시를 중심으로 거액의 경제력을 가지고 있는 조선사람 재벌의 움직임이 자못 주목되던 차에 서울시내 거주 재벌들이 李承晚의 주선과 알선으로 大韓經濟輔國會를 조직하고 현재 물가고로 말미암아 도시의 회출이 전연 없고 또 모리배의 관계로 천정 모르고 오르는 쌀값을 적극적으로 저락시키고자 군정청에서 보관중인 일본인 군수품을 공정가격으로 불하받아

---

4) 『大韓民國 獨立有功者 功勳錄』 第5卷, 國家報勳處, 1988, 814~815쪽.
5) 국가보훈처 소장 편덕열 공적조서.

바터제로 생활 필수품을 농민에게 주고 쌀을 사들여 도시근로대중에게 헐가로 판매할 계획이며 기타 보국기금도 모집할 계획이라고 한다. 이에 대하여 알선역을 한 李博士는 비서 李淨을 통하여 동회의 목적을 일반에게 발표하였는데 동회 역원은 다음과 같다.

   委 員 長: 金鴻亮
   副委員長: 閔奎植
   委   員: 崔昌濟 康益夏 金用淳 金瑞東 趙俊鎬 朴基孝 許澤 金星權 孔
          濯 朴寧根 金泰熙 張震燮 金熙俊
   監   事: 李賢在 金淳興 金聖駿
   相 談 役: 李淨 李民 片德烈 金永煥

3. 이관구의 정당 활동

이관구는 해방공간 속에서 신민당 일민당 등에서 동지들과 함께 다양한 정당활동을 하였다. 다음의 기록을 보기로 하자. 우선 『매일신보』 1945년 10월 12일자를 보면,

   〈각 정당 32단체대표, 각 정당긴급문제공동토의회 개최〉

   당면문제를 토의하고자 각 정당긴급문제공동토의회는 10日 오후 2시 각 정당32단체대표 50여명이 중앙기독교청년회관에 참집하여 眞摯한 토의가 진행되었다. 건국의 초석이 되려는 각 단체대표들이 一堂에 모여 흉금을 열고 당면한 조선문제를 토의한 것은 건국 도정에 있어서 그 의의가 실로 큰 바 있으며 공동문제 및 결의안은 다음과 같다.

   1) 북위 38도 문제에 대한 결의
      가. 교통 통신 물자교류를 8월 15일 이전 상태로 급속 복귀할 것
      나. 일본군의 무장해제가 되는 대로 미·소 양군은 급속 철귀할 것을 요망하는 동시에 미·소 양군의 철귀시까지 미·소 又는 연합국이 조선인대표를 참가시켜 공동위원회를 조직하여 제반 행정문제를

협의케 할 것을 요청함

2) 일본인재산 매매금지 及 거주제한문제에 대한 결의
   가. 기성매매건을 철저 조사할 것
   나. 日本人現有物資를 군정당국 又는 조선인이 접수 보관할 것
   다. 동결령의 취지를 민중들에게 철저히 주지시킬 것
   라. 일본인 귀환 완료시까지 일정한 지역 내에 거주를 제한하고 지역 외의 행동을 감시 제한할 것
   마. 행동대를 조직하여 右決議를 실행할 것

이외에 소작료문제, 도시실업자문제, 재외동포구제문제, 식량·연료·물가·교통문제에도 토의를 거듭하였으며 앞으로도 공동된 문제를 토의 실행할 필요로서 상설적인 기관으로 '各政黨行動統一委員會'의 조직건을 만장일치로서 가결하고 (중략) 전원 기립하여 만세를 고창하고 폐회하였다. 이 날 참가한 정당과 각 단체는 다음과 같다.

    韓國民主黨 朝鮮共和黨 國民黨 高麗同志會 全國自協勞動黨 高麗實業同盟 大韓獨立協會 朝鮮社會事業協會 大同會 民一黨 以正會 朝鮮佛敎民主黨 國軍準備會 31黨統一戰線結成本部 無名會 朝鮮土木建築工業同盟 朝鮮民族黨 還國準備會 大韓民國國民黨 新民黨 失業者同盟 農民黨 人民政治黨 建國同盟 大韓人政治黨 聖國同盟 基督敎同志會 一心會 在滿靑年黨 新朝鮮黨 朝鮮勞動靑年同盟

라고 하여, 이관구는 각 정당 32단체 대표의 1인으로서 각 정당긴급문제공동토의회 개최에 참여하여 당면한 조선 문제를 토의하였다. 그리하여 북위 38도 문제에 대한 결의, 일본인재산 매매금지와 거주제한 문제에 대한 결의를 하는 데 동참하였던 것이다.

또한 『자유신문』 1945년 10월 27일자에서도 이관구의 활동상을 살펴 볼 수 있다.

   (略) 政黨合同準備委員會에서는 25日 齋洞 모처에서 제3차 회합을 열고 구체적인 민족총력집결인 단일당 결성에 의론이 완전일치가 되어 14당은

해체를 전제로 하고 한 개의 신당조직을 추진하기로 되었으며 당명과 정강 정책 규약 작성위원은 각 당에서 대표 1명씩 추천하여 전형위원이 결정하기로 되었다는 바 위원은 다음과 같다고 한다.

新民黨 李觀求
新朝鮮黨 李奎甲
朝鮮革命黨 李時悅
大韓人民政治黨 崔益煥
大韓新民黨 李碓松
民一黨 片德烈
朝鮮解放同盟 金一靑
朝鮮民主黨 李秉鑽
朝鮮建國協贊會 孫公璘
三一黨 白南信
大韓獨立協會 劉秉敏
韓民自由黨 姜元邦
韓國共和黨 黃錫禹
高麗社會民主黨 林憲道

결의사항
1) 대한임시정부 절대지지
2) 조선신탁통치에 대한 반대(성명서발표)
3) 독립촉성중앙협의회에 대한 독립촉성정책 결의
4) 민족통일전선을 목표로 하고 주의 정강 정책이 유사한 정당은 신단 일당에 귀일하게 하는 방법론
5) 신당조직운동에 대한 적극추진책
6) 민족전체대회소집 건

즉 이관구는 신민당의 대표로서 대한민국임시정부를 지지하며, 신탁통치에 반대하는 입장을 지닌 정당들과 통합을 이끌었으며 이승만을 지지하였던 것이다. 또한 다음의 『자유신문』 1945년 11월 9일에서 보는 바와 같이,

민일당은 다른 정당들과 함께 이승만을 내세우며 민주주의국가건설을 위한 최고전선 단일당을 결성하는 데 찬동하고 있다.

> (중략) 統一戰線結成準備委員會에서는 그 동안 각계 각층을 망라하여 정당 합동을 공작하는 一便에 朝鮮獨立促成中央協議會를 보강하는 절대총력 실천진영으로 단일당결성준비위원회를 거듭하여 오던 결과 당명, 정책, 규약 등의 기안까지 완료하고 李承晩의 지도와 아울러 임시정부요원을 추재하여 진보적 민주주의를 이념으로 한 민주주의국가건설의 최고전선단일당을 구현 결성하기로 되어 오는 11월 15일 오전 11시에 經學院에서 24당 합동결당식을 거행하기로 되었는데 결당한 당명은 다음과 같다.
> 國民黨 大韓獨立協會 大韓國民黨 新朝鮮黨 朝鮮革命黨 高麗社會民主黨 大韓新民黨 民一黨 朝鮮民主黨 朝鮮解放同盟 三一黨 朝鮮建國協贊會 新民黨 韓民自由黨 農民黨 大韓人民政治黨 韓國共和黨 急進黨 政黨統一期成會에 加盟한 5黨.

이승만을 중심으로 한 당의 결성에 찬동하는 일민당의 참여는 "제목 각당 행동통일위원회, 위원회 해소건과 각정당합동의 건 토의"란 제목하에 『자유신문』 1945년 11월 16일자에도 보이고 있다.

> 各黨行動統一委員會 임시전체위원회는 14일 오후 4시부터 서울시 慶雲町 천도교회관에서 열리었는데 朝鮮共産黨(長安派), 無名會, 民族黨, 民一黨, 自民黨, 雲友會, 一心會, 農民黨, 大韓民政黨, 大韓民國國民黨, 民衆黨 등 30정치단체가 회합하여 李甲成 의장으로 위원회 해소의 건, 각정당 합동 건의 2의제를 토의하였는데 해소의 건은 李承晩 중심의 독립촉성중앙협의회가 그 목적을 완성할 때까지 이에 협조하고자 보류하기로 하였고 합동건은 각당의 의견이 일치되지 못한 채 산회하였다.

한편 신민당과 일민당은 1945년 12월 14일 신한민족당의 결성에 참여하였다. 이는 『서울신문』 1945년 12월 15일자 기사에서 살펴볼 수 있다.

18당으로 구성된 정당합동준비위원회에 각 정당통일기성회에 참가한 수개 정당이 합류하여 14일 오전 10시 종로 기독교청년회관에서 아놀드소장, 李承晩, 洪震, 趙素昻 등의 내빈을 맞아 22당 대표 155명 외에 당원 다수 참석한 가운데 당 결성식을 거행하였다. 먼저 金麗植의 개회사가 있고 각 당 대표 점검을 한 후 임시정부 선거에 들어가 의장에 李奎甲, 부의장에 金麗植, 李甲成을 선거하고 이어서 孫公璘의 경과보고, 각당 공동해체 선서문 낭독, 新韓民族黨의 이름으로의 결당 선언문 낭독이 있은 다음 아놀드군정장관, 李承晩, 洪震, 趙素昻 등의 간곡한 축사가 있고 내외정세보고에 이어 정강 정책과 당헌을 가결하고 당수 추대에 들어가 당수에 趙東鎭, 부당수에 吳世昌을 추대하고 중앙집행위원 선거는 전형위원을 선출하여 결정하기로 하고 오후 2시반경에 성대리에 폐회하였다. 이에 참가한 정당은 3·1黨 農民黨 大韓民國國民黨 韓民自由黨 新朝鮮黨 朝鮮解放同盟 朝鮮建國協贊會 民一黨 朝鮮民主黨 大韓人民政治黨 自協勞動黨 救國同盟 韓國革新黨 高麗青年團 朝鮮民族黨 韓國共和黨 高麗社會民主黨 大韓民政黨 歸一黨 朝鮮革命黨 愛國同盟 大韓新民黨 등 22정당으로 이상 제정당은 이 결당식과 동시에 발전적 해산을 하고 新韓民族黨의 기치하에 완전히 합동통일된 것으로 이것은 其間 난립상태에 있던 민족진용 제정당의 획기적 합동이라고 아니할 수 없다. 그러나 정당합동준비위원회와 이에 합류한 정당통일기성회의 원래 목적은 민족단일당 결성에 있었으니만큼 이에 참가치 않은 韓國民主黨, 國民黨과의 관계, 임시정부 여당인 韓國獨立黨과의 관계는 앞으로 극히 주목된다. 新韓民族黨의 정강은 다음과 같다.

政綱
　一. 우리는 민족민주주의적인 자주독립국가의 건설을 기함
　一. 우리는 민족의식을 앙양 집결하여 전민족의 단결을 공고히 함
　一. 우리는 부강한 민족국가의 건설을 위한 국가계획 경제수립을 기함
　一. 우리는 반민족적인 一切 사상을 배격함
　一. 우리는 국제헌장에 기준한 세계평화에 협력함

그러나 이관구는 안창호 계열의 인물이었기 때문에 이승만과 함께 해방공간에서 활동하는 데는 일정한 제약이 있었던 것 같다. 결국 이관구는 정

치계를 떠나 그의 학문의 세계 즉 역사연구 쪽으로, 그리고 그가 일찍부터 관심을 기울였던 서예 쪽으로 그의 인생 방향을 선회하게 된다.

4. 이관구의 해방정국에서의 민족지도자들과의 상호관계

이관구는 해방 후 김구, 김규식, 조소앙 등 당대의 대표적인 정치가들과 상호 교류관계를 갖고 있었다. 그러나 그 구체적인 내용 등에 대하여는 알 수 없다. 다만 단편적으로 그 내용을 짐작해 볼 수 있을 뿐이다. 단편적인 내용들을 각 인물들과 관련하여 기록하면 다음과 같다.

1) 백범 김구

김구(金九)는 1939년 임시정부 주석에 취임하였다. 1944년 4월 충칭 임시정부 주석으로 재선되고, 부주석에 김규식(金奎植), 국무위원에 이시영·박찬역 등이 함께 취임하였다.

1945년 11월 임시정부 국무위원 일동과 함께 제1진으로 환국하였다. 그 해 12월 28일 모스크바3상회의에서의 신탁통치결의가 있자 신탁통치반대운동에 적극 앞장섰으며, 오직 자주독립의 통일정부 수립을 목표로 광복정계를 영도해 나갔다.

1946년 2월 비상국민회의의 부총재에 취임하였고, 1947년 비상국민회의가 국민회의로 개편되자 부주석이 되었다. 그 해 6월 30일 일본에서 운구해 온 윤봉길·이봉창(李奉昌)·백정기(白貞基) 등 세 의사의 유골을 첫 국민장으로 효창공원에 손수 봉안하였다.

이를 전후하여 대한독립촉성중앙협의회와 민주의원(民主議院)·민족통일총본부를 이승만(李承晩)·김규식과 함께 이끌었다. 1947년 11월 국제연합 감시하에 남북총선거에 의한 정부수립결의안을 지지하면서, 그의 논설「나의 소원」에서 밝히기를 "완전자주독립노선만이 통일정부 수립을 가능하게 한다"고 역설하였다.

그러나 1948년 초 북한이 국제연합의 남북한총선거감시위원단인 국제연합한국임시위원단의 입북을 거절함으로써, 선거가능 지역인 남한만의 단독선거가 결정되었다. 그러나 이러한 상황에서도 김구는 남한만의 선거에 의한 단독정부수립방침에 절대 반대하는 입장을 취하였다.

그 해 2월 10일 「3천만동포에게 읍고(泣告)함」이라는 성명서를 통하여 마음속의 38선을 무너뜨리고 자주독립의 통일정부를 세우자고 강력히 호소하였다.

분단된 상태의 건국보다는 통일을 우선시하여 5·10제헌국회의원선거를 거부하기로 방침을 굳히고, 그 해 4월 19일 남북협상차 평양으로 향하였다. 김구·김규식·김일성·김두봉(金枓奉) 등이 남북협상 4자회담에 임하였으나, 민족통일정부 수립 실패의 시련을 맛보고 그 해 5월 5일 서울로 돌아왔다. 그 뒤 한국독립당의 정비와 건국실천원양성소의 일에 주력하며 구국통일의 역군 양성에 힘썼다.

남북한의 단독정부가 그 해 8월 15일과 9월 9일에 서울과 평양에 각각 세워진 뒤에도 민족분단의 비애를 딛고 민족통일운동을 재야에서 전개하던 가운데, 이듬해 6월 26일 서울 서대문구에 있던 자택 경교장(京橋莊: 지금의 삼성강북의료원 건물)에서 육군소위 안두희(安斗熙)에게 암살당하였다.6)

이관구와 김구와의 관계는 『언행록』에 있는 「김백범·김우사와 나눈 임시정부 환국과 군대 운용」에서 짐작해 볼 수 있다. 인용하여 보면 다음과 같다.

  자선이 백범(白凡: 金九) 선생을 뵙고 중경(重慶) 임시정부가 환국하여 선포할 일을 권고하였다. 김백범(金白凡)·김우사(金尤史)는 모두 기꺼워하지 않으면서 말하기를,
  "시기상조(時機尙早)이오. 미국 사람이 이미 입국하였는데 미국과 보조

---

6) 「김구」, 『한국민족문화대백과사전』, 한국정신문화연구원, 2002.

를 함께 하지 않고서 독립을 스스로 취하는 것은 반대로 나쁜 감정을 미국 사람에게 사는 것이오."

하며 끝내 듣지 않았다. 자선이 김구암(金龜菴)을 가서 만났는데 구암이 말하기를,

"바야흐로 지금 세계는 전쟁의 와중(渦中)에 진입하여, 구미(歐美) 여러 나라가 삼각동맹(三角同盟)을 체결하고, 일본과 독일이 상호 동맹하여 방공(防共)으로 최고 요점을 삼아 일본과 독일의 형세는 삼각동맹국의 형세보다 우월합니다. 그대의 고견(高見)으로 헤아려본다면 최후의 승리는 마침내 어느 나라로 귀결되겠습니까? 나의 소견으로 헤아려 보건대 서쪽은 해가 장차 저물려는 때이고 동방은 해가 나올려는 때입니다. 그러므로 2년 만에 서양이 몰락하고 동양은 대운(大運)이 장차 왕성할 것이므로, 일본이 마땅히 마침내 개선하여 귀국할 것입니다. 그러므로 우리 교(敎)는 교도(敎徒)들에게 일본을 위하여 밤낮으로 무운장구(武運長久: 무용의 운명이 장구함) 및 개선기원(凱旋祈願: 개선을 바람)의 제사를 예법으로 행하게 합니다. 그대의 고견(高見)으로 헤아린 것과 나의 우견(愚見)은 서로 크게 다릅니다. 원컨대 그 대강 요점을 듣고자 합니다."

하니, 자선이 말하기를,

"군대[兵]는 국가의 중대사이고, 생사의 터[地]이며 존망의 길[道]입니다. 계책이 많으면 이기고 계책이 적으면 지며, 저쪽을 안 뒤에 나를 알면 이기며, 저쪽을 모르고 나를 모르면 지는 것이 병가(兵家)의 정상 법칙입니다. 지금 일본은 영국과 미국의 실력을 알지 못하니, 어찌 그 구비한 것을 다 분산하여 대항하겠습니까? 이것은 저쪽을 알지 못하고 나를 알지 못하는 것입니다. 옛날의 전쟁은 장수의 재능과 지모(智謀)를 비교하여 차이가 났으나, 지금의 전쟁은 경제의 확보(確保)와 기계의 충실(充實)을 비례(比例)하여 차이가 납니다. 지금 일본을 서양의 여러 나라에 비교한다면 그 실력은 백분의 일도 당하지 못합니다.

일본병(日本兵)은 자칭 말하기를 강병(强兵)이라 하나, 나는 그 강병이 어느 적을 상대하여 강하게 되는지 알지 못하겠습니다. 더구나 현재는 화학(化學) 시대입니다. 그러므로 전쟁의 기구도 모두 기계화하여 조성(組成)하지 않은 것이 없습니다. 저 비행기가 높은 하늘에서 날고 원자폭탄이 세상 사람의 머리를 위협하고 수뢰정(水雷艇)이 바다 안에 스스로 다닙니다.

이와 같은 그 일본의 짧은 총을 등에 진 보병(步兵)으로 무슨 효력이 있겠습니까? 수년이 되기 전에 일본이 참패하여, 그 왜인의 두골이 만주 평야에 두루 뒹굴 것을 나는 확실히 알겠습니다."
하였다. 구암이 말하기를,
 "이 일본 정치 치하를 당하여 이와 같은 말이 일본 사람들의 귀에 새어 들어가면 반드시 죄를 벗어나지 못할 것입니다. 그대는 그대의 말이 발이 없어도 천리를 간다는 것을 믿을 것입니다. 말은 우호와 전쟁을 발생시키므로, 옛 사람이 경계하기를 '수구여병(守口如甁: 입을 지키기를 병처럼 하라)'이라 하였습니다. 만약 강퍅(强愎)하여 스스로 꾸미기를 좋아하는 자를 보면 마땅히 입을 막아야 합니다. 그대는〈점치는〉거북과 시초가 말을 신중히 하지 않은 일을 보지 않았습니까? 작은 것으로 큰 것을 대적하면 대적할 수 없습니다. 병법(兵法)에 이르기를, '작은 적의 견고함은 큰 적에게 사로잡힌다.'고 하였습니다. 나만 유독 일본이 장차 구미의 군대에 패(敗)하리라는 것을 알지 못하겠습니까? 형세가 부득이하여 잠시 일본 세력에 굽혀서, 가면적으로 무운장구와 개선기원하는 제사를 올릴 뿐입니다."
하였는데, 며칠 되지 않아 신도내(新都內: 신도안)의 일경(日警) 파출소에서 자선을 불러 청하여 위에 기록한 일을 물었다. 마침내 증거불충분으로 무사히 귀향하였다.

 위의 글을 통하여 볼 때 김구는 이관구에 대하여 비판적이었던 것 같다. 이관구도 역시 김구에 대하여 비판적인 태도를 견지한 것으로 보인다. 이관구가 자신의 의견으로 말하지 않았지만 다음의 위병식의 글을 통을 짐작해 볼 수 있다. 이관구는 위병식의 견해를 통하여 김구의 남북 협상 참여를 비판하고 있다. 다음의 글이 참조된다.

韋秉植

 또 白凡이 南北協商갈 때에 海山 等이 가서 말류하야 曰 "先生 等이 남북협상을 한다고 소련이 말들을 일이 아니요 또 金日成이가 그만한 利害를 알 사람이 못되니 가서 말하여야 필경 空行空言에 불과할 것이요 反히 선생의 신변에 위험을 齊來할터이오니 성공치 못하거든 蔣介石 處으로 가든지 그렇지 아니하면 自死하시던지 할 覺悟을 가지고 가라."고 역설하였다. 白凡翁은 그 말을 그대지 重要하게 聽치 아니하고 南北協商를 가서 성공치 못하고 京城에 歸來하여 있다가 不幾에 兇漢에게 피살되고 배후에 某人이 있다고 외국신문에까지 떠들었다.

2) 김규식과의 만남

김규식

김규식(金奎植, 1881(고종 18)~1950)은 항일독립운동가·정치가·학자이다. 본관은 청풍(淸風), 교명(敎名)은 요한(Johann), 아호는 우사(尤史)이며 부산 동래 출신이다. 중방파(仲房派) 23세손으로 1881년 지성(智性)의 둘째 아들로 태어났다.

정치적 활동으로는 1918년 모스크바에서 개최된 약소민족대회 및 1919년 파리강화회의에 한국대표로 참석하였다. 이어 대한민국 임시정부 구미위원부(歐美委員部) 위원장, 학무총장 등에 선임되었으며, 1921년 동방피압박민족대회에 참석하여 상설기구를 창설하고, 1927년에 그 회장직을 맡으면서 기관지『동방민족(東方民族)』을 창간하였다.

1935년 민족혁명당을 창당하여 그 주석이 되었고, 1942년 임시정부 국무위원을 지냈다. 1945년 8·15광복이 되자 11월 23일 환국, 그 해 12월 27일 모스크바3상회의의 결정문을 국민에게 발표하고 즉각 반탁운동을 전개하였다.

1946년 2월 민주의원 부의장, 3월 미소공동위원회 한국 대표, 5월에 좌우합작 준비작업을 추진하고, 그 해 6월부터 7월까지 '미군정 좌우합작위원회' 예비회담에 참가하였고, 12월 입법의원 의장, 1947년 10월 민족자주연맹 의장이 되었다.

1948년 1월 유엔한국위원단의 서울도착을 계기로 더욱 자기의 정치노선에 정열을 쏟아, 남북협상의 정치활동을 펼쳤다. 그 해 2월 이승만의 남한단독정부수립안에 반대하고, 김구와 연합하여 그 해 2월 남북협상을 제안하였다. 3월 15일 김일성·김두봉의 회신에 따라 남북협상 5원칙을 제시하고, 4월 21일 38선을 넘어 평양을 방문, 4자회담을 가졌다.

그러나 성과 없이 돌아온 이들은 5월 14일 북한 측의 제2차 남북협상 제의를 거절하고, 5월 21일 통일독립촉성회를 결성하여 5·30남한단독총선거에는 '불반대·불참가'의 성명을 발표함으로써 건국 기초작업에 대한 그의 정치활동에 종지부를 찍었다.7)

이관구와 김규식의 관계는 『언행록』에 실려 있는 「김규식과 나눈 건국의 요점」에서 짐작해 볼 수 있다.

> 자선이 김규식(金奎植)을 만나서 건국(建國)의 요점을 물었는데, 김규식이 말하기를,
> "국사(國事)는 단순(單純)하거나 간이(簡易)한 것이 아닙니다. 대외관계와 대내치안과 기타 만반(萬般)의 일이 모두 만년대계에 뿌리를 둔 후에 하루 또 하루 층층(層層)으로 쌓여서 점차 이루어져 독립이 완비됩니다. 그러므로 그 나라가 부유하여 강성한 큰 사업은 일조일석의 일이 아니고 그 유래한 것이 점진적입니다.
> 그대는 옛날의 건국(建國) 역사를 듣지 않았습니까? 대개 공덕을 쌓기를 수백 년 한 이후에 이루어졌던 것입니다. 군주국(君主國)에 있어서는 주(周)나라의 일어남이 왕계(王季)·문왕(文王)으로부터 하여 무왕(武王)에 이르러서야 이루어졌고, 민주국(民主國)에 있어서는 북미주합중국이 독립함에 화성돈(華盛頓: 워싱턴)이 국민의 총의(總意)를 대리하여 의기(義旗)를 들어 칠전팔기(七顚八起)하고 포연(砲煙)과 비처럼 쏟아지는 탄환 속에 서 있던 것이 8년이 지나서야 민주독립국을 이루었습니다. 그 이른바 군주·민주의 명사는 비록 서로 다르지만 그 건국의 일에 있어서는 위아래가 동심 합력하여 몸을 희생한 것은 같습니다.

---

7) 「김규식」, 『한국민족문화대백과사전』.

우리나라가 독립하는 날은 또한 위아래가 동심협력하는 날에 있습니다. 그 때는 아직 이르지만 오래지 않아 반드시 그 날이 있을 것입니다. 나의 소견으로 헤아리면 3~4년을 지내지 않아 남선(南鮮: 남조선)이 단독으로 정부를 세우고, 동시에 북선(北鮮: 북조선)도 정부를 수립할 것입니다. 피차 38선으로 대립하여, 장벽이 의연하게 확고하여 통하기 어려울 것입니다. 이는 모두 미·소 두 나라 군대의 농락 수단입니다. 미·소 군대가 의연하게 조선의 남북에 주둔하면 삼팔선 철폐는 푸른 하늘에 오르는 것보다 어렵습니다. 우리나라 남북통일의 선결 요건은 소·미 두 나라 군대가 조선 국경 밖으로 철퇴하고 조선의 군정(軍政)에 간여하지 않는 데에 있습니다." 하였다.

3) 조소앙과의 관계

조소앙

조소앙(趙素昻)은 1934년 삼균주의를 국시로 한 「대한민국임시정부건국강령」을 임시정부 국무회의에서 채택하게 하였다. 1937년 한국광복운동단체연합회를 결성, 1940년 한국독립당 부위원장으로서 창당 선언에서 삼균주의를 다시 확립하고, 1942년 한중문화협회를 창설하여 중국 외교부장 쑨코(孫科)와 손잡고 김규식과 공동 부회장으로 활약하였다. 1943년 한국독립당 집행위원장, 1945년에는 충칭(重慶) 임시정부 외무부장이 되었다.

광복을 맞아 12월 1일 임시정부요인 2진으로 환국, 1946년 비상국민회의를 조직하여 그 의장이 되어 김구 주석과 함께 임시정부의 정통성 고수를 주장하였다.

비상국민회의가 국민회의로 개편되고 한국민족대표자대회와 통합을 이룰 때 다시 의장에 선출되었으며, 또한 반탁투쟁위원회 부위원장과 삼균주의청년동맹위원장에도 추대되었다.

1948년 4월 남북협상차 평양에 다녀왔고, 12월 방응모(方應謨)·백홍균(白泓均)·조시원(趙時元) 등과 사회당을 결성하고 당수가 되었다. 1950년 5·30총선에 서울 성북구에서 출마하여 3만 4,000여 표로 전국최고득표자가 되어 제2대 국회에 진출하였으나, 6·25전쟁으로 서울에서 강제 납북되어 1957년 평양에서 사망한 것으로 전하여진다.

저서로는 『한국문원 韓國文苑』(1932), 『소앙집 素昻集』·『유방집 遺芳集』(1983)이 있으며, 1970년 삼균학회에서 『소앙문집』 상·하권을 간행하였다.[8]

이관구와 조소앙과의 관계는 『언행록』에 있는 「조소앙과 나눈 심불사론(心不死論)」에서 짐작해 볼 수 있다.

> 자선이 조소앙(趙素昻)을 만났는데, 조소앙이 말하기를,
> "우리 형께서 요즘 무슨 일을 하시기에 나를 찾아오지 않았습니까? 옛말에 이르기를 '천하의 기모선계(奇謀善計)는 동지자가 서로 대면하여 담론하는 것보다 큰 것이 없다.'고 하였으니, 서로 담론한 뒤에야 훌륭한 계책을 얻을 수 있습니다."
> 하니, 자선이 말하기를,
> "일은 심사(心死: 마음이 죽음)보다 큰 것이 없고, 인사(人死: 사람이 죽음)가 다음입니다. 마음이 스스로 죽지 않으면 단결이 필연적으로 불가피한 일입니다. 세 사람이 함께 길을 가다가 넘지 못할 절벽에 이르러 적 세 사람을 만나면 감히 어떤 방법으로 당해낼 수 있겠습니까? 어쩔 수 없이 적과 상대하여 싸워야 합니다. 병법(兵法)에 이르기를 '위태로운 곳이면 도모하고, 죽을 곳이면 싸운다.'고 하였습니다. 맹호가 뒤에서 쫓아오면 숲을 뚫고 계곡을 달리기를 평탄한 길을 밟듯이 하고, 급한 불이 집을 태우면 무거운 짐과 큰 장롱을 한 개의 계란 운반하듯이 하니, 이것은 뒤에서 쫓아오는 위급함이 오히려 앞의 위험함을 능가하기 때문입니다. 사람이 모두 자기가 죽을 지경에 닥친 줄을 알면 힘을 다하여 피하지 않을 수 없는 것

---

[8] 「조소앙」, 『한국민족문화대백과사전』.

은 평소 심정이 그러한 것입니다.
　마음이 죽은 사람은 논할 것이 못되거니와 마음이 죽지 않은 사람은 반드시 그 몸을 살게 하는 방도가 있습니다. 나의 안목으로 남선(南鮮) 사람들의 형상을 살펴보면 마음이 죽지 않은 사람은 몇 사람에 불과하니, 또한 위태로운 것이 아니겠습니까? 마음이 살아 있는 사람도 각각 그 주장(主張)으로 주의(主意)를 삼아서, 동심협력하여 정치를 돕기를 생각하지 않으니, 또한 위태롭지 않겠습니까?
　천하의 일은 그 작은 것으로부터 큰 것에 이르는 것이 우주 조성(組成)의 원칙입니다. 단체를 결합하는 방도는 한 사람으로부터 두 사람을 합하고 두 사람으로부터 세 사람을 합하고 세 사람으로부터 여섯 사람을 합하여 이르며 수십 사람을 합하여 이르고 수십 사람으로부터 수천 사람을 합하여 이르고 수천 사람으로부터 수만 사람을 합하여 이르고 수만 사람으로부터 전국 사람을 합하여 이르니, 이것이 자연법칙입니다.
　그러므로 최초의 두 사람이 마음을 함께 함이 가장 어려우며, 그 뒤에 다수가 합동하는 것은 쉬운 일입니다. 그러므로 『대역(大易)』계사(繫辭)에 이르기를 '두 사람이 마음을 같이 하면 그 날카로움은 쇠도 끊고, 그 냄새는 난초와 같다.'고 하였으니, 만일 형과 나 두 사람이 마음을 같이 하면 그 외에 많은 수가 많이 같이 하는 방도는 비유컨대 사람의 목을 조르고서 그 등을 쓰다듬는 것과 같을 것입니다. 우리 형께서는 다만 유비(劉備)·관우(關羽)·장비(張飛) 세 사람이 도원결의(桃園結義)한 일을 보지 않았습니까? 처음에 세 사람이 마음을 같이 했다가 마침내 일국(一國)이 크게 단결하여 영원히 만세(萬世)에 모범을 내렸습니다.
　세상 사람들의 마음이 비록 다 죽었다고 말하더라도 만약 형과 나의 마음이 죽지 않고 스스로 살아있다면 마침내 건국의 중심점이 될 것입니다."
하였다.

5. 대한민국정부 수립 이후 정계에 대한 건의

　이관구는 1948년 대한민국정부 수립 이후 이승만정권 및 정치의 흐름에 대하여도 깊은 관심을 기울이고 있었다. 그리고 당시 정권에 대하여 비판을 가하는 한편 자신의 견해를 피력하기도 하였다. 그러나 이러한 내용들을 당시 이관구의 정치적 활동을 중심으로 설명하는 데는 일정한 한계가 있다. 앞으로 자료의 발굴들을 통하여 보다 심도 있는 연구가 있어야 할 것 같다.

1) 이승만 대통령정권에 대한 풍자와 정책 건의

이승만

이관구는 1948년 대한민국정부 수립 이후 이승만 대통령의 정치활동에 대하여 호랑이 이야기로 풍자하여 비판하였다. 이를 보면 다음과 같다.

〈호랑이 이야기로 이승만정권 풍자〉

계미(1943) 가을 7월 밤에 자선이 달빛을 받으며 황해도 구월산(九月山) 서령(西嶺)을 넘고 있었는데 그 때에 큰 호랑이가 있어 산꼭대기에 이르러 자선과 마주 앉아 바라보았다. 자선이 말하기를,

"너는 산의 임금이다. 그리하여 일반 짐승과는 다른 것이다. 나에게 구하려고 함이 있을진댄 무슨 물건 때문에 나를 따르느냐? 나에게 주려고 함이 있을진댄 무슨 물건 때문에 나를 따라 오느냐? 나는 너와 비록 말이 통하지 않으나, 너는 반드시 뜻이 있어서 나를 따라 왔으리라. 너의 형태로 그 실정을 표시하라."

하니, 큰 호랑이가 자선을 자세히 보다가 얼마 후 머리를 숙이고 꼬리를 뒤로하고 떠나갔다. 자선이 이상히 여겨 호랑이가 앉았던 곳에 가서 살펴보니, 별로 다른 자취는 없고 다만 종이 조각 한 장이 땅에 떨어져 있었다. 자선이 그 종이를 집어 살펴보니, 쓰여 있기를,

"천운(天運)이 순환(循環)하여 갔다가 돌아오지 않음이 없다. 대전(大戰)

이 일어나 생명이 많이 멸망하게 될 것이다. 해방(解放) 한 소리에 반도(半島)가 분단된다. 미국 바람 러시아 빗발이 남북에 침입하고, 사람들은 주의(主義)에 병들어 서로 보기를 원수처럼 한다. 백성은 그 우두머리가 없어 향할 곳을 알지 못한다. 남북의 간웅(奸雄)은 때를 틈타 권력을 농락하고, 백성은 살 길이 없어 길거리에서 울부짖으면서 '이 해는 언제 망할까?' 하여 백성의 원망이 하늘을 찌른다. 여자가 등용되어 마침내 추악한 모습을 드러내고, 장관(長官)은 이익을 탐내어 민심이 이반하고, 국회는 난마(亂麻: 얽힌 삼대)와 같이 판정할 줄을 모른다. 외화는 수입되어 민생을 교란하고, 물가가 치솟으나 조절할 길이 없다. 권세를 믿는 고관은 스스로 물러날 생각을 할 줄 모르고, 경향 각처에서는 모두 그 때의 정치를 싫어한다. 미국·소련의 전쟁에 피차가 서로 시간을 기다린다. 어지러운 풍진 속에 진인(眞人)이 비로소 나온다. 충장(忠將: 충성스러운 장군)이 아울러 일어나서 시세에 순응한다. 묻건대 그것이 어느 때인가? 갑자(甲子: 시기)가 오는 것은 어김이 없다."

하였다. 자선이 이 글을 보고 주머니에 넣고서 달빛을 타고 산을 내려왔다. 평지에 이르니 밤이 이미 삼경이었다. 홀연히 한 노인이 출현하여 그 글을 보기를 원하였다. 자선이 주머니에서 그 글을 꺼내어 보여주니, 노인이 그것을 받아 보고는 몇 걸음 물러나자 그대로 홀연히 보이지 않았다.

 자선이 편지를 당시 대통령 이승만(李承晚)에게 보내어 말하기를,

 "현하(現下) 건국 초기에 정부 장관이 한결같이 정치를 그르치니, 비록 지혜로운 사람이 있더라도 그 뒤를 훌륭히 하지 못합니다. 지금 장관들은 국민의 행복을 생각하지 않고 다만 자기의 이기주의 및 명예심으로 구차히 그 자리를 차지합니다. 만약 이를 그치지 않으면 국가에 크게 불행이 있겠습니다."

하니, 이승만이 회답한 내용에 이르기를,

 "현하(現下)의 장관들이 선생의 풍자를 받는 것은 당연한 일입니다. 그러나 선생과 같은 다문박식(多聞博識)으로 보조할 생각은 하지 않고 재야에 있으면서 장관들을 풍자하는 것은 이 또한 현명한 사람의 도리가 되지 못합니다."

하였다. 얼마 안 있어 내부장관 윤치영(尹致暎), 외무장관 장택상(張澤相), 사회장관 전진한(錢鎭漢) 등이 민간의 불신임으로 파면을 당하고, 농림장관 조봉암

(曺奉岩)은 공금 남용으로 파면(罷免)을 당하였다. 상공부장관 임영신(任永信)은 다수 공금을 몰래 차지한 일로 감찰원으로부터 그 사실을 조사하고 파면원서를 제출하였다. 유독 이승만은 임영신만 특히 아껴 그 파면원서를 보류하였으므로, 세상 사람들이 그 이승만의 처사를 비웃었다.

이관구와 해방 후 정치적 생명을 같이 한 동지들도 이승만에 대하여 비판적이었다.

먼저 유준희의 경우를 보도록 하자.

柳準熙

時運이 否塞하여 紀元 四二八三年 六月二十五일에 北鮮의 共産軍이 京城을 침입하니 정부의 閣員 等은 인민을 遺棄하고 자기 생명만 애석히 여겨서 南鮮으로 도피하니 京城의 在留民 等은 여지없이 유린를 받게 되고 積在하였든 物品은 다 共産軍의 소유물이 되어 공산군이 주야로 北鮮에 載去하기를 일삼으며 民主主義思想 가진 사람을 狩獵하듯이 搜索逮捕하니 그 慘酷한 情狀는 눈물이 眼球를 가리움으로 참아 다 말할 수 없었다.

그럼에도 불구하고 정부는 부산에 망명하여 있으면서도 감투다툼 세력다툼으로 정치상 일을 삼으니 참으로 隣國에 들리워질까 바 부끄러울 일이 많았다. 僥倖으로 聯合軍이 왔어 救援하기 爲하여 공산군을 反擊하는대 歐美兵은 원래 地上作戰이 서툴므로 空中에 翱翔하며 비행기로 공산군을 擊滅하기 위하여 邑府市를 무차별하게 爆傳하니 京城을 위시하여 南北諸邑市에 有名한 건물은 모두 다아 폭파되어 다시 건설할 계획이 烏有에 歸하였다. 색깔 좋은 하늘 탈이와 같이 연합국의 보조로 복구된다고 선전하나 그러나 로마가 一日에 건설된 것이 아니라는 것과 같이 京城의 宏大한 건물과 기타 府市에 高大한 건물이 一朝一夕에 건축된 것이 아니요 長하다면 사천여년, 短하다면 백여년 시간을 가지고 차침차침 건설된 것이니 엇지 如干한 外國의 補助物資로써 건축을 복구할 수 있으랴.

況且 인민이 미군폭격에 사상자가 甚多하고 공산군 침탈에 아사자가 額多하니 실로 有經論한 政略家가 閣員 中에 一人만 있다고 할지라도 금일 정부의 閣員의 態는 取치 아니할 것이다. 미군이 仁川에다 艦砲射擊를 감

행하고 상륙하여 京城을 참혹하게 폭파하고 赤軍를 추격하여 갔다. 此時에 南鮮政府가 서울로 환도하였으나 人心의 信望을 多失하여 以功贖罪가 되지 못할 것이다.

그럼에도 불구하고 在留派 南下派를 분별하여 가지고 南下派만 관리로 등용하게 하고 在留派는 外國人처럼 여겨 등용치 아니한다하니, 어찌 인민의 신앙을 받으랴. 참으로 길이 太息할만한 일이다. 정부는 蒼蠅付驥尾格으로 聯合國을 따라서 환도한 후에도 아무런 先後策이 없고 但 정치의 主要件은 인민군를 索得하는 것과 其他 附逆者 爲名人를 체포처벌하는 것과 舶來米를 幾分만 인민에게 배급주고 多量은 管轄者의 私腹를 充하려고 하며 인민생활은 度外視함으로 백성의 생활난 日後日甚莫甚節하야 다시 難을 思하며 是日은 呴喪코 하는 歎息을 이구동성으로 부르짖게 되니 어찌 平安하기를 기다릴리요.

預算없이 공산군을 진격하든 聯合軍은 寒氣를 接치 멋하고 또 地上戰이 서툴러서 鴨綠江까지 갔다가 중공군의 반격을 받아 生命財産에 치명상를 당하고 鰲步로 후퇴함에 따라 南鮮 政府는 또 鰲步退하게 되었다. 其時에 인민들도 다아 南으로 避去하는대 天塞氷凍하고 또 폭격이 심하여 폭격으로 죽는 자, 凍死者, 飢死者, 病死者 不知其數요 怨敢이 滿天하연 中에 共中軍과 人民軍은 서울에 入城하여 주민의 가택에 침입하여 곡물과 牛馬鷄犬를 다 탈취하였다가 飽食煖處하고 住民는 다 餓死에 濱하게 되니 애국지사의 안목으로는 참아 이 진상을 보지 못하게 되었다.

此時에 平泉의 妻子도 또한 피란가서 何處에 在한지 소식이 杳然하다. 공산군은 끝임없이 이 民家에 침입하여 곡물을 탈취하여 가고 피난하여 간 空家의 물품은 殘餘없이 다 공산군이 가저 가서 避難 갔다가 歸還한 者 等도 모두 無産者가 되고 말 것이다. 우리 반도 삼천리강산은 남북양정권이 竝로 하여 가지고 北鮮은 소련과 중공군을 청하여 南鮮의 동포를 擊破하려 하고 南鮮은 美英佛軍를 請하야 北鮮의 동포들 擊滅하려 하니 소위 주의와 행동의 선악은 차이가 있다 할지라도 異族를 請하야 동족을 살해하는 行動은 같다.

兩政權의 목적과 행동이 다 여차여차하니 조선은 국가만 망할뿐 아니라 민족까지 망할 시기가 왔다. 漢陽百里에 人跡이 斷絶되고 鷄犬聲이 不聞되고 臨津以北은 再作胡地하고 山野處處에 積尸가 如山하고 僧血이 成川이라는 鄭鑑錄 예언이 꼭 맞았다. '우리는 살면 살수록 苦生할 것뿐이다. 차라리 죽어서 外敵의 受侮를 입지 아니하는 것이 淸節高士의 일이다.'라 하고 此世를 이와 가치 悲觀하고 無人空房에 獨臥하고 自死하였으니 이 平泉의 自死한 眞景를 생각하면 그 時代의 정치와 인민의 困難如何는 推測할 수 있을 것이다. 이것이 다 自死한 平泉의 記錄을 謄書한 것이다(六二五 事부터 外敵의 受侮를 被치 아니하고 自死하는 것이 高士의 일이라는 대 까지는 다 平泉의 記錄를 騰寫함).

위에서 보는 바와 같이 유준희는 이승만정권이 부산으로 피난한 후에도 감투와 세력싸움에만 힘을 기울인다고 비판하였다. 아울러 환도한 이후에도 주민에 대한 적적한 대처를 하고 있지 못함을 신랄히 비판하고 있다. 위병직도 이승만정권에 대하여 다음과 같은 비판을 가하고 있다.

韋秉植

南鮮政府가 設立되려 할 때에 海山 雩南 李博士에게 여러 번 조선민족은 남북정권으로 以하야 自亡을 促進하는 것이라 하며 雩南에게 直接로 面告하고 書字로 利害를 俱陳한 일도 一二次가 아니다.

그러나 雩南은 自己가 대통령하겠다는 생각이 國, 民族 爲하겠다는 것보다 몇 배나 더 强하여서 꼭 南鮮政府를 서게 하였다. 그때에 海山는 自恨하야 말하기를 '事已誤矣라 우리 民族이 外族의 弄絡에 들어서 同族相戰으로 致命喪을 당할 줄을 뉘가 먼저 알았노라 不出 一二年에 我의 눈으로 朝鮮天下 將亂할 것을 보리라.'하고 雩南에게도 去來를 끝었다. 그때에 徐載弼博士가 美軍에 最高議政官으로 나와 있으면서 雩南에 對한 聲明書를 廣告하였다. 그 聲明書에 말하기를 李承晚博士는 美國에 있을 때도 存在가 없이 있었고 행동에 美擧가 一無하니 我는 李承晚을 믿지 안는 바로다 하였다.

此時에 어떤 靑年이 이 聲明을 가지고 載弼博士에게 가서 취소하라고 强勸한 일이 있었다. 徐博士는 浚味하게 되었다. 그때에 海山 等 數人이 徐博士에게 願留次로 往見하였다. 徐博士는 從容한 말로써 하기를 "내가 朝鮮에 있는 것을 第一忌厭하는 一人 李承晚을 指言함 이 있으니 내가 美國

에 가면 彼도 좋고 我도 平安하니 당신네들이 願참오신 것은 고마우나 나
는 事情과 立場이 그러하니 가겠습니다."하였다. 海山 亦 더 願留할 수 없
어서 歸來하였다. (중략)

　　海山은 實로 智鑑이 卓異한 高士이요 李華史의 唯一知
己友이다. 世에 法
高名士를 求하려면 海山으로 爲始함이 足하리라 하노라.

즉 그는 이승만을 국가와 민족보다는 자신이 대통령이 되겠다는 데 집착하고 있는 인물로 평가하고 있는 것이다. 이관구가 위병식을 "이화사의 唯一知己友"라고 평하고 있음을 볼 때 이관구도 그와 같은 생각이었을 것이다.

2) 이시영 부통령에게 진언

이관구는 이시영과 함께 사학연구회를 조직하는 등 다양한 활동을 전개하였다. 그러나 이시영이 부통령이 된 이후 이관구와는 일정한 거리가 있었던 것 같다.

이시영(李始榮)은 1910년대 초 이관구와 군관학교를 건립하기 위해 노력하였던 인물로서 서로 구면이며 동지였다. 이시영에 대하여 구체적으로 알아보면 다음과 같다.

이시영(1869~1953)은 본관은 경주(慶州), 자는 성흡(聖翕), 호는 성재(省齋)·시림산인(始林山人)이다. 이조판서 유승(裕承)의 아들이며, 어머니는 동래정씨(東萊鄭氏)이다. 첫 부

이시영

인은 영의정 김홍집(金弘集)의 딸이며, 둘째부인은 반남박씨이다.

1885년(고종 22) 관직에 나아가 10여 년간 형조좌랑·홍문관교리·승정원부승지·궁내부수석참의 등을 역임하였다. 1895년 관직을 물러난 뒤로는 중형 이회영(李會榮)·이상설(李相卨) 등과 근대학문탐구에 몰두하였다.

1905년 외부 교섭국장에 임명되었으나 을사조약의 강제체결을 계기로 사

직하였다. 그러나 1906년 재차 평안남도 관찰사에 등용되었고, 근대학교설립 및 애국계몽운동에 종사하였다. 그 뒤 1907년 중추원칙임의관, 1908년 한성재판소장·법부 민사국장·고등법원판사 등을 역임하였다.

한편, 안창호(安昌浩)·전덕기(全德基)·이동녕(李東寧)·이회영 등과 함께 비밀결사 신민회(新民會)를 조직하여 국권회복운동을 전개하였다. 국권피탈 후 신민회의 국외 독립운동기지 건설 계획에 의거하여 6형제의 가재(家財)를 재원으로 삼아, 1910년 말 서간도(西間島) 유하현 삼원보 추가가(柳河縣三源堡鄒家街)로 가족을 거느리고 망명하였다.

1911년 4월 유하현 삼원보 대고산(大孤山)에서 노천군중대회를 개최하여, 교육진흥 및 독립군양성을 표방한 경학사(耕學社)와 신흥강습소(新興講習所) 설립을 주도하였다. 경학사 초대사장에는 이상룡(李相龍)이, 신흥강습소 초대교장에는 이동녕이 추대되었다. 1912년 통화현 합니하(通化縣哈泥河)에 토지를 매입하여 신흥강습소를 신흥무관학교(新興武官學校)로 확대발전시켰다.

그 뒤 신흥무관학교는 유하현 고산자로 이전하였고, 합니하의 교사는 분교역할을 하는 등 1910년대 서간도지역 독립군양성의 총본산이 되었다. 특히 신흥무관학교는 1920년 폐교 때까지 재만항일독립군의 핵심 간부로 양성된 독립군들이 청산리대첩의 주역으로 활동하는 등 1920년대 국외독립전쟁의 골간으로 성장하였다.

1913년 9월 북경에서 원세개(袁世凱)정부와 한·중연합전선의 결성을 도모하였으나 원세개의 사망으로 중단되기도 하였다. 1919년 1월 고종황제의 죽음을 계기로 북경에서 이동녕·조성환(曹成煥)·이광(李光)·이회영 등과 국내 3·1운동에 호응하여 항일운동을 전개하였다.

이 무렵 상해(上海)로부터 북경에 온 여운형(呂運亨)·현순(玄楯)과 논의하고, 이회영·이동녕·이광 등과 상해로 가서 대한민국임시정부 수립에 참여하여, 임시정부 초대법무총장에 선임되었다. 같은 해 9월 재무총장을 거쳐 1926년 무렵까지 임시정부국무위원으로 재임하였다.

그 뒤 1929년에는 한국독립당(韓國獨立黨) 창당에 참여, 감찰위원장을 역임하였다. 1931년 4월 윤봉길(尹奉吉)의거 때에는 미리 항저우(抗州)로 가서 임시정부요인들의 피신처를 마련하였다.

1933년 중엽 자싱(嘉興)에서 김구(金九)·이동녕·송병조(宋秉祚)·차리석(車利錫)·조완구(趙琬九)·김붕준(金朋濬) 등과 함께 임시정부 활동을 재건하고 국무위원 겸 법무위원이 되었다. 1934년 『감시만어 感時漫語』를 저술하여 한국사의 주체성과 독자성을 강조하였다.

1935년 10월 김구 등과 함께 임시정부 지원정당이 한국국민당(韓國國民黨)을 창당하여 감사를 맡았다. 1938년 중일전쟁 발발로 임시정부가 충칭(重慶)으로 이동한 이후 임시정부 국무위원·재무부장·의정원의원 등을 역임하며, 광복 직전 임정활동의 핵심적 역할을 수행하였다.

1945년 8월 15일 조국광복과 함께 11월 임시정부 국무위원 자격으로 환국한 이래 1946년 봄 성균관총재와 대한독립촉성국민회(大韓獨立促成國民會) 위원장에 선출되기도 하였다. 그리고 대종교(大倧敎)활동에 진력하여 사교교질(司敎敎秩)·원로원장·사교(司敎)·도형(道兄) 등의 주요 직책을 역임하였다.

또한, 환국 직후부터 신흥무관학교부활위원회를 조직하여, 신흥무관학교의 건학이념 계승과 인재양성에 착수하였다. 그 결과 1947년 2월 재단법인 성재학원(省齋學園)을 설립하여, 신흥전문학관(新興專門學館)으로 발전시켜 1·2회 졸업생을 배출하였다. 그 뒤 한국전쟁으로 일시 침체국면에 처하기도 하였으나, 현재의 경희대학교로 계승되었다.

한편, 1947년 9월 공직사퇴 성명을 발표하고, 임시정부 국무위원직을 사퇴하였다. 그러나 1948년 7월 20일 제헌국회에서 실시된 정·부통령선거에서 대한민국 초대부통령에 당선되었다.

그러나 대통령 이승만(李承晩)의 전횡에 반대하여 1951년 5월 9일 국회에 부통령직 사임서를 제출함과 동시에 국정혼란과 사회부패상에 대한 책임을 통감한다는 요지의 대국민성명서를 발표하고 이승만정부를 떠났다.

이어 1952년 8월 5일 시행된 제2대 대통령선거 때에는 야당인 민주국민당(民主國民黨) 후보로 출마하였으나 낙선하였다. 그 뒤 국민의 정신적 지주역할을 하다가 죽었다. 장례는 9일간의 국민장으로 거행되었으며, 서울 정릉묘소에 안장되었다가 1964년 수유리 현 묘소로 이장하였다.

이관구는 이시영이 1951년 5월 9일 국회에 부통령직 사임서를 제출하자 사임 철회 진언을 드렸던 것이다. 이를 보면 다음과 같다.

〈이시영에게 부통령 사임 철회 진언〉

자선이 이성재(李省齋: 李始榮) 선생을 수원(水原)에서 뵈었는데, 그 때는 성재 선생이 부통령에 당선되었으나, 정부조직의 불공평함을 싫어하여 병을 핑계로 수원에 피하신 것이었다. 자선이 정부조직에 대한 감상(感想)을 묻고 대답하였는데 성재가 말하기를,

"천하의 일은 명실상부(名實合符)한 뒤에 이룰 수 있다. 지금 민주정치시대에 국가의 대소사(大小事)를 국민의 총의(總意)로 결정하지 않으면 민주국의 성질이 아니다. 지금 우리 민국(民國)이 새로 선 초기에 그 초대 조각(組閣)이 전적으로 이박사(李博士: 이승만)의 자의(自意)로 천단(擅斷)한 것은 명(名)과 실(實)이 합치되지 않는 것이다. 명과 실이 합치되지 않으면 그 속에는 반드시 불합리한 내부분쟁이 있게 되고, 마침내 종기가 절로 터져야 그치게 됨을 벗어나지 못한다. 나는 이러한 이유 때문에 조속히 이 직임(職任)을 벗어나려 한다."

하니, 자선이 말하기를,

"선생의 말씀이 옳습니다만 초대 부통령을 담당하시어 아직 스스로 실행하지도 못하고 미리 장차 어지러워질 것을 근심하여 부통령 지위를 사절(辭絶)하려 하는 것은 대중의 의혹을 받기 쉽습니다. 더구나 외국 형세에 법국(法國: 프랑스)에서 연합국(聯合國) 총회(總會)가 있으니, 우리나라의 사절(使節)을 파견하여 우리나라로 하여금 여러 나라의 승인을 받게 하고 연합국의 대열에 동참할 수 있게 하는 것이 바로 급선무입니다. 기타 외교의 중요한 일이 언덕과 같고 산과 같습니다.『시경(詩經) 소아(小雅)·상체(常棣)』에 이르기를 '형제가 담 안에서 싸우다가도 밖으로 타인의 모욕을 막아낸다.'고 하였습니다. 지금 내부의 불평으로 중요한 직임(職任)을 사절하려 하시니, 그 영향이 외교에 미칩니다. 백 번 참으시면 화평(和平)이 있

을 것이니, 오직 원컨대 선생은 참고 또 참으시어 후일을 기다려 사직하십시오"
하였다. 성재 선생은 묵묵히 한참 있다가 말하기를,

"나 또한 이러한 뜻이 있다. 군 등은 먼저 서울로 돌아가라. 나도 명일에 여기에서 서울로 돌아가겠다."
하였다.

제9장

역사연구로 방향 전환

이관구는 이승만의 정당통합에 기여한 후 정당에서 손을 떼고, 사학연구와 서예로 그의 인생행로를 바꾸었다. 그는 특히 독립정신에 큰 관심을 기울였다. 『언행록』에 보이는 「독립정신」을 보면 다음과 같다.

『독립정신』

〈독립정신〉

무릇 한 국가가 세계에 설 수 있는 것은 반드시 그 국민이 단독으로 갖춘 특질이 있어야 합니다. 위로는 도덕·법률로부터 아래로 풍속·습관과 문학·미술까지 모두 일종의 독립된 정신이 있어서 부조(父祖)가 전하고 자손이 계승한 뒤에 군중이 결합하고 국가가 이룩되니, 이것은 실로 민족주의(民族主義)의 근저원천(根柢源泉: 뿌리와 샘)입니다. 우리 동포가 능히 반만년동안 동반도(東半島)에 나라를 세운 것은 반드시 그 갖춘 특질이 굉대(宏大)·고상(高尙)·완미(完美)하여 정연하게 여러 민족과 다른 것이 있어서입니다. 우리들은 마땅히 보존하여 실추시키지 말아야 할 것입니다. 비록 그러하나 보존한다고 하는 것은 그 절로 생겨난 대로 맡겨두고서 방종히 말하기를 '나는 보존한다 나는 보존한다'고 하는 것이 아닙니다.

나무에 비유하여도 그러하니, 해마다 새싹이 자라남이 없으면 그 고사(枯死)는 서서 기다릴 수 있습니다. 우물에 비유하면 끊임없이 새 샘이 솟아남이 있지 않으면 그 고갈은 한 시간도 걸리지 않습니다. 저 새 싹과 새 샘이 어찌 밖에서 오는 것이겠습니까? 옛것이지만 새것이라고 말하지 않을 수 없습니다. 오직 그것이 날로 새로워야만 바로 그 옛것을 온전히 하게 되는 것입니다. 씻고 닦아 그 광채(光彩)를 내며, 도야(陶冶)하고 숙련하여 그 체단(體段)을 이루며, 북돋우고 쳐내어 그 본원을 두터이 하면서, 장점을 계승하고 고급을 증가시켜 날이 가고 달이 지나가면, 국민의 정신이 이에 보존되고 이에 발달합니다.

세상에서 혹은 '수구(守舊: 옛것을 지킴)' 두 글자를 하나의 매우 싫증나는 명사라고 하는데, 그것이 그러하겠습니까? 어찌 그것이 그러하겠습니까? 우리가 근심할 것은 '수구(守舊)'에 있지 않고 진정 '수구(守舊)'할 수 있는 사람이 없는 것을 근심해야 합니다. 진정 '수구(守舊)'할 수 있는 것은 무엇입니까? 바로 우리가 이르는바 그 본래 가진 것을 담금질하여 가다듬을 뿐입니다.

위에서 보는 바와 같이, 이관구는 "무릇 한 국가가 세계에 설 수 있는 것은 반드시 그 국민이 단독으로 갖춘 특질이 있어야 합니다. 위로는 도덕·법률로부터 아래로 풍속·습관과 문학·미술까지 모두 일종의 독립된 정신이 있어서 부조(父祖)가 전하고 자손이 계승한 뒤에 군중이 결합하고 국가가 이룩되니, 이것은 실로 민족주의(民族主義)의 근저원천(根柢源泉: 뿌리와 샘)입니다. 우리 동포가 능히 반만년동안 동반도(東半島)에 나라를 세운 것은 반드시 그 갖춘 특질이 굉대(宏大)·고상(高尙)·완미(完美)하여 정연하게 여러 민족과 다른 것이 있어서입니다. 우리들은 마땅히 보존하여 실추시키지 말아야 할 것입니다"라고 독립정신의 중요성을 강조하고 있다.

이관구가 이처럼 독립정신을 강조하고 있는 것은 해방 후 미국 소련 등 외세의 간섭 속에서 우리 민족의 자주 독립이 무엇보다도 중요하다고 보기 때문인 것 같다. 즉 이제 그의 화두는 일제시대와 마찬가지로 다시 독립정신이 그 화두가 되었던 것이다.

1. 서예: 서첩 『독립정신』에 수록된 인명과 글의 내용

1) 독립정신의 내용

이관구가 서예에 많은 노력을 기울였을 뿐만 아니라 능했음을 다음의 『언행록』에 실린 글을 통해 짐작해 볼 수 있다. 아울러 그는 한시에도 능했었다.

〈김규진과 나눈 서예 논평〉

　자선이 김규진(金圭鎭)을 만났는데 김규진이 자선을 위로하면서 말하기를,
　"그대가 수년 동안 중국을 두루 다니면서 〈글씨에〉 얼마나 많은 종이와 비단을 써냈습니까?"
하니, 자선이 대답하기를,
　"수레로 싣고 배로 옮기더라도 오히려 남음이 있습니다."
하였다. 김규진이 말하기를,
　"서법에는 각기 특기가 있으니, 해자(楷字)와 대서(大書)는 내가 당신만 못하나 예서(隸書)와 초서(草書)는 당신이 나만 못합니다. 전서(篆書)에 이르러서는 우리 두 사람이 모두 오세창(吳世昌)만 못합니다."
하였다.

〈이관구의 율시〉

　봄날 산에 오름(春日登山)
　봄산 가는 곳마다 꽃이 피었는데
　엷고 옅은 녹색 청색이 색을 보태네.
　두어 줄기 폭포는 소리가 밤새워 내린 비로 시끄럽고
　여러 봉우리 그림자는 아침을 빚어내는 노을에 지네.
　바위 사이를 돌아 나가는 겨우 한 가닥 길에
　연기나는 곳 멀리 둘러보니 간혹 서너 집이 있구나.
　종일 노니느라 돌아갈 일 깜빡 잊었는데
　짐 꾸리는 사람은 석양이 기운다고 알리네.
　　　　화사(華史)

　春日登山
　春山無處不開花　薄綠淺靑添色加
　數瀑聲喧經夜雨　群峰影落釀朝霞
　回出岩間纔一路　遙看煙處或三家
　盡日優遊渾忘去　束裝人告夕陽斜
　　　　華史

일찍부터 서예에 깊은 관심을 기울였고 식민지시대에 당대에 유명한 서예가들로부터 많은 공부를 하였던 이관구는 해방공간 속에서 정치를 접고 역사와 서예에 관심을 기울였다. 이때 그는 당대의 저명인사들의 글씨를 수집하였는데 특히 독립운동가들의 글씨를 모았다. 바로 이것이 『독립정신』이라 제호한 서첩인데, 53명에 달하였다. 그 후 그는 서울시 성북동 5번지 李堈公(의친왕) 집에서 저술활동을 하며, 『언행록』『의용실기』, 『신대학』 등 그의 항일운동과 사상을 집대성하고자 노력하였다.

이관구는 『독립정신』의 앞에 다음과 같이 서문을 적어 두었다.

> 1945년 11월에 〈독립서약서〉라고 제(題)하고, 40년간 내외국에서 왜경의 독안을 피하여 가며, 독립을 목적하고 분전고투하여 풍찬노숙으로 망명생활을 하여 오다가 천행으로 호기회를 맞나 고국으로 귀래하였으니 아직까지 독립이 오히려 성공되지 못하였으므로 오등은 더욱 노력하여 기필코 독립을 완성할 결심과 확신을 가지고 동지일동이 여시 서약서를 서(書)하고 기명낙인하여서 후일 기념을 삼고자 하노라. 기유 11월 망위시 이화사 기 (11월 望爲始 華史 記).

『독립정신』에 수록되어 있는 각 인물들의 글과 내용을 보면 다음과 같다.9)

---

9) 『독립정신』에 대한 해제는 화사선생기념사업회에서 간행한 책자에 이충구, 김병헌 등에 의한 탁월한 정리가 있음.

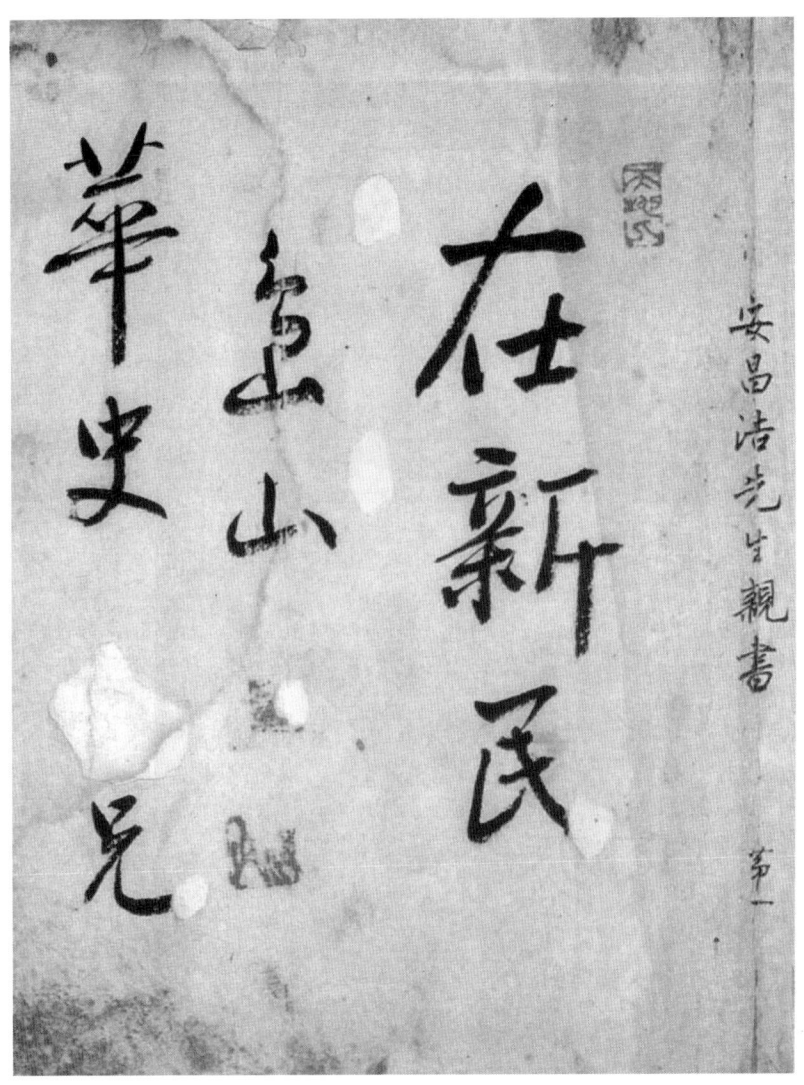

1. 安昌浩

在新民   백성을 새롭게 하는 데 있다
島山 華史兄

2. 李承晚

光風霽月　빛나는 풍경과 개인 달
李承晚

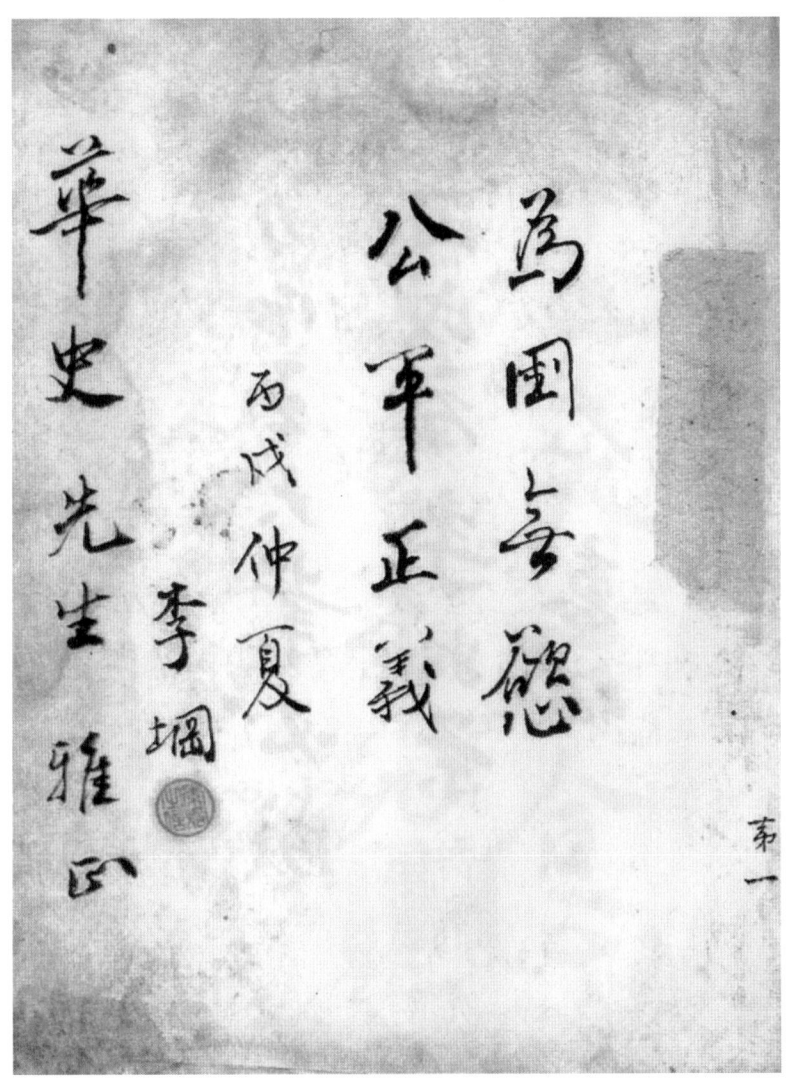

3. 李堈

爲國無慾　나라를 위하여 욕심이 없고, 공평하며 정의롭자
丙戌仲夏 李堈 華史先生 雅正

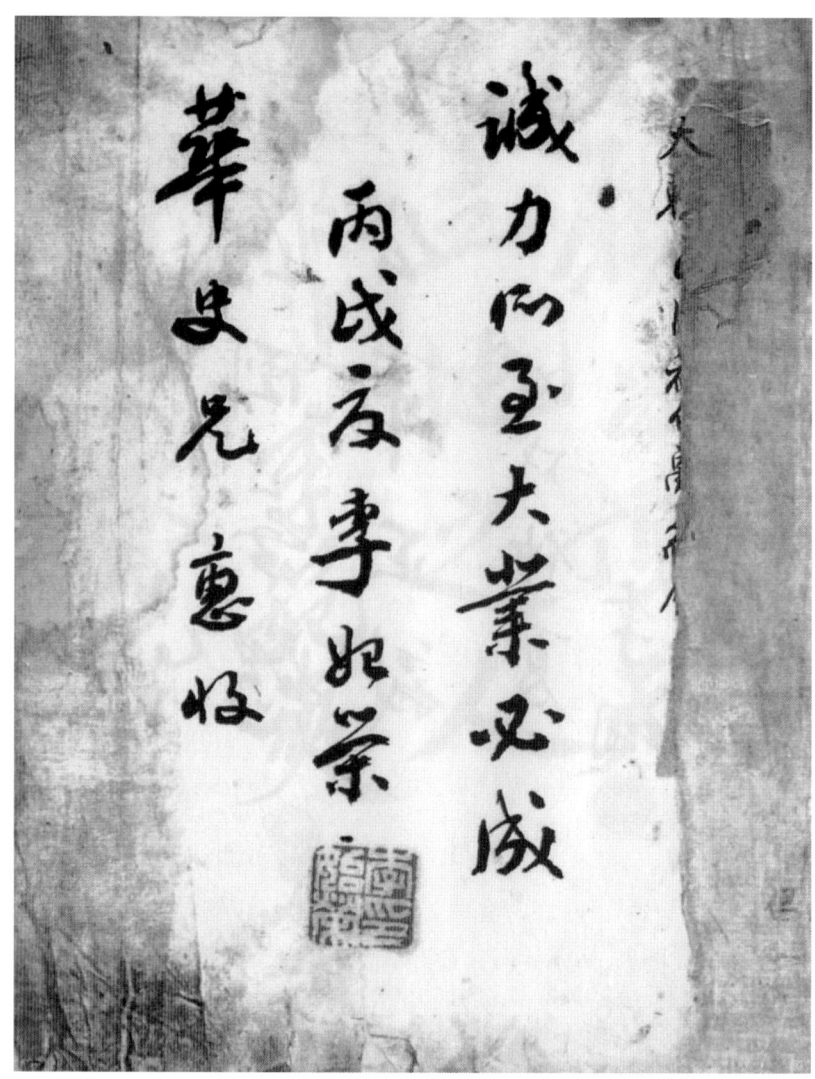

4. 李始榮

誠力所至 大業必成   성실한 힘이 이르는 곳에 위대한 사업이 반드시 이루어진다
丙戌夏 李始榮 華史兄 惠收

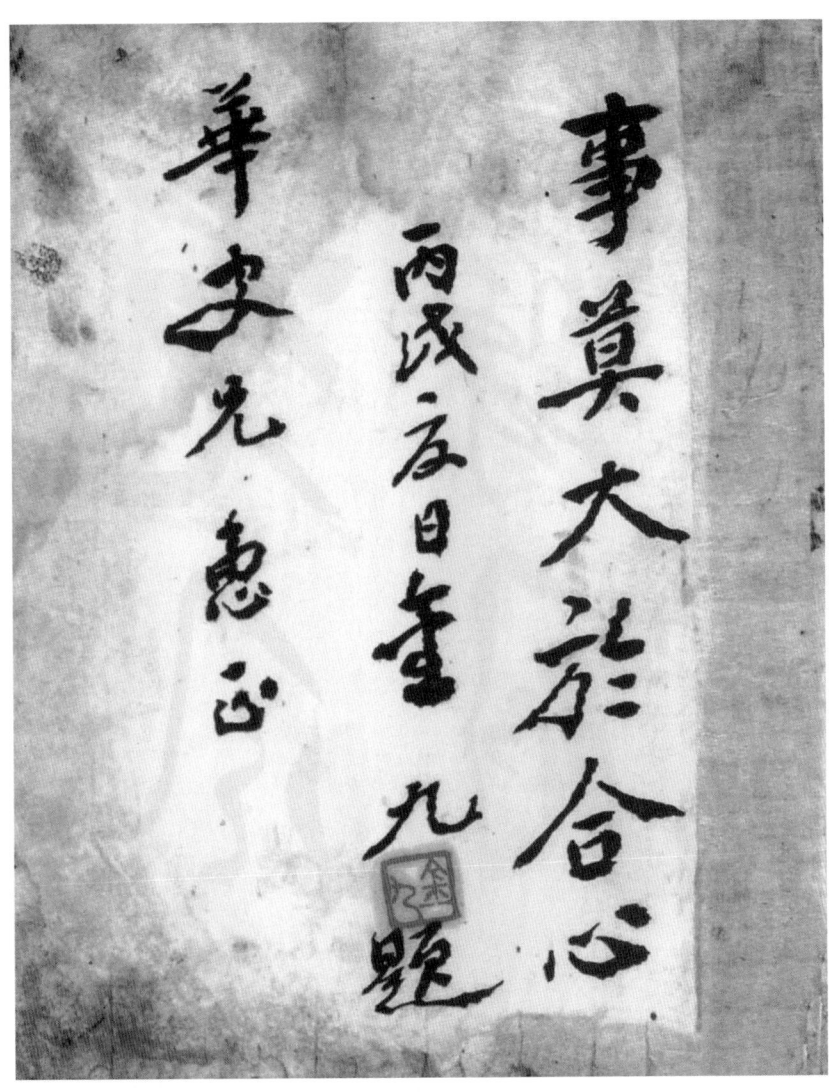

5. 金九

事莫大於合心   일에는 합심보다 중요한 것이 없다

丙戌夏日 金九題

華史呈惠正

6. 曺成煥

進退有勇 丈夫之氣魄 俯仰無愧 志士之操行　나아가며 물러남에 용맹이 있는 것은 장부의 기백이고, 하늘과 땅에 부끄러움이 없는 것은 지사의 절조 있는 행위이다

丙戌夏 曺成煥 書應 華史同志雅囑　병술년 여름 조성환이 화사 동지에게

7. 柳東說

安莫安於無慾　평안함은 욕심이 없는 것보다 편안한 것은 없다
柳東說, 華史先生 惠存　유동열이 화사 동지에게

8. 黃學秀

鐵血精神　철혈정신
丙戌夏 黃學秀　병술 여름 황학수
華史 同志 監　화사 동지에게

9. 趙琬九

成大業者 必從艱苦中得之　위대한 사업을 이룩하는 사람은 반드시 고생 속에서 획득한다
丙戌仲夏 中瀚 趙琬九 華史 同志 雅囑　병술 여름 조완구가 화사 동지에게

10. 李範奭

願爲 頂天 立地之人 정상의 땅 위에 서는 사람이 되고 싶다
後進 李範錫 敬題 華史先生 雅存 후학 이범석이 화사 선생에게

11. 申翼熙

獨立尙未成功 吾等仍 須努力 독립이 아직 성공하지 않았으니 우리들은 반드시 노력해야 한다
大韓民國 二十八年 六月 二十一日 申翼熙 華史同志存念 대한민국 28년 6월 21일 신익희가 화사동지에게

12. 金尙德

爲完成 自主獨立 期共同奮鬪 자주독립을 완성하기 위하여 공동분투를 기약합니다
金尙德 김상덕
華史先生 正之 화사 선생께서 바로 잡아 주십시오

13. 洪震

與衆更始 努力建國 以期於成 대중과 다시 노력하기 시작하여 건국함으로써 성공을 기약합니다
華史 同志 惠存 화사 동지에게
晩湖 만호

14. 趙素昻

神誌一句 신의 기록 한 구절
首尾 均平位 興邦保泰平 처음부터 끝까지 평균을 위치하고
　　　　　　　　　　　　나라를 일으켜 태평을 보존한다
華史兄正 화사형 바로 잡으시오
趙素昻 조소앙

15. 金奎植

眞心誠意 建國完成 진심과 성의로 건국을 완성합시다
尤史 金奎植 題 우사 김규식
4276.12.10

16. 李鍾泰[10]

建國精神 건국정신
丙戌夏 병술 여름
華史 同志 大兄 화사 동지에게

17. 吳世昌[11]

公正 공정
華史先生 監 화사 선생에게
丙戌 秋 八十三 叟 吳世昌 병술 가을 83세 오세창

---

[10] 서예가. 호는 소농. 본관은 경주. 조선 선조 때 사자관이었던 李海龍의 10대손. 이종태는 서예가로서 덕수궁 대한문 액서가 그의 글이다.

[11] 독립운동가이며 서예가 언론인인 吳慶錫의 아들. 민족대표 33인의 1인. 그 후 대한서예협회를 창립하여 전서와 예서에 능하였으며, 서화의 감식에 조예가 깊었다.

18. 金德卿

天必佑於明德　하늘은 반드시 밝은 덕성이 있는 자를 돕는다
丁亥 仲春　1947년
金德卿 華史先生 法正　김덕경 화사선생

　1907~1985. 계룡산 종교인. 서울출생. 金海心 大宗師. 동학 최시형의 제자로 제세교, 상제교, 천진교의 교주로 활동하였다. 김덕경은 김연국의 아들이다. 그는 일찍이 한학을 수학하였고, 이어 일본 와세다대학에서 종교철학을 공부하던 중 1923년 관동대지진이 일어나 귀국하였다. 3세 교주인 김연국이 1944년에 사망하자 그 뒤를 이어 김덕경이 상제교 4세 교주에 취임하였다. 1960년에는 상제교를 천진교로 고치고 2세 교주로 활동하였다. 이관구는 해방을 전후하여 계룡산에 출입하여 이때 그와 교류한 것으로 보인다.[12]

19. 朴東欽

滿洲僑居朴東欽 贈子鮮詩曰
故國無文尙有人 從容活潑兩相新　고국에 글은 없으나 오히려 사람이 있으니 / 조용하면서도 활발히 두 사람 서로 새롭구나
汪洋意氣山藏寶 灑落精神鷄破晨　드넓은 의기는 산에 보내로이 간지되고 / 말끔한 정신은 닭소리가 새벽공기를 가를 때로다
言實如符行險路 眞僞立判涉要津　말과 행실이 병부와 같이 험난한 길을 가고 / 진실과 거짓이 곧 판가름나자 중요한 나루를 건너도다
更將羽翼加餘力 畢竟雄名獨帶春　다시 날개에 남을 힘을 가하니 / 필경 웅비할 명예를 봄철에 홀로 지니겠구나

右海山 朴東欽 贈 李華史　위는 해산 박동흠이 이화사에게 준 것이다

---

[12] 「천진교의 문」, 천진교총본부 교무원, 1965 ; 「천진교경전 및 역사」, 천진교본부, 1975.

丙戌 八月 十五日 謄書   병술 8월 15일 베껴 쓰다

20. 李茂

移假尋眞 是乃義也   거짓을 변화시키고 진실을 찾는 것이 의리이다
杞泉 李茂   기천 이무
華史 同志 法正   화사 동지에게

21. 金斗和[13]

天運循環 無往不復   천운이 순환하여 가면 돌아오지 않음이 없다
丙戌 榴月 海菴 金斗和 華史 同志 雅正   병술 해암 김두화가 화사 동지에게

22. 金炳魯[14]

生業增進 貢獻 建國大業   생업증진 공헌 건국대업
金炳魯 李華史同志   김병로가 화사 동지에게

---

[13] 호는 海菴. 생몰연대는 알 수 없다. 이관구와 김두화는 중국의 안동에서 檀奇古史 번역관계로 신채호를 1912년경에 만난 적이 있었다. 그 후 1950년 전후 단기고사를 김두화와 이관구가 공역하여 출판한 것으로 보아 아주 가까운 사이며, 그때 두 사람이 생존하여 있었고, 고령인 것은 알 수 있으나 생몰연도는 알 수 없다. 단기고사는 경찰교양협회의 명의로 1950년 5월 1일 간행하였다. 김두화는 단기고사 번역 문제로 이관구와 친하였다.

[14] 1887~1964. 전북 순창 출신. 1910년 일본 명치대학, 일본대학에서 수학. 경성 법전 조교수. 1919년 경성지방법원 변호사. 광주학생운동 6·10만세운동, 원산파업사건, 단천노조사건 등의 사건에 대한 무료를 맡았다. 1927년 신간회의 중앙집행위원장, 1945년 한민당 창설에 기여함, 남조선과도정부 사법부장, 1948년 초대 대법원장.

23. 韋秉植

丙戌 忠將[15]起　병술 충장기
仲夏 上浣　여름
海山 韋秉植 華史 義友 監　해산 위병식이 화사 동지에게

24. 金朋濬[16]

爲華史先生　화사선생을 위하여
光明正大　광명정대
金朋濬 民國二十八年 十一月 三日　김붕준 민국 28년 11월 3일

25. 禹德淳[17]

百折不屈　백절불굴
禹德淳 華史兄 惠收　우덕순 화사형께

26. 李靑天[18]

發揮三一精神　3·1정신을 발휘하자
李靑天　이청천
華史 吾兄 雅存　화사형에게

---

15) 忠將은 이관구의 武將의 칭호이다.
16) 대한민국 임시정부 군무부장, 의정원의원, 국무원비서장. 1939년 임시정부 의정원 의장.
17) 해방 후 1948년 대한국민당 최고위원.
18) 해방 후 대동청년단을 창설하여 청년운동을 하다가 무임소장관 국회위원을 하였다.

27. 崔東旿[19]

民族精氣 悠久萬世　민족정기 유구만세
崔東旿　최동오
華史先生 惠存　화서선생께

28. 梁起鐸

禮冠萬邦 義絕千秋　예절은 만방에 으뜸이고 의리는 천추에 빼어나다

해방 후인 1948년 4월 20일 양기탁이 돌아가신 그날을 기념하여 서울의 三角町 松石 姜在天댁에서 김승학, 위병식, 이관구 등이 추모제사를 올렸다.

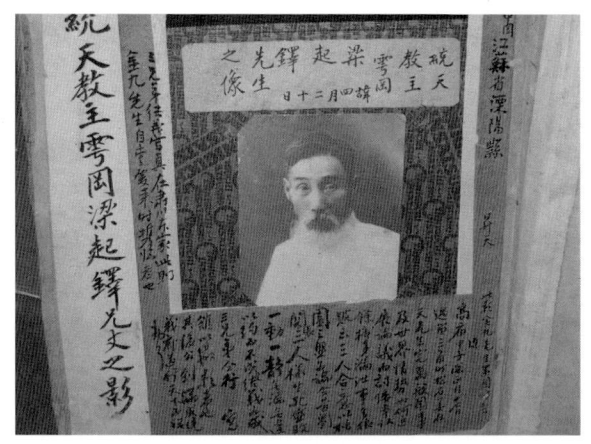

양기탁 추모제

* 統天教主 雲岡梁起鐸兄丈之影　* 생전에 받은 글씨를 수록한 것이다.

---

19) 1929년 조선혁명당 국제부장, 1932년 임시정부 국무위원 6·25 때 남북.

29. 申采浩

壯志 風塵 賦遠遊 提刀躍躍下山秋　풍진에 웅장한 뜻을 품고 원유편을 읊다가 / 칼을 잡고 뛰면서 산을 내려올 때로다
連天 荊棘 知前路 極目煙波有去舟　하늘에 닿은 형극에 앞길을 알겠고 / 눈이 다하는 안개낀 물결에 가는 배가 있도다
功業晩時休泣髀 機心萌處易驚鷗　공업이 뒤늦은 때라고 넙적 다리 살에 울지말라 / 욕심이 싹트는 곳에 갈매기들 놀래기가 쉽구나
石多尙有乙支屬 莫向隣家百尺樓　풀이 많아 아직도 을지굴이 있으니 / 이웃집 백척 누각을 향하지 말라
燕京送華史歸國　연경에서 이화사의 귀국함을 전송함

丹齋 申采浩　단재 신채호
於北京范子平胡同　어북경 범자 평호동
丙戌八月 十五日 謄書　병술 1946년 8월 15일 베껴쓰다

30. 閔泳純[20]

山河大運 盡歸於此道　산하의 대운이 모두 이도로 돌아간다.
丙戌 榴夏 石溪　병술 여름 석계
華史道人 正存　화사 도인에게

---

[20] 호는 石溪. 경기도 가평군 출신. 측량기수. 탁지부 인쇄국 교정원. 내각문헌비고 감인위원. 개벽사 영업국장. 신문관 주임 등을 역임하였다. 아울러 교회직으로 한성전교사, 용산전제 理文, 共宣 교구장 봉훈도사를 역임하였다. 嗚呼 二者役者의 去(故민영순동지의 영전에)(朴達成, 韓元彬), 163~165쪽. 『신인간』 7월호 1929년 7월 10일 발행, 서울.

31. 李恒稙[21]

其命維新 그 천명이 새롭다
山農 李恒稙 산농 이항직
華史 雅正 화사 선생에게

32. 金彰漢[22]

大業期成 큰 사업에 성공을 기대한다
礪軒 金昌漢 여헌 김창한
華史 仁兄 法正 화사형에게

33. 劉元燮

天人合發 萬化定機 하늘과 사람이 합하여 발동하고 모든 변화가 기틀을 정한다
丁亥 仲春 劉元燮 정해년 봄 유원섭
華史先生 惠正 화사 선생에게

34. 林炳許

獨立精神 救濟事業 독립정신 구제사업
大山 林炳許 대산 임병허
李華史 先生 淸覽 화사 선생 보십시오

---

[21] 大垣丈夫, 『朝鮮紳士大同譜』, 1913 참조. 호는 山農. 한문수학. 사범학교 수업. 육군문관학교 졸업. 육군보병참위. 황ㅎ도 관찰부 주사. 학무비서관. 학무대신 관방비서과장. 조선총독부 중추원 부참의, 사립화동학교 교장.

[22] 『대한민국 건국십년지』, 대한민국건국십년지간행위원회, 1956 참조. 호는 礪軒. 충남 논산 출신. 강경산업학교 졸업. 일본대학 상과 졸업. 해방전 동아무역주식회사 근무. 해방 후 군산사업학교 교사. 체신부 전화국 전화과장.

35. 李嚀憲

但祝 獨立 而第待神 兵踏宇宙耳   다만 독립을 축원하고 신비한 군대가 우주를 밟기
  만을 기다일 뿐이다.
丁亥 正月 日 小梧 李嚀憲   정해 정월 소오 이영헌
李華史先生 存念   화사 선생께

36. 權秉植

男兒有志 事必竟成   남아가 뜻이 있으면 일을 반드시 이룬다
丁亥 元月 望 翠松 權秉植   정해년 정월 취송 권병식
華史先生 雅正   화사 선생에게

37. 鄭眞觀

寄 同胞 詩   동포에게 부치는 시
山兄水弟與同遊 早則仁春晚義秋   산속의 형 물가의 아우와 노닐 때 / 이른 봄에는
  인이 어리고 늦은 가을에는 의가 어렸네
千峰月燭雲梯路 四海風鍾雨箭舟   많은 봉우리 촛불같은 달빛에 높은 사다리 같은 길
  / 사해는 종소리같은 바람에 빗발속의 배로다
將馴麋鹿先親鶴 欲釣蛟龍故伴鷗   사슴과 낯익히려 하여 먼저 학과 친하고 / 교룡
  을 낚으려 하므로 갈매기와 짝하느냐
排立中央觀宇宙 六州空處太平樓   가운데 떨쳐 서서 우주를 보니 / 육주에 공허한 태
  평루로다
鄭眞觀 詩律 丙戌 四月 日記   정진관의 율시 병술 4월 일 기록함

38. 郭明和

悟來 大道 渾無事 勘破眞機揔是空   대도를 깨우치면 온통 무사하니 / 진리의 기틀을 깨우치면 모두 공일세

嘘然一笑超人世 獨立春風萬木中   허허 한번 웃어 속세를 초월하니 / 봄 바람 많은 나무 속에 홀로 서 있네

郭明和 詩 國太師 協和萬邦   곽명화 시 국태사 만방을 화합하게 한다

39. 忠將

運回 鷄龍山   천운이 계룡산으로 돌아온다

戊戌 忠將 書   무술 충장(이관구) 씀

40. 太極眞人

吾亦從此逝矣   내가 또한 이로부터 나아가리라

太極眞人   태극진인

41. 天降大任於斯人

天降大任於斯人   하늘이 큰 임무를 이 사람에게 내린다

建國 赤狗 季夏 上浣   건국 여름

華史先生 同盟   화사 선생에게

42. 禹泰弼(鼎)[23]

任獨則暗 任衆則明也   단독자가 맡으면 어둡고 대중이 맡으면 밝다

丙戌 臘月 初吉   병술 12월

丹齋 禹泰弼   단재 우태필

華史 情友 囑   화사 벗에게

---

[23] 신민당위원 호는 丹齋(『매일신문』 1945년 9월 16일자).

43. 權寧珏

誠心所至 何事不成 성실한 마음이 이르는 곳에 어떤 일인들 이룩하지 못하랴
春艇 權寧珏 춘정 권영각
華史 仁兄 法正 화사 형에게

44. 崔璋烈

獨立戰取 독립을 쟁취하자
槿園 崔璋烈 근원 최장열
華史先生 雅鑑 화사 선생에게

45. 金仁昌

正大無私 정대하고 사사로움이 없다
素空 金仁昌 소공 김인창
李華史先生 法正 화사 선생에게

46. 李啓哲

公明正大 人道之常 공명정대는 사람 도리의 정상이다
丁亥 正月 赤星 李啓哲 정해연 정월 적성 이계철
華史先生 惠正 화사 선생에게

47. 水雲敎

獨與天地精神往來 萬物畢罹 莫知所歸 홀로 천지의 정신과 왕래하여 만물이 다 걸려 돌아가는 바를 알지 못한다.
水雲敎 華史先生 清鑒 수운교 화사 선생에게

48. 忠護 儒林

感賀六忠祠 舊址專力回復　육충사 옛터를 회복한 것을 축하함
忠護 儒林 一同 華史先生 雅正　충호 유림 일동이 화사 선생께 드립니다

49. 儒林 憲政會

憲政　헌정
儒林 憲政會　유림헌정회
華史先生 雅正　화사선생 아정

50. 山陰道人雨德

觀於海者難爲水　바다에서 살던 사람에게는 다른 물은 물이라고 할 것이 못되고
遊於聖人之門者難爲言　성인의 문하에서 노닐 사람에게는 다른 말은 말이라고 할 것이 못된다
山陰道人 雨德　산음도인 우덕

51. 李勳求[24]

國光 心堂學人 李勳求　국광 심당학인 이훈구
華史族兄 淸鑑　화사 선생에게

2) 『독립정신』 필자들에 대한 분석

이관구는 글씨를 수집하여 『독립정신』이라고 제목을 붙이고 서첩을 만

---

[24] 충남 서천 출신. 호는 心堂學人, 수원농림학교 졸업. 일본 동경대학 농학과 수료. 미국 캔자스주립 농과대학 대학원 수료. 위스콘신대학에서 철학박사 학위를 받음. 중국 금릉대학 교수. 평양숭실대학 교수. 1938년 『조선일보』 주필·부사장, 해방 후 성균관대학교 총장. 4·19혁명 후 민주사회당 창설, 초대 참의원 의원. 5·16군사혁명 직후 대전에서 사망. 그의 저서로는 『조선농업론』, 『만주와 조선인』이 있다.

들었다. 글씨를 쓴 사람이 모두 51명이다. 그중 1946년에 쓴 사람이 15명이고, 1947년에 쓴 사람이 6명이다. 연도를 쓰지 않은 사람이 21명이다. 아마도 글을 쓴 시기가 대부분 1946년에서 1948년 사이가 아닌가 추정된다. 이들 가운데 48명은 친필이다. 이 가운데 충장이라고 한 것은 이관구의 글이니 타인이 쓴 것은 모두 47명이다. 총 51명 중 3명은 이관구가 베껴 쓴 것이다, 이미 순국한 신채호, 양기탁, 박동흠이 글이 그것이다.

이관구가 이들의 글을 받은 이유는 이관구가 쓴 『독립서약서』에 잘 나타나 있다. 물론 기본적으로 대표적인 독립운동가들로부터 독립정신에 대한 글을 받고자 하였기 때문일 것이다. 아울러 해방 후 이관구가 정당활동을 하였으므로 정치인의 입장에서 바라보면, 서예가인 이관구의 입장에서 글을 주고받는 것은 서로 간의 교류를 증진시킬 수 있는 좋은 계기가 될 수도 있었을 것이다. 그가 글을 받은 인물들을 통하여 해방 후 이관구의 인적관계를 파악할 수 있다.

이관구의 독립정신에 글이 있는 인물들을 유형화하여 보면 다음과 같다.

첫째, 독립정신에 글을 쓴 인물들은 대부분 해방 후 귀국한 대표적인 독립운동가들이다. 이들 가운데에는 해외에서 항일투쟁을 전개한 대표적인 인물인 이승만, 김구, 안창호, 김규식, 이청천, 최동오 등 기라성 같은 인물들이 모두 망라되어 있다. 특히 이들 독립운동가들 가운데 주목되는 인물은 양기탁과 신채호이다, 이들은 모두 식민지시대에 순국한 인물들이나, 이관구가 이들을 특별히 존경하였기 때문에 그들이 써준 글들을 『독립정신』에 포함시켰던 것이다. 특히 이관구는 신채호에 대한 존경심이 각별하였던 것 같다. 그러므로 1946년 8월 15일에 그의 글을 적어 놓고 있는 것이다. 아울러 1948년 4월 20일 양기탁이 돌아가신 기일을 기념하여 서울의 삼각정(三角町) 송석(松石) 강재천(姜在天) 댁에서 김승학, 위병식, 이관구 등이 추모제사를 올렸다.

둘째, 이관구는 그와 함께 직접 항일투쟁을 전개한 인물들 중 특별히 친교가 있고 글씨에 능한 인물들의 글도 수록하고 있다. 박동흠, 이무, 위병식 등이 그러하다.

셋째, 이종태, 오세창 등 유명한 서예가들이 있다. 특히 주목되는 것은 이들이 쓴 글의 내용이 독립의 완성, 건국정신 등 당시의 시대적 소명감과 사명감을 잘 드러내 주고 있다는 점이다. 이종태(李鍾泰, 1850~?)는 조선 선조 때 사자관이었던 이해룡(李海龍)의 10대손이다. 그가 덕수궁 대한문 액서를 썼다. 오세창은 독립운동가이며 서예가 그리고 언론인인 오경석(吳慶錫)의 아들이다. 민족대표 33인의 1인으로서 대한서예협회를 창립하였다. 전서와 예서에 능하였으며, 서화의 감식에 조예가 깊었다.

넷째, 제우교, 천도교 등 종교인들의 글이 있다. 김덕경(金德卿, 1907~1985)은 동학 최시형의 제자로 제세교, 상제교, 천진교의 교주로 활동하였다. 김덕경은 김연국의 아들이다. 그는 일찍이 한학을 수학하였고, 이어 일본 와세다대학에서 종교철학을 공부하던 중 1923년 관동대지진이 일어나 귀국하였다. 3세 교주인 김연국이 1944년에 사망하자 그 뒤를 이어 김덕경이 상제교 4세 교주에 취임하였다. 1960년에는 상제교를 천진교로 고치고 2세 교주로 활동하였다. 이관구는 해방을 전후하여 계룡산에 출입하여 이때 그와 교류한 것으로 보인다.

다섯째, 해방 후 이관구와 함께 신민당 위원으로 활동한 인물들이 있다. 우태필[禹泰弼(鼎)], 권영각(權寧珏) 등이 그러하다.

2. 사학연구회 활동

이관구는 해방 이후 신민당을 조직하여 일시 정당활동을 하다 중단하고 이강공, 이시영, 위병직, 최장렬 등과 사학연구회를 만들어 한국사 연구에 몰두하였다.[25]

그와 함께 활동한 인물들의 경력을 보면 다음과 같다.

---

[25] 이관구, 『의용실기』.

이강

이강(李堈, 1877(고종 14)~1955)은 조선 말기의 왕족으로, 본관은 전주(全州)이다. 초명은 평길(平吉), 호는 만오(晩悟)로 의왕(義王)·의친왕(義親王) 또는 의화군(義和君)이라고도 불린다. 고종의 다섯째 아들이며, 어머니는 귀인장씨(貴人張氏)이다. 1891년(고종 28) 12월 의화군에 봉하여 졌으며, 1893년 9월 김사준(金思濬)의 딸을 맞아 가례(嘉禮)를 올렸다.

1894년 9월 청일전쟁에서 승리한 일본의 전승을 축하하는 보빙대사(報聘大使)로 임명되어 일본에 갔다가 그해 10월에 귀국하였다. 1895년 5월에는 특파대사에 임명되었으며, 같은 해 8월에는 특파대사 자격으로 영국·독일·러시아·이탈리아·프랑스·오스트리아 등을 차례로 방문하였다.

1900년 미국으로 유학하여 미국대학교 특별과에 입학하였으며, 같은 해 8월에 의왕으로 봉하여 졌다. 1905년 4월 미국유학을 마친 뒤 귀국하여 그해 6월에 적십자사 총재가 되었다. 1910년 일제에 나라를 빼앗긴 뒤에는 항일독립투사들과 접촉하여 1919년 대동단(大同團)의 전협(全協)·최익환(崔益煥) 등과 상해 임시정부로의 탈출을 모의하였으며, 계획을 실행에 옮기던 도중 그해 11월 만주 안동(安東)에서 일본경찰에게 발각당하여 강제로 본국에 송환되었다. 그 뒤 여러 차례 일본정부로부터 도일을 강요받았으나 끝내 거부하여 항일의 기개를 굽히지 않았다. 우(鍝)와 건(鍵) 두 아들을 두었다.26)

이강은 해방 직후부터 이관구와 밀접한 관련을 맺고 있었다. 이관구는 그의 별장을 배려받아 기숙하며 집필활동을 하였던 것이다. 『언행록』에 이

---

26) 「이강」, 『한국민족문화대백과사전』.

관구와 이강이 나눈 이야기가 전해진다.

〈의친왕 이강과 나눈 유대론(紐帶論)〉

자선이 이강[李堈: 의친왕(義親王)]을 뵈었는데, 이강이 말하기를,
"과거에 일본의 압제시대에 있어서는 사람이 자유가 없었다. 그러므로 질서가 스스로 문란하지 않는 데에 이르렀다. 해방 이후에는 인민(人民)이 각각 편자유(遍自由)·야만자유(野蠻自由)·개인자유(個人自由)를 시행하였다. 그러므로 민정(民情)은 마치 어지러운 삼대와 같고, 물고기 눈이 진주에 섞이어 색깔을 판단할 수 없으며, 민(民)과 신(神)이 섞여서 법을 바로잡을 수 없으니, 장차 어떻게 세상에 처하겠는가?"
하니, 자선이 말하기를,
"옛날 〈중국의〉 희황(羲皇)과 갈천씨(葛天氏)의 시대에는 땅이 넓고 사람이 드물어서 사람이 사람과 만나면 친하기를 마치 형제처럼 하여 오히려 서로 이별할까 두려워하였습니다. 지금은 땅이 좁고 사람이 많아서 사람이 사람과 만나면 보기를 마치 원수처럼 하여 오히려 다시 만날까 두려워합니다. 사람이 사람과 만나면 서로 구제해 주는 마음이 있는 것은 옛날의 혼돈(混沌) 무위화(無爲化)의 시대이고, 이 잔포각박(殘暴刻薄)한 시대를 당하여 무위화(無爲化)의 시대를 상기(想起)하는 것은 몽상(夢想)에 불과하니, 생각한들 무슨 이익이 있겠습니까?

이른바 해방(解放)이라는 것은 단결(團結)의 반대입니다. 해방하기 때문에 어지러워집니다. 해방하고서 어지러워지지 않는 것은 죽은 재[死灰]나 마른나무[枯木]일 뿐입니다. 생명이 있으면서 어지러워지지 않는 것은 없습니다. 해방하지 않으면 또한 단속할 기약도 없습니다. 해방은 단결의 준비시대입니다. 이 해방시기에 처하여 문란(紊亂)하여 순서가 없는 것은 생물(生物) 발동(發動)의 능력(能力) 표현입니다. 우선 해방의 정도가 어떠한지를 살핀 뒤에 단결하면 그 단결은 진정 견고한 신단속(新團束)입니다.

그러나 단결의 유대(紐帶) 및 접착이 강력하지 않으면 또한 장구한 단결체(團結體)를 얻지 못합니다. 그러나 단결하는 도(道)는 단결물(團結物)의 자체(自體)가 어떠한지에 달려 있지 않고, 그 유대가 강력한지 강력하지 않은지 어떠한지에 달려 있습니다. 지금 이른바 단체가 아침에 결성했다가

저녁에 해산하며 오늘 결성했다가 다음날 해산하는 것은 모두 유대가 강력하지 않기 때문입니다. 그 유대라는 것은 혹은 주의(主義), 혹은 서결(誓結: 맹서 결합), 혹은 금전(金錢) 혹은 물자(物資) 등이 그것입니다.

그러나 우리가 유대로 하는 것은 금전 및 물자가 아니고, 바로 애국(愛國)의 참된 정신(精神)이 그것입니다. 이 정신이 있으면 건국(建國)의 일대 단체(一大團體)를 이룰 수 있어서 만년토록 불후(不朽)·불훼(不毁)의 금강기초(金剛基礎)를 기약할 것입니다. 전하(殿下)께서는 해방의 어지러운 형세를 근심하지 마시고, 오직 유대를 얻지 못함을 근심하십시오."
하였다.

이관구는 이시영과는 독립운동 당시부터 잘 알고 지내던 동지이다. 해방 후 대한민국이 건국된 후 이관구는「이시영에게 부통령 사임 철회 진언」을 올리기도 하였던 사이였다. 위병직에 대하여는『의용실기』「위병직」에 잘 나타나고 있다.

이관구가 한국사연구를 시작한 것은 일차적으로 이관구 본인이 한문과 역사에 조예가 깊었기 때문이었다. 또한 큰 계기가 된 것은 중국 북경에서 대표적인 민족주의 사학자인 신채호와 만나 교류한 것이 인연이 된 것이 아닌가 추정된다. 신채호의 대표적인 저술은 주지하는 바와 같이『조선상고사』,『조선상고문화사』,『조선사연구초』등이다.

이관구는 1912년 만주 안동현에서 신채호에게『단기고사』를 출판하기 위하여 서문을 부탁하였다. 신채호는『단기고사』를 읽고 유래를 물었다. 이에 이관구는 유응두가 중국 각지의 서점을 돌아다니다 구입한 것이라고 대답하였다. 유응두에 대하여는 이관구의『언행록』을 통하여 짐작해 볼 수 있다.

〈구월산 석비에 대한 유응두의 시〉

구월산(九月山) 마한촌(馬韓村)에 또한 고대의 석비(石碑)가 있는데, 대학(大學) 유응두(柳應斗)가 이 석비를 보고 시를 지어 이르기를,

마을 이름 마한(馬韓)이라 하는데,
특별히 이상한 돌이 있네.
대(垈)는 황량하고 철쭉만 붉은데,
글자는 마멸되고 이끼만 푸르네.
천지가 갈라진 초기에 생겨서,
흥망 시절에 서 있었구나.
글과 어진 사람이 모두 자취가 없으나,
아마 기씨(箕氏: 箕子)의 자취는 아닐는지.
하였다.

그 당시 이관구의 부친인 이윤구에게 『단기고사』 수십 부를 등사하여 출판할 예정이었다고 하였다. 그러나 신채호와 이관구는 중국에서 『단기고사』를 출판하지 못하였다.27) 결국 해방 후 『단기고사』를 이관구와 김두화(金斗和) 두 사람이 번역하여 1950년 5월 1일 경찰교양협죄회의 이름으로 간행하였던 것이다.28)

이관구는 1910년대 만주, 러시아, 연해주 등지를 다니며 발해의 역사유적을 다수 접하였다. 그때 한국고대사에 깊은 관심을 가졌을 것이다. 그러나 당시는 독립운동이 현안이었기 때문에 역사에 관심을 기울일 겨를이 없었을 것이다. 해방 후에도 정치활동을 하던 중에는 깊은 관여를 못하였으나 정당에서 손을 뗀 후 비로소 사학연구회를 조직하여 역사 연구에 몰두하였다. 특히 그는 만주벌판에서 건국된 발해사에 관심을 기울였다. 그 결과물이 『단기고사』의 발간이었던 것이다.

이관구가 쓴 『의용실기』 「유준희」조에서 이 부분을 짐작해 볼 수 있다.

柳準熙

八一五解放 後 華史가 新民黨首로 被任된 時에 宣傳部長의 任을 擔當하

---

27) 이충구, 「화사 이관구의 생애와 학문」, 『중국철학』 8, 48~49쪽.
28) 위와 같음.

여 많은 活躍를 하여 왔다. 新民黨이 合黨된 後로 華史와 共히 歷史硏究에 從事하였고 華史가 檀奇古史를 飜譯하여 出版한 後로 그 書冊를 四方에 傳播하기에 沒頭하였으며 檀奇의 古彊域를 細考하여 古時代의 版圖를 文字로써 範圍와 輪廓를 그려 놓았고 歷史의 曖昧處를 處를 많이 闡明하였으니 實로 歷史와 地理上의 功이 적지 안니하였다.

제10장

이관구의 순국과 역사적 위상

1. 군산에서 병으로 서거

1945년 해방이 되자 이관구는 동지들과 함께 서울로 직행하였다. 그해 미소 양국에 의하여 남북 간에 왕복이 불가능해져서 이관구는 고향의 가족들과 만날 수 없게 되어 그는 혼자 신세가 되었다. 그는 해방정국에서 신민당을 조직하여 정당활동을 하다 그만두고, 그 후에 사학연구회를 만들어 역사를 연구하였다. 당시 기숙은 이강공 의친왕의 별장인 서울 성북동 5번지에서 하였다.

1950년 6·25전쟁이 발발하자 이관구는 부산으로 피난갔다가 유엔군이 인천상륙작전으로 서울을 수복하자 다시 상경하였다. 이관구의 차남인 이하복은 고향인 해주에서 반공투쟁을 하다가 1951년 1월에 황해도를 탈출하여 전북 군산에 구사일생으로 도착하였다. 어머니와 함께 오지 못하고 어머니는 그 뒤에 별도로 군산으로 남하, 피난하여 모자가 군산에서 만났다.

이하복은 군산에 와서 남쪽에 계시는 부친을 백방으로 수소문하여 1951년 말 경에 매부인 당시 육군수송부대 대위인 정순형을 만나 거처를 알게 되었다. 1952년 초에 이하복은 의친왕의 별장에서 부친을 만나게 되었다. 이하복은 부친을 모시고 어머니가 계신 군산으로 달려가 부부가 상봉하게 되었다. 그러나 부부상봉의 기쁨도 잠시, 이관구가 전쟁 통에 고생하여 위장병을 앓게 되어 군산에서 이용춘 박사가 경영하는 개정(開井) 병원에 입원 중 1953년 4월 21일 69세에 병으로 서거하였다.

부친이 세상을 떠나기 전, 이하복은 이강공 영친왕 별장에 소유하고 하고 있던 부친의 유고 및 소장품들을 모두 인계받았다. 그리고 이 유품들을 이하복이 현재 모두 소장하고 있다.[1]

---

[1] 이하복과 그의 모친 여연수(1908년)와의 면담에서 청취(1997년 4월 15일).

이관구 묘소

2. 화사 이관구의 역사적 위상

이관구는 식민지시대에는 일본, 중국, 국내 등지에서 활발한 항일투쟁을 전개하였으며, 해방 후에는 정당활동을 통하여 대한민국정부 수립에 기여한 독립운동가로서 높이 평가된다. 그의 활동의 특징을 살펴보면 다음과 같다.

1) 이관구의 독립운동의 시대적 지역적 특징

첫째, 화사 이관구의 독립운동은 일제의 무단통치가 극에 달하였던 1910년대에 국내를 중심으로 전개되었다는 데 일차적인 의의가 있다. 주지하는 바와 같이 1910년대에는 비밀결사 등 아주 극소수의 단체들만이 독립운동을 전개하였던 아주 어려운 시기였다. 그럼에도 불구하고 이관구는 항일운동을 전개하였던 것이다. 대부분의 항일 세력이 숨을 죽이고 있던 그 시절, 이관구는 그러한 어려운 시기에 독립운동에 적극 나선 개척적인 불굴의 항일운동가였다.

그러한 시대적 한계 때문에 그의 활동은 황해도 지역 출신을 중심으로 이루어지는 특징을 보여주고 있다. 그러나 일제의 끊임없는 추적 속에서도 평안도, 경상도 등지까지 그 조직을 확대하고 있다. 이는 그 당시 일제의 감시와 교통망 등을 고려할 때 높이 평가해야 할 부분이라고 판단된다.

둘째, 이관구는 국내에 머물지 않고 만주, 중국 본토, 러시아, 인도, 유럽 등 국내외 각지를 돌아다니며 독립운동방략을 구상하고 투쟁을 준비한 인물이었다. 즉, 이관구는 해외 각지를 두루 다니며, 각지의 운동 세력 및 주요 인사들과의 만남을 통하여 동아시아 전체 속에서 한국의 독립을 인식하고 각지의 세력과 연대하여 항일투쟁을 전개하고자 한 인물이었다. 또한 신민회 등의 독립운동 기지 건설과도 밀접한 관련을 갖고 있던 인물이었을 것으로 보인다.

셋째, 이관구는 1910년 일제에 의해 조선이 강점되자 처음에는 일본으로 망명하여 일본의 불평당 등과 연계하여 독립운동을 전개하고자 하였다. 이러한 그의 활동은 상당히 흥미로운 부분이라고 생각된다. 앞으로 이관구가 일본에 가서 만난 불평당 인사들의 명단과 그들과의 담화내용 등 사료발굴 등을 통하여 보다 심도있게 밝혀져야 할 것이다.

넷째, 이관구는 1910년대 중국의 신해혁명이 전개되던 시절에 중국 본토에서 활동한 특징을 갖고 있다. 정원택의 『지산외유일기』에 그의 이름이 이명숙으로 등장하고 있는 것이다. 1910년대 중국의 신해혁명은 우리 젊은이들에게 큰 영향을 주었고, 그 영향으로 중국으로 망명한 인사들이 다수 있음은 주지의 사실이다. 신규식, 김규식, 조성환, 정원택 등 다수의 인물이 거론되고 있다. 그리고 이들이 중심이 되어 동제사를 조직하여 활동하기도 하였다. 이관구와 동제사와의 관련 등도 심도있게 밝혀져야 할 부분이다.

다섯째, 이관구와 만주, 러시아 지역의 항일운동 세력과의 연계 또한 심도있게 밝혀져야 할 것이다. 『의용실기』에 보이는 이시영, 허혁 등 1910년대 초 만주 지역에서 활동하던 중심인물들과 이관구는 밀접한 관련을 맺고 있었다. 그러나 이 부분에 대한 사료도 부족한 상황이다.

여섯째, 이관구는 1910년대 전반기 러시아, 유럽, 인도 등지를 다닌 것으로 되어 있다. 그리고 『언행록』에 그 지역에서 만난 인물들과의 대화 등이 실려 있어 그 일부분을 파악하는 데 도움을 주고 있다. 그러나 그 실체는 정확히 나타나고 있지 않은 것이 현실이다.

일곱째, 이관구는 하와이에 다녀온 것으로 되어 있다. 그리고 그 지역의 지도자들도 만나 독립운동에 대하여 논의한 것으로 되어 있다. 그러나 이 부분 역시 깊이 있게 검토되고 있지는 못한 형편이다.

여덟째, 이관구는 1920년대 전반 출옥한 후 1930, 1940년대의 활동상이 거의 드러나고 있지 않다. 물론 국내에서의 어려운 여건 때문이기는 하지만 그의 독립운동 활동은 상당히 제한적으로 이루어진 것으로 보인다.

지금까지 검토를 통하여 볼 때 이관구는 1910년대부터 1945년 해방에 이르기까지 국내를 비롯하여 중국, 러시아 등 해외에서도 활발한 항일투쟁을 전개한 인물임에는 틀림없다. 그러나 그의 항일운동은 주로 1910년대에 집중되어 있다는 점이 그의 활동의 특징이자 한계점이라고 할 수 있겠다.

2) 이관구의 이념상, 투쟁방략상의 역사적 위상

첫째, 이관구는 조부인 이영직과 의병장 유인석을 중심으로 한 위정척사적 유학적 기반을 토대로 항일의식을 갖게 되었다고 볼 수 있다. 그의 학문 수학과정과 집안의 내력, 사승관계 등이 전반적으로 이를 반증해 주고 있다. 아울러 그와 함께 활동한 동지들의 상당수가 황해도와 평안도 지역의 유림을 바탕으로 이루어지고 있음을 통해서도 이를 짐작해 볼 수 있다.

둘째, 이관구는 신민회의 이념에 가장 충실하였던 인사였던 것 같다. 그는 구한말 평양 대성학교를 졸업하였고, 신민회의 대표적인 인사인 양기탁 등과 매우 밀접한 관련을 맺고 있다. 또한 안창호 등 신민회 계통의 인사들과 깊은 연계를 가지며 활동하였던 것이다. 그런 그였으므로 신민에 깊은 관심을 기울였고 중국의 북경에 체류하고 있었을 때에도 신민설을 주장한 양계초와 교류를 가졌으며 자신의 신민설을 체계화해 나갔던 것이다. 또한 그의 그러한 입장은 해방 이후에도 신민당을 조직하는 등 계속되었던 것이다.

셋째, 이관구는 1910년대에는 무장투쟁적 성향을 보이고 있다. 항주에서의 무관학교 입학, 조선총독의 암살 계획 등 다수한 그의 행동 속에서 그러한 모습이 보여지고 있다. 이러한 그의 노선은 1910년대 중반 대한광복회를 조직하여 박상진 등과 함께 활동하는 기초가 되었다. 그러나 그가 1920년대 출옥한 이후 국내에 머문 이관구는 민족교육 등을 통하여 동포들에게 민족의식을 고취시키고자 하였다. 따라서 해방 후 이관구는 사학연구회를 결성하여 새로운 국가의 정신적 기초를 마련하고자 하였다.

 넷째, 이관구는 빈민을 구제하여 인심을 수습하여 사상의 통일을 기하고자 하였다. 이러한 생각은 신교육을 받은 그에 의하여 가능하였다. 그는 1917년 음력 3월경 손우청과 논의하고 간도에서 동인이 경영하는 광제병원 확장비로서 금 4천 원을 투자하였다. 그는 1917년 음력 9월경 중국 청도에 병원을 설립하고자 하였다. 그러나 해외에서 중국인의 소작농으로 비참한 생활을 하고 있는 동포들을 위하여 병원을 설립하고자 한 예는 일찍이 찾아볼 수 없었던 특징적인 것이라 할 수 있다. 그리고 이러한 활동이 인심의 수습과 사상의 통일, 즉 항일민족의식의 형성방법으로 제시되었다는 사실 또한 주목할 만하다고 하겠다. 기존의 항일민족의식의 형성방법이 교육을 통한 단순한 민족의식의 고취에 의한 것이기 때문이다.

 다섯째, 이관구의 대표적인 활동으로는 박상진 등과 함께 조직한 대한광복회의 조직과 활동을 들 수 있을 것이다. 대한광복회는 1910년대 국내외에 걸쳐 가장 대표적인 비밀결사로서 그 역할을 다한 단체이다. 이 단체의 조직에 이관구가 주도적인 역할을 하였으며, 특별히는 황해도 지부장을 맡아 활동하였다. 그러나 실제 그는 황해도, 평안도 등 이북 지역 대한광복회의 결성에 산파역할을 하였으며, 그로 인해 이북 지역의 조직이 이루어졌다고 해도 과언이 아닐 것이다. 이관구의 대한광복회 활동은 그의 독립운동 중 가장 대표적인 것으로 이해할 수 있을 것이다.

『광복의용기』

　결국 이관구는 당대 대표적인 독립운동가인 신채호, 박은식, 이시영, 양기탁, 안창호, 박상진 등 여러 항일투사들과 함께 항일투쟁을 전개한 1910년대의 대표적인 항일운동가로서 높이 평가되는 인물이라고 할 수 있다. 아울러 그는 1920년대 이후 국내에 머물러 있으면서도 안창호 등과 연락하는 등 끊임없이 독립운동을 위해 노력하였으며, 학생들에게 민족의식을 고취시키고자 하였다. 즉 그는 구한말 이후 일제시기를 거쳐가며 한번도 변절과 꺾임없이 당당히 어려운 시절을 선구자로서 살다간 항일투사인 점에서 주목되는 인물이다. 또한 그는 운동가이면서도 지속적으로 학문에 정진하여 수많은 업적을 남긴 당대의 선비인 것이다. 그가 해방 이후 사학연구회를 결성하여 역사를 올바로 세우고자 한 것은 새로운 국가에 있어서 민족적 정신문화의 중요성을 절실히 깨달은 화사의 탁견이라고 할 수 있다. 또한 군대의 중요성을 인식하고 대한국광복의용군이라는 군사조직을 결성한 것은2) 무장투쟁에 바탕을 둔 그의 투쟁노선 및 새로운 국가에서의 군대의 중요성을 인식한 때문이라 할 것이다.

　결국 이관구는 구한말과 식민지시대, 해방 후 등 격동의 세월 속에서 한국의 자존과 독립과 새로운 국가를 건설하기 위하여 노력한 독립운동가이자, 학자이자, 신국가건설론자였다고 할 수 있겠다.

---

2) 이관구는 정충장군으로, 대한국광복의용군 총사령으로 추대되었다. 아울러 全鮮義勇軍聯合軍의 최고 지휘장으로 추대되었다(『광복의용기』).

<보론>

대한광복회와 이관구의 항일독립운동

- 대한광복회 연구: 朴尙鎭 祭文을 중심으로
- 대한광복회 연구: 이념과 투쟁방략을 중심으로
- 대한광복회에 관한 새로운 사료: 『義勇實記』 / 박환

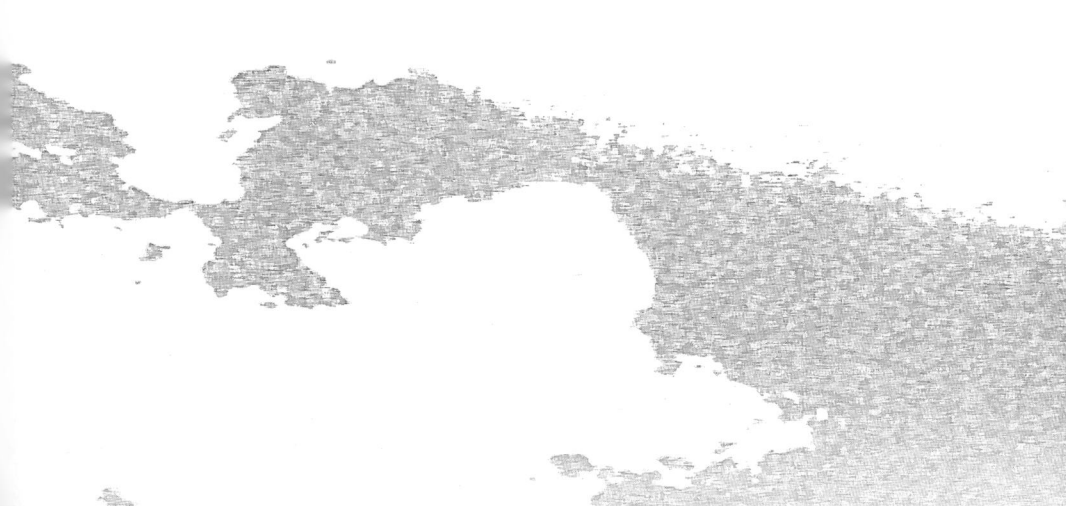

대한광복회 연구

朴尙鎭 祭文을 중심으로

1. 서론

일제가 한국을 강점하여 무단통치를 강행하게 되자 독립운동가들은 국내에서의 독립운동에 한계성을 느끼고 국외로 망명하였다. 그러한 가운데 국내에 남아 있던 독립운동 세력들은 대한독립의군부(大韓獨立義軍府), 대한광복회(大韓光復會), 조선국권회복단 중앙총본부(朝鮮國權恢復團 中央總本部), 조선국민회(朝鮮國民會), 자진회(自進會), 민단조합(民團組合) 등의 독립운동 단체들을 조직하여 대일투쟁(對日鬪爭)을 계속하였다.

이 가운데 대한광복회는 국내 및 만주(滿洲) 지역에까지 조직망을 갖고 있었을 뿐만 아니라, 1919년의 3·1운동과 1920년대의 독립운동에도 커다란 영향을 미쳤던 단체로서 학계의 주목을 받아왔다.[1] 그 결과 대한광복회의 조직·활동·이념 등이 대체적으로 밝혀지게 되었다. 그러나 그것으로써 이 단체에 관한 모든 것이 밝혀졌다고 할 수는 없을 것 같다. 왜냐하면 대한광복회를 이해하는 데 중요한 인물인 박상진에 대한 깊은 연구가 이루어

---

1) 趙東杰, 「大韓光復會의 結成과 그 先行組織」, 『韓國學論叢』 5, 1982 ; 趙東杰, 「大韓光復會研究」, 『韓國史研究』 42, 1983 ; 愼鏞廈, 「申采浩의 光復會 通告文과 告示文」, 『韓國學報』 32, 1983 가을.

지지 못하고 있기 때문이다.

따라서 본고에서는 박상진에 주목하면서 대한광복회에 대해 살펴보려고 한다. 우선 박상진의 가계를 검토하고, 아울러 그의 대한광복회에서의 활동을 살펴본 다음, 끝으로 박상진의 대상(大祥) 때 그의 부친 박시규(朴時奎)가 지은 제문의 내용을 분석 검토하고자 한다.

2. 박상진의 가계와 인물

1) 가계

박상진의 자는 기백(璣伯), 호는 고헌(固軒)이라 하였으며,[2] 본관은 밀양(密陽), 고향은 경상남도(慶尙南道) 울산군(蔚山郡) 농서면(農西面) 송정리(松亭里)였다. 그의 집안은 대대로 문한(文翰)과 밀접한 관련을 갖고 있는 유학자 집안이었으며, 이러한 사실은 이미 주지된 바이다.[3] 그러나 박상진이 이처럼 대대로 문한이 있던 가문의 출신이라는 확실한 근거는 아직 제시된 바 없었으며, 따라서 여기서는 그의 가계에 대하여 좀 더 구체적으로 살펴보고자 한다. 이를 위하여 『密陽朴氏族譜』[4]와 박상진의 재종제(再從弟)인 박용진(朴墉鎭)[5]의 증언을 토대로 그의 가계를 살펴보도록 하자.

박상진 가문의 중시조는 대헌공(大憲公) 박해(朴晐)이며, 박상진은 그로부터 18세에 해당된다. 대헌공은 고려 충목왕(忠穆王) 때 출생하여 조선시대에 대사헌(大司憲) 지한주사(知韓主事)를 역임하였고, 14대조 영손(英孫)

---

[2] 『密陽朴氏族譜』, 1978.
[3] 趙東杰은 「大韓光復會의 結成과 그 先行組織」에서 朴尙鎭은 承旨인 時奎의 長男으로서 校理인 伯父 時龍에게 出系하였으니, 철저한 儒家 출신임을 지적한 바 있다.
[4] 『密陽朴氏族譜』, 1978.
[5] 朴墉鎭(朴尙鎭의 6寸弟, 85세, 울산시 송정동 거주, 陶山書院 院長을 지낸 漢學者)과의 대담(1983.12.15).

도 성종(成宗)조에 홍문관(弘文館) 수찬(修撰)·교리(校理)를 지내는 등 문한으로 이름이 알려진 인물이었다.

8대조인 창우공(昌宇公) 때 그의 가문은 영천(永川)에서 울산(蔚山)으로 이거하였으며, 창우공 생원으로서『괴천집(槐泉集)』을 남기는 등 문한으로 명성이 있던 유학자였다. 또한 7대조 세도(世衜)도 숙종(肅宗) 대 임금께 상소를 올려 '진비기유풍위일세긍식(振批起儒風爲一世矜式)'이라는 평을 받았을 정도로 문한이 있었으며, 문집을 간행하기도 하였다.

박상진의 조부인 용복(容復) 때 가문의 문한은 더욱 빛나게 되었고, 그의 아버지 대에 와서는 절정에 달하였다. 용복은 문한이 뛰어난 인물로서 암행어사(暗行御使)의 천거를 받아 진사에서 중앙의 북부도사(北部都事)가 되었으며, 박상진의 생부인 박시규(朴時奎) 역시 문한이 있어 고종 22년 (1885)에 문과에 급제한 후[6] 성균관(成均館) 전적(典籍)·사간원(司諫院) 정언(正言)·홍문관(弘文館) 시독(侍讀)·장예원(掌禮院) 장예(掌禮)[7]·규장각(奎章閣) 부제학(副提學)[8]·승지(承旨)[9] 등을 역임하였다. 또한 박상진의 백부이자 양부(養父)인 박시룡(朴時龍)도 고종 27년(1890)에 문과에 급제한 후[10] 홍문관(弘文館) 시독(侍讀)·봉장전사(奉常典事)를 지내는 등,[11] 박상진가(朴尙鎭家)의 문한은 그의 아버지 대에 그 절정을 이루었던 것이다.

박상진은 바로 이처럼 대대로 문한이 있던 유학자 집안의 출신으로 경북경찰부에서 작성한『고등경찰요사(高等警察要史)』에도

朴尙鎭은 慶州郡 外東面 鹿洞里[12] 奎章閣 副提學 朴時奎의 장남이다.

---

[6]『國朝榜目』, 高宗 22년.
[7] 국사편찬위원회,『大韓帝國官員履歷書』, 203쪽.
[8] 慶北警察部,『高等警察要史』, 179쪽.
[9]『蒼皐文集』·『黙隱集』 등에 承宣令이란 기록들이 나옴.
[10]『國朝榜目』, 高宗 27년.
[11]『密陽朴氏族譜』.
[12] 朴庸鎭의 말에 의하면, 朴尙鎭은 蔚山 松亭에서 태어난 이후 慶州 鹿洞으로 이사하였다고 함(1983.12.15).

累計에 걸쳐 高官의 職에 나아갔으며, 德望이 높은 兩班家門의 출신으로…….13)

라 하여 그 일단을 엿볼 수 있게 한다.

문한과 대대로 관련을 맺고 있던 박상진가는 또한 상당한 재력을 소유하고 있었던 것으로 생각된다. 그러나 그의 집안이 많은 재산을 갖고 있던 대지주 집안이었다는 사실에 관해서는 지금까지 자세히 밝혀진 바가 없었다. 따라서 여기에서는 그의 집안이 재산을 축적하게 된 과정과 그 부(富)의 정도에 대하여 살펴보고자 한다.

박상진의 말에 의하면, 박상진가의 부는 그 가문의 문한과 관련을 갖는 것이라 한다. 8대조 창우공이 울산으로 이주해 올 당시만 해도 박상진가는 재산이 거의 없었다. 그것은 그의 백부인 돈(暾)이 포은(圃隱) 정몽주(鄭夢周)와 여헌(旅軒) 장현광(張顯光)의 임고서원(臨皐書院) 우배 문제(牛配問題)로 가산을 모조리 탕진하였기 때문이었다. 그러나 울산으로 이주한 이후에는 상당한 부를 얻게 되었으니, 당신 울산은 문한이 한미하던 곳이라 이 지역의 지주인 울산 이씨, 동래 정씨(鄭氏) 등이 박상진가와 혼인을 맺었기 때문이었다. 박상진가는 바로 이러한 혼인을 통해 상당한 부를 얻게 되었으며, 조부인 북부도사(北部都事) 용복(容復) 때에는 7,000석에 달하는 재산을 이루게 되었고, 박시룡(朴時龍)·박시규(朴時奎) 등 아버지 대에도 가산은 계속 늘어가는 형세였다.

이상에서 검토한 것을 종합해 보면, 박상진가는 대대로 문한이 있던 유학자 집안이었으며, 또한 경상도 지역의 대지주였다고 할 수 있다. 따라서 박상진을 '유학자 집안 출신이며, 대지주 자제의 한사람'이라 표현하여도 무방하리라 생각된다.

---

13) 『高等警察要史』, 179쪽.

2) 인물

　이상에서 우리는 박상진의 가계에 대해 살펴보았다. 그러나 박상진에 대하여 좀 더 깊이 이해하기 위해서는 이외에도 여러 가지 면에서 그의 면모를 고찰해야 할 것이다. 그러나 현재까지 박상진 개인에 대해서는 개괄적이고 간단한 사실들만이 밝혀져 있을 뿐인데,[14] 그것은 그에 대한 구체적인 자료들이 거의 전해지고 있지 않기 때문이다. 따라서 박상진의 면모와 행적을 구체적이고 보다 상세하게 밝혀낸다는 것은 매우 어려운 일이다. 그러나 필자가 얻은 박상진의 증언과 그의 4종형 박규진(朴煃鎭)의 『창고문집(蒼皐文集)』, 3종숙 박시주(朴時澍)의 『묵은집(黙隱集)』 등은 이러한 문제에 해결의 실마리를 제공할 수 있을 것이며, 따라서 이를 토대로 박상진에 대해 알아보고자 한다.

　유학자이며 대지주의 집안에서 고종 21년(1884)에 태어난 박상진은 1921년, 37세의 젊은 나이로 대구형무소에서 순국하였다.[15]

　그는 16세까지는 경주(慶州) 진동(鹿洞)에서 한학 수업을 받았으며, 그 후에는 집을 떠나 대대로 문한이 있던 유학자 집안 출신인 허위(許蔿)의 문하에 들어가 다년간 공부하였다.[16] 박용진(朴墉鎭)의 말에 의하면, 이때 허위는 멀리 서울에서 성균관박사(成均館博士)의 벼슬에 있었으나, 박상진은 이를 멀다하지 않고 찾아가 그에게 사사(私師)받았다고 한다. 당시 박상진의 주위에는 4종형 박규진(朴煃鎭), 3종숙 박시주(朴時澍) 등 문한으로 명망 높던 훌륭한 스승들이 있었다.[17] 특히 박규진은 그의 문집인 『창고문집』 「여족제기백상진(與族弟璣伯尙鎭)」에서도 볼 수 있듯이 박상진에게 학문하

---

[14] 趙東杰은 「大韓光復會의 結成과 그 先行組織」에서 朴尙鎭의 生涯에 대하여 두 페이지에 걸쳐 서술하고 있다(110~111쪽 참조).
[15] 『東亞日報』 1921년 8월 13일자.
[16] 『高等警察要史』, 179쪽.
[17] 朴煃鎭(號는 蒼皐)은 拓菴 金道鉉의 門下로 당대에 文名을 날렸으며, 文集으로 『蒼皐文集』이 있다. 그리고 朴時澍(號는 黙隱)도 文名이 상당하였으며, 文集에 『黙隱集』 2권이 있다.

는 자세를 제시하는 등 그의 스승이 될 수 있는 충분한 면모를 갖춘 인물이었다. 그럼에도 불구하고 박상진이 상경하여 허위를 스승으로 삼게 된 이유는 무엇이었을까. 박용진에 의하면, 무엇보다도 박상진이 고향에 자주 왕래하던 박규진·박시주 등으로부터 허위의 인품과 의병활동에 대하여 많은 이야기를 듣고 그에 대한 존경심을 갖게 되었기 때문이라 한다. 이처럼 박상진이 허위에 대해 존경하는 마음을 품게 된 것은, 허위가 박상진의 주위에 있던 박규진이나 박시주 등과는 달리 세상일에 적극적이며 또한 자신의 생각을 직접 행동으로 나타낸 인물이었기 때문이 아닌가 한다. 사실 박규진이나 박시주 등은 그들의 문집에 기록된 행록(行錄)에 의하면, 세상사를 피하며 울산(蔚山)에서 청송군(靑松郡) 진보(眞寶)로 이거, 은거생활을 하였던 현실 도피적이고 세상사에 소극적이던 사람들이었다. 반면 허위는 1895년 민비가 시해되자 분을 참지 못하고 직접 의병을 일으켰던,[18] 세상일에 적극적이고 자신의 생각을 직접 행동으로 실현하는 인물이었다. 바로 이 같은 허위의 적극성과 행동력에 존경심을 느낀 박상진이었기에 서울을 멀다하지 않고 상경하여 그의 문하에서 배우게 되었던 것이다. 그리고 이것은 또한 박상진의 생부인 박시규가 서울에서 벼슬을 하고 있었기 때문에 가능하였다.[19]

　허위의 문인이 된 박상진이 스승으로부터 받은 영향은 상당히 컸던 듯하다. 이러한 점은 박상진이 여러 해 동안 항일민족의식이 투철한 허위를 모시고 따랐다는 사실에서도 짐작할 수 있지만,[20] 허위가 1908년 10월 22일 사형을 당한 후[21] 그가 보여준 행동에서도 잘 알 수가 있다. 즉 허위가 처형된 후 일제가 회상(會喪)하는 것을 엄격히 금지하였음에도 불구하고 박상진은 스승의 시신을 거두어 산골짜기에 임시로 만든 집에 모시고 4일의 제

---

[18] 『許旺山集全』,「年譜」.
[19] 『大韓帝國官員履歷書』, 203쪽.
[20] 독립운동사편찬위원회,「旺山許蔿先生 擧義事實大略」,『독립운동사자료집』2(의병항쟁 자료집).
[21] 『大韓每日新報』, 1908년 10월 21일자.

(制)를 마치는 등, 위험을 무릅쓰고 혼자 스승에 대한 상례를 다하였던 것이다.22) 이것은 박상진이 허위에게서 받은 항일민족의식이 없었다면 불가능한 일이었을 것이다. 뿐만 아니라 일본 측의 기록에서도23) "박상진은 허위의 훈도에 의하여 우국(憂國)의 사념(思念)이 심각한 자"라고 평하고 있는 것으로 보아, 박상진이 허위에 의해 많은 영향을 받고 있었음을 알 수 있다.24)

특히 허위로부터 국권회복 방법론에 대하여 많은 것을 배우고 느꼈던 박상진은 허위가 처음과는 달리 신학문을 접하여 애국계몽사상을 갖게 되자 자신도 역시 양정의숙(養正義塾)에 입학,25) 신학문을 배웠으나, 국권은 무력에 의해서만 회복할 수 있다고 생각하였을 것이다. 그러나 현재 남아 있는 기록들 중에는 박상진이 허위와 함께 의병활동에 참가했음을 보여주는 자료는 없다. 다만 박용진의 증언에 의하면, 박상진이 허위와 함께 의병활동을 했던 평민의병장 신돌석(申乭石)26)과 형제의 의(義)를 맺고 있었다 하니, 이 사실을 통하여 그가 허위와 더불어 의병활동을 하지 않았을까 추측해 볼 따름이다. 아울러 1914년 박상진이 허위의 아들인 허영(許瑛), 사위인

---

22) 「旺山許蔿先生 擧義事實大略」,『독립운동사자료집』 2.
23) 『高等警察要史』, 179쪽.
24) 許蔿로부터 많은 영향을 받았던 朴尙鎭을 보다 깊이 이해하기 위해서는 許蔿에 관하여 간략히 살펴보는 것이 좋을 듯하다. 許蔿는 日帝가 1895년 10월 閔妃를 시해하고, 뒤이어 甲午更張 내각이 1월 斷髮令을 공포하자 梁濟安 등과 의논하여 의병을 일으켜 (「旺山許蔿先生 擧義事實大略」) 무력으로 日帝를 물리치고자 하였다. 이때 許蔿는 衛政斥邪의 입장에 서 있던 인물이었다(愼鏞廈, 「許蔿의 義兵運動」, 『韓國近代史와 社會變動』, 1980, 56~57쪽). 그런데 1899년 高宗의 命으로 園丘檀參奉에 임명되어(「年譜」, 『許旺山全集』) 서울에 온 이후 許蔿의 태도는 변하였다. 즉 그는 張志淵의 영향으로 신학문을 공부하게 되어 마침내 애국계몽사상을 가진 인물로 탈바꿈하였던 것이다(愼鏞廈, 같은 논문, 56~59쪽). 그러나 許蔿의 국권회복론은 무력을 통한 것이었다. 그것은 1907년 9월, 丁未七條約, 軍隊解散 등을 계기로 경기도 연천 등지에서 다시 무력을 통하여 국권을 회복하고자 의병을 일으키고 있는 데서도 알 수 있다(黃玹, 『梅泉野錄』, 439쪽). 이상과 같이 許蔿를 세상일에 적극적이고 실천력 있는 인물로 존경하고 있던 朴尙鎭은 물론 그로부터 학문적 도움도 받았을 것이다. 그러나 그와 더불어 스승의 국권회복 방법론에 대해서도 많은 것을 보고 느꼈을 것으로 생각된다.
25) 『高等警察要史』, 179쪽.
26) 金東煥, 『抗日義兵將列傳』, 1975, 80쪽.

이기영(李起永) 등 인척과 정찰화(鄭哲和)·이기상(李起商) 등 허위의 부하 또는 교우자들과 함께27) 임병찬(林炳瓚)이 중심이 된 대한독립의군부에28) 가담했던 사실은 이러한 추측을 더욱 확실하게 해주는 것이라 하겠다.

그런데 한국의 독립을 무력을 통하여 이루고자 했던 박상진에게 있어 1910년 일제의 한국강점은 크나큰 충격이었다. 일제의 무단통치로 인하여 국내에서의 무력투쟁은 거의 불가능하게 되었으며, 따라서 박상진은 이 같은 일제의 무력 탄압하에서 무력 투쟁을 할 수 있는 새로운 돌파구를 마련하고자 하였을 것으로 생각된다. 이러한 상황하에서 그는 중국의 혁명상황을 직접 살펴보기 위해 중국으로 건너갔으며,29) 귀국 후

> 中國革命에 관해 연구해야 하며, 우리가 계획하는 혁명도 이를 배워야 한다. 그러기 위해서는 秘密, 暴動, 暗殺, 命令의 4대 강령이 있다.30)

고 하여, 중국의 신해혁명을 연구할 필요성이 있음을 강조하였다. 그리고 한국의 혁명을31) 위해서도 비밀·폭동·암살·명령 등이 대단히 중요하다고 언급하고 있는데, 이것은 박상진이 중국의 혁명 상황을 살펴본 후 많은 감명을 받았으며, 그 결과 그의 무력을 통한 국권회복론이 비밀·폭동·암살·명령 등 4대 강령으로 체계화된 것이라 생각된다.

중국의 신해혁명을 직접 본 후 자신의 국권회복론을 더욱 체계화시킨 박상진은 무력을 통한 국권회복을 위하여 독립운동단체 조직에 부심하게 되었으며, 그의 이러한 생각은 1915년 일제의 대중국(對中國) 21개조 제시에 따라 중국 국민들 사이에 대일전의 기운이 고조되고32) 한국독립운동 단체

---

27) 『高等警察要史』, 177~178쪽.
28) 「擧義日記」, 『遯軒遺稿』.
29) 『高等警察要史』, 180쪽.
30) 독립운동사편찬위원회, 大正 8년 「刑控」 제168호, 『독립운동사자료집』 11(의열투쟁사자료집).
31) 여기서 革命이란 말은 韓國의 독립이란 의미와 같이 사용되는 것이 아닌가 한다.
32) 佐白有一·野村浩一 外(吳相勳 譯), 『中國現代史』, 1980, 230~245쪽.

들이 이에 가담코자 함으로써33) 실체화되기에 이르렀다. 즉 그는 재만동포들은 형편이 어려우므로 국내의 자산가를 대상으로 군자금을 마련하고, 이것을 바탕으로 일제(日帝)의 간섭이 심하지 않은 만주 지역에서 군대를 양성, 빠른 시일 안에 일제와 독립전쟁을 전개하고자 하였던 것이다. 박상진과 함께 대한광복회에서 활약했던 유창순(庾昌淳)의 제1회 예심 조서 중,

> 그 후 그 달 10일, 金漢鍾이 본인을 찾아와 朴尙鎭이란 자는 외국으로 가서 외국 사정에 정통한 위인이데, 그가 광복회를 조직하여 鮮內 各資産家에게 布告文을 배부하여 군자금 100만 원을 義捐케 하여 西間島로 가 兵士를 모집한 후 국권을 회복할 계획으로 있다.34)

한 데서도 알 수 있듯이, 외국 정세에 밝던 박상진은 독립운동 단체를 조직하여 무력을 통해 보다 빨리 독립을 얻고자 했던 것이다.

3. 박상진의 대한광복회 활동

1) 대한광복회의 조직

앞에서 우리는 간단하게나마 박상진이 대한광복회라는 비밀항일무력단체35)를 조직하게 된 배경을 살펴보았다. 그러나 박상진의 대한광복회에서의 역할을 이해하기 위해서는 본회의 조직에 있어 그의 비중이 검토되어야 할 것이다. 대한광복회 국내 및 국외조직에 있어 박상진이 중요한 역할을 하였음은 이미 주지된 바이다.36) 그러나 대한광복회는 비밀단체였던 만큼

---

33) 趙東杰, 「大韓光復會硏究」, 105~106쪽.
34) 『독립운동사자료집』 11, 687쪽.
35) 『光復會復活趣旨及沿革』, 1945.
36) 趙東杰은 「大韓光復會의 結成과 그 先行組織」, 「大韓光復會硏究」에서 大韓光復會의 조직 및 확대에 관하여 세밀히 분석하였으나, 朴尙鎭의 인간 관계를 중심으로 파악하

회원모집이 공개적이기보다는 비밀리에 행해졌을 것이므로 대한광복회 조직을 구상한 박상진의 인간관계가 중요함에도 불구하고, 지금까지는 여기에 주목하지 못하였다. 따라서 본고에서는 박상진의 인간관계를 중심으로 대한광복회의 국내외 조직을 검토해 보고자 한다.

대한광복회 조직의 구상을 갖게 된 박상진은 경주에 돌아와 자신의 계획을 우선 고향인 경상도 지역을 중심으로 실현하고자 하였다.[37] 그리하여 우선 그는 허위로 인하여 알게 된 경상도 출신 의병 우재룡(禹在龍)·권영만(權寧萬) 등과 접촉을 시작하였다.

우재룡은 일명 우이견(禹利見)·우경옥(禹景玉)·김재서(金在瑞)·김상호(金尙浩)라고도 하였으며,[38] 정환직(鄭煥直), 정용기(鄭鏞基) 부자가 이끄는 경상도 산남의진(山南義陣)에 참여하고 있었다.[39] 박상진이 우재룡과 접촉하게 된 것은 허위와 산남의진과의 관련에 의한 것이었으며,[40] 우재룡의 자서전인 백산여화(『白山旅話』)에 의하면,[41]

　　妻子를 金泉 知禮에 두고 영남 지방을 放浪하더니 慶州 朴尙鎭의 초청
　　을 받아 進遂한 결과 光復運動을 倉起하고…….

라 하여, 박상진이 영남 지방을 방랑하던 우재룡을 독립운동을 위해 초청하였다는 사실을 밝혀주고 있다.

권영만 역시 1906년과 1907년에 걸쳐 진보(眞寶)에서 의병을 일으켰던 경

　　진 못하였다.
37) 『독립운동사자료집』 11, 700쪽.
38) 『白山旅話』.
39) 위와 같음.
40) 趙東杰, 「大韓光復會의 結成과 그 先行組織」, 117쪽.
41) 『白山旅話』는 1955년 3월 3일 白山 禹在龍이 사망하기 직전, 山南義陣의 義兵將 鄭鏞基의 손자인 鄭路鎔에게 구술한 것을 鄭路鎔이 기록한 필사본이다. 필자는 이를 鄭鏞基의 손자인 鄭喜永(대구시 내당동 시영 APT. 12동 406호, 1984.2.14)에게서 입수하였다. 이 책의 내용은 禹在龍이 태어나면서부터 해방 이후까지의 전 생애를 기록한 것이며, 그 가운데 大韓光復會의 조직에 관한 사항 등이 나타나고 있다.

상도 지역의 의병 출신이었다.42) 박상진이 권영만과 알게 된 것은 허위 일족이 진보의진(珍寶義陣)에 직접 참가하고 있었기 때문으로,43) 이때 허위의 대표적 문인인 박상진과 진보의진의 권영만이 서로 알게 되었으리라 여겨진다. 박상진은 권영만과 상당히 가까웠던 듯한데, 그것은 박상진이 처음 대한광복회를 조직하려 할 때 우재룡과 함께 권영만에게도 국내 인사 연계에 적극 노력하도록 명령했었다는 사실에서 짐작해 볼 수 있다.44)

한편, 박상진은 허위로 인하여 알게 된 인물들 중 의병 출신이 아닌 사람과도 접촉하였던 것 같은데, 그러한 인물로는 채기중(蔡基中)과 이정희(李庭禧)를 들 수 있다.

채기중은 구한말의 선비로 직접 의병 투쟁에 참가했던 사람은 아니다.45) 박상진이 채기중을 만나게 된 것도 역시 박상진이 허위의 대표적인 문인이었다는 사실과 밀접한 연관이 있으니, 즉 풍기광복단(豊基光復團)의 중심인물인 채기중을 박상진에게 소개해 준 인물이 바로 허위와 함께 을미의병에 참가했던 양제안(梁濟安)이기 때문이다.46) 그런데 채기중과47) 박상진의 만남은 풍기광복단 단원인 유장열(柳章烈)·한훈(韓焄)·강순필(姜順必)·정만교(鄭萬敎)·김상오(金相五)·유창순(庾昌淳)·김병열(金炳烈)·정진화(鄭鎭華)48)등을 대한광복회에 가입케 하는 계기가 되었던 듯하다. 왜냐하면 풍기광복단의 목적은 대한광복회와 마찬가지로 독립군을 양성하여 무력으로 국권을 회복하고자 하는 것이었기 때문이다.49)

이정희는 경상북도 청도의 유지로, 그 역시 의병 출신은 아니다. 박상진과 이정희의 관계는 이정희가 아버지처럼 여기던 석주(石州) 이상룡(李相龍)

---

42) 金厚卿, 『大韓民國獨立運動功勳史』, 한국민족운동연구소, 1983, 363~364쪽.
43) 李東英, 「林隱 許氏의 抗日運動」, 1980, 8쪽.
44) 『白山旅話』.
45) 蔡又文(蔡基中의 아들, 73세)과의 대담.
46) 독립운동사편찬위원회, 「의병항쟁사」, 『독립운동사』 제1권, 244쪽.
47) 『素夢義士(蔡基中)遺稿』, 59쪽.
48) 위와 같음.
49) 趙東杰, 「大韓光復會의 結成과 그 先行組織」, 106~109쪽.

과 허위와의 친분에 의해 시작되었으며, 박상진과 이정희는 국권 회복을 위해 노력할 것을 피로써 맹세하기도 하였다.[50] 그리하여 1915년 박상진이 대한광복회를 조직하려 하자 이정희는 이석홍(李錫弘)·양한위(梁漢緯)·유진태(俞鎭泰)·권영목(權寧睦) 등을 규합, 조직에 공헌하였으며,[51] 1916년에는 박상진과 사돈이 됨으로써[52] 그들의 동지적 유대는 더욱 강화되었다.

한편, 박상진이 대한광복회에 가입시킨 인물들은 허위로 인하여 알게 된 사람들에만 국한되는 것은 아니었다. 그는 경상도 일대의 부호이며 국제정세에 밝고 활동적인 동지로서 조선국권회복단 중앙총본부에 소속되어 있던 사람들도 대한광복회에 가입하도록 하였던 것이다. 이것은 박상진이 조선국권회복단 중앙총본부의 회원이었다는 사실과 관계가 깊으며,[53] 그러한 인물로는 이시영(李始榮)·정순영(鄭舜泳)·홍주일(洪宙一)·정운일(鄭雲馹)·최준(崔浚) 등을 들 수 있다.

이시영은 대구에서 전당업을 하던 부호로서,[54] 매우 활동적일 뿐만 아니라 국제 정세에도 밝은 인물이었다. 이것은 그가 1914년 고향인 대구를 떠나 만주, 북경 등지를 돌아다니며 국제 정세를 살피는 한편, 적극적으로 독립운동을 전개했었다는 데서[55] 짐작할 수 있다. 그는 조선국권회복단 중앙총본부의 교통부장으로 활약하기도 했는데,[56] 아마도 이때 박상진과 알게 된 것 같다.

정순영은 경상북도 성주의 부호로서, 을사조약 이후 출국하여 남북만주, 시베리아, 상해 등지를 다니며 견문을 넓히는 한편, 독립운동을 하다 1913

---

50) 李庭禧의 3子 李夏基와의 대담(1983.7.5), 그리고 1932년 石州 李相龍이 死亡자 詩로써 애도한 바, 그중에 李庭禧와 李相龍의 관계를 알 수 있는 내용으로 '五十年間父事地'라는 구절이 보이고 있다.
51) 『梅雲義士 李公傳』.
52) 『密陽朴氏族譜』.
53) 『高等警察要史』.
54) 徐玉珠(李始榮의 며느리, 徐相日의 長女, 서울 동부이촌동 현대 A.P.T. 33동 1504호 거주)와의 대담(1984.2.17).
55) 尹普鉉, 『慶北版獨立運動實錄』, 1974, 336~337쪽.
56) 『高等警察要史』, 185쪽.

년에 귀국한 인물이었다.57) 그는 박상진과 함께 조선국권회복단 중앙총본부에 가입하여 여기서 유설부장으로 활동하기도 하였다.58)

홍주일은 경북 청도 유지의 아들이었다.59) 그는 일찍이 일본에 유학하여 동경문리전문학교(東京文理專門學校)를 졸업한, 신교육을 받은 인물로서, 귀국 후에는 평양(平壤)에 학교를 설립하고 학생들의 민족의식을 고취시키기에 노력하였으며,60) 박상진과는 조선국권회복단 중앙총본부에서 같이 독립운동을 함으로써 알게 되었던 듯하다.61)

정운일은 대구에서 전당업을 하고 있던 부호로서,62) 그도 역시 활동적이고 국제정세에 밝은 인물이었다. 그는 이시영·정순영·홍주일 등과 친분관계가 있었으며,63) 역시 박상진과는 조선국권회복단 중앙총본부에서 활약할 당시에64) 알게 된 것으로 짐작할 수 있다.

최준은 10대 진사, 10대 만석을 자랑하는 경상도 지역의 대지주였다.65) 또한 그는 박상진의 4촌 처남으로서66) 박상진과 가깝게 지냈으며,67) 국제정세에 밝던 매형을 통하여 많은 것을 들어 알게 되었고, 대한광복회에 가담하기도 하였다.68)

이외에도 경상도 고령(高靈) 출신인 김재열(金在烈)이 있었는데,69) 그에 관해서는 조선국권회복단 중앙총본부에 참여하고 있었다는 외에70) 별로

---

57) 尹普鉉, 『慶北版獨立運動實錄』, 418~419쪽.
58) 『高等警察要史』, 185쪽.
59) 洪宙一은 大邱 大倫學校의 創立者이기도 하다(『大倫六十年史』, 1981, 48쪽).
60) 尹普鉉, 「嶺南出身獨立運動史」, 광복선열추모사, 1961, 247쪽.
61) 『高等警察要史』, 184쪽.
62) 鄭德生(鄭雲駟의 동생 鄭雲騏의 딸, 75세, 대구시 남구 상인동 909번지)과의 대담(1984.2.15).
63) 위와 같음.
64) 『高等警察要史』, 185쪽.
65) 崔淡(崔浚의 長孫, 성남시 태평동 성남병원 이사장실)과의 대담.
66) 『月城崔氏佳巖派譜』.
67) 崔淡과의 대담.
68) 『高等警察要史』, 184쪽.
69) 위의 책, 185쪽.

알려진 사실이 없다. 그러나 이시영·정순영·홍주일·정운일·최준 등과 함께 대한광복회에 가입한 것으로 보아 역시 이들과 같이 국제정세에 밝고 활동적이던 인물이었을 것이다.

그 밖에 박상진은 대구의 유지들과도 접촉을 하였는데, 즉 김진만(金鎭萬)·김진우(金鎭瑀) 형제, 최병규(崔丙圭)·최준명(崔浚明) 등이 그들이다.[71]

그러나 대한광복회를 조직하게 된 박상진은 이상과 같은 경상도 지역에서의 조직만으로는 만족할 수가 없었다. 왜냐하면 전국에 군자금을 마련하기 위한 기반을 마련해야 할 필요성을 느꼈을 뿐만 아니라, 서간도 지역에도 독립군 양성에 필요한 기지를 마련해야 했기 때문이었다. 그리하여 박상진은 직접 다른 지역 회원 모집에 나서게 되었으며, 그 결과 김동호(金東浩)·김노경(金魯卿) 등을 대한광복회 회원으로 가입시켰다.

김동호는 박상진이 1916년 음력 9월 대구형무소에서 만나게 된 인물인데,[72] 그의 대한광복회 가입은 그 조직을 강원도로까지 확장시키는 계기가 되었다. 김노경은 1917년 음력 10월 초에 박상진이 경성 남문여관에서 만나 대한광복회의 취지를 설명하고 권유하여 가입시킨 인물이다.[73]

한편, 박상진은 이미 대한광복회 회원이 된 동지들과도 조직의 확대에 관하여 의논하고 또 이를 명령하였으나, 우재룡이나 채기중 등은 이에 따라 조직을 확대시키는 데 많은 노력을 기울였다.

우재룡은 이때 박상진의 명령을 받고 만주로 가서 주진호(朱鎭浩)·양재훈(梁在勳)·손일민(孫一民)·이홍주(李洪珠) 등과 접촉하였는데,[74] 그는 『백산여화』에서 당시의 상황을

나는 國內·國外를 從遊하야 白紙秘書를 通輪하야 內外相通하고 地下運動이 勃勃하든 次弟 意外에 大邱事件의 嫌疑로 國內·國外에 運動을 一年

---

[70] 「抗日獨立運動史」, 『대구매일신문』 1982년 5월 24일자.
[71] 위와 같음.
[72] 『독립운동사자료집』 11, 703쪽.
[73] 「光復會豫審終結決定書」, 『한국독립운동사』 2, 456쪽.
[74] 독립운동사편찬위원회, 大正 10년 「刑控」 제1057호, 『독립운동사자료집』 10.

停止하다가 尙鎭이 出獄함을 따라서 內外에 運動을 다시 續하야 오든 中…….

이라고 기술하고 있다. 우재룡의 만주 지역에서의 주진호(朱鎭浩)·손일민(孫一民)·양제훈(梁在勳)·이홍주(李洪珠) 등과의 접촉은 대한광복회 조직이 서간도의 부민단, 그리고 신흥무관학교와 연결되는 계기를 마련해 주었다.75)

채기중 역시 박상진의 명령을 받고 전라도의 이병호(李秉昊)를 가입시켰으며,76) 대한광복회의 조직은 이로 인하여 전라도까지 확대되었다. 또한 채기중은 충청도 예산의 김한종도 대한광복회에 가입시켰는데,77) 김한종의 집안은 대대로 출입이 잦아 많은 인물들을 알고 있었으므로,78) 충청도 조직을 이룰 수 있는 기반이 되었다.79)

이리하여 마침내 대한광복회의 조직은 경상도 지역뿐만 아니라 전국 각 도 및 서간도, 북간도에까지 그 조직망이 확대되었던 것이다. 당시 박상진의 지휘를 받아 국내외 조직에 있어 눈부신 활동을 보였던 우재룡은 그의 자서전 『백산여화』에서

慶尙道 支部長에 蔡基中, 忠淸道 支部長에 金漢鍾, 全羅道 支部長에 李秉燦,80) 慶尙道 支部長에 金善浩, 咸鏡道 支部長에 崔鳳周, 平安道 支部長에 趙賢均, 黃海道 支部長에 李海量,81) 江原道 支部長에 金東浩 등 手腕家가 道事務를 支配케하고, 本部에는 會長 朴尙鎭 以下에 崔浚, 李福雨 등 要

---

75) 趙東杰,「大韓光復會硏究」, 113~114쪽.
76) 『독립운동사자료집』 11, 692쪽.
77) 위의 책, 684쪽.
78) 金永大(金漢鍾의 외아들, 광명시 광복 A.P.T. 14동 301호 거주)와의 대담(1984.3.15).
79) 金漢鍾의 충청도 조직은 그의 부친인 金在貞과 관련이 깊다. 金尙俊, 李在德은 金在貞의 제자이다. 그리고 成達永·成文永(兄弟間), 金在豊, 金元黙, 金在哲, 金在仁, 金成黙은 金漢鍾의 집안과는 世誼家이고 金在豊, 金在昶은 金漢鍾의 三寸임(金永大와의 대담).
80) 李秉燦은 李秉昊와 同一人物인 듯함.
81) 李海量은 李觀求의 딴 이름인데, 李觀求의 아들 李夏馥이 權寧萬으로부터 들었다고 함.

> 人이 各地 氣脈을 通하며, 國外로는 滿洲에 安東旅館 孫晦堂(一民)과 奉天 三達洋行 精米所 鄭毅堂(淳榮) 등[82] 要人이 主動機關을 運營하게 하고, 滿洲司令官으로 李奭大를 委任하고……

라 하여, 당시 대한광복회의 조직이 국내뿐만 아니라(함경도 포함) 만주에까지 확대되어 있었음과 아울러, 대한광복회의 주요인물들이 누구였는가를 알려주고 있다. 그런데 이들 요인들은 대부분 박상진과 밀접한 관련을 갖고 있던 인물들이다. 즉 박상진과 함께 대한광복회 조직을 위해 활동한 채기중이 경상도 지부장직을 맡고 있으며, 박상진이 직접 가입시킨 김동호는 강원도 지부장직을, 박상진의 4촌 처남인 최준은 본부에서 일하고 있는 것이다. 또한 박상진의 명령으로 채기중이 권유하여 가입시킨 김한종이 충청도 지부장을, 이병찬(李秉燦)이 전라도 지부장직을 각각 맡고 있다. 그리고 우재룡에 의해 가입한 손일민(孫一民)은, 지금까지는 대한광복회에서의 구체적인 활동이 알려지지 않고 있으나, 만주 안동여관을 거점으로 하여 활동하였으며, 박상진과 함께 조선국권회복단 중앙총본부에서 유세부장으로 활약했던 정순영은 봉천의 삼달양행(三達洋行) 정미소를 운영하였다.

이 외에 박상진이 대한광복회 조직을 위하여 처음 접촉했던 우재룡은 지휘직을, 권영만은 참모직을 각각 맡았으며,[83] 이들은 박상진의 부관처럼 항상 행동을 같이 하였다.[84] 박상진의 명령으로 채기중에 의하여 가담한 한훈(韓焄)·임세규(林世奎) 등도 참모로서 활동하였으며, 박상진과 친분이 두터웠던 이정희·김진만 등도 참모로서 활동하였고, 박상진과 함께 조선국권회복단 중앙총본부에 가입했었던 홍주일은 고문에, 대구의 유지인 최병규(崔丙圭)·최준명(崔浚明) 등은 선전직을 맡았다. 그리고 풍기광복단원이었던 유창순(庾昌淳), 강병수(姜秉洙) 역시 각각 선전을 담당하였다. 그 외에 만주사령관으로는 이석대(李奭大)가 임명되었다.[85] 이석대와 박상진의

---

82) 鄭舜泳과 같은 인물임.
83) 『光復會復活趣旨及沿革』.
84) 朴墉鎭의 증언.

관계를 밝혀주는 기록은 없으나, 박상진이 총사령이고 이석대는 만주 지역 사령관이었음을 볼 때, 잘 아는 사이였던 것으로 짐작된다.

그런데 이석대가 은산금광사건(殷山金鑛事件)으로 체포됨에 따라 박상진은 김좌진을 만주 지역 사령관으로 임명하였는데,[86] 이것은 박상진과 김좌진이 의형제였다는 사실과[87] 관련이 있지 않을까 한다. 이상의 검토로써, 우리는 대한광복회의 국내외 조직이 박상진의 인간관계와 깊은 관련을 가지고 있다는 사실을 알게 되었다.[88]

2) 대한광복회를 중심으로 한 박상진의 독립운동

대한광복회 활동에 있어서 박상진은 중요한 인물로 주지된 바 있으나,[89] 그 구체적인 활동상에 대해서는 자세히 언급된 적이 없었다. 따라서 여기서는 대한광복회를 중심으로 한 그의 활동을 좀 더 구체적으로 살펴보고자 한다.

박상진이 대한광복회에서 얼마나 중요한 비중을 차지하였던가 하는 점은, 그의 4대 강령인 비밀·폭동·암살·명령이 그대로 대한광복회의 실천강령으로 반영되었다는 사실에서 잘 나타나고 있다. 이미 앞에서 언급한 바 있듯이, 그는 중국의 신해혁명을 살펴본 후 비밀·폭동·암살·명령 등으로 체계화된 자신의 국권회복론을 대한광복회의 4대 강령으로 내세웠던 것이다.[90]

그리고 유창순의 제1회 예심 조서 중,

---

85) 『白山旅話』.
86) 위와 같음.
87) 이러한 사실은 朴尙鎭이 死刑당한 후 金佐鎭이 지은 輓詞에서 찾아볼 수 있다. 즉 "結義桃園二十年 知公毅節衆難肩……義弟 金佐鎭 痛器挽"(「大韓光復會 總司令 朴義士尙鎭殉國史」, 1980).
88) 趙東杰도 앞의 두 논문에서 大韓光復會의 조직이 국내외에 걸쳐 있었음을 지적하였다. 그러나 그의 설명은 朴尙鎭의 인간관계를 중심으로 한 것은 아니다
89) 趙東杰의 앞의 두 논문. 그러나 趙東杰은 大韓光復會라는 단체에 비중을 두었다.
90) 『독립운동사자료집』 11, 690쪽.

> 朴尙鎭에게 인사를 드리자 朴은 세계 각국의 정세를 이야기하면서, 세계 각국에 혁명이 일어나고 있으니, 朝鮮에서도 혁명을 할 수 있노라고 말하면서 이것을 하기 위해서는 첫째 비밀, 둘째 암살, 셋째 폭동, 네째 명령의 4가지를 지켜야 한다.[91]

고 나타나 있는 바와 같이, 대한광복회의 목적 달성을 위해서는 그의 이념인 4대 강령을 반드시 지켜야 한다고 회원들에게 누누이 강조하였던 것이다. 뿐만 아니라 박상진은 이 4대 강령의 현실적인 실현 가능성에 대해서도 나름대로의 견해를 갖고 있었다. 즉 그는,

> 일을 성사시키기 위해서는 첫째 비밀, 둘째 폭동, 셋째 암살, 넷째 명령의 4가지라고 할 수 있는데, 비밀은 각자가 이것을 지키자면 지킬 수 있는 것이고, 폭동은 지금 상황에서는 자신이 없으나, 오직 암살은 지금이라도 가능하다.[92]

고 하여, 비밀·암살·명령만이 현실적으로 실현 가능하다고 보았던 것이다.

한편, 박상진은 대한광복회를 조직하고 국내의 자산가들에게 포고문을 발송하여 군자금 100만 원을 의연케 하고자 했으며, 만주 지역으로 가 병사를 모집한 후 무력으로 국권을 회복하고자 노력하였다. 박상진의 이러한 계획은 대한광복회의 실천 사항을 통해서 그대로 나타나고 있으나, 그것은 다음과 같다.

1. 武力準備: 一般富豪의 義捐과 일본인이 不法徵收하는 세금을 압수하여 此로써 武裝을 준비함.
2. 武官養成: 南·北滿洲에 士官學校를 설치하고 인재를 敎養하야 士官으로 채용함.
3. 軍人養成: 我大韓의 由來義兵, 解散軍人 및 南·北滿洲 移住民을 소집하

---

[91] 위의 책, 688쪽.
[92] 위의 책, 685쪽.

야 訓練 채용함.
4. 武器購入: 中國과 露國에서 依賴 구입함.
5. 機關設置: 大韓, 滿洲, 北京, 上海等 要處에 기관을 설치하되, 大邱에 尙德泰라는 商會의 본점을 두고 각지에 支店 及 旅館 또는 鑛業所를 두어서 此로써 本光復會의 군사 행동의 집회, 왕래 등 일체 연락 기관으로 함.
6. 行刑部: 우리 光復會는 行刑部를 조직하야 일본인 高等官과 우리 韓人의 叛逆分子는 隨時隨處 銃殺을 행함.
7. 武力戰: 무력이 완비되는 대로 日本人殲滅戰을 단행하여 最後目的完成을 期함.[93]

위와 같은 대한광복회의 실천방략은 박상진의 국권회복론과 마찬가지로 자금을 모집하여 무관과 군인을 양성하고 무기를 구입하여 일제와 독립전쟁을 결행함으로써 국권을 회복코자 하는 것이라고 말할 수 있겠다.

박상진이 1915년 대구 달성공원에서 대한광복회를 조직한 후, 그 목적달성을 위하여 가장 시급한 문제라고 생각했던 것은 바로 군자금 조달이었다.[94]

그리하여 박상진은 우선 독립운동 자금 모집에 호응하고 있지 않던 영남 일대의 유명한 부호 서우순(徐祐淳)을 협박하여 독립운동 자금을 마련하기 위한 계획을 세우게 되었다. 즉 1916년 음력 8월 초순, 그는 조선국권회복단 중앙총본부에서 같이 활동하던 이시영·정순영·홍주일·정운일·김재열 등과 대구의 유지인 최병규·최준명·김진만·김진우 등에게 명령하여 독립운동 자금을 탈취토록 하였던 것이다.[95] 그러나 계획이 뜻대로 되지 않아 박상진은 1917년 4월 26일 대구 지방법원에서 총포화약류단속령 및 동시행규칙(同施行規則) 위반죄로 징역 6월을 선고받았다.[96]

이처럼 1차 계획, 세칭 '대구권총사건'이 실패하여 투옥까지 당했지만, 그

---

93) 『光復會復活趣旨及沿革』.
94) 『독립운동사자료집』 11, 686쪽.
95) 『대구매일신문』 1982년 5월 24일자.
96) 『독립운동사자료집』 11, 683쪽.

래도 박상진은 굴하지 않고 재차 군자금 마련을 위한 계획을 추진하였다. 그리하여 1917년 6월 9일, 채기중·우재룡·김한종 등이 모인 가운데 조선 각 도의 자산가에 대해 자산의 정도에 따라 동회가 지정한 금액을 기부하도록 요구하기로 하였다. 그리고 만약 이에 불응할 경우에는 불측의 위험이 있을 것임을 암시해 주기로 하였다.

이때 박상진은 자신이 직접 대한광복회의 명의로 포고문을 작성하였는데, 그 내용은 다음과 같다.

> 우리나라 千年의 宗社는 灰盡이 되고 우리 2천년래의 민족은 노예가 되어 島夷의 惡政暴行은 일증월가하여 이것을 생각하니 血淚泉湧하여 祖國을 恢復하고자 하는 念을 금할 수 없다. 이것이 본회가 성립된 所以이며, 각 동포는 그 지닌바 능력을 다해 이것을 도우고 앞날 本會의 義旗를 東指할 것을 기대하라. 그리고 각 資産家는 豫蓄을 하여 本會의 요구에 의하여 出金하기 바란다. 만일 우리 會의 기밀을 누설하거나 그 요구에 不應할 때는 본회에는 자체 正規가 있어 이에 따라 조치하리라.
>
> 주의 사항: 본회 회원은 각지에 散在하여 각자의 동태를 감시할 터이므로 본회 指슈을 준수하고 지정 배당금을 평소에 비축해 두었다가 본회의 不時의 청구를 대기하라. 본회의 正規는 각자의 행동을 감시하리라.[97]

이상과 같은 포고문을 배포하여 자산가로부터 군자금을 획득하려고 생각한 박상진은 대구권총사건 때와 같이 자산가들이 요구에 응하지 않을 것을 염려하여 먼저 대자본가 1명을 암살함으로써 자금조달을 용이케 하는 한편, 경각심을 일으키고자 하였다.[98] 이 계획에 따라 암살 대상으로 선택된 인물은 경북 칠곡의 장승원(張承遠)이었다. 왜냐하면 그는 악명이 높던 대지주로서 농민들을 수취하였을 뿐만 아니라, 경상도 관찰사를 지낸 한말

---

97) 위의 책, 676쪽.
98) 위의 책, 677쪽.

의 고관으로서 임금의 토지까지 편취한 불충한 인물이었기 때문이다. 또한 1916년 음력 5월 하순에는 경상도 왜관에 거주하는 김요현(金堯賢)의 처 이성녀(李姓女)를 불법으로 구타즉사케 하는 등, 갖은 비행으로 만인의 원망을 사고 있었다.99) 이에 박상진은 1917년 11월 초순 채기중에게 장승원을 암살할 것을 명했으며,100) 이러한 박상진의 명령은 자신이 주장하던 암살·폭동·비밀·명령 등 4대 강령 중 암살만이 현실적으로 가능하다는 판단에 의해서 이루어진 것이었다.101) 박상진의 명을 받은 채기중은 풍기광복단에서 함께 활약하던 유창순·강순필(姜順必)과 그 외 임봉주(林鳳柱) 등과 더불어 1917년 11월 10일 장승원의 집에 돌입, 그를 살해하였다.102)

한편, 박상진은 군자금의 효과적인 획득을 위하여 암살계획과 동시에 동지들로 하여금 전국 각 도 자산가들의 주소와 성명, 재산액 등을 파악하도록 하였다. 그러나 현재는 경상도, 전라도, 강원도, 충청도, 황해도 등 지역에서의 활동 상황만이 알려져 있을 뿐이다.

박상진은 우선 자신의 고향인 경상도 지역을 중심으로 자산가들로부터 의연금을 얻고자 했다.103) 또한 그는 충청도 지주들의 의연금을 얻기 위해서는 김한종을 통해 가입한 장두환(張斗煥)을 만나 충청남도 자산가들의 명단을 작성토록 하였으며, 강원도 자산가들의 명단은 서울 인사동(仁寺洞) 어재하(魚在河)의 집에서 김동호(金東浩)를 만나 작성토록 하였다. 이처럼 박상진·김동호·장두환 등이 작성한 명단을 토대로 할당액과 포고문을 동봉, 동지들로 하여금 중국 또는 국내에서 이것을 우편으로 우송토록 했던 것이다.104)

박상진은 또한 전라도 지역에서도 의연금을 얻기 위하여 많은 노력을 기울였던 바, 이곳의 사정을 잘 알고 있던 채기중으로 하여금 자산가들의 명

---

99) 『高等警察要史』, 180쪽.
100) 『독립운동사자료집』 11, 677쪽.
101) 위의 책, 676~677쪽.
102) 위의 책, 678쪽.
103) 위의 책, 676쪽.
104) 위의 책, 680쪽.

단을 작성토록 하였다. 이에 채기중은 자신이 알고 있던 자산가와 전라도 지부장 이병찬(李秉燦)이 일러준 자산가들에게 각각 5천~5만 원의 출금액을 적어 보내는 등 군자금 모집을 위해 노력을 아끼지 않았다.[105] 이때 채기중으로부터 의연금 기부를 종용받은 이물들 중에는 목포부(木浦府) 남교동(南橋洞)의 현기남(玄基南) 같은 사람들이 있었다.

한편, 황해도 지부장인 이관구(李觀求) 역시 군자금 모집을 위해 진력하였다.[106] 그러나 지주들로부터 독립운동 자금을 의연받기란 그리 쉬운 일이 아니어서, 대한광복회 회원들의 갖은 노력에도 불구하고 별다른 성과를 거두지 못하였다. 단지 김한종이 1917년 10월 안동의 자산가 권집오(權集奧)에게서 130원, 임세규(林世奎)가 역시 안동의 박승호(朴升鎬)에게서 95원,[107] 그리고 황해도 광복회 회원들이 각지의 자산가를 협박하여 100원을 기부받은 외에 몇 건이 더 있을 뿐이다.[108]

박상진은 일반 부호의 의연에 의존하는 한편, 일본인이 불법 징수한 세금을 압수하기도 하였다. 즉 1915년 11월 17일에는 경주 광명리(光明里)에서 일본인이 불법 징수하여 마차로 운송하던 경주・영일・영덕 등 3군의 세금 8,700원을 탈취하였던 것이다.[109] 이것은 항상 박상진이 부관처럼 데리고 다니던 우재룡・권영만 등에게 명령하여 이루어진 것이며, 압수한 금액은 박상진의 동생인 박하진(朴河鎭)에 일시 보관된 다음,[110] 대한광복회의 재무로 있던 최준에게 보관케 하였다.[111]

박상진은 군자금 모집활동 외에 일제의 고관을 암살하고자 하여 신채호(申采浩)와 함께 1916년 음력 6월 조선총독의 암살을 기도하였다.[112] 이러한

---

105) 위의 책, 679쪽.
106) 『한국독립운동사』 2, 485쪽.
107) 『독립운동사자료집』 11, 708쪽.
108) 『한국독립운동사』 2, 485쪽.
109) 『光復會復活趣旨及沿革』.
110) 朴墉鎭의 증언.
111) 『光復會復活趣旨及沿革』.
112) 『한국독립운동사』 2, 483쪽.

암살계획은 황해도 대한광복회 회원인 성낙규(成樂奎)·조성환(曺成煥)·이관구(李觀求) 등에 의해 실행에 옮겨졌으며, 이들은 안중근(安重根)의 예를 모방하여 조선총독을 암살하고자 하였다. 그리하여 이들은 박상진이 제공한 권총을 갖고 1차로 안동현에서, 2차로는 장춘(長春)에서 계획을 실행에 옮기려 하였으나, 그만 중도에 실패하고 말았다.113)

한편 박상진은 수차에 걸쳐 중국과 만주·노령 지역을 왕복하였는데, 1917년 7월경에는 남경에 도착하여 손문을 방문하기도 하였다. 박상진은 손문에게 한국독립운동의 방략을 역설하고 협조를 요청하였으나, 이때 손문은 중국 역시 혁명과업을 수행하는 중에 있으므로 직접 도와줄 수는 없다는 뜻을 표한 듯하다. 그런데 이때 손문은 박상진에게 자기가 소지하고 있던 권총을 주기도 하였다 한다. 이것은 중국 최고의 혁명가인 손문이, 한국도 중국과 같은 혁명을 수행하여 일제를 구축하고 독립해야 하며, 박상진에게 바로 그 주인공의 역할을 하라는 격려의 뜻으로 한 행동이 아니었는가 한다. 또한 손문 자신이 한국 독립운동계의 최고 지도자로 박상진을 꼽고 있었던 것이 아닌가 하는 추측도 해 볼 수 있다.114)

그 밖에 박상진은 독립전쟁의 수행에 필요한 무관을 양성하기 위하여 청년동지들을 만주로 보내는 데에도 적극적인 역할을 하였다. 이것은 박상진

---

113) 위와 같음.
114) "氏는 性度가 毅直하고 風采가 俊美하야 事機 臨하야 英斷이 非常함으로 交接한 者가 高仰한 氣槪에 歎服하야시며, 最初上海를 渡할 시에 朝鮮人團體諸員들리 同一히 海外에 留連하야 握手活躍하기를 懇請하였으나 氏는 諸員의계 말삼하기를 亡國의 民族 더구나 赤手空拳인 우리들 輩가 朝鮮政府라는 看板만 가지면 엇지하오 外國租界에서 外國人의 援助를 希望하갓쇼 朝鮮境內에셔도 人物다운 人物의 잇셔 內外相應하여 가며 一般事業에 進行할 것을 結約하고 歸國하얏다가 其後丁巳年七月頃에 巨大한 金額을 携帶하고 다시 黃浦江을 渡하야 所幹을 終了하고 孫文氏를 尋訪키 위하야 南京附近까지 抵達하야 孫文氏의 副室 魯日華孃의 紹介를 因하여 孫文氏를 面會하고 中國과 朝鮮의 自來關係上 相získi 못할 것을 烈烈히 말한 則 孫文氏의 壯烈한 意志를 贊揚할 뿐만 안이라 自國의 複雜無緖함에 外顧의 手腕을 暇用할 道理가 업슴을 發明하고 遠訪하온 爲國誠意의 感謝記念品으로 自己의 所持하엿든 最新美國式拳銃一柄을 解贈함으로 持來하야 護身用으로 가렷다가 結局警人의 毒手에 押收되얏든 것이다." 이상은 朴孟鎭(朴尙鎭과 6寸, 文章家이며 해방 후 死亡)이 저술한 『固軒實記略抄』에서 인용한 것이며, 「固軒實記略抄」는 1945년에 작성된 것으로 보인다.

이 만주에서 국권회복을 위한 인재를 양성하고자 했기 때문으로, 1917년 12월 24일 서울 남문여관에서 권영목(權寧睦)·김노경·조재하(趙在夏)·권영만 등과 회합하여 권영목을 장래 만주 이주의 준비와 군대교육을 받도록 하기 위해 중국 길림독군(吉林督軍) 맹사원(孟思遠)의 허락하에 만주로 파견한 사실 등에서115) 이러한 일면을 살펴볼 수 있지 않을까 한다.

그러나 박상진의 대한광복회를 중심으로 한 독립운동은 단지 이것뿐만이 아니었다. 그는 대한광복회 회원들이 모은 군자금으로 무기를 구입하여 장승원암살의거, 대구권총의거, 조선총독암살계획 등에 제공하였던 것이다.116)

그러나 박상진의 활발한 독립운동은 1918년 1월 24일 김경태(金敬泰), 박봉주(朴鳳柱) 등이 아산군 도고면 면장 박용하(朴容夏)를 사살함으로써 충청남도 경찰부가 일제히 수사에 착수하게 된 것을 계기로 위축되기 시작하였다. 그리고 1918년 1월 27일 충청남도 천안군 성환면(城歡面)에서 장두환이 체포됨에 따라 대한광복회의 전모가 점차 드러나게 되었다.117)

박상진은 이에 만주로 건너가 후일을 도모하고자 했으나,118) 이때 생모인 정부인(貞夫人)이 위독하다는 소식을 듣게 되어 급히 집으로 돌아왔다가 일경에 체포되었다.119) 그 후 박상진은 4년 동안의 예심 끝에 1921년 8월 11일 대구 감옥에서,

難復生此世上 幸得爲男子身 無一事成功去 靑山嘲綠水嚬.120)

이란 절명시(絶命詩)를 남기고 처형을 당하였다.121)

---

115) 『高等警察要史』, 264쪽.
116) 『대구매일신문』 1982년 5월 24일자 ; 『高等警察要史』, 180쪽 ; 『한국독립운동사』 2, 461쪽 참조.
117) 『한국독립운동사』 2, 430쪽.
118) 「梅雲義士朴公傳」.
119) 朴尙鎭의 祭文.
120) 「大韓光復會 總司令 朴義士尙鎭殉國史」, 1962.

박상진의 순국은 국내의 항일민족운동을 고무시켰는데, 이것은 박상진과 사돈인 이정희가 의용단에 가입하여 적극적인 항일운동을 전개했던 데서도[122] 우선 알 수 있으며, 박상진의 동지인 우재룡·권영만 등도 계속적인 항일투쟁을 전개하였던 것으로도 알 수 있다.[123]

4. 박상진의 제문내용과 그 분석

대한광복회의 총사령으로서 중심적 역할을 하였던 박상진에 대한 제문은[124] 그의 대상(大祥)인 1923년 7월 8일(음력), 생부인 박시규에 의해 지어졌다. 이것은 제문의 첫머리에

> 이때 계해년(1923년) 7월 정사삭 초8일 갑자는 바로 출계한 망자 상진의 종상이다. 그 본 생부 성심옹은 간장이 끊어지는 듯하고 정신도 다 떨어진 듯하다. 몇 마디 이야기 해보고 싶으나 어떻게 해야 할지 잘 모르겠다. 그러나 부자의 정으로 뜻밖의 궁천지통을 당하여 한마디 말이 없다는 것도 나로서는 참지 못할 일인데.
> 維歲次 癸亥七月丁巳朔初八日甲子 卽出系亡子尙鎭之終祥也 其本生父醒心翁腸寸斷矣 精亦脫矣 雖欲言 言何可爲 然而以父子之情 當窮天之痛 終無一言 余不忍爲.

라 한 데서 알 수 있다.

현재 이 제문은 필사본으로 남아 있으며, 박상진의 아들 박응수(朴應洙)의 3째 처남인 이하기(李夏基)에 의해 보관되어 있다. 이 제문은 가로 2m 4cm, 세로 30cm, 총 113행 약 2,700여 자의 장문이며, 많은 중요한 사실들을

---

[121] 『東亞日報』 1921년 8월 13일자.
[122] 「義勇團判決文」(부산 검찰청 보관).
[123] 大正 10년 「刑空」 제1057호, 『독립운동사자료집』 10.
[124] 祭文의 필적이 朴時奎의 것임을 朴尙鎭의 6寸弟인 朴鏞鎭으로부터 확인하였다.

내포하고 있다.

  이 제문은 내용상 크게 세 부분으로 나누어 볼 수 있는데, 제문의 첫마디에 해당되는 첫째 부분은 박상진이 사형을 당한 후의 각계의 반응에 대해 적고 있다. 제문의 본론 부분이라 할 둘째 부분은 박시규가 가산이 몰락되어 가는 과정과 함께 그 연유를 박상진에게 물어보는 형식으로 되어 있다. 그리고 마지막 셋째 부분에서는, 박상진이 죽은 후 그의 집안에서 일어났던 일들을 아들에게 전해주고 있다. 즉 이 제문은 아들 박상진의 죽음에 대한 각계의 반응과 일가의 몰락에 대한 아버지 박시규의 하소연을 주요 골자로 하고 있는 것이다.

  그런데 제문의 본문 총 113행 중 이상의 세 부분이 각기 차지하는 비율을 따져 보면, 첫째 부분이 24행, 둘째 부분이 64행, 셋째 부분이 25행이다. 결국 둘째 부분이 전체의 반 이상을 차지하는 셈이며, 이것은 박시규가 제문을 지을 때 어디에 가장 비중을 두고 있었던가를 말해준다 할 것이다.

  그러면 각 부분별로 보다 상세히 그 내용을 분석·고찰해 보기로 하자. 첫째 부분에서 박시규는 아들 박상진이 대구형무소에서 순국한 이후 자신이 보고 들은 각계의 반응에 대해 기술하고 있다. 특히 이것은 지금까지 다른 자료에서는 볼 수 없었던 것으로, 우리에게 많은 것을 시사해 주고 있다.

  즉 1921년 8월 11일, 대구형무소에서 박상진이 순국하자 온 시가 사람들이 그의 죽음을 슬퍼하였으며, 일본군의 간섭에도 불구하고 많은 사람들이 장례식에 참석하였다는 것이다. 이것은 아마도 박상진의 대한광복회 활동이 국내의 많은 사람들의 가슴 속에 애국심을 고양시켰기 때문이 아닌가 한다. 특히 그의 순국이 국내 젊은이들에게 끼친 영향은 박시규가 재산 문제로 도일했을 때 한국 침략의 원흉인 흑룡회(黑龍會) 말영절(末永節)의 집에 머물자, 일본에 유학 중이던 김천해(金天海)를 비롯한 수십 명이 그를 찾아와

    무슨 일로 여기까지 오셨으며, 무슨 일로 저들에게 머물고 계십니까? 더구나 의사의 아버지로서 저들의 집에 얹혀 계신다는 것은 우리들 마음에

아주 불쾌한 생각이 듭니다. 혹 불미스러운 일이 있게 되면, 의사에게도 누를 끼칠까 두렵습니다 하면서, 잠깐 동안도 말영(末永)의 집에 머물러 있지 못하도록 하므로.

  何事而來此 何由而留彼 況以義士之父 寄在於彼人家 於我心 切有所不快者焉 且或行有所不稱當 則恐其貽陋於義士之魂 使餘時刻 不留於末永家.

라 하여, 이에 박시규가 부득이 여관으로 거처를 옮겨야 했던 사실에서 잘 나타난다 하겠다. 뿐만 아니라 박상진의 죽음은 5·4운동 이후 일제에 대한 적개심을 더욱 강하게 갖고 있던 중국인들에게도 애통하게 받아들여졌던 것 같다. 즉,

  금년 봄에는 히비야공원 시회에 나도 가서 참석했었다. 중국인 원헌(原憲)은 바로 숙친왕의 아들로서, 내가 너의 아비라는 말을 듣자 다시 옷자락을 여미고 꿇어 앉아 이르기를 "현명한 아들의 훌륭한 의열과 참혹한 죽음은 중국의 각 신문에도 자세히 보도되었습니다" 하며, 만사 일절을 써서 나에게 주었는데 아래와 같다.

  당당한 그 의기 누가 꺾으랴
  6년의 감옥살이 사람마다 슬퍼하네
  한국에는 오늘날 문장이 많아
  기념비 세워도 부끄러울 것 없을 거야
  今春 日此谷詩會 余亦往參之 中國人原憲 是肅親王之子 聞余爲汝之父 歛袵而復踞日 賢胤義烈之名 遇害之慘 中國各親聞上詳見 贈之以輓一節日 當當義烈熟能移 六載南冠四座悲 韓國如今多建築也 無慚德欲爲碑

이라 한 데서 볼 수 있듯이, 박상진의 장렬한 죽음은 중국의 각 신문에도 상세히 보도되었다는 것이다. 이것은 중국인들이 한국의 독립운동에 관해 얼마나 관심을 갖고 있었는가를 나타내 주는 것으로 생각된다. 그러므로 히비야공원 시회(日比谷詩會)에서 만난 중국인 원헌(原憲)도 박시규를 보자 옷깃을 여미고 무릎을 꿇는 예의를 보였으며, 뿐만 아니라 만사까지 지

어 박상진의 넋을 위로하였던 것이다.

한편, 박상진의 장렬한 순국은 인도인들에게도 신문지상을 통하여 전달되었다. 즉,

> 재작년에 영자신문을 사보고 알게 되었습니다고 하면서, 그 신문까지 내보였다. 또 백금이나 되는 돈을 향료라 하면서, 내게 주고 이르기를 "우리나라에도 박상진의 소문을 듣고, 악인으로 변한 사람들에게 경각심을 주기 위해 형을 받고 죽은 사람이 수백 인에 달합니다"고 하였다.
> 再昨年 賣英字新聞見之 仍出示其新聞 贈以香料百金曰 鄙邦聞朴尙鎭之遺風 起惡化觸刑而死者 可達新數百人云.

이라 하여, 박상진의 죽음이 인도인의 독립운동에 직접적인 영향을 주었음을 보여주고 있다.

둘째 부분은 제문의 본론 부분에 해당된다. 분량상으로도 가장 많은 부분을 차지하며, 박시규가 제문을 통해 하고자 했던 이야기의 주된 내용이 바로 이 부분인 듯하다. 그는 박상진이 사형당한 후 어떤 이유로 인해 집안 재산이 몰락되었는지를 매우 궁금히 여기고 있으며, 따라서 그 경위를 아들과 대화하는 형식을 빌려 추측해 보고 있는 것이다. 그런데 여기서 우리는 대한광복회 총사령이던 박상진의 재산 정도와 그 재산이 대한광복회의 군자금으로 되는 과정, 그리고 그때 아버지 박시규에 대한 박상진의 태도 등을 엿볼 수 있으며, 아울러 박상진이 체포된 후 그 집안의 몰락 과정에 대해서도 살펴볼 수 있다.

그러면 박상진의 대한광복회의 군자금 헌납 과정에 대하여 우선 알아보자. 박상진은 일찍이 1910년 자기 집안 소유의 부동산을 일본 삼정물산회사에 10년 연부(年賦)로 저당 잡히고, 여기서 얻은 현금 10만 원을 출자하여 총 자산금 24만 원으로 평양의 김덕기(金德基), 전주의 오혁태(吳赫泰) 등과 함께 대구에 상회를 설립하였다.125) 상회의 명칭은 3명의 출자가의 이름을 따

---

125) 朴尙鎭은 商會를 조직하여 그 이윤으로 독립운동 자금을 지속적으로 마련하고자 하

서 '상덕태상회(尙德泰商會)'라 했으며, 여기서 얻어지는 이윤으로 박상진 등은 독립운동 자금을 마련하고자 하였다.

한편, 1915년 음력 7월 15일 대구 달성공원에서 대한광복회를 조직한 박상진은 본회의 목적을 달성하기 위하여 가장 시급한 문제는 군자금의 조달이라고 생각하고 있었다. 그러므로 박상진은 군자금 조달을 위하여 우서 자신의 재산을 모두 모범적으로 헌납하였던 것 같다. 이러한 사실은 박시규가 재산의 몰락 과정을 박상진의 처에게 묻자, 박상진의 처가

> 을유년(1917년) 7월 어느 날 최준, 최완 형제가 우리 집에 와서 말하기를 "매씨는 전일의 사치한 생활을 생각지 말고, 지금부터 매씨의 집안 살림은 우리들이 잘 돌보아 드릴 터이니, 우리말을 믿고 우리말을 받아들이면, 장차 재산을 늘려 복구할 수 있을 것입니다"라고 했었는데,
> 乙卯七月日 崔浚崔浣兄弟來于吾家日 姊罔念前日逸居侈食 從今以後 我當調姊家産業矣 恃我而聽我 則將以有殖産復舊之望矣.

라 하여, 대한광복회가 조직된 1915년 7월 대한광복회의 재무인 최준과 그의 동생 최완(崔浣)이 박상진의 재산을 자신들이 맡겠다고 한 데서 짐작해 볼 수 있을 것 같다. 즉 박상진은, 10대 만석을 자랑하는 대지주로서, 자신과 함께 조선국권회복단 중앙총본부에서 독립운동을 함께 했던 4촌 처남 최준에게 자신의 재산을 독립운동을 위하여 모두 맡겼던 것이다.[126]

그러면 이때 박상진이 최준에게 맡겼던 재산은 과연 어느 정도일까. 그것은 제문에서

였다. 그 결과 大邱에 尙德泰商會를 조직한 후 동지들에게도 商會의 설립을 적극 권유하였다. 그 이후 설립된 商會는 다음과 같다. 甲寅商會(尹顯泰), 離春商會(尹顯泰), 白山商會(安熙濟, 釜山), 平北商會(李仁實, 平壤), 忠州商會(金聖桓, 忠州) 등이다朴孟鎭, 「固軒實記略抄」, 1945, 필사본 참조).

[126] 이러한 사례는 「固軒實記」를 통해서도 알 수 있다. 즉 "경북 義城郡 山雲里의 李泰大는 현금 二萬圓을 出捐하고, 査察員 一行에게 誠心으로 謝禮하며, 自己 七百餘頭落을 財務인 崔浚에게 移傳하기로 결정"이라고 하고 있는 것이다.

이 토지는 논이 500두락이고, 밭이 400두락으로, 합치면 모두 900두락이며, 그 때의 원가를 따지면, 6, 7만 원이 넘는 까닭에 삼정회사에서 3만 원으로 저당잡게 되고, 최준은 그 보증인이 되었다. 이는 모르는 사람이 없었던 일이다.

是土也 畓五百斗落 田四百斗落 合九百斗落 而其時原價 洽爲六七萬圓 故三社許之以三萬圓爲根抵當 而崔浚爲保證人 人無不知也.

라 하여, 그의 재산이 모두 900두락이며 그 시가는 6·7만 원이라고 한 데서 그 대강을 짐작해 볼 수 있을 뿐이다.127)

그런데 박상진은 이처럼 자기의 전 재산을 대한광복회의 군자금으로 이용하는 과정에서 생부인 박시규에게 상의조차 하지 않았던 것 같다. 이는 제문에서,

왜 조상에 대한 향화도 생각지 않고, 늙은 부모도 돌아보지 않았으며, 어린 처자들도 돌아보지 않았느냐? 일곱 집안 식구가 먹고 사는 농토를 아무 까닭 없이 최준에게 넘겨주었으니, 이는 최준의 부형과 숙질에게 물어본다 하더라도 반드시 그럴 리가 없다 할 것이다.

何獨不念先之香火 不顧老父之奉養 不伽妻孥之飢寒 餘無尺寸之地 而擧七家生 脈所係之食土 無故讓與於浚者.

라 하여, 박시규가 아들 상진이 조상의 제사, 부모의 봉양, 처와 자식의 기한 등도 돌보지 않고 전 재산을 이유 없이 최준에게 양여했음을 안타깝게 여기고 있는 데서도 알 수 있다. 즉 박상진은 국권회복을 위하여 개인의 사사로운 정은 전혀 염두에 두지 않고 자신의 모든 재산을 아낌없이 독립운동에 바쳤던 것이다.

박상진의 전 재산을 군자금으로 활용하기 위해 관리하고 있던 최준은 박상진이 독립운동 혐의로 체포되자 그와의 연루를 피하기 위해 박상진이 맡

---

127) 박상진 외에 각 지역 부호들이 大韓光復會에 出捐한 軍資金은 다음과 같다. 朴台奎(전라도 부호) 현금 20만 원, 金英培(開城 부호) 18만 원 등(「固軒實記」 참조).

긴 재산을 자신이 산 것이라고 주장하기에 이른 것 같다. 제문에 의하면

> 박상진이 삼정회사에 채무가 있어 저당한 토지를 빼앗기게 되었다 하면서, 나에게 매수하라고 했었습니다. 그러나 값이 시가에 맞지 않아 매수할 수 없다고 했더니, 상진은 바로 칼을 빼들고 위협까지 했습니다. 그래서 나는 죽음을 면하기 위해, 또 한편으로는 그를 구조하기 위해 억지로 매수하게 되었습니다.
> 朴尙鎭以三井會社債務 其地將見奪失之境 而勸我買受 然以時價之不合 不欲願買 則尙鎭拔釖行危 畏其被害 以求助方法不得已而買之.

라 하여, 삼정회사에 대한 채무로 토지가 모두 넘어갈 위기에 이르렀으므로 부득이 자신이 이를 구제하기 위해 샀다는 것이다. 그 결과, 박상진이 사형을 당한 후 그 재산은 모두 최준에게 몰수되었고, 따라서 그의 집안은 완전히 몰락하고 말았던 것이다.

셋째 부분에서는 박상진이 죽은 후 그의 가정에서 일어났던 일들에 대해 언급하고 있으니, 박상진의 아들 박응수(朴應洙)가 아들을 낳았다든지, 또는 그가 죽고 난 후의 양부 박시룡(朴時龍) 및 자신 박시규의 근황 등에 대해 이야기하고 있다.

이상에서 우리는 박상진의 생부인 박시규에 의해 작성된 제문을 검토해 보았다. 그러한 과정에서 나타난 몇 가지 새로운 사실들은 다음과 같다.

첫째, 박상진의 순국은 국내의 한국인들뿐만 아니라 중국인, 인도인에게까지 깊은 감명을 주었다는 점이다.

둘째, 박상진이 대한광복회의 목적 수행을 위해서 자신의 전 재산을 독립운동에 헌납했었다는 사실이다. 이러한 시실의 발견은 군자금 모집의 새로운 측면을 제공해 준다는 점에서 주목될 만하다. 즉 군자금의 모집이 단지 외부 자산가의 의연에 의한 것뿐만이 아니라 독립운동에 참가했던 인물들에게서도 많이 이루어졌다는 사실이다. 실상 이러한 일은 너무나 자연스러운 것이나, 지금까지는 대한광복회 회원 자체 내의 군자금 모집상황에 대해서는 거의 연구된 바 없다. 앞으로 이런 면에 대한 보다 충분한 검토

가 있어야만 비로소 대한광복회의 무기 공급, 독립군 양성 등의 실제의 모습이 밝혀질 수 있을 것이다.

5. 결론

지금까지 우리는 박상진의 가계와 인물, 대한광복회 조직에 있어서의 역할, 대한광복회를 중심으로 한 그의 독립운동, 그리고 생부인 박시규가 지은 제문 등에 대해 살펴보았다. 이상을 간단히 요약함으로써 결론에 대신하고자 한다. 박상진은 1884년 경상남도 울산군 송정리에서 한말의 고관이며 대지주인 박시규의 장남으로 태어났다. 16세까지 집에서 한학을 공부한 박상진은 서울에서 성균관박사의 벼슬을 지내고 있던 허위의 문하로 들어갔다. 박상진은 허위로부터 학문적인 사사와 더불어 국권회복방략 등에 대해 많은 것을 배웠으며, 그 결과 스승과 함께 의병활동에 참가하기도 하였다.

스승 허위로부터 국권회복이 무력을 통하여 이루어져야 함을 배우게 된 박상진은 1911년 중국의 신해혁명과 새로이 수립된 중화민국을 살펴보고 귀국한 후 자신의 국권회복방략을 더욱 체계화시켰으니, 즉 암살·명령·폭동·비밀이 그것이었다.

박상진은 신해혁명을 살펴본 후 만주·노령 지역을 다니며 많은 독립지사들과 교제하였는데, 그러던 중 1915년 중·일전쟁의 조짐이 보이자 직접적인 무력투쟁을 수행하기 위하여 독립운동 단체를 조직할 것을 구상하기에 이르렀다. 그리고 이 계획을 실천에 옮겨 국내 및 국외에 대한광복회를 조직하게 되었는데, 허위의 대표적인 문인이었던 박상진은 우선 허위와 관련이 있는 인물들로부터 접촉하기 시작하였으니, 우재룡, 권영만, 채기중 등이 바로 그들이었다. 또한 박상진은 경상도 지역의 지주였으므로 경상도의 유지 및 조선국권회복단 중앙총본부의 인물들과 접촉, 이들을 대한광복회 회원으로 가입시켰다. 그 결과, 1915년 음력 7월 15일 대구 달성공원에서 200여 명이 모인 가운데 항일비밀결사대인 대한광복회가 조직되기에 이르렀으며, 이후 대한광복회는 충청도, 전라도, 강원도 서간도의 조직도 이루었다.

한편 박상진은 그가 신해혁명을 지켜본 후 국권 회복 방법으로 생각하고 있던 암살·폭동·비밀·명령 등을 그대로 대한광복회의 4대 강령으로 채택, 이의 실현에 노력하였다.

또한 박상진은 군자금 마련을 위해 자신의 전 재산을 모범적으로 헌납하는 한편, 1916년 음력 8월 초순에는 영남의 유명한 부호 서우순을 협박, 독립운동 자금을 마련하고자 한다. 그리고 1917년 11월 10일에는 경북 칠곡의 악질 지주인 장승원을 사살하여 지주들의 경각심을 일깨우는 한편, 자금 조달을 용이하게 하고자 했다. 또한 전국적으로 포고문을 발송하여 독립운동 자금 마련에 부심하였다. 그러나 박상진의 활동은 지주들의 의연에 의한 것만은 아니었으며, 일본인들이 불법으로 징수한 세금을 압수하기도 하였다.

박상진의 이러한 대한광복회를 중심으로 한 독립운동은 국민들에게 항일 민족의식을 고취시켰을 것이다. 그리고 이러한 것이 토대가 되어 비로소 3·1운동이 가능하였던 것이라 생각된다. 또한 박상진의 무력을 통한 독립운동방략은 1919년 3·1운동 이후 만주·노령 지역에서 활발히 전개되었던 무장 독립운동의 선구적인 역할을 하였다.

대한광복회 연구
이념과 투쟁방략을 중심으로

1. 서론

대한광복회는 1910년대 국내에서 조직된 가장 대표적인 독립운동 단체였다. 그러므로 이 단체는 일찍부터 주목되어 그 조직과 활동[1] 그리고 주도적인 인물인 박상진에 대하여 많은 부분이 밝혀지게 되었다.[2] 그렇다고 하여 이 단체의 모든 것이 밝혀진 것은 아니다. 이 단체를 다룸에 있어서 가장 주목되는 이념과 투쟁방략 등에 대하여는 깊이 있는 검토가 이루어지지 못하였던 것이다. 사실 대한광복회는 공화주의 이념을 주창한 선구적인 단체였을 뿐만 아니라 무장투쟁론을 주장하여 만주 지역 등 해외 독립운동 단체와 밀접한 관련을 맺으면서 활발한 독립운동을 전개한 대표적인 단체인 것이다. 이 단체의 공화주의 이념은 3·1운동 이후 대한민국임시정부의 이념으로 발전하였으며, 투쟁방략은 국내에서는 의용단(義勇團)으로 계승되었고, 만주에서는 김좌진이 주도한 청산리전투 등 무장투쟁으로 발전되었던

---

[1] 趙東杰,「大韓光復會의 結成과 그 先行組織」,『韓國學論叢』5, 1982 ; 趙東杰,「大韓光復會硏究」,『韓國史硏究』42, 1983 ; 愼鏞廈,「申采浩의 光復會 通告文과 告示文」,『韓國學報』32, 1983 가을.

[2] 朴永錫,「大韓光復會硏究─朴尙鎭祭文을 중심으로」,『在滿韓人獨立運動史硏究』, 一潮閣, 1988.

것이다. 그러므로 대한광복회의 이념과 투쟁방략은 한국독립운동사를 이해하는 데 있어서 대단히 중요하다고 생각된다.

이에 필자는 대한광복회의 이념과 투쟁방략에 주목하고자 하는 것이다. 우선 대한광복회의 이념은 중심인물인 박상진을 중심으로 살펴보고자 한다. 이 부분에서는 그의 중국방문이 중요시 될 것이다. 아울러 투쟁방략은 혁명적 4대 강령과 7대 실천 사항을 중심으로 고찰하고자 한다.

특히 본 논문에서는 1920년 9월 11일자 대구복심법원 형사 제1부 재판장 조선총독부 판사 전택성미(前澤成美)의 판결을 중심으로 연구 검토하고자 한다.

2. 대한광복회의 공화주의적 이념

대한광복회가 공화주의적 정치이념을 추구하게 된 것은 총사령관인 박상진의 개인적인 신념과 밀접한 관련을 맺고 있는 것으로 생각된다. 박상진은 1884년 경남 울산에서 출생하여[3] 일찍이 집안 어른으로서 학문에 뛰어난 4종형 박규진(朴煃鎭)과 3종숙 박시주(朴時澍)로부터 한학을 배워 구학문의 토대를 닦았다.[4] 이후 그는 집안 어른들과 가까운 허위(許蔿)의 문하에 들어가 한학을 공부하는 한편 허위가 경기 지역에서 의병투쟁에 참여했을 때에는 무장투쟁의 필요성에 공감하고 집안 재산의 일부를 팔아 직접 경제적인 후원을 하기도 하였다.[5] 이때까지만 해도 박상진의 생각은 조선왕조에 충성을 다하는 전제군주적인 생각을 지니고 있었다.

---

[3] 朴尙鎭義士追慕會, 「固軒朴尙鎭略歷」, 『大韓光復會總司令朴義士尙鎭殉國史』, 1980, 울산, 17쪽.
[4] 朴永錫, 「大韓光復會硏究-朴尙鎭祭文을 중심으로」, 145쪽.
[5] 慶北警察部, 「光復會事件」, 『高等警察要史』(日文), 179쪽 ; 愼鏞廈, 「許蔿義兵部隊의 抗日武裝鬪爭」, 『韓民族獨立運動史論叢』, 水邨朴永錫敎授華甲紀念論叢刊行委員會, 탐구당, 1992, 11~44쪽 ; 유한철, 「의병전쟁」, 『한국독립운동사사전』 총론편 상권, 독립기념관한국독립운동사연구소, 1996 참조.

박상진이 공화주의적 이념을 갖게 된 것은 그의 스승 허위가 고종의 특별한 배려로 의정부 참찬직을 제수받은 이후[6] 사상의 변화를 갖게 되면서부터가 아닌가 한다. 즉 박상진은 스승의 영향으로 신학문의 필요성을 절감하고 양정의숙(養正義塾) 법과에 입학하여 공부하였던 것이다.[7] 양정의숙 법과를 졸업하면서 판사시험에 합격한 박상진은 평양법원 판사로 임명되었으나 나라가 일제에 의하여 강점됨에 일제 통치하의 판사 취임을 애국적인 견지에서 거부하였다.[8]

박상진이 공화주의 국가를 건설하고자 결심한 것은 1910년 일제에 의하여 조선이 강점된 후 신해혁명이 일어나 중국을 방문하면서부터이다. 1911년 박상진은 청나라 영사관의 번종례(潘宗禮) 영사와 함께 중국 천진으로 동행하였다.[9] 그가 천진으로 간 이유는 오직 부국강병만이 일제를 조선으로부터 몰아낼 수 있다고 생각하였기 때문이었다. 그는 중국 천진의 군기창을 견학하고 장차 독립전쟁에 대비하고자 하였다. 한편 박상진이 청나라에 간 그 시기가 바로 중국에서는 신해혁명이 일어난 해였다. 그리고 그 이듬해인 1912년에는 청조가 타도되고 손문의 주도에 의하여 공화정체인 중화민국이 탄생하였던 것이다.

중국에 처음으로 조국광복의 큰 뜻을 품고 건너간 박상진은 과거 우리가 대국으로 섬겼던 오랜 전제군주국이었던 청조가 타도되고 신해혁명에 의하여 새로운 공화정체인 중화민국이 혁명에 의하여 수립되는 것을 현지에서 목격하고 우리나라도 중국과 같이 혁명으로서 일본제국주의 세력을 몰아내고 혁명적인 새로운 공화주의 국가를 수립하여야겠다고 구상하였던 것이다. 물론 중국과 한국은 여러 가지 면에서 달랐다. 중국은 아편전쟁 이후 외세가 발호하는 가운데 더욱이 군벌마저 발호하여 사회가 격심한 혼란

---

[6] 한국정신문화연구원편찬부, 「허위」, 『한국민족문화대백과사전』 24, 1991, 719~720쪽. 허위는 1899년 2월 圓丘壇 參奉을 시작으로 하여, 成均館博士, 中樞院議官, 平理院首班 判事, 平理院 裁判長, 議政府參贊, 秘書院丞에까지 승진하였다.
[7] 「光復會事件」, 『高等警察要史』, 179쪽.
[8] 「固軒朴尙鎭略歷」, 17쪽.
[9] 위와 같음.

으로 치안질서가 악화된 현실이었다. 반면에 한국은 일제가 한국을 강점하고 있는 상황이었다. 박상진은 양국의 입장을 비교하고 중국 혁명가들과의 대화에서 한국도 중국과 같은 공화정체로 하여야 한다는 인식의 전환을 가져왔던 것이다.10)

그 후 그는 귀국길에 만주 유하현(柳河縣) 추가가(鄒家街)에 있는 경학사·부민단의 이상룡(李相龍), 김동삼(金東三) 등 많은 혁명가들을 만났다. 그리고 그는 그들과 의논한 끝에 만주 지역에 독립운동 기지와 독립군 사관학교를 설치하고, 자신은 국내에 혁명조직을 만들어 국내의 청년들을 만주로 보내 독립군을 양성하여 무장투쟁을 전개하고자 마음먹었던 것이다.11) 그리고 이에 소요되는 군자금은 국내의 자산가로부터 의연금으로 충당하여야 한다고 생각하였다. 박상진은 중국혁명을 수행하는 과정에서도 자금이 많이 소요되었다는 것을 알고 있었기 때문에 우리나라의 혁명에 있어서도 방대한 군자금이 필요하다고 생각하였던 것이다.12)

이러한 판단 위에 박상진은 귀국 직후 과거에 인연이 있던 인사들을 중심으로 혁명조직을 만들고자 추진하였다. 그의 가계의 인물, 그리고 허위와 관련된 학맥, 산남(山南)의병 등을 중심으로 점차 확대해 나가고자 하였던 것이다.

여기에서 이미 1913년에 조직된 채기중(蔡基中)이 중심이 된 풍기광복단(豊基光復團), 그리고 대구를 중심으로 한 민단조합(民團組合), 대동청년단(大東靑年團), 달성친목회(達城親睦會), 조선국권회복단 중앙총본부의 인사들(본인도 회원)과도 연계하였다. 그리고 그는 1913년에 대구에서 상덕태(尙德泰) 상회를 설립하였다. 박상진이 중심이 되어 평안도의 김덕기(金德基), 전라도의 오혁태(吳赫泰) 등이 거금을 내어 항일혁명 본부를 설치하였다. 그리고 1915년 7월 15일에 대구 달성공원에서 일제의 눈을 피하여 시회

---

10) 독립운동사편찬위원회, 「대한광복회 재판기록 大正 8年 刑控 제168호 판결문」, 『독립운동사자료집』 11, 1976, 687쪽.
11) 朴永錫, 「日帝下 在滿韓人의 獨立運動과 民族意識」, 『韓民族獨立運動史硏究』, 一潮閣, 1982 참조.
12) 「대한광복회 재판기록」, 690쪽.

(詩會)를 가장하고 마침내 대한광복회를 조직하였다. 그때 회원들에 의하여 박상진은 대한광복회 총사령관이 되었다.13)

대한광복회는 종래의 복벽주의적인 성격의 단체가 아니고 근대적인 혁명 군사조직으로서 독립전쟁을 선언하였다. 그리고 대한광복회는 공화주의 이념을 주창하였던 것이다. 대한광복회의 채기중이14) 1917년 음력 4월 전라남도 내의 자산가들에게 보낸 경고문을 보면 공화주의적인 면모를 찾아볼 수 있다. 즉,

> 중화민국 만주광복회의 명의로 국권회복의 필요성을 설파하고 某事는 사람에 달려 있고, 成事는 하늘에 있으므로 忠義의 선비를 모아 民國을 조직하고 병사를 기르고 農會를 開彰하는데 있어 가장 어려움은 역시 금전이다.15)

라고 하고 있는 것이다. 즉 여기에 보이는 '민국'을 조직한다는 문구는 종래의 전제주의국가를 부정하고 공화주의국가를 조직한다는 것이다.

또한 1918년 음력 4월 26일 황봉에 대한 청취서에 의하면,

> 우리나라는 국왕이 없기 때문에 이때 마침 좋은 기회를 맞았으니 민단을 조직하고 병사를 양성하고 또 농회를 개관하는데 있어 금전이 필요하며 재산가 各位는 이 사실을 인식하여 이 경고에 위배됨이 없이 금 2만원을 준비하여 (중략) 그리고 발신인은 중화민국 福州 광복회 경성출장소 主務 梁起鐸이라고 적혀 있다는 취지.16)

---

13) 權大雄, 「대한광복회의 조직과 활동」(45~66쪽), 「민단조직의 결성과 활동」(67~78), 「대동청년단의 결성과 활동」(79~120), 「조선국권회복단의 조직과 활동」(127~148), 『1910年代 慶尙道地方의 獨立運動團體硏究』, 1993년 영남대학교 대학원 국사학과 박사학위청구논문.
14) 채기중은 풍기광복단을 조직한 중심인물이었으나 1915년에는 대한광복회에 가입하여 핵심인물이 되었다. 그는 군자금 모집 등 대한광복회의 활동에 주도적인 역할을 하였다. 『素夢義士(蔡基中)遺稿』, 59쪽, 蔡又文(채기중의 아들)과의 대담.
15) 「대한광복회 판결문」, 679쪽.
16) 「대한광복회 판결문」, 708쪽.

라고 하여 우리나라는 국왕이 없기 때문에 마침 좋은 기회를 맞았다고 하여 종래의 전제군주정체를 폐지하고 공화정체인 민주공화정체의 자주 독립국가를 건설할 좋은 기회가 왔다는 것을 밝혔다. 이 통고문의 발신지는 종래의 중국 동북 지방이 아닌 중화민국 남방인 복주가 발신지일 뿐만 아니라 중국 복주 광복회 경성출장소주무 양기탁이라고 기명되어 있다. 실제 중국 복주에서 발송한 것인지 여부는 정확히 알 수 없다. 또한 발신인은 그 당시 항일독립운동가로 저명한 양기탁의 이름을 사용하였는데 양기탁은 그때에 국내에 없었다. 당시 독립운동가들은 일제의 눈을 피하기 위하여 포고문 또는 통고문 등을 외국에 가서 보내는 경우가 많았다.

다음으로 중국의 안동(安東)에서 발송한 포고문을 보면, 더욱 구체적으로 공화정치이념을 나타내고 있다.

> 광복회의 목적은 국권을 회복하여 공화정치를 실시하는데 있다. 그 방법으로서 鮮內 자산기로부터 金子(군자금)을 수집하여 軍器를 구입한 후 독립을 성취하는데 있다. (중략)[17]

이 포고문은 한·만국경지대인 안동에서 국내의 자산가에게 우편으로 송부한 내용으로서 대한광복회가 전제군주국가가 아닌 공화정체의 근대적인 민족국가를 건설할 것임을 분명히 밝히고 있는 것이다.

대한광복회는 자신들이 추구한 공화정의 국가를 수립하기 위하여 군자금을 통해 무기를 구입하고 독립군을 양성하여 국내에서 혁명을 달성하고자 하였던 것이다.

3. 대한광복회의 투쟁방략

대한광복회의 조직 성격은 외국에서 조직된 항일무장독립군과 같았다.

---

17) 「대한광복회 판결문」, 685쪽.

박상진은 일반적인 구국계몽운동의 계열과는 달리 의병전쟁을 한 의병계열의 맥을 계승하였고, 중국에서 전개된 혁명군의 정신을 갖고 있었으므로 명칭은 대한광복회라고 하였지만 그 조직은 군대식으로 구성하였다. 대한광복회는 조직 책임자가 회장이 아닌 총사령관이었다. 그리고 그 하부 조직도 군대식이었다. 즉 부사령관, 지휘장, 참모장, 재무, 선전 등이었고 8도의 책임자를 지대장이라고 하였다 그리고 해외인 만주인 경우는 처음에는 이석대(李奭大)가 책임을 맡았고[18] 다음에는 김좌진이 맡았는데, 김좌진은 박상진과 의형제였을 뿐만 아니라 대한광복회 사건으로 투옥되었다가 망명하였던 것이다.[19]

대한광복회는 창립 당시 조직의 목적을 밝혔다. 특히 창립일인 7월 15일은 조선태조가 개국한 날로 천지신명과 단군성조(檀君聖祖) 앞에서,

> 吾人은 우리 대한의 독립광복을 위하여 생명을 바칠 것은 물론이요, 일생의 목적을 달성치 못할 시에는 자자손손이 계승하여 불공대천의 讐敵 일본을 완전 축출하고 국권을 광복하기 까지 절대로 불변하고 一心戮力할 것을 천지신명 앞에 誓告함.

이라고 성명하였다.[20]

창립기념일을 조선조의 개국일로 택한 것은 일제의 강점으로부터 광복하여 우리나라의 정통성을 계승하겠다는 굳은 결의를 나타낸 것이라고 볼 수 있다. 아울러 대한광복회에서는 우리 대에서 쟁취하지 못하면 대대손손으로 계속적인 투쟁을 전개하여 기어코 승리하고 말겠다는 굳은 의지를 보였고, 일제를 구축할 때까지 우리의 의지는 절대 변하지 않을 것임을 천지신명과 단군 성조에게 굳게굳게 다짐하였던 것이다.

그리고 대한광복회에서는 4대 강령을 발표하였다. 첫째 비밀, 둘째 암살,

---

[18] 金厚卿, 「李鎭龍義士」, 『大韓民國獨立運動功勳史』, 887~888쪽.
[19] 박상진이 순국하자 김좌진은 다음과 같은 「哭朴義士尙鎭氏」라는 만장을 보냈다.
  김좌진은 대한광복회 사건으로 만주로 망명하였다(朴義士尙鎭殉國史, 62쪽).
[20] 「固軒朴尙鎭略歷」, 18쪽.

셋째 폭동, 넷째 명령 등이었다.21) 이 내용은 1917년 음력 8월 11일 김한종 (金漢鍾)과 유창순(庾昌淳)이 박상진의 집에서 처음으로 그에게 인사를 하자 박상진이 이 두 사람에게 한 말에 잘 나타나 있다.

> 세계 각국의 정세를 이야기하면 세계 각국에 혁명이 일어나고 있으니 조선에서도 혁명을 할 수 있노라고 말하면서 이것을 하기 위해서는 첫째 비밀, 둘째 암살, 셋째 폭동, 넷째 명령의 4가지를 지켜야만 한다고 말하고 있어 위인이라고 생각했다.22)

박상진은 김한종과 유창순을 혁명동지로 굳게 믿고 각국에서는 혁명으로 인하여 식민지로부터 독립을 쟁취하려는 움직임이 일어나고 있다고 세계 정세를 설명하고 우리 한국도 일제로부터 독립하기 위해서는 그 실천방략으로써 비밀, 암살, 폭동, 명령 4가지를 지켜야 한다고 강조하였던 것이다.

박상진은 1910년 이후 만주와 중국을 방문하고 그곳 인사들과의 독립운동방략에 대하여 의논한 끝에 자신의 운동방략으로서 이 4대 혁명방략을 제시하였던 것이다. 그러나 이 4대 혁명방략은 동시다발적으로 이루어질 수 있는 것은 아니었다. 일단 대한광복회는 부호들로부터 의연금을 모금하고 반민족주의자를 척결하고자 하였으며 이러한 과정에서 비밀·암살·명령 등이 구체화되었다. 그러나 폭동은 그 시기가 성숙치 않아 구체적으로 실현되지 못하였다. 즉 폭동은 대한광복회에서 장차 만주에 독립군 기지를 설정하고 독립군을 양성하여 국내진공 작전을 통하여 이룰 수 있다고 판단하였던 것이다. 즉 그는 국내에서 어느 정도 혁명의 여건이 이루어졌을 때, 폭동(혁명)을 일으켜야 한다고 믿었다. 즉 폭동은 한민족이 거족적으로 할 수 있을 때에 하여야 한다고 판단하였던 것이다. 그런 면에서 우선 비밀, 암살, 명령을 수행하여 혁명적인 토대가 마련된 후에 중국과 같이 혁명이 가능하다고 보았던 것이다. 결과적으로 보면 4대 강령이 국내에서 추진되

---

21) 「대한광복회 판결문」, 685쪽.
22) 「대한광복회 판결문」, 688쪽.

던 중에 대한광복회가 일제기관에 탄로되어 중지되고 말았으나 그 혁명정신은 계승되었다.23)

아울러 대한광복회에서는 7대 투쟁방략을 제시하였다. 첫째가 '무력준비: 일반 부호의 의연과 일본인이 불법 징수하는 세금을 압수하여 차(此)로서 무장을 준비함'이다.24) 대한광복회가 한국으로부터 일제를 구축하고 식민지를 종식하기 위한 독립군으로서 대일전을 선포한 이상 독립군의 무력준비는 반드시 이루어져야 했다. 독립전쟁을 위해서는 일차적으로 독립군을 양성해야 했고, 독립군을 무장시켜야만 근대적인 대일전을 수행할 수 있었다. 이를 위해서는 군자금이 우선 필수 조건이다.

우선 대한광복회에서는 한국인의 부호가 자발적으로 의연할 수 있다고 생각하고 일을 추진하였으나 일제의 지배하에서 부호들은 대다수가 친일적인 성향이 농후하였고, 또한 일제의 감시하에서 그들의 신변의 안전과 재산의 욕심에서 일신의 안위를 돌보지 않고 대한광복회의 목적과 취지에 선뜻 응하지 않았다. 그러므로 군자금 모금이 여의치 않아 비상수단을 강구하지 않으면 아니 되었다. 그리고 일제가 한민족의 의사와는 반대로 불법과 강제로 징수한 세금을 대한광복회 회원이 습격하여 탈취한 것은 어디까지나 정당한 행위라고 할 수 있다. 결국 군자금 모금에 대하여 한국인 부호와 친일지주들이 자발적으로 협조하지 않았기 때문에 대한광복회 회원들이 무력으로 강제하고 심지어는 암살까지 감행하였던 것이다. 이것이 또한 후일 대한광복회 회원들이 체포되어 대한광복회가 붕괴되는 계기를 마련하였던 것이다.25)

둘째로는 '무력양성: 남북만주에서 사관학교를 설치하고 인재를 양성하여 사관으로 채용함'이다.26) 일제의 식민지 지배정책이 사내정의(寺內正毅) 총독에 의한 철저한 무단통치였기 때문에 독립군 양성은 국내에서는 한계

---

23) 「대한광복회 판결문」, 685쪽.
24) 「固軒朴尙鎭略歷」, 18쪽.
25) 「대한광복회 판결문」 참조.
26) 「固軒朴尙鎭略歷」, 18쪽.

가 있었고, 또한 국내에서는 도저히 할 수 없었기 때문에 우선 지리적으로나 전략적으로 남북 만주 지역과 노령 지역이 유리하다고 생각하였다. 그러나 현실적으로 인적·물적 자원 등 적합한 장소가 이웃인 남북만주로 판단하고 이곳을 선정하였던 것이다. 그리고 이곳에 군사훈련과 민족교육을 통하여 독립군 장교를 양성하여 이들을 중심으로 독립군 조직을 확대시켜 일제와의 독립전쟁을 수행하여야만 일제를 한국으로부터 몰아내고 혁명을 통한 근대적 민족국가를 건설할 수 있다고 믿었던 것이다. 이러한 구상을 실천에 옮길 수 있었던 것은 박상진이 중국 본토로부터 귀로에 만주에 들려 독립운동가들과 협의한 결과인 것이다. 특히 박상진이 1915년 대한광복회를 조직하기 이전에 벌써 만주 지역에는 유하현의 신흥학교(新興學敎), 밀산(密山)의 한흥동(韓興洞) 군사학교와 각 독립군 단체의 군사훈련소와 동창학교(東昌學校) 등의 민족학교 등에서 독립군을 양성하고 있었다. 박상진은 이들 조직들이 군자금이 부족하기 때문에 대규모의 근대적인 군사훈련을 제대로 할 수 없다고 판단하였다. 그러므로 박상진은 대한광복회에서는 방대한 군자금으로서 본격적인 독립군 사관학교를 설치하여 무관학교 즉 독립군 사관학교를 설립하여 독립전쟁을 수행함과 동시에 한국에서 혁명을 일으켜야 한다고 믿었던 것이다. 그는 국제정세가 제1차 세계대전 중이므로 우리에게 유리하다고 보았다. 그리고 중국에서도 신해혁명으로서 청조가 무너졌으므로 독립군 장교를 남북만주에서 양성하여 독립을 쟁취하여야 한다고 인식하였던 것이다.

    이러한 인식하에 대한광복회에서는 북만주(北滿洲) 목단강(牧丹江) 지역에 사관학교를 설립하고자 구상하였다.[27] 이 지역은 남북만주의 중심지이며, 노령 지역의 항일운동 세력도 집결시킬 수 있는 지리적으로뿐만 아니라 전략전술상에도 유리한 곳이었다. 이때만 하더라도 러시아혁명이 일어나기 전이었기 때문에 재러한인의 항일 세력도 호응할 수 있다고 생각하였다.[28]

---

27) 「固軒實記」, 2쪽.
28) 「대한광복회 판결문」 참조.

셋째는 '군인양성: 我大韓의 由來 의병 해산군 及 남북만주 이주민을 소집하야 훈련 채용함'이다.29) 위의 둘째 항목의 무관양성은 독립군의 핵심간부 즉 장교 양성이며 이와 대칭하여 군인양성은 일반 사병 독립군이라고 말할 수 있다. 그 대상으로서는 우선 1896년 이후 을미・병오・정미 3차에 걸친 의병을 일차적으로 모집을 해야 했고, 둘째로는 1907년에 일제에 의하여 강제적으로 해산당한 군사경력을 가진 구한국 군인들을 들 수 있다. 그리고 다음으로는 정치적으로나 또는 경제적인 이유로 만주로 이주하여 재만 한인사회에서 생존의 문제로 일하고 있었던 일반적인 인력을 들 수 있다. 즉 의병전쟁과 해산당한 구한말 군대 출신 그리고 재만 한인사회의 애국적인 인력을 재조직 재편성하여 다시 군사훈련을 시켜 강력한 독립군을 조직하여 독립전쟁을 수행하겠다는 것이다.30)

네 번째는 '무기구입: 중국과 露國에서 의뢰 구입함'이다.31) 첫 번째는 무력준비를 위한 군자금 모금이었고, 두 번째는 남북만주에서 사관학교를 설립하여 독립군 장교를 양성하는 것이고, 세 번째는 독립군의 조직 확대를 위하여 군사경험자인 의병, 해산군인 그리고 재만 한인사회에서 병력을 보충해야겠다는 것이다. 이러한 토대 위에 무엇보다도 중요한 것은 무기였다. 비록 군자금과 병력이 마련되었다고 하더라도 독립군에게 무기가 없다면 강력한 독립군이 될 수도 없고, 독립전쟁을 수행할 수도 없는 것이다. 대한광복회는 앞서 언급한 바와 같이 일반적인 항일독립운동 단체가 아니라 군사조직을 갖춘 무장독립운동 단체이다. 그러므로 대한광복회의 경우 이 문제는 대단히 중요한 문제였다. 그 당시 무기를 구입할 수 있는 나라는 중국과 러시아였다. 그러나 돈이 문제였다. 이 목적을 달성하기 위하여는 국내에서의 부호 즉 지주의 의연금과 일제가 불법과 강제로 세금을 징수한 것을 압수하는 방법밖에 다른 방법이 없었다. 이 목적을 달성하는 가운데 많은 문제들이 발생하였고, 결국 대한광복회가 와해되는 결과를 가져왔다.32)

---

29) 「光復會復活趣旨及沿革」.
30) 「대한광복회 판결문」 참조.
31) 「固軒朴尙鎭略歷」, 18쪽.

다섯째는 '기관설치: 大韓・滿洲・北京・上海 등 要處에 기관을 설치하되 대구에 상덕태라는 상회의 본점을 두고 각지에 지점 及 여관 又는 광업소를 두어서 此로써 본 광복회의 군사행동의 집회 왕래 등 일체 연락기관으로 함'이다.[33] 대한광복회의 총사령 박상진은 1915년 대한광복회 창립이전부터 국내를 비롯하여 중국, 만주 등지를 왕래하면서 항일적인 인물들과 교류하는 한편 그 지역에 연락기관을 설치하고자 하였던 것 같다. 그러나 각 지역의 구체적인 조직과 연락방법 등에 대하여는 언급하지 않고 있다. 한편 박상진은 일찍이 1913년에 대구에 상덕태상회를 설립하였다. 그는 대한광복회를 조직하기 2년 전에 상회를 위장하여 혁명적 항일독립운동 총본부를 조직한 것이다. 박상진은 상덕태상회를 설립하기 위하여 자신이 소유한 7,000석의 재산을 일본인의 삼정물산주식회사(三井物産株式會社)에 10년 기한으로 저당잡히고 현금 8만 원을 군자금으로 내놓았다. 그리고 평양의 동지인 김덕기와 전주의 오혁태가 합하여 16만 원의 군자금을 출자하여 총 24만 원의 거액을 갖고 3인의 이름 중 한자씩을 빼서 상덕태상회를 만들었던 것이다.[34] 박상진은 그 후에도 일제식민지 지배하에서 항일독립운동 단체라는 간판을 내걸 수는 없었으므로, 연락망으로서 각지에 지점, 여관, 광업소 등으로 위장하여 항일독립운동의 연락망을 두었던 것이다.[35]

박상진은 또한 경상도뿐만 아니라 전국 각지에 지부장을 임명하였다.[36] 그리고 만주에는 손일민(孫一民)의 안동여관(安東旅舘), 정순영(鄭淳榮)의 봉천(奉天) 삼달양행(三達洋行) 정미소 등이 주요 연락처가 되었다.[37]

여섯째는 '行刑部: 우리 광복회는 행형부를 조직하야 일본인 高等官과 우리한인의 반역분자는 隋時 隨處 銃殺을 행함'이다.[38] 대한광복회는 일반 독

---

[32] 「대한광복회 판결문」참조.
[33] 「固軒朴尙鎭略歷」, 18쪽.
[34] 「固軒實記」, 2쪽.
[35] 「대한광복회 판결문」참조.
[36] 朴永錫, 「日帝下 在滿韓人의 獨立運動과 民族意識」, 153쪽.
[37] 「固軒實記」, 4~5쪽
[38] 「固軒朴尙鎭略歷」, 18쪽.

립운동 단체와는 다른 군사조직이었다. 당시 해외인 남북만주와 노령 지역에서는 무장조직을 표면적으로 구성하여 무장투쟁을 수행하기가 여러 면에서 용이하였으나 국내에서는 일제의 무단통치가 가혹하였기 때문에 1910년 전에 국내에서 수행한 의병전쟁처럼 활동할 수 없었다.

대한광복회에서는 일차적으로 국내 부호의 의연금과 일제가 불법으로 강징한 세금을 독립군의 군자금으로 충당하기 위해서 한국인 중 스스로 협조하지 않는 자에 대하여 처벌과 그에 상응하는 조치를 수행하고자 했다. 그러기 위해서 대한광복회에서는 부서 중에 행형부를 설치하고 혁명과업에 장해가 되는 일제의 고등관과 민족반역자를 하시 하처를 막론하고 총살하고 혁명을 수행하는 데 장애물이 되는 자를 제거하기로 하였던 것이다.

대한광복회는 국내의 사정에 의하여 독립군으로서 독립군복을 입을 수가 없어, 사복을 입고 극비리에 임무를 수행하였고, 무기도 장총을 갖지 못하고 권총을 휴대하고 독립군으로서 독립전쟁을 수행하였다. 군자금을 모금하기 위하여 부호를 상대로 포고문 또는 통고문을 발송하였다. 이것은 일제의 감시를 피하기 위하여 주로 만주, 중국 등에서 발송되었으며, 부득이할 경우에는 국내에서 발송하였다. 이것이 여의치 않을 때 암살을 단행하였던 것이다. 그런데 암살은 일차적으로 한국인을 대상으로 하였다. 일본인 관리를 대상으로 할 경우 상대적으로 위험부담이 컸으므로 이를 피하고 어느 정도 국내에서의 혁명의 분위기와 해외에서의 독립전쟁이 이룩되었을 때에 일제를 상대로 하여 전면전을 실행하고자 하였던 것이다. 이것은 전략 전술상의 선후의 문제라고 할 수 있다.

대한광복회에서는 혁명적 취지에 반대하고 때에 따라서는 일제기관에 고발하여 대한광복회의 일에 장애를 주는 친일적인 부호지주, 즉 민족반역자를 행형부에서 혁명적 차원에서 즉각 사살하였다. 칠곡의 장승원(張承遠)과[39] 충남 아산군(牙山郡)의 도고면장(道高面長) 박용하(朴容夏) 등이[40] 그러한 경우이다. 대한광복회에서는 이를 계기로 일반부호들도 경각심을 갖

---

[39] 「대한광복회 판결문」, 676쪽.
[40] 국사편찬위원회, 『한국독립운동사』 2, 1968, 430쪽.

고 광복회의 일에 적극 호응하도록 하고자 하였으나 일이 뜻대로 이루어지지 못하였다. 오히려 일제의 강력한 무단통치하에서 일제 경찰이 비상사태를 선포하고 대한광복회 소탕에 전력을 경주하던 차에 장두환(張斗煥)이 체포되어 대한광복회가 탄로되고 총사령관 박상진이 모친상으로 인하여 체포되는 비운을 겪게 되었던 것이다.41)

대한광복회 행형부는 일종의 특무기관이었다. 대한광복회는 이 조직을 통하여 독립군자금 모금에 총력을 기울였다. 국내에서의 독립군자금 모금만이 대한광복회의 일차적인 존재여부의 관건이었던 것이다.

일곱째는 「武力戰: 무력이 완비 되는대로 일본인 섬멸전을 단행하여 최후 목적 완성을 기함」이다.42) 마지막 항에서는 독립전쟁을 제시하였다. 대한광복회에서는 위의 여섯 가지 즉 무력준비, 무관양성, 군인양성, 무기구입, 기관설치, 행형부 설치 다음으로 무력전을 제시하였다. 즉 독립전쟁을 수행하기 위한 준비가 완료된 토대위에서 독립전쟁을 수행하여 최후의 승리를 기약한 것이다. 대한광복회의 준비과정이 치밀하였지만 상대가 강력한 일본제국주의였으므로 이러한 계획은 이루어지지 못하였다.43)

대한광복회는 조국의 광복을 위하여 이러한 7가지 실천사항을 실행하고자 하였다. 그러나 그 과정에서 많은 회원이 체포되고 사형받아 순국하였다.44) 그러므로 대한광복회가 목적한 최후의 혁명과 독립전쟁은 결국 대한광복회의 부사령관인 김좌진에 의하여 청산리전쟁을 위시하여 독립전쟁으로 계승 발전될 수밖에 없었다. 또한 국내에서의 의용단의 활동으로 그 맥이 계승하였으며,45) 또한 3·1운동에도 크게 뒷받침이 되었을 뿐만 아니라 대한민국 임시정부의 수립을 가져오는 데도 크게 기여했다고 할 수 있다.

---

41) 「대한광복회 판결문」 참조.
42) 「固軒朴尙鎭略歷」, 18쪽.
43) 「대한광복회 판결문」 참조.
44) 박상진은 1921년 8월 11일 대구감옥에서 처형되었다(『동아일보』 1921년 8월 13일자).
45) 「義勇團判決文」(부산검찰청 소장).

4. 결론

　대한광복회는 박상진 개인의 가계의 배경과 그의 탁월한 능력, 강렬한 항일독립의식에서 출발하였다. 그는 허위의 의병인맥과 산남의진, 대동청년단, 조선국권회복단 중앙총본부, 달성친목회, 민단조합, 풍기광복단 그리고 만주에서 항일독립운동을 전개하던 이상룡, 김동삼 등을 토대로 회의 조직과 운영을 이루어 나갔던 것이다.
　그는 허훈(許薰)의 진보의병과 그 후의 경기의병에서 무장투쟁에 착안하였고, 중국의 신해혁명을 보고 전제군주국가를 타도하고 혁명으로서 공화제적인 근대적인 민족국가를 건설해야 된다고 확신하였다. 그리고 그는 중국과 만주에서 활동하고 있던 해외의 혁명동지들과 고민하고 상의한 데서 새로운 항일구국방략을 구상하였던 것이다.
　그가 몇 차례 중국과 만주를 왕래하면서 처음으로 만든 조직이 1913년 상덕태상회였다. 그리고 이 조직을 토대로 그는 국권회복단 중앙총본부의 회원이 되기도 하고, 풍기광복단 그리고 의병 출신 등 개인적인 인맥 등과 접촉하여 결국 1915년 7월 대구 달성공원에서 혁명적인 군사조직인 대한광복회를 조직하였던 것이다.
　대한광복회는 창설시의 목적과 취지에서 나타난 바와 같이 일반적인 항일독립운동 단체와는 다른 군사조직의 성격을 띠었다. 박상진은 일제의 강력한 무단통치하에서 중국과 같은 혁명과 혁명전쟁을 구상하고 4대 혁명강령인 비밀, 암살, 폭동, 명령과 당면 7대 실천사항을 제시하여 혁명전쟁에 돌입하였다. 그리고 조직도 총사령관, 부사령관 등 군사조직을 두어 이를 효과적으로 추진하고자 하였다.
　7대 실천 사항에 명시되었듯이 대한광복회는 해외에서 독립군을 양성하여 독립전쟁을 수행하는 것을 그들의 최대의 목적으로 삼았고, 혁명전쟁에서 승리하여 전제군주국가가 아닌 공화제에 의한 새로운 근대적인 민족국가를 건설하고자 하였던 것이다.
　그러나 대한광복회의 목적과 취지는 친일부호의 비협조와 일제의 강력한 탄압에 의하여 4대 혁명강령과 7대 실천 사항의 실행 중에 좌절되고 말았다. 일제 식민지통치하에서 대한광복회는 와해되었으나 그 투쟁방략은 만주와 러시아 그리고 국내의 무장독립운동 단체들로 계승 발전되었으며, 공화주의 이념은 대한민국임시정부 나아가 대한민국으로 발전되었던 것이다.

대한광복회에 관한 새로운 사료: 『義勇實記』

박 환

1. 서언

　대한광복회은 만주에서 독립군을 양성하여 무력으로 독립을 쟁취하려던 1910년대의 혁명단체로서 학계의 주목을 받아왔다.[1]
　그 결과 이 단체가 국내외에 조직을 갖고 있었으며 공화주의 이념을 추구하였다는 사실이 밝혀지게 되었다. 그러나 기존의 이러한 연구업적에도 불구하고 대한광복회의 일면에 대하여 다시 살펴보고자 하는 것이다. 왜냐하면 필자가 이 단체의 새로운 면모를 보여 주는 중요한 자료를 입수하였다고 생각되기 때문이다. 그것은 바로 대한광복회의 황해도 지부장이었던 이관구가 저술한 『의용실기』이다. 이 자료는 황해도·평안도 등지의 대한광복회의 조직 과정과 그 이념 등을 새로이 조명하는 데 많은 시사를 던져 주고 있다고 짐작된다.
　따라서 본고에서는 『의용실기』의 구성과 내용을 검토하고 아울러 이를

---

[1] 趙東杰,「大韓光復會의 結成과 그 先行組織」,『韓國學論叢』5, 國民大, 1982 ; 趙東杰,「大韓光復會研究」,『韓國史研究』42, 1983 ; 신용하,「申采浩의 光復會通告文과 告示文」,『韓國學報』32, 1983년 가을.

토대로 대한광복회의 조직과 그 정치 이념 등에 대하여 좀 더 분명히 밝혀 보고자 한다.

2. 『의용실기』의 구성

『의용실기』는 대한광복회의 황해도 지부장으로서 국내 및 만주 등지에서 독립운동을 활발히 전개했던 이관구(1885~1953)에 의하여 저술되었다. 이것은 현재 그의 둘째 아들인 이하복이 보관하고 있다.[2] 필사본이며 국한문 혼용체로 쓰여진 이 책의 크기는 가로 20cm, 세로 22.5cm이며 총 168면으로 이루어져 있다.

정확한 저작 시기를 알려 주는 직접적인 기록은 찾아볼 수 없으나 그 내용 중에,

> 況且 共産軍이 二回나 서울市에 侵入하였고 南鮮을 蹂躪하였고 美軍의 飛行機가……[3]

라고 하고 있는 것으로 보아, 6·25사변 중이 아니었을까 짐작된다. 더욱이 그가 사망한 때가 1952년 3월 7일이라는 사실이[4] 이를 뒷받침해 주는 근거가 될 수 있다고 여겨진다. 또한,

> 前日에 余가 獨立하자는 그것은 今日과 같은 受侮的 形飾의 독립이 아니오, 우리의 實力으로 우리의 조상 땅에 獨立國家를 設立하고 自由시러게 榮貴시럽게 生活하자는 趣旨이다. 今日과 같이 獨立이라는 美名下에 生命을 無辜히 多殺하고 建物을 無數히 爆破하고 全人을 다 盜賊化하고 無産化

---

[2] 李夏馥(1932년생, 충청남도 천안시 오룡동 46-4 거주).
[3] 이관구,「義勇錄重覽序」,『義勇實記』.
[4] 독립유공자 포상신청서 참조(지정 접수번호 9-31).

하게 만들 것 같으면 이와 같은 獨立은 願치도 아니하고 運動도 하지 아니 하였을 것이다. 이런 獨立, 이런 政治 等은 다아 消滅되고 神聖한 獨立과 神聖한 政治가 實行되기를 기다리고 있다. 이것이 余의 所願이요, 先輩諸 先生들의 所願이요, 同志諸位의 所願이요, 速히 速히 도라오기를 期待하지 마지 아니하노라.5)

라고 하고 있는 것으로도 저작 시기를 가늠해 볼 수 있다.

 이 책은 「의용록중람서(義勇錄重覽序)」, 이관구의 「자서전(自叙傳)」, 「의용록(義勇錄)」 등 3부분으로 구성되어 있다. 그런데 본문 총 168면에서 위의 3부분이 차지하는 각각의 비율을 따져보면, 첫째 부분인 「의용록중람서」가 6면, 둘째 부분인 「자서전」이 14면, 셋째 부분인 「의용록」이 148면으로 되어 있다. 셋째 부분인 「의용록」이 전체 면수의 80% 이상을 차지하고 있는 것이다. 이것은 이관구가 『의용실기』를 저술할 때에 어디에다 주된 비중을 두고 있었던가를 말해 준다고 할 것이다.

 그러면 「의용록중람서」의 내용부터 살펴보기로 하자. 이 부분은 『의용실기』의 서론 부분에 해당된다. 여기에서 이관구는 이 책에 수록되어 있는 인물들이 자신과 함께 일제의 지배하에서 독립운동을 전개하였던 자들이었음을 밝히고 있다.

 둘째 부분인 이관구의 「자서전」에서는 그의 초기 활동부터 1945년 해방 이후까지의 생애를 담고 있다. 즉, 이관구의 본관은 한산, 고향은 황해도 송화군 하리면 안농리였다. 그의 자는 명숙, 호는 화사였다. 전통적인 유학자 집안에서 태어난 그는 일찍부터 국권 회복에 뜻이 있었던 것 같다. 그의 이러한 생각은 박은식·양기탁·신채호·장지연 등과의 언론 활동으로 구체화 되었다. 그러나 그의 역할에 대해서는 알려진 바 없다. 언론계에서 활동하던 그는 신학문에 대한 무지함을 절실히 깨달았던 것 같다. 그리하여 그는 평양에 있는 대성학교·숭실대학 등에서 신학문을 공부하였다. 그의 이러한 노력은 1910년 한일합방 이후 중국으로 망명한 뒤에도 북경의 회문대

---

5) 이관구, 「義勇錄重覽序」, 『義勇實記』.

학·명륜대학 등에서 계속되었다. 그가 이처럼 학문에만 전념하였던 것은 국가의 독립을 회복하려는 노력의 일환이었다. 이와 같은 사실은 그의「자서전」중에,

> 이와 같이 遊遊하는 本意는 文學을 學하는데 있지 아니하고 國家를 重建하고자하는 意圖에 在하얏다.

라고 한 데에서 알 수 있다.

신학문을 공부한 후, 그는 절강성 항주부 군관학교 속성과에 입학하였다. 그리고 이곳을 졸업한 후에 신해혁명에 참여하였다.

그 후 이관구는 독립운동에 전념하였는데, 그의 활동에 관하여 다음과 같이 술회하고 있다.

> 평양에서 시작하여 海州에서 발각된 것이 제1차요, 西間島에서 발각된 것이 제2차요, 慶尙道 朴尙鎭과 光復會를 조직한 것이 제3차요, 황해도에서 獨立軍團을 조직한 것이 제4차요, 安東縣에서 倭政府의 要人을 암살하려고 암살대를 조직한 것이 제5차요, 吳東振·羅石柱 등의 동창생들과 無名의 혁명가가 되기를 서로 약속한 것이 제6차요, 황해도에서 有志靑年을 勸하야 가지고 와서 義旗를 擧하다가 未時에 발각된 것이 제7차이다.

이처럼 7차에 걸쳐 독립운동을 전개하던 이관구는 1918년 일경(日警)에 체포되어 6년간 투옥되었다. 그 이후 계속 황해도 지역을 중심으로 독립운동을 전개하고자 하였으나, 일경의 감시가 심하여 뜻을 이루지 못하였다.6)

셋째 부분인「의용록」에는 일제하에서 이관구 자신과 함께 독립운동을 전개한 총 36명의 독립운동가 명단을 수록하고 있다.

---

6) 李觀求는 해방 후 大韓武官學校 最高顧問, 國民協議會 會長 등을 역임하였다(『獨立鬪士華史李觀求先生追慕碑』, 1981).

3. 『의용실기』의 내용분석

『의용실기』에서 우리의 주목을 끄는 것은 총 36명의 독립운동가를 기록하고 있는「의용록」이다. 이를 알기 쉽게 도표로서 작성하면 다음 〈표 1〉과 같다.

〈표 1〉「의용록」에 수록된 독립운동가 일람표

번호	이름	「의용록」에 수록된 독립운동가 중의 대한광복회 회원	비고
1	李觀求	○	大韓獨立軍團
2	李文成	○	大韓獨立軍團
3	朴根元		李鎭龍과 西間島서 활약
4	成樂奎	○	大韓獨立軍團
5	李根奭	○	大韓獨立軍團
6	朴元東	○	2차 의거
7	梁擇善	○	大韓獨立軍團
8	曺善煥	○	大韓光復會
9	韓聖根	○	大韓獨立軍團
10	邊東煥	○	2차 의거
11	吳瓚根	○	2차 의거
12	李和淑	○	2차 의거
13	李鶴禧	○	1차 의거
14	趙賢均	○	大韓光復會, 2차 의거
15	吳淳九		1차 의거
16	李宗珪		1차 의거
17	朴尙鎭	○	大韓光復會
18	金遇常		1차 의거
19	朴東欽	○	2차 의거
20	許赫		許蔿의 兄
21	趙鏞昇	○	2차 의거
22	梁鳳濟	○	2차 의거
23	趙百泳	○	2차 의거(1차 의거도 참여)

24	趙明河		趙百泳의 친척
25	李錫熹	○	2차 의거
26	崔正鉉	○	2차 의거(1차 의거)
27	盧承龍		1차 의거
28	尹子度(鐩)	○	2차 의거(1차 의거)
29	甘益龍		자아 혁신 운동 전개
30	柳準熙	○	大韓光復會
31	崔膺善		孫秉熙의 제자
32	李昌求		李觀求의 셋째 동생
33	李長珪		李觀求의 5村 堂叔
34	李 茂		滿洲서 독립운동
35	韋秉稙		
36	高後凋	○	2차 의거

※ 본 도표에 보이는 독립운동가의 배열 순서는 「의용록」에 게재된 순서에 따랐음.
※ 1차 의거는 1914년 이관구가 해주를 중심으로 전개한 독립운동을 의미함.
※ 2차 의거는 대한광복회 황해도와 평안도 지부인 대한독립군단에서의 활동을 의미함.

〈표 1〉에서 보는 바와 같이, 「의용록」에 수록된 36명의 독립운동자 가운데에는 이관구가 대한광복회 황해도 지부장으로 있을 때 함께 활약하였던 인물들이 다수 기록되어 있다. 이근영·이문성·성낙규·이근석·박원동·양택선·조선환·한성근·변동환·오찬근·이화숙·이학희·조현균·박상진·박동흠·조용승·양봉제·조백영·이석희·최정현·윤헌·유준희·고후조 등 23명이 그들이다.7) 이 가운데 한성근·조현균·박동흠·양봉제·

---

7) 이들 23명은 「의용록」에는 大韓獨立軍團(또는 李觀求의 2차 의거), 「自敍傳」에는 李觀求의 4차 활동에 가담한 것으로 기록되어 있다. 이 大韓獨立軍團의 활동 및 4차 활동이 대한광복회에 의하여 이루어진 것이다. 이는 해방 이후 李觀求의 둘째아들인 李夏馥이 대한광복회 임원이었던 權寧萬으로부터 확인하였다고 한다(李夏馥과의 대담, 1985.6.17). 또한 일본 측 기록에도 1917년 11월(음력)경 李觀求가 李錫熙를 시켜 '光復會'라는 印章을 조작케 했다든지(국사편찬위원회 편, 『한국독립운동사』 2, 1968, 484쪽), 또는 1918년 6월 18일 황해도 해주군 彌栗面 石井里 趙夏東의 名으로써 해주 경찰서장 앞으로, 吳瓚根外 21명은 李華史가 기도하는 국권회복을 목적으로 하는 光復會에 가입하여 활동하고 있다는 투서가 있었던 것(『한국독립운동사』 2, 482쪽) 등으로 보아 그렇게 짐작할 수 있다.

최정현·유준희·고후조 등 7명을 제외한 16명의 인물들은 대한광복회의 회원들을 보여 주는 일본 측 기록에서도[8] 살펴볼 수 있다. 따라서 이『의용실기』는 비록 1950년대에 저술된 것이긴 하지만 상당히 신빙성이 있는 중요한 자료라고 하겠다.

아울러 주목되는 것은 이「의용록」이 한성근·조현균 등 7명의 인물들이 대한광복회에 가담하고 있었음을 알려주고 있다는 점이다.

또한「의용록」은 대한광복회 회원들의 학력·인적사항·활동 등 각 개인에 대하여도 상세히 기록하고 있다는 특징을 갖고 있다.[9] 이를 도표로써 작성하여 보면〈표 2〉와 같다.

〈표 2〉에서 보는 바와 같이 이들은 황해도 지역의 출신이 16명(해주 출신: 8명), 평안도 출신이 7명, 경상도 출신이 1명인 것으로 나타나 있다. 이와 같이 황해도 출신이 전체의 2/3을 차지하고 있는 것은 아마도「의용록」을 작성한 이관구가 황해도 출신이었다는 점과 연관성을 갖고 있는 것이 아닌가 한다. 즉 대한광복회의 황해도 지부장이었던 이관구는 우선 자신의 출신 지역의 인사들에게 대한광복회에 가입하도록 권유하였을 것이며, 이때 많은 인물이 여기에 가담하였을 것으로 믿어지기 때문이다. 따라서「의용록」은 황해도 지역의 대한광복회 회원에 대하여 알 수 있게 해주는 귀중한 자료라고 생각된다.

뿐만 아니라 평안도 지역 대한광복회 회원에 대하여도 알려주는 바가 적지 않다. 지금까지 평안도 출신으로 대한광복회에서 활약한 인물로는 문응극이 알려져 있다.[10] 그러나「의용록」은 박동흠·양봉제·임용승·조현균·

---

[8] 국사편찬위원회,『한국독립운동사』2, 480~482쪽.
[9] 일본 측 기록(『한국독립운동사』2, 480~482쪽)에는 대한광복회 회원의 명단·본적·주소·나이 등만이 기록되어 있다.
[10] 그러나「의용록」은 李觀求와 함께 大韓光復會에서 활동하였다고 알려진 다음의 인물들은 언급하고 있지 않다. 李泰儀·李允庠·崔根草·曹富爀·朴行一·金成禹·文應極 등이 그들이다(『한국독립운동사』2, 480~482쪽). 그것은 이들이 아마도 大韓光復會에서 활동하기는 하였으나 李觀求 자신과 밀접한 관련을 갖고 있던 인물이 아니기 때문이 아닌가 한다.

〈표 2〉「의용록」에 보이는 대한광복회 회원 일람표

번호	이름	출신지		학력	인적사항	활동	비고
1	梁擇善	黃海道	海州	柳麟錫의 門人		平山의병장	
2	邊東煥	〃	平山	〃		柳麟錫의 거사 시 도움	
3	曹善煥	〃	信川	〃		海州를 중심으로 의병	
4	高後凋	〃	海州				
5	尹 鑢	平 南	中和			유학자	
6	李根永	黃海道	海州			平山의병장 李鎭龍과 함께 활동	
7	李文成	〃	海州			〃	
8	朴元東	〃	鳳山			〃	
9	吳瓚根	〃	海州		崔益鉉의 門人인 吳鳳泳의 아들		
10	朴東欽	平 北	泰川	李文一의 門人			
11	梁鳳濟	〃	博川				
12	林庸昇	〃	博川	〃			
13	趙鏞昇	黃海道	豊川	宋秉璿의 門人			
14	趙百泳		豊川	趙鏞昇의 門人			
15	李鶴熺	〃	海州				
16	李錫熹	〃	海州	한학을 공부	李珥의 후손		
17	趙賢均	平 北	定州				
18	崔正鉉	平 南	龍岡			유학자	
19	李根奭	黃海道	信川	法學士	趙孟善·李鎭龍과 친함	변호사	
20	韓聖根	〃	信川			靑林敎 敎主	
21	李和淑	〃	甕津			富豪	
22	成樂奎	〃	海州			每日新報기자	
23	柳準熙	平 南	寧邊			서울금융연합회이사장	
24	朴尙鎭	慶 北	慶州				

　최정현·유준희 등 6명의 평안도 출신 대한광복회 회원들에 대하여 소상히 밝혀 주고 있는 것이다.[11] 특히 이들 가운데 조현균이 평안도 지부장이었음[12]은 주목된다고 하겠다.

「의용록」은 또한 이관구가 박상진과 함께 해외에서 대한광복회를 조직할 것을 구상하였음도 알려주고 있다. 「의용록」 박상진조에,

> (朴尙鎭)은 일즉 建國의 志를 抱하고 露領과 中國地方을 遊歷하매 同志를 多交할 時에 李華史를 相逢하야 刎頸의 交를 結하고 歸國하야 光復團組織할 議論을 熱議하고 故鄕인 慶州에 歸하야 類百의 義兵將을 合하야 光復團을 조직하고 武器는 外地에 在한 華史를 通하야 買來하야 가지고 (後略)

라 한 것이 그것이다. 이러한 사실은 지금까지 대한광복회가 박상진에 의하여 주도되었고 이관구는 그 이후에 참여하였다는 기존의 견해에[13] 재검토의 여지가 있음을 알려 준다는 점에서 주목된다고 하겠다.

그렇다면 이들이 함께 대한광복회의 조직을 구상하게 된 이유는 무엇이었을까. 우선 박상진과 이관구가 신해혁명을 통하여 일제를 조선으로부터 구축하기 위해서는 직접적인 무장 투쟁을 해야 한다고 생각하였기 때문이 아닐까 한다. 이관구가 1910년 이후 절강성 항주부 군관학교 속성과에서 군사학을 공부한 후 직접 1911년 신해혁명에 참가하였다는 사실은 앞서 지적한 바 있다. 그는 이 무력을 통한 혁명전쟁으로 청조가 무너지자, 조선도 이와 같은 방법을 채택하여야 한다고 생각한 것 같다. 그러므로 그는 함께 무력 투쟁을 전개할 동지를 규합하기 위하여 남경·상해·홍콩·서간도·북간도·노령 등지를 두루 돌아다녔던 것이다.[14] 그런 과정에서 이관구는 박상진을 만났다. 박상진도 신해혁명의 진행 과정을 직접 보고 암살·비밀·폭동·명령 등의 방략으로써 조선의 국권을 회복하고자 생각하고 있던

---

11) 「의용록」에 따르면 윤헌(자: 자도)은 평남 중화인이라고 한다. 그런데 그가 황해도 해주라는 설(『한국독립운동사』 2, 482쪽)도 있으므로 여기서는 일단 제외하였다.
12) 『광복회부활취지급연혁』, 1945.
13) 趙東杰은 朴尙鎭이 1915년 7월에 大韓光復會를 조직한 후, 1916년 만주에서 李觀求를 만나게 되었으며, 이를 계기로 大韓光復會 황해도 지부가 조직되었다고 한다(趙東杰, 「大韓光復會의 結成과 그 先行組織」, 121쪽).
14) 「自敍傳」, 『義勇實記』.

터였다.15)

 이들 양인의 만남은 허혁에 의하여 이루어진 것이 아닌가 한다. 그는 당시 만주 지역의 대표적인 독립운동 단체인 부민단의 단장으로서16) 이관구와 절친한 사이였다.17) 또한 그는 박상진의 독립운동에 가장 큰 영향을 끼친 한말의 대표적인 의병장 허위의 친형이었다.18) 이러한 관계로 박상진과 이관구의 만남은 자연스럽게 이루어질 수 있었을 것이다. 이와 같은 경위를 통하여 박상진과 이관구는 함께 대한광복회를 조직할 것을 구상하였던 것이다.

 다음으로는 대한광복회 황해도·평안도 지부의 조직 과정을 살필 수 있다는 것이다. 박상진과 함께 대한광복회를 조직하고자 한 이관구는 이의 실현을 위해 우선 박상진의 고향인 경주로 가서 활동하였던 것 같다. 그러나 그의 구체적인 대한광복회 조직시의 역할과 활동 등에 관하여는 현재 남아있는 기록으로써는 잘 알 수 없다. 다만 「의용록」 유준희조에,

　　李華史가 朴尙鎭 등과 함께 光復團을 조직하기 위하여 慶州行을 할 때에 平泉(柳準熙―筆者註)이 華史를 京城에서 相逢하여 意氣를 相附하고 肝膽을 相照하여 忌憚없이 朝鮮獨立事를 相論하고 장차 독립 운동을 같이 하기로 맹세하고, 이간에 연락이 끊어지지 않더니 華史가 變을 당한 후로 의논할 곳이 없어서 매우 적막하게 지냈다.

라고 있듯이, 구체적인 연도는 알 수 없으나 이관구가 대한광복회를 조직하기 위해 박상진과 함께 경주에 갔었다는 점이라든지, 또 「자서전」에,

　　日本人이 나를 九士요, 道術法과 수단이 있는 줄 알기 때문에 그들의 말

---

15) 독립운동사편찬위원회, 『독립운동사자료집』 11, 1976, 690쪽.
16) 金俊燁·金昌順, 『韓國共産主義運動史』 4, 고려대학교 아세아문제연구소, 1974, 48~56쪽. 여기에 보면 扶民團 團長을 李相龍 또는 金東三이라고 함.
17) 「의용록」 許赫條.
18) 李東英, 『林隱許氏의 抗日運動』, 1980, 8~9쪽.

이 李華史는 造化가 무궁한 사람이라고 하므로 반드시 내가 머무는 곳에 와서 혼자 머물 때에도 일본 경찰이 7, 8명씩 권총을 휴대하고 조사하러 온다. 일본 경찰의 모습을 보면 적군과 전쟁하러 가는 모습과 같으며, 日本人뿐만 아니라 黃海道 海州 등지의 사람과 慶州 등의 사람들은 나를 壯士라고 口傳하였다.

라고 하여, 경주 지역에서 이관구가 큰 장사라고 구전되고 있었다는 점 등으로써 미루어 볼 때 그가 경주 지역을 중심으로 활동하였음을 짐작할 수 있다.

경주 지역에서 박상진과 함께 대한광복회의 조직 운동을 전개하던 이관구는 곧 황해도와 평안도 지역으로 가서 대한광복회의 황해도·평안도 지부 조직에 착수하지 않았나 한다. 그의 이러한 노력은 그가 「자서전」에서 1차 활동이라고 언급한, 즉 1914년 이관구가 황해도와 평안도 지역을 중심으로 50여 명의 동지들과 함께 독립운동을 전개한 바 있었기 때문에[19] 더욱 실제화될 수 있었을 것으로 짐작된다. 그 결과 그는 대한독립군단이라는 대한광복회 황해도·평안도 지부를 조직하기에 이르렀던 것이다.

그 다음으로 주목되는 점은 황해도·평안도 지역의 대한광복회 회원들은 대한제국의 재건을 주장하는 복벽주의적 성향을 지녔던 것이 아닌가 추측케 한다는 것이다. 이 점은 각 회원들의 학문적인 계보를 파악해 봄으로써 짐작할 수 있지 않을까 한다.

회원들은 대부분 황해도와 평안도 지역의 유학자들이라고 말할 수 있을 것 같다. 이들은 다시 화서 이항로계·연제(淵濟) 송병준계(宋秉璿系) 및 계열을 알 수 없는 유학자 등으로 다시 구분할 수 있다고 보여진다.

---

[19] 이관구는 1914년 해주에서 황해도 지역의 유학자인 이학희·오순구·박순흥·박행일·박태원·이종규·이명식·김우상 등과 함께 대일항쟁을 계획하고 또 평안도의 노승용 등 유학자와 서북간도의 중진 인사들과 연락하여 거의를 도모했다. 격문을 조선총독에게 보내고 동포들에게도 포고문을 배포하여 일제를 당황하게도 하였지만 동지 50여 명이 일본경찰에게 체포되고 그는 외국으로 망명하고 말았다(독립운동사편찬위원회, 『독립운동사』 2, 1971, 218~219쪽, 「의용록」 김우상조, 이종규조, 오순구조, 이학희조, 성낙규조, 윤헌조, 노승용조, 조백영조).

우선 구한말의 거유이며 위정척사파의 중심 인물인 화서 이항로 계열부터 살펴보기로 하자. 이는 다시 그의 문인인 유인석 계열, 최익현계열, 박문일 계열[20] 등 3계열로 세분할 수 있지 않나 한다.

이 가운데 유인석은 이항로의 위정척사사상과 행동을 전형적으로 계승한 유학자였다.[21] 이러한 유인석 계열의 인물로 양택선(1)·변동환(2)·조선환(3)·고후조(4)·윤헌(5) 등을 들 수 있을 것이다. 양택선은 황해도 해주인으로 일찍부터 유인석 문하에서 공부하였으며, 유인석이 의병을 일으켰을 때에 그도 황해도 평산 지역의 의병장이 되어 함께 의병활동을 하였다.[22] 변동환은 유인석의 제자 가운데 가장 뛰어난 인물로 알려져 있다. 그는 황해도 평산 출신으로 유인석의 의병 활동을 재정적인 면에서 적극 지원하였다.[23] 조선환 역시 유인석의 문하에 있던 유학자로 해주 석담을 중심으로 의병 활동을 전개하였다. 또한 유인석의 문인들과 함께 원세개에게 조선의 독립을 도와 줄 것을 요청하는 건의서를 제출하기도 하였다.[24]

고후조는 유학자 가운데 대학자로 세인에게 모범이 될 만한 충후한 군자였다고 한다.[25] 그가 유인석의 문인이라는 직접적인 기록은 없다. 그러나 그는 유인석의 사상적 영향을 크게 받은 인물이 아닌가 생각된다. 이것은 이관구가 그에게 조선 독립에 대한 의향을 물었을 때 그가 보인 태도에서 분명히 알 수 있지 않나 한다. 그는 1899년 유인석의 문인인 김화식(金華植)이 서간도에서 편집한 토적복수 벌이부화('討賊復讐 伐夷扶華')의 이념을 주요 내용으로 한 소의신편(『昭義新編』)[26]을 보이면서 유인석 이후 혁명가

---

[20] 柳麟錫은 省齊 柳重敎를 따라 14세(1855) 때에 李恒老 문하에 들어가 수업하기 시작하였다(『毅菴集』 年譜 참조). 崔益鉉도 역시 14세(1846) 때에 李恒老 문하에 들어갔다(『勉菴集』 年譜 참조). 朴文一은 21세(1843) 때에 李恒老의 문인이 되었다(『雲菴先生文集』 卷之一 行狀 참조).
[21] 강재언, 「한국독립운동의 근거지 문제」, 『근대한국사상사연구』, 한울, 1983, 193쪽.
[22] 「의용록」 양택선조.
[23] 「의용록」 변동환조, 『의암집』 권지육 답변동환.
[24] 「의용록」 曺善煥條.
[25] 「의용록」 高後凋條.
[26] 尹炳奭, 「昭義新編」, 『韓國近代史料論』, 一潮閣, 1979, 1쪽.

가 없음을 애석하게 여기고 그의 독립운동을 적극 지원하고 나섰던 것이다.27) 윤헌은 평남 중화인이다. 재주가 비상하고 서도에 능하였으며 유인석의 훈도를 입은 인물이다.28)

유인석 계열의 학자로서 대한광복회에 가입한 자들은 이들에 국한된 것은 아닌 것 같다. 「의용록」 양택선 조에,

> 梁擇善도 平山 의병장의 一人이 되었으나 名도 얻지 못하고 항상 內心에 독립 사상을 품고, 유림의 義士를 많이 연결하여 가지고 있다가 李華史가 제 2차로 擧義하여 大韓獨立軍團을 조직할 때에 중요한 역할을 하였다.29) 儒林의 有志가 그 때에 다수 가담한 것은 梁擇善의 활동력에 의한 것이 적지 않다.

라고 하여 양택선의 활동에 의하여 많은 유림이 여기에 가담하였다는 것이다. 이들도 대부분 유인석의 사상과 영향을 받은 인물이었다고 보아도 무방할 듯하다.

이외에 유인석 계열로 간주할 수 있는 인물로는 유인석의 문인인 평산(平山) 의병장 이진룡(李鎭龍)30)과 관련이 있는 이근영(6)·이문성(7)·박원동(8) 등을 들 수 있다. 이근영은 황해도 해주 운산인으로서 이진룡과 함께 서북간도를 왕래하며 독립전쟁을 하던 인물이었다. 그는 1912년 봄에 이진룡과 함께 서간도 안동현(安東縣) 사하자(沙河子) 일본경찰주재소를 습격하기도 하였다.31) 이문성 역시 이근영과 마찬가지로 해주 운산인이며 이진룡과 관련이 있던 의병장 출신이었다. 즉, 황해도 의병장으로서 이근영과 함께 이진룡과 합심하여 평북 운산의 황금 수송차(輸送賈)를 습격하기도 하였다.32) 박원동은 황해도 봉산인으로서 평산에서 이진룡과 함께 의병 활

---

27) 「의용록」 高後凋條.
28) 「의용록」 尹鑢條, 『毅菴集』 卷之六 與尹子度.
29) 李觀求는 「自敍傳」에서와는 달리 「의용록」에서는 大韓獨立軍團의 조직을 2차 의거라고 서술하고 있다.
30) 金厚卿, 『大韓民國獨立運動功勳史』, 광복출판사, 1983, 887~888쪽.
31) 「의용록」 李根永條.

동을 전개한 인물이었다.33)

이처럼 유인석의 문인들이 대한광복회에 많이 가담한 것은 대한광복회 황해도·평안도 지역의 조직자인 이관구와 밀접한 관련을 맺고 있는 것 같다. 그 역시 유인석의 훈도를 받은 인물이기 때문이다. 이와 관련하여 이관구 자신이 작성한 「언행록」34)의 다음과 같은 내용이 참조된다.

> 子鮮拜柳毅菴而請學 毅菴曰 汝之祖父 德行敦厚 學問高尙 余來西州後 所最畏者稼雲(李觀求의 祖父의 號一筆者註)也 古聖亦有易子而敎之訓 然家有賢師之父祖則學於父祖 亦事半功培 子鮮因而歸鄕 盖加勉勵而後見毅菴 毅菴使子鮮作治平之詩 子鮮受命而作之 毅菴見之讚曰 汝之工夫 於斯盡知.

이처럼 이관구의 「언행록」에 따르면 이관구는 고향을 떠나 유인석의 제자가 되어 그의 훈도를 받고자 하였던 것이다. 이러한 그의 학문적인 배경이 황해도·평안도 지부의 조직에 큰 도움이 되었을 것이다. 왜냐하면 유인석은 황해도·평안도를 중심으로 서사강용('西士强勇')에 의한 복진지계(復振之計)'를 계획하여 이 지역 유학자들에게 큰 영향을 주었기 때문이다. 즉 유인석은 1895년 말부터 1896년 5월에 이르는 시기에 의병을 일으켰다. 실패한 후에는 황해도·평안도 지역의 인물들을 중심으로 재차 의병 활동을 계획하였으나 정부군의 격렬한 추적 때문에 압록강을 건너 요동 지방으로 들어갔다. 1900년에 재입국한 유인석은 황해도 평산의 산주제(山斗齊)를 거점으로 관서 지방에서 강회를 열어 이곳 유림들에게 큰 영향을 끼쳤던 것이다.35)

다음으로 최익현의 계열을 들 수 있다. 최익현 역시 유인석과 마찬가지로 이항로의 위정척사사상을 전형적으로 계승한 인물이었다.36) 이 계열에

---

32) 「의용록」 李文成條.
33) 「의용록」 朴元東條.
34) 해방 직후 李觀求는 자신의 「言行錄」을 작성하였다. 현재 李夏馥이 보관하고 있다.
35) 朴成壽, 『毅菴集』 解題, 6쪽.
36) 강재언, 「한국독립운동의 근거지 문제」, 193쪽.

속하는 인물로는 오찬근(9)을 들 수 있다. 그는 황해도 해주의 거유로 알려진 인물이다. 그의 부친 오봉영(吳鳳泳)은 최익현의 수제자로 최익현이 대마도에서 일본산 곡식을 먹지 않고 굶어죽기로 결심한 때에 급히 조선쌀을 선재(船載)하고 대마도로 가서 조선쌀로 밥을 지어 그에게 공봉(供俸)하고 그가 죽은 후에 시신을 조선으로 반장(返葬)한 인물이었다. 또한 그는 그 후 최익현의 영정을 모시고 봄·가을로 享祀하기도 하였다.[37] 이러한 父의 뜻을 이어받은 오찬근 역시 최익현의 영향을 많이 받았을 것으로 믿어진다.

최익현 계열 인물들의 대한광복회에의 가담은 이외에도 많았던 것 같다. 「의용록」 오찬근조에,

> 瓚根이 父의 뜻을 이어서 선비들의 내왕이 더욱 빈번하여 士林會에서 비밀리 여러 번 擧義할 의논이 있었다가 李華史 제2차 擧義時에 率衆同參하야 朝鮮의 全儒林界를 通하야 西北間島의 유림까지 연락하였으나 일이 발각되어 李華史와 함께 체포되어…….

라고 하여 조선 및 서북간도에 있는 유림에게까지 연락하였다는 것이다. 그가 연락한 유학자의 대부분은 최익현 계열의 인물이었을 가능성이 크다고 하겠다.

다음으로는 박문일 계열을 들 수 있다. 박문일은 평북 태천인으로서 그의 일생 동안 역시 위정척사사상을 견지하였다.[38] 〈표 2〉에 보이는 박동흠(10)·양봉제(11)·임용승(12) 등은 박문일 계열에 속하는 인물들이라고 할 수 있을 것 같다. 박동흠은 박문일의 아우인 박문오(朴文五)의 아들로서 일찍부터 백부 밑에서 공부하였으며 벼슬은 직각(直閣)을 역임했다. 그는 조선이 일제에 의하여 합방되기 직전에 의병을 일으키고자 하였으나 뜻을 이루지 못하고 중국으로 망명하여 독립운동을 전개하였다. 특히 이관구가 대한광복회를 조직할 때에는 그를 지도하는 한편 평남북의 지사들이 이 단체

---

[37] 「의용록」 吳瓚根條 및 『勉菴集』 跋華東史合編跋, 年譜, 1905.2.20, 1906.9.4.
[38] 『雲菴先生文集』 附錄 行狀의 다음의 기록이 참조된다. "先生以衛正斥邪爲己任 其所以 教誨生徒者 必於此 知舊往復者 必於此 擧措設施者 無一非此."

에 가입하도록 권유하였다.39) 양봉제는 평북 박천인으로 박문일의 제자였다. 그는 한말에 평북관찰사를 지낸 고관 출신으로 평남북의 부호들이 대한광복회에 가입하도록 노력하였다.40) 이외에 박문일 계열로서 그의 수제자인 임용암(林庸菴)도 들 수 있다.41)

이항로 계열에 이어 두번째로 들 수 있는 계열은 연제 송병선의 문인들이다. 그는 우암 송시열의 9대손으로서 한말의 대표적인 위정척사론자였다.42) 이 계열의 인물로는 조용승(13)과 조백영(14) 등이 있다. 조용승은 송병선의 문인으로 한문에 능하고 예문(禮文)을 잘 알고 도학을 숭상하여 사방에 제자가 많았으며 자신이 거처하는 동남(洞南)에 공자묘를 세우고 삭망(朔望)으로 분향하고 춘추로 향사한 유학자였다.43) 조백영은 조용승의 문인으로 한문과 서법에 능하였다.44)

조용승·조백영 등 송병선 계열의 인물들이 대한광복회에 가담한 것은 이항로의 사상적 경향이 송병선의 그것과 거의 일치하기 때문이었을 것이다. 즉 이항로의 위정척사사상은 조선의 주자학자 송시열의 존화양이 사상에 직결되는 것이기 때문이다.45)

세 번째로는 계열을 알 수 없는 유학자들을 지적할 수 있다. 황해도 지역의 이학희(15)·이석희(16), 평안도의 조현균(17)·최정현(18) 등이 그들이다. 이학희는 황해도 해주 석담(石潭)의 율곡 이이의 봉사손이다. 그는 어려서부터 지기가 뛰어나서 국내에서 다수의 의열사와 연락하면서 독립운동을 준비하였다. 아울러 삼남(三南)의 유학자들과도 연락을 취하고 있던 유학자였다.46) 이석희 또한 해주인으로 율곡의 후예이다. 그도 한학을 공

---

39) 「의용록」 朴東欽條.
40) 「의용록」 梁鳳濟條.
41) 「의용록」 尹鑢條.
42) 琴章泰·高光植, 『儒學近百年』, 박영사, 1984, 169~171쪽.
43) 「의용록」 趙鏞昇條.
44) 「의용록」 趙百泳條.
45) 강재언, 「한국독립운동의 근거지 문제」, 194쪽.
46) 「의용록」 李鶴熺條.

부하여 충효와 예절을 알고 있던 유학자로서 조선의 광복에 뜻이 있어 애국지사들과 많은 교류를 갖고 있었다고 한다.47)

한편 평안도의 조현균은 평북 정주 지방의 유학자로 진사 시험에 합격한 후 참의를 지낸 인물이었다고 한다. 그는 조선의 독립을 위해 물심양면으로 노력하였으므로 평안남북도의 지사들 가운데 그의 집에 왕래하지 않는 자가 없었다고 한다.48) 최정현은 평남 용강인이다. 그는 뛰어난 문인으로서 당시의 유명한 인사의 행장과 묘갈문을 모두 작성했다고 할 정도였다.49) 이외에 대한광복회의 황해도·평안도 지부에는 법학교를 졸업하고 변호사 시험에 합격한 이근석(19),50) 청림교 교주인 한성근(20),51) 황해도 지역의 부호 이화숙(21),52) 『매일신보』의 기자를 역임한 성낙규(22),53) 서울 지역의 금융연합회 이사장인 유준희(23)54) 등이 가담하였다.

이상에서 살펴본 바와 같이 대한광복회의 평안도와 황해도 지부의 회원들은 대부분이 유학자였다. 특히 화서 이항로의 문인인 유인석·최익현·박문일 계열이 주류를 이루고 있었다. 그런데 앞서 언급한 것처럼 이항로는 위정척사 사상을 가진 대표적인 인물이다. 따라서 대한광복회의 황해도·평안도 지부의 회원들은 대한제국의 재건을 표방하는 복벽주의적 성향을 지녔을 가능성이 큰 것이 아닌가 한다. 그러나 이와는 달리 이근석·성낙규·이관구 등 신학문을 공부한 자들도 여기에 가담하고 있었다는 점 또한 이와 관련하여 간과할 수 없다. 그렇다고 하여 황해도·평안도 지역의 회원들의 성향을 볼 때 지금까지의 견해처럼 대한광복회가 공화제를 이념으로 내세웠던 혁신 유림들의 단체라고만55) 볼 수는 없지 않을까 하는 것이다.

---

47) 「의용록」 李錫熹條.
48) 「의용록」 趙賢均條.
49) 「의용록」 崔正鉉條.
50) 「의용록」 李根奭條.
51) 「의용록」 韓聖根條.
52) 「의용록」 李和淑條.
53) 「의용록」 成樂奎條.
54) 「의용록」 柳準熙條.
55) 趙東杰, 「大韓光復會研究」, 124~127쪽.

4. 결어

지금까지 대한광복회의 황해도 지부장으로 활약했던 이관구가 저술한 『의용실기』의 구성과 내용에 대하여 살펴보았다. 이를 통하여 알 수 있었던 『의용실기』의 사료적 가치와 대한광복회에 관한 몇 가지 새로운 사실을 정리함으로써 결론에 대신하고자 한다.

첫째, 『의용실기』는 1950년대 초반에 작성된 것이긴 하나 대한광복회에 관한 믿을 수 있는 중요한 자료라는 점이다.

둘째, 『의용실기』는 대한광복회의 평안도·황해도 회원들의 학력·인적 사항·활동 등을 상세히 기록하고 있다는 특징을 갖고 있다. 따라서 이 자료는 지금까지 잘 알려져 있지 않던 황해도·평안도 지역의 대한광복회 지부에 관하여 이해하는 데 소중한 것이라고 하겠다.

셋째, 이관구가 박상진과 함께 해외에서 대한광복회를 조직할 것을 구상하였음을 알려 주고 있다는 점이다. 이러한 사실은 지금까지 대한광복회가 박상진에 의하여 주도되었고 이관구는 그 이후에 참여하였다는 기존의 견해에 재검토의 여지가 있음을 알려 준다고 하겠다. 특히 이러한 사실은 대한광복회의 조직 과정과 관련하여 주목된다.

넷째, 대한광복회의 황해도·평안도 지부의 조직 과정을 살필 수 있다는 것이다. 즉 대한광복회를 박상진과 함께 국내에서 조직하고자 한 이관구가 경주로부터 황해도와 평안도 지역으로 와 대한독립군단이라는 대한광복회 황해도·평안도 지부를 조직하였던 것이다.

끝으로, 황해도·평안도 지역의 대한광복회 회원들이 대부분 이항로 계열의 유학자들이라는 점이 주목된다. 이 점은 이들 회원들이 추구한 정치적 이념이 대한제국의 복국을 표방하는 복벽주의적 성향을 지녔을 가능성을 시사한다. 즉 대한광복회가 공화제를 이념으로 내세운 혁신유림들의 단체라고만 볼 수는 없지 않을까 하는 것이다. 그것은 지역의 구성원에 따라 약간의 차이를 가질 수 있는 것이라 생각된다.

참고문헌

1. 참고자료

1) 화사 이관구 유고

言行錄(필사본).
道通之元旦(필사본).
義勇實記(필사본).
獨立精神(필사본).
新大學(필사본).
新中庸(필사본).
光復義勇記(필사본).
同窓書帖(중국 항주무관학교).
超塵俱樂部(필사본).

2) 참고자료

단재신채호선생기념사업회, 『단재신채호전집』, 형성출판사, 1979.
대일본제국육지측량부, 『만주국지도』, 250만분의 1, 동아대지도, 1937.
『대한계년사』.
독립기념관 한국독립운동사연구소, 『단재 신채호 전집』, 2007.
독립운동사편찬위원회, 『독립운동사자료집』 11, 1976.
『면암집』.
박장현, 『중산전서』 상·하, 중산전서간행회, 보경문화사, 1983.
「오동진 예심종결서」.
우재룡, 『백산여화』.

『운암선생문집』.
『의암집』.
이충구 김병헌 편역, 『언행록-화사 이관구자료집(1)』, 화사선생기념사업회, 2003.
일본 외무성, 『재만조선인개황』, 1933.
「이관구 고등법원 판결문」(1919.1.23).
『한산이씨족보』.

2. 참고 사전 및 저서, 논문

1) 사전

경도대학 문학부 국사연구실, 『일본사사전』, 동경: 秋山孝男, 1954.
김영윤, 『한국서화인명사전』, 한양문화사, 1959
福武直·日高六郞, 高橋徹 編, 『사회학사전』, 동경: 有斐閣, 1958.
사회사상사 편, 『사회과학대사전』, 동경: 개조사판, 1932.
山崎總與編, 『만주지명대사전』, 동경: 국서간행회, 1937.
商景才, 『浙江事典』 상·하권, 절강교육출판사, 1998.
『アジア歷史事典』(전10권), 동경: 평범사, 1959.
李康勳, 『독립운동대사전』 권 1.2, 도서출판 동아, 1990.
李弘稙, 『한국사대사전』 상·하, 교육도서, 1993.
朝日新聞社 編, 『現代日本朝日人物事典』, 동경, 1990.
陳王堂 편저, 『중국근현대인물』, 名號大辭典, 절강고적출판사, 1993.
『한국독립운동대사전』 1~7, 독립기념관, 1996~2004.
『한국인명대사전』, 신구문화사, 1967.

2) 저서 및 논문

강재언, 「한국독립운동의 근거지 문제」, 『근대한국사상사연구』, 한울.
강창일, 「일진회의 '합방'운동과 흑룡회」, 『역사비평』 52, 2000년 가을호.
『고당 조만식』, 평남민보사, 1966.

국사편찬위원회, 『한국독립운동사』 2, 탐구당, 1968.
권대웅, 『1910년대 경상도지방의 독립운동단체연구』, 영남대 국사학과 박사학위논문, 1993.
금장태, 『유학근백년』, 박영사, 1984.
금장태 외, 『중산 박장현연구』, 민족문화사, 1994.
금장태·고광식, 『유학근백년』, 박영사, 1984.
김 구, 『백범일지』, 돌베개, 2003.
김원용, 『재민한인오십년사』, 캘리포니아, 1959.
김현우, 『한국정당통합사』, 을유문화사, 2000.
김희곤 편, 『박상진자료집』, 한국독립운동사연구소, 2000.
대종교총본사, 『대종교중광60년사』, 1971.
박상진의사추모회, 「固軒朴尙鎭略歷」, 『大韓光復會總司令朴義士尙鎭殉國史』, 1980, 울산.
박영석, 「대한광복회연구―박상진제문을 중심으로」, 『한국민족운동사연구』 1, 1986.
_____, 「대한광복회연구―이념과 투쟁방략을 중심으로」, 『한국민족운동사연구』 15, 1997.
_____, 『일제하독립운동사연구』, 일조각, 1984.
_____, 『재만한인독립운동사연구』, 일조각, 1988.
_____, 『한민족독립운동사연구』, 일조각, 1982.
박중훈, 「고헌 박상진의 생애와 항일투쟁활동」, 『국학연구』 6, 2001
박 환, 「대한광복회에 관한 새로운 사료: 『義勇實記』」, 『한국학보』 44, 1986.
_____, 『러시아한인민족운동사』, 탐구당, 1995.
_____, 『만주한인민족운동사연구』, 일조각, 1991.
_____, 오동진, 『독립운동가열전』, 한국일보사, 1989.
_____, 『잊혀진 혁명가 정이형』, 국학자료원, 2006.
_____, 『항일유적과 함께 하는 러시아 기행』 1·2, 국학자료원, 2002.
_____, 「화사 이관구의 민족의식과 항일독립운동」, 『숭실사학』 23, 2009.
배경한, 「상해남경지역의 초기(1911~1913) 한인망명자들과 신해혁명」, 『동양사학』 67, 1999.
송건호, 『서재필과 이승만』, 정우사, 1980.

수촌박영석교수화갑기념논총간행위원회, 『한민족독립운동사논총』, 탐구당, 1992.
『숭실대학교 백년사』, 1997.
신용하, 「申采浩의 光復會通告文과 告示文」, 『한국학보』 32, 1983, 가을.
심지연, 『한국정당정치사』, 백산서당, 2006.
안천, 『황실은 살아있다』 상·하, 인간사랑, 1994.
오세창, 『槿域書畵徵』, 학문각, 1970.
오영섭, 『고종황제와 한말의병』, 선인, 2007.
유영열, 「민족사속에서의 숭실대학」, 『숭실사학』 11, 1998.
의암학회, 『의암 유인석의 항일독립투쟁사』, 의암학회, 춘천, 2005.
이광린, 「舊韓末 進化論의 受容과 그 影響」, 『한국개화사상연구』, 일조각, 1979.
_____, 「구한말 평양의 대성학교」, 『동아연구』 10, 1986.
이광린, 『한국개화사연구』, 일조각, 1969
이극로, 『고투40년』, 범우사, 2008,
이기하, 『한국정당사』, 1960
이명화, 『도산 안창호의 독립운동과 통일노선』, 경인문화사, 2002.
이상룡, 『국역 석주유고』 상하, 안동독립운동기념관, 경인문화사, 2008.
이성우, 「대한광복회 만주본부의 설치와 활동」, 『호서사학』 34, 2003
_____, 「대한광복회 충청도지부의 설치와 활동」, 『한국근현대사연구』 12, 2000.
이정식, 『김규식의 생애』, 신구문화사, 1974.
이태복, 『도산안창호평전』, 동녘, 2006.
정욱재, 「한말 일제하 유림연구」, 한국학중앙연구원 박사학위논문, 2009.
_____, 「화사 이관구의 『신대학』 연구」, 『한국사학사학보』 10, 2004.
조길태, 『인도사』, 민음사, 2000.
조동걸, 「대한광복회 연구」, 『한국사연구』 42, 1983.
_____, 「대한광복회의 결성과 그 선행조직」, 『한국학논총』 5, 1983
조준희, 「대한광복회 연구-황해도지부와 평안도지부를 중심으로」, 『국학연구』 6, 2001.
_____, 「대한광복회 평안도 지부장 경재 조현균」, 『한국민족운동사연구』 24, 2000.
주경철, 『대항해시대』, 서울대학교출판부, 2008.
주요한, 『안도산전서』 상·중·하, 범양출판사, 1978.

채근식, 『무장독립운동비사』, 대한민국공보처, 1949.
천진교총본부, 『천진교의 문』, 천진교본부, 1975.
최홍규, 『단재 신채호』, 태극출판사, 1979
한국사연구협의회, 『한러관계100년사』, 1984.
_____, 『한불관계100년사』, 1984.
한태수, 『현대한국정당론』, 1968.
현규환, 『한국이민사』 상, 어문각, 1967.
현상윤, 『조선유학사』, 민중사관, 1954.
홍순옥 역, 『지산외유일지』, 탐구신서 244, 1983.
황해도지편찬위원회, 『황해도지』, 1982.

朴慶植, 『일본제국주의하의 조선지배』 상·하, 동경: 청목사점, 1973.
山辺健太郎, 『일한합병소사』, 동경: 암파서점, 1966.
_____, 『일본통치하의 조선』, 동경: 암파서점, 1974.
張達文, 『중화민국』, 하남출판사, 1980.
井上光貞 외 3인, 『일본사대계』 4, 근대 1, 1987, 동경: 산천출판사.
井上淸, 『일본의 역사』 하, 동경: 암파서점, 1973.

3. 대담자

呂連壽(이관구의 부인, 장소, 충남 천안 자택).
李夏馥(이관구의 2자, 충남 천안 자택).
朴文鎬(중국 요녕성 단동시 민족사무위원회 사무총장, 중국 단동).
梁溶浚(1917년생, 단동시 진흥구 4가 44호, 평북 태천군 출신, 1935년 중국으로 이주).
鄭京雲(1920년생, 단동시 진흥구 1가 4조 28호, 평북 철산출신, 1939년 중국으로 이주).
鄭云山(절강대학 역사계 교수, 중국 항주 정운산교수 자택).
崔鳳春(절강대학 역사계교수, 중국 항주).
楊靑(절강대학 역사계 교수, 중국 항주).
孟亥義(북경 회문중학교 비서장).

吳宗炳(북경 회문중학교우회 상무이사, 선전교육위원회 주임).
邊哲昊(길림성 장춘 거주, 평북 강계에서 1941년 중국으로 이주).
金雄(길림성 장춘 거주, 중국 장춘).
朴英順(1925년생, 길림성 용정, 이관구의 광제병원 문의).
李光鐵(소아과 의사, 길림성 용정).
李鍾植(소아과 의사, 길림성 용정).
朴昌昱(중국 연변대학 역사계 교수).
金順化(중국 무순, 新賓문화원 근무).
尹珖模(1927년생, 황해도 송화군 상리면 출신, 서울에서 면담, 이관구가 이강공 별장거주 시 방문경험 있음).
趙承濟(1925년생, 황해도 송화군 상리면 출신, 서울에서 면담, 이관구가 이강공 별장거주 시 방문경험 있음).

찾아보기

【ㄱ】

감익룡 197, 202, 208, 212, 219
강병수 306
강순필 301, 311
강유위 14, 74, 81
강은식 27, 28
강응오 148, 164
강재천 271
경학사 101
계만화 163
계봉우 107
계선 94, 96, 97, 98
계태랑 67
계화 104, 105
고제도 164
고창일 110
고홍성 89
고후조 36, 38, 346, 352
곽림대 96
곽명화 268
광제병원 149
권병식 267
권업회 105
권영각 269, 272
권영만 300, 301, 306, 312, 314, 315
권영목 302, 314
권중열 103
권집오 312
길원 96
길진영 160
김갑 95, 96
김계 163
김구 227, 271
김규식 95, 97, 110, 112, 161, 227, 231, 260, 271, 283
김규진 251
김남연 164
김노경 304, 314
김덕 95
김덕경 261, 272
김덕기 318, 328
김덕영 161
김덕준 94, 96, 98
김덕진 93, 94
김동삼 328
김동호 304, 306, 311

김두화 48, 262
김립 107
김만호 93
김병덕 104
김병로 262
김병열 301
김병익 164
김병화 165
김붕준 263
김삼 96
김상덕 259
김상오 301
김석관 96, 98
김성 164
김성삼 160
김성우 159, 175
김승학 264, 271
김연국 272
김요현 311
김용준 96
김용호 95
김우상 120, 126, 128, 136, 140
김윤식 65
김인창 269
김입관 162
김재열 303, 309
김정기 92, 93, 94, 95, 96
김좌진 325
김진 94, 96
김진만 304, 306, 309

김진우 304
김진초 47
김창강 163
김창한 266
김천해 316
김치홍 21
김택영 92
김평묵 31
김필한 93, 94
김학수 163
김한종 310, 312, 332
김해산 163
김현식 48, 162
김화식 352

【ㄴ】

나석주 15, 154, 156
나일봉 44, 48
나철 65, 65, 104
남상복 103
남즙 93
노백린 48
노세현 89
노승룡(송곡) 13, 30, 52, 53
노하룡 162
노호 89

【ㄷ】

『단기고사』 35, 36
당체 89

대삼영 61
대성학교 41, 43, 46
대한광복회 142
대한독립의군부 35
대한의용군사령 219
대한인국민회 시베리아지방총회 105
『대한인정교보』 109
동제사 97

【ㄹ】
루학겸 90

【ㅁ】
막득가 112
만풍루 89
만호 259
맥순이 113, 114
명륜대학 14, 74, 84
명문흡 148
모대위 94
문명흡 165
문응극 148, 159, 175
문일평 44, 48, 92, 94

【ㅂ】
박규진 295, 326
박농광 163
박동흠 136, 138, 140, 149, 261, 271, 346, 355
박명초 103

박문오 355
박문일 147, 355, 357
박상진 15, 140, 142, 143, 144, 149, 291, 313, 346
박세호 95
박순흥 126
박승익 95
박승호 312
박시규 292, 293, 294, 315, 317, 318, 322
박시룡 293, 294, 321
박시주 295, 326
박여옥 44
박영래 163
박용진 295
박용하 314, 337
박원동 149, 153, 159, 175, 177, 184, 185, 346, 353
박은식 39, 40, 92, 164, 343
박응수 315, 321
박정래 163
박집초 108
박찬익 104
박치서 103
박태원 126
박하진 312
박해 292
박행일 126, 159, 175
방국사 89
방기전 103
백순 104, 105

번종례 327
변동식 159, 175
변동환 135, 140, 151, 159, 175, 346, 352
변석윤 103
보리다득 115
부민단 101

【ㅅ】

사학연구회 241
산천균 61
삼달양행 148, 151, 160, 306
상강실업학교 14, 70
상원양행 148, 151, 160
서상용 104
서세창 77
서우순 143, 309
서일 105
성낙규 128, 135, 140, 151, 152, 153, 159, 160, 175, 178, 179, 182, 183, 313, 346
성인호 95
손문 71, 313
손우청 149
손일민 164, 304, 306, 336
손중응 165
송교인 74
송근수 151, 160
송병선 356
송병준 45, 61
송연재 139
송전도 95

송촌웅지진 67
숭실전문대학 49
신건식 93, 95, 96
신경훈 164
신규식 91, 92, 93, 283
신기식 163
신기하 163
신단재 164
신돌석 297
신민당 16, 207, 216
신민회 101
신상무 94
신성 164
신성모 94
신성태 164
신양재 103
신영태 165
신익희 259
신채호 17, 36, 40, 83, 96, 163, 166, 271, 275, 343
신한민족당 225
신흥강습소 101
심국형 162

【ㅇ】

안병모 103
안중근 48, 313
안증 96
안창일 161
안창호 13, 16, 41, 42, 43, 44, 46, 48,

160, 226, 271
안통 163
안희전 103
양계초 14, 42, 48, 74, 78, 79
양기탁 40, 162, 213, 264, 271, 343
양봉제 147, 161, 346, 355, 356
양상우 161
양재훈 304
양정의숙 297, 327
양택선 134, 140, 149, 150, 159, 175, 346, 352, 353
양한문 89
양한위 302
양해란 165
양현 104
어재하 311
여연수 196
여운형 110
여정국 197
오경석 272
오기호 65
오동진 15, 154
오봉영 135, 355
오세창 260, 272
오순구 126, 128
오인혁 159
오진홍 93, 94, 98
오찬근 135, 138, 140, 147, 152, 158, 159, 171, 175, 346, 355
오한근 198

오혁태 318, 328
오현주 160
왕가서 89
왕삼덕 103
왕세진 94, 96
왕영흥 89
왕운정 90
우덕순 263
우백산 165
우상순 95
우재룡 143, 300, 304, 306, 310, 312, 315
우태필 268, 272
원극문 116
원세개 73, 74, 96, 116
위병식 208, 230, 263, 264, 271
유결 89
유기열 48
유동열 258
유원섭 266
유응두 33, 35, 38, 275
유인석 13, 31, 32, 38, 40, 135, 137, 144, 160, 352, 354, 357
유장열 301
유준희 208, 212, 219, 238, 276, 346, 357
유중교 31
유진영 48
유진태 302
유창순 299, 301, 306, 311, 332
윤내경 148, 162
윤세용 96

윤영일　160
윤영한　96
윤자도　30, 159
윤치호　44, 46, 47
윤필건　94
윤해　110
윤헌　52, 120, 126, 128, 346, 352
『음빙실전집』　79
의용단　325
이강공　272, 281
이경직　35
이계철　269
이관구　264, 271
이광　95, 163
이광선　103
이극로　96, 110
이근석　159, 175, 346, 357
이근영　120, 125, 128, 149, 150, 159, 175, 346, 353
이금　163
이기　65
이기상　298
이기영　298
이기현　159, 175
이남기　165
이동휘　107
이동희　103, 163
이두규　21, 186
이등박문　66
이명숙　91, 93, 95, 96, 98

이명식　126
이무　109, 112, 219, 220, 262, 271
이문성　149, 150, 159, 175, 346, 353
이범석　259
이병찬　306, 312
이병호　305
이복현　162
이상룡　301, 328
이색　13, 21
이석대　306, 331
이석홍　302
이석희　136, 140, 151, 159, 175, 346, 356
이승만　16, 224, 225, 236, 271
이승설　48
이시영　17, 165, 241, 244, 272, 275, 283, 302, 304, 309
이열조　97
이영　163
이영직　13, 21, 27, 32, 59, 144
이영헌　267
이완용　45
이용구　61
이용익　46
이원길　21
이윤구　276
이윤규　21, 35
이윤양　159, 175
이율곡　126
이일　96
이정완　104

이정희   301, 302, 306
이종규   126, 128
이종문   126, 136
이종태   272
이종호   44, 46
이진룡   125, 150, 353
이찬구   198
이찬영   93, 94, 95
이창세   162
이청천   271
이초   95
이춘식   164
이탁   103
이태의   152, 159, 175
이태희   151
이하기   315
이학희   120, 125, 126, 128, 159, 160, 175, 346, 356
이항로   31
이해룡   272
이형산   89
이홍장   94
이홍주   304
이화숙   140, 147, 346, 357
이훈구   270
일민당   219, 220, 222
임기선   52
임병찬   298
임병허   266
임봉주   311

임성일   94, 96
임세규   306, 312
임용승   355
임용암   356
임종식   52
임초   96

【ㅈ】

장기영   48, 163
장두환   311, 338
장승납   103
장승원   143, 337
장요경   89
장응진   49
장작상   105
장지연   40, 343
전은식   162
정강화   161
정덕전   94
정만교   301
정순영   302, 304, 309, 336
정용기   300
정운일   302, 303, 304, 309
정원택   91, 92, 283
정인목   48
정재홍   95
정진관   267
정진화   301
정찰화   298
정환직   300

조각헌　165
조만식　16, 199
조맹선　150
조백영　120, 126, 128, 159, 175, 346, 356
조병훈　21
조서린　89
조선환　135, 140, 149, 152, 153, 159, 160,
　　　175, 180, 181, 182, 346, 352
조성환　163, 258, 283, 313
조소앙　91, 95, 227, 233, 260
조송헌　148
조완구　258
조용승　136, 139, 140, 159, 175, 346, 356
조인혁　151, 158, 175
조재하　314
조중석　135
조하동　152
조현균　135, 140, 144, 145, 150, 346, 348,
　　　356, 357
주진호　304
중광단　104
진제영　89
진진석　89

【ㅊ】
차리석　48
차이석　44
채기중　301, 305, 306, 310, 311, 329
채수일　148, 164
채오　104

청산학원　76
최근초　159, 175
최동오　271
최병규　304, 306, 309
최봉식　148
최송암　13, 30
최순　161
최예항　48
최완　319
최윤수　165
최익준　95, 96, 98
최익현　135, 138, 151, 160, 354, 357
최장렬　272
최장열　269
최재형　107
최정현　52, 53, 120, 346, 356, 357
최준　302, 303, 304, 319
최준명　304, 306, 309
최준성　164
최훈　94

【ㅌ】
탁공규　108
탕화룡　14, 74, 77
태용서　108

【ㅍ】
편덕열　220
편득열　219
편산잠　61, 63

포수단 150

【ㅎ】

하지 중장 214, 217
하해명 95
한경춘 90
한기동 162
한성근 140, 346, 357
한영복 162
한응천 103
한진교 148, 165
한진달 162
한훈 301, 306
한흥 95
행덕추수 61, 63
허공삼 165
허성산 162
허영 297
허위 102, 295, 296, 301, 326
허혁 102, 141, 166, 283
현기남 312
현천묵 104
홍범식 96, 98
홍성희 95
홍주일 302, 303, 304, 309
황매영 90
황연한촌 61
황운학 95
황의돈 44
황흥 94, 97

회리서원 76
회문대학 14, 74, 75, 84
흥부회 148, 177
흥성희 96

저자 | 박 영 석(朴永錫)

- 1932년 경북 청도 출생
- 고려대학교 사학과 및 동 대학원 졸업
- 경희대학교 대학원 졸업(문학박사)
- 건국대학교 사학과 교수 역임
- 국사편찬위원회 위원장 역임
- 건국대학교 명예교수

- 주요 저서

『만보산사건연구』(아세아문화사, 1978).
『한민족독립운동사연구』(일조각, 1982).
『일제하독립운동사연구』(일조각, 1984).
『한 독립군 병사의 항일전투』(박영사, 1984).
『민족사의 새 시각』(탐구당, 1986).
『리턴보고서 번역』(탐구당, 1986).
『재만한인독립운동사연구』(일조각, 1988).
『항일독립운동의 발자취』(탐구당, 1990).
『만주 노령지역의 독립운동』(독립기념관, 1992).